U0629925

权威·前沿·原创

皮书系列为
"十二五""十三五""十四五"时期国家重点出版物出版专项规划项目

BLUE BOOK

智库成果出版与传播平台

长株潭城市群蓝皮书
BLUE BOOK OF CHANG-ZHU-
TAN CITY CLUSTER

长株潭城市群发展报告（2022）

ANNUAL REPORT ON DEVELOPMENT OF CHANG-ZHU-TAN
CITY CLUSTER (2022)

都市圈高质量发展

主　编／罗黎平　　谢瑾岚
副主编／刘　晓　　肖琳子

社会科学文献出版社
SOCIAL SCIENCES ACADEMIC PRESS（CHINA）

图书在版编目（CIP）数据

长株潭城市群发展报告.2022：都市圈高质量发展／
罗黎平，谢瑾岚主编.--北京：社会科学文献出版社，
2022.12
　（长株潭城市群蓝皮书）
　ISBN 978-7-5228-1165-9

Ⅰ.①长… Ⅱ.①罗…②谢… Ⅲ.①城市群-经济
一体化-研究报告-湖南-2022 Ⅳ.①F299.276.4

中国版本图书馆 CIP 数据核字（2022）第 225624 号

长株潭城市群蓝皮书
长株潭城市群发展报告（2022）
——都市圈高质量发展

主　　编／罗黎平　谢瑾岚
副主编／刘　晓　肖琳子

出版人／王利民
组稿编辑／邓泳红
责任编辑／桂　芳　陈　颖
责任印制／王京美

出　　版／社会科学文献出版社·皮书出版分社（010）59367127
　　　　　地址：北京市北三环中路甲 29 号院华龙大厦　邮编：100029
　　　　　网址：www.ssap.com.cn
发　　行／社会科学文献出版社（010）59367028
印　　装／三河市东方印刷有限公司

规　　格／开　本：787mm×1092mm　1/16
　　　　　印　张：25.75　字　数：386 千字
版　　次／2022 年 12 月第 1 版　2022 年 12 月第 1 次印刷
书　　号／ISBN 978-7-5228-1165-9
定　　价／188.00 元

读者服务电话：4008918866

长株潭城市群蓝皮书编委会

主编简介

罗黎平　湖南茶陵人。现任湖南省社会科学院（湖南省人民政府发展研究中心）区域经济与绿色发展研究所所长、研究员、博士。兼任湖南省长株潭城市群研究会秘书长、湖南省体育产业协会副主席、湖南省系统工程与管理学会常务理事等职。长期从事区域经济、区域发展战略、金融市场等领域的研究，先后出版著作6部，其中独著2部、合编3部，发表论文60余篇，其中多篇被《新华文摘》、《红旗文稿》、人大复印报刊资料等转载。主持国家社会科学基金项目1项、省部级课题10多项。

谢瑾岚　湖南邵东人，湖南省社会科学院（湖南省人民政府发展研究中心）研究员，享受湖南省人民政府特殊津贴。曾任湖南省社会科学院区域经济与绿色发展研究所所长，兼任长株潭城市群研究会副会长、中国工业经济学会理事、湖南省系统工程学会常务理事等职。长期从事区域经济、区域发展战略、绿色发展等领域的研究。独著、合著《长江经济带绿色发展报告》等著作21部，在《求索》《科技进步与决策》《生态经济学报》《农村经济》《光明日报》等报刊发表学术论文50余篇；主持国家社科基金项目1项，省级社科基金与软科学计划重大、重点及一般项目14项，主持完成政府决策咨询、社会应用课题研究30余项；成果获省级科技进步奖2项、社科优秀成果奖4项、省级主要领导人肯定性批示7项，成果被采纳进入省政府政策文件5项、以省委省政府文件下发4项。

《长株潭城市群发展报告（2022）》序

城市群、都市圈是新型城镇化的主体形态，是支撑中国经济高质量发展、促进区域协调发展、参与国际竞争合作的重要平台。

2006 年"城市群"第一次出现在中央文件，2013 年以来中央要求把城市群作为推进国家新型城镇化的主体形态，党的二十大报告提出"深入实施区域协调发展战略、区域重大战略、主体功能区战略、新型城镇化战略，优化重大生产力布局，构建优势互补、高质量发展的区域经济布局和国土空间体系"，其中，特别强调要"以城市群、都市圈为依托构建大中小城市协调发展格局"。在高质量发展的新时期，城市群、都市圈作为经济增长最快和创新能力最强的区域，其发展水平已经成为衡量区域整体发展水平的重要标志。

长沙、株洲、湘潭三市沿湘江呈"品"字形分布，两两相距不足 50 公里，经过三十多年的发展，长株潭城市群已经成为湖南省经济发展的核心增长极，是全省现代化建设和全方位开放的战略支撑。长株潭城市群的快速发展离不开省委、省政府的战略部署，也离不开湖南社科工作者的理论探索以及多年为长株潭城市群建设的"鼓与呼"。1982 年，湖南省社会科学院原副院长、经济学家张萍研究员正式提出建设长株潭经济区的构想；1997 年，湖南省委、省政府作出了推进长株潭一体化的战略决策；2005 年，以湖南省社会科学院童中贤研究员为代表的专家们提出建设"3+5"城市群，即以长沙、株洲、湘潭三市为中心，1.5 小时通勤为半径，包括岳阳、常德、益阳、娄底、衡阳 5 个省辖市在内的城市聚集区，得到了时任省委书记张春贤同志的肯定性批示；2006 年 11 月，湖南省第九次党代会提出了"3+5"城市群战略；2007 年 12 月 14 日，经国务院同意，国家发改委批准

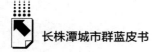

长株潭城市群为"全国资源节约型和环境友好型社会建设综合配套改革试验区",在更高起点上推进长株潭城市群发展;2021 年 3 月,国家"十四五"规划提出"加快武汉、长株潭都市圈建设,打造全国重要增长极";2022 年 2 月 24 日,《长株潭都市圈发展规划》正式获得国家发改委批复,这是全国第 4 个、中部第 1 个国家级都市圈,标志着长株潭都市圈建设从地方战略晋级为国家战略。

在新的发展阶段推动长株潭都市圈发展,是深入贯彻习近平总书记考察湖南时重要讲话精神的必然要求,是全面落实"三高四新"战略定位和使命任务、奋力建设社会主义现代化新湖南的核心支撑,是引领全省实现高质量发展的必由之路。《长株潭城市群发展报告》自 2008 年出版以来受到社会各界的高度关注和肯定,在区域经济研究领域有一定影响力。

我们认为,长株潭都市圈是长株潭城市群的核心部分,长株潭都市圈建设本质上是长株潭城市群建设的阶段性任务。为此,我们继续沿用《长株潭城市群发展报告》这个书名,并以"都市圈高质量发展"为主题。本报告汇聚了湖南省社科界专家对长株潭发展的真知灼见,是对长株潭都市圈建设、一体化发展的理论探索,对实际工作具有重要的借鉴意义。

从 1982 年长株潭经济区建设构想的提出到 2022 年《长株潭都市圈发展规划》正式获得国家批复,长株潭的研究者们做出了不可磨灭的历史性贡献。在 2021 年湖南省长株潭城市群研究会年会上,为启迪后来的研究者们,我们将长株潭研究者们在研究长株潭过程中所表现出来的特点、作风和风采等做了"概括性"的表述,并美其名曰"长株潭研究精神",其具体表述是:

领导未发言,他们先发声;

领导没支持,他们先坚持;

领导提方案,他们想方法;

领导提说法,他们提做法;

领导要规划,他们就谋划;

领导提战略,他们就战斗;

领导说要加速一体化,他们就最终要化一体;

领导倡导推动现实发展的深想,他们鼓励预测未来发展的畅想。

我们坚信,新一代长株潭研究者们正在传承和发扬"长株潭研究精神"，在长株潭城市群建设与发展的征程中满怀信心地展现智慧与担当，书写灿烂与辉煌！

朱有志

2022 年 11 月 26 日凌晨 3:00

于湘江之滨、 浏阳河畔、 跃进湖边、 德雅村里

摘　要

　　2019 年 2 月 19 日，国家发改委印发《关于培育发展现代化都市圈的指导意见》。2022 年 9 月 19 日，国家发改委召开新闻发布会表示，总体上看，我国都市圈发展还处在初级阶段，各地要尊重客观规律、立足发展阶段，以促进中心城市与周边城市（镇）同城化发展为方向，以创新体制机制为抓手，科学有序推动都市圈建设。党的二十大报告提出，高质量发展是全面建设社会主义现代化国家的首要任务。都市圈高质量发展，可以加快形成区域竞争新优势，为全面建设社会主义现代化国家提供重要支撑。为此，《长株潭城市群发展报告（2022）》的主题确定为：都市圈高质量发展。

　　《长株潭城市群发展报告（2022）》共收录报告 15 篇。总报告深入分析长株潭都市圈发展基础、面临的问题及发展意义，提出了长株潭都市圈发展的总体思路、重点任务以及相关政策建议。协同发展篇，重点研究长株潭都市圈同城化的时空演变特征、协同推进机制以及长株潭城市群统一市场建设等问题。城乡发展篇，探讨了长株潭城市群的人口变化、长沙宜居都市建设以及株洲市城乡建设用地扩张问题。产业发展篇，重点研究了长株潭都市圈产业园区合作模式、制造业单项冠军培育以及打造国家重要先进制造业高地的经验借鉴与策略等问题。绿色发展篇，重点研究了环长株潭城市群绿色创新效率、长株潭城市群生态系统服务供需时空关系、环长株潭城市群绿色发展效率以及株洲市应对气候变化等问题。

　　本报告提出，长株潭都市圈应加快构建空间组织、基础设施、现代产业等七大体系，不断推进生产圈、生活圈、生态圈深度融合。研究发现，1997～2020 年长株潭都市圈同城化经历了三个历史阶段，近年来长株潭城市群市场一体化水平获得明显提升、人口与城镇化率快速增长，环长株潭城市群绿色创新效率在考察期内有缓慢波动下滑趋势，长株潭城市群生态系统服务供需呈现显著的空间差异性，环长株潭城市群绿色发展效率在时序演进上呈"U"形趋势等。研究提出，应创新城市群和都市圈协同推进机制，加快统一大市场建设，加强长株潭城市群人口承载能力、引导人口合理流动与分布，强化城市群产业园区合作模式创新，积极推动打造国家重要先进制造业高地，积极推动绿色发展与应对气候变化，实现长株潭城市群、长株潭都市圈的高质量发展。

关键词： 都市圈　高质量发展　同城化

Abstract

On February 19th, 2019, the National Development and Reform Commission (NDRC) issued the Guiding Opinions on Fostering and Developing Modern Metropolitan Areas. On September 19th, 2022, the NDRC held a press conference, saying that the development of China's metropolitan area is still in the primary stage in general. All regions should respect the objective laws, base themselves on the development stage, promote the urban integration development of central cities and surrounding cities (towns) as the direction, take innovation in systems and mechanisms as the base and promote the development of the Metropolitan Area in a scientific and orderly manner. The report of the 20th National Congress of the Communist Party of China proposed that high-quality development is the primary task of building a socialist modern country in an all-round way. The high-quality development of the metropolitan areas can accelerate the formation of new regional competitive advantages and provide important support for the comprehensive construction of a socialist modern country. Therefore, the theme of Annual report on development of Chang–Zhu–Tan City Cluster (2022) is determined as: high-quality development of the metropolitan areas.

Annual Report on Development of Chang – Zhu – Tan City Cluster (2022) totally edited 15 reports and papers. The general report makes an in-depth analysis of the development foundation, problems, and significance of the development of the Chang– Zhu – Tan Metropolitan Area, and puts forward the general idea of the development, key tasks and relevant policy suggestions of the Chang – Zhu – Tan Metropolitan Area. Synergetic Development chapter, It focuses on the temporal and spatial evolution characteristics of the urbanization of the Chang – Zhu – Tan Metropolitan Area, the synergistic promotion mechanism, and the construction of a

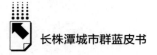

unified market for the Chang - Zhu - Tan urban agglomeration. Urban and Rural Development Chapter, It makes a discussion of the population change, the construction of a livable city in Changsha, and the expansion of urban and rural construction land in Zhuzhou. Industrial Development Chapter, It focuses on the cooperation model of industrial parks in the Chang–Zhu–Tan Metropolitan Area, the cultivation of individual champions in manufacturing, and the experience and strategies for building an important national advanced manufacturing highland. Green Development Chapter, It focuses on the green innovation efficiency of the urban agglomeration around Chang - Zhu - Tan, the spatio-temporal relationship between supply and demand of ecosystem services in the urban agglomeration of Chang–Zhu–Tan, the green development efficiency of the urban agglomeration around Chang–Zhu–Tan, and Zhuzhou's response to climate change.

This report proposes that the Chang - Zhu - Tan Metropolitan Area should accelerate the construction of seven systems, including spatial organization, infrastructure and modern industry, and constantly promote the deep integration of production circle, living circle and ecosystem. The study found that the integration of the Chang–Zhu–Tan Metropolitan Area experienced three historical stages from 1997 to 2020. In recent years, the market integration level of the Chang–Zhu–Tan urban agglomeration has been significantly improved. The population and urbanization rate have increased rapidly. The green development efficiency of the urban agglomeration around Chang - Zhu - Tan has a slowly fluctuating downward trend during the inspection period. The supply and demand of ecosystem services of the Chang - Zhu - Tan urban agglomeration have showed significant spatial differences. The green development efficiency of the urban agglomeration around Chang–Zhu–Tan has presented a "U" trend in time sequence evolution and so on. The study proposes that we should innovate the coordinated promotion mechanism of urban agglomeration and metropolitan area, accelerate the construction of a unified big market, strengthen the population carrying capacity of the Chang - Zhu - Tan urban agglomeration and guide the rational flow and distribution of population, strengthen the innovation of the cooperation mode of the industrial parks of urban agglomeration, actively promote the building of a national important advanced manufacturing highland, actively promote green development and respond to climate change, and achieve the goals of the high-quality development of the Chang – Zhu – Tan urban agglomeration and the Chang – Zhu – Tan Metropolitan Area.

Keywords: Metropolitan Area, High Quality Development, Urban Integration

目 录 ⤵

Ⅰ 总报告

Ⅱ 协同发展篇

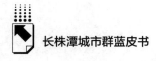

Ⅲ 城乡发展篇

Ⅳ 产业发展篇

Ⅴ 绿色发展篇

皮书数据库阅读**使用指南** ☞

CONTENTS ↖↘

I General Report

II Synergetic Development Chapter

Ⅲ   Urban and Rural Development Chapter

Ⅳ   Industrial Development Chapter

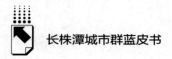
V Green Development Chapter

总 报 告

General Report

B.1
长株潭都市圈发展规划研究报告*

湖南省社会科学院（湖南省人民政府发展研究中心）课题组**

摘 要： 长株潭都市圈是以省会长沙市为核心，以长株潭融城区为主体，以长沙市、株洲市、湘潭市、益阳市、岳阳市部分区县（市）1小时通勤圈为重要组成部分的城市聚集空间。本报告对长株潭都市圈发展基础、面临的问题及发展意义进行了深入分析，并提出了长株潭都市圈发展的总体思路，同时提出了构建结构优化的空间组织体系、互联互通的基础设施体系、协同创新的现代产业体系等七大重要任务，并通过在强化组织领导、创新体制机制、实施重大专项、扩大社会参与、抓好督促落实等方面的努力，让长株潭都市圈

* 本报告系湖南省发改委2020年委托课题的成果。

** 课题主持人：童中贤，研究员，湖南省社会科学院（湖南省人民政府发展研究中心），社会学所原所长、城市发展研究中心主任，主要从事城市发展、区域经济、社会治理、公共管理等领域的研究。课题参与人：刘晓，博士，湖南省社会科学院（湖南省人民政府发展研究中心）副研究员；周海燕，湖南省社会科学院（湖南省人民政府发展研究中心）副研究员；刘艳文，湖南省社会科学院（湖南省人民政府发展研究中心）助理研究员；郭丹，湖南省社会科学院（湖南省人民政府发展研究中心）助理研究员；李敏芳，湖南省社会科学院（湖南省人民政府发展研究中心）助理研究员；熊柏隆，湖南省社会科学院（湖南省人民政府发展研究中心）城市发展研究中心特聘研究员。

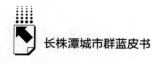

形成整体优势，不断推进生产圈、生活圈、生态圈深度融合。

关键词： 长株潭都市圈　强省会　同城化　融合

前　言

长株潭都市圈，是长江中游城市群的重要组成部分，是湖南省发展基础雄厚、人文资源集中、产业创新能力强、对外开放程度高的城市紧密关联区，主体区包括长株潭三市中心以 100 千米为半径的 1 小时通勤圈域，含长沙市、湘潭市全境及株洲市的市辖区、醴陵市，共 13 个市辖区和 7 个市县；拓展区涵盖岳阳市的汨罗市、湘阴县，益阳市的市辖区、桃江县。2019 年，都市圈主体区土地面积 2.1 万平方千米，年末总人口 1358 万人，地区生产总值（GDP）15257 亿元。

一　发展背景

（一）发展基础

经济一体化成效明显。长株潭是全国较早提出和实施经济一体化发展的地区，2005 年 10 月，基于城市群发展的路径，新的长株潭经济一体化具体规划正式提出，长株潭都市圈的综合实力显著增强。2019 年，都市圈 GDP 为 15257.03 亿元，人均 GDP 为 11.36 万元，达到世界银行划定的高收入国家标准，为中部地区最高，是武汉都市圈人均水平的 1.56 倍，是合肥都市圈人均水平的 2 倍多。城市圈极化效应明显，开始成为长江中游城市群中最具发展活力的"超级板块"。

创新创业协同推进。依托长株潭国家自主创新示范区，长株潭都市圈深入推进产学研融合，共同组建跨区域的技术转移中心和产业技术创新战略联盟，开展重大关键共性技术联合攻关，创新引领作用不断提升，高新技术产业增加值占规模工业生产总值的比重达到 32.7% 以上，科技进步贡献率超过 60%。全球首条智能轨道示范线、全国首列商用磁浮 2.0 版列车、湘电舰船推进系统等一批重大创新成果相继面世，"长沙·麓谷创新谷""株洲·中国动力谷""湘潭智造谷"已成为中国制造新名片。

重大基础设施联动联通。围绕建成"长株潭半小时交通圈"，都市圈着重构建域外联通、域内便捷的长株潭一体化综合交通网络，协调推动"三干两轨四连线"等重大项目建设，形成了以综合交通一体化体系为基础的半小时生活圈。都市圈电力及天然气主干管网输配、储气库等能源基础设施基本完善，排水、防洪、防涝等水利基础设施体系基本建成，光纤宽带、信息一体化基本实现。

公共服务逐步共享。长株潭公共服务体系与公共服务设施逐步推进互联互通、共建共享，建立了长株潭医疗管理综合沟通机制，在院前急救、血液保障、医疗健康信息、异地就医与直接结算以及学科研究等方面开展了全方位对接合作。在深化基础教育合作办学、推进教育网络平台共建共享、探索三市职业教育合作模式等方面取得积极进展。在引入社会资本、推行旅游资源联动开发和整体营销、完善公共服务设施协同共建制度、让三市市民享受同等市民待遇等方面的合作更加深入。

两型社会共建共治。为保护长株潭交界地区522平方千米生态绿心，在全国率先联合立法保护，先后制定实施了《长株潭城市群绿心地区总体规划（2010-2030）》《湖南省长株潭城市群生态绿心地区保护条例》，共同推进绿心保护。每年10月至次年2月被确定为大气污染防治特护期，开展统一标准、统一预警、统一防治、统一执法的区域大气污染联防联控。建立长株潭"三线一单"约束机制，分区分类设置产业准入环境标准，共同强化准入管理。"绿水青山就是金山银山"理念深入人心。

城乡互补融合步伐加快。城乡发展互补协调，同城化效应日益增强，城市功能、景观、品质全面提升，沿江风光带、城市公园等美化亮化工程加快建设。新型城镇体系加速完善，农村剩余劳动力转移力度空前，常住人口城镇化率达75%。美丽乡村建设深入推进，农村人居环境持续优化。城乡二元结构逐渐被打破，城乡要素双向自由流动通道初步打通，城乡基本公共服务均等化不断加强，城乡居民收入差距持续缩小。

（二）主要问题

区域发展协同互补不足。都市圈经济社会高质量发展的行政壁垒仍然较

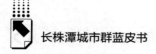
多,产业同质化、过度竞争,市场分割问题仍然较大,城际基础设施、生态环境、公共服务一体化短板突出,部分重大设施布局自我封闭,圈域开放受限,科技资源共享度低,都市圈建设合力尚未形成。

城市能级和辐射力不强。长株潭都市圈内城市与中心城市长沙之间的能级有一定差距,中心城市极化度高,形成了虹吸效应,不利于都市圈协调发展。城市辐射带动乡村发展能力弱,区域城乡融合发展水平不高,城乡要素流动不顺畅、公共资源配置不合理等问题仍然突出。

发展空间制约因素突出。都市圈缺乏一体化的土地管理协调机制,土地利用总体规划相互衔接不够,统一监管、执法覆盖不到位。资源能源约束趋紧,生态环境压力日益增大,人口红利逐步减少,绿心区历史遗留问题多、恢复治理任务重。

(三)重大意义

我国经济发展的空间结构正在发生深刻变化,中心城市、都市圈已成为集中承载发展要素的主要空间形态和创造新生能量的主要引领势力。推进长株潭都市圈建设,有利于贯彻国家区域协调发展战略、深广释放"一带一部"优势位能,实现国家分异均衡发展战略;有利于加速营造国家中心城市,提升长株潭都市圈发展能级、构筑中部区域与长江经济带腹地活跃增长极、形成参与国家区域合作和竞争的新高地;有利于充分集聚内陆腹地比较优势,探索城市圈同城化发展的制度体系和共生路径,创新中西部都市圈发展新范式;有利于推动形成优势互补、高质量发展的区域经济布局,引领湖南及其周边地域全面协调发展,加快建设富饶美丽幸福的新湖南与国家中南部区域新板块。

二 长株潭都市圈发展的总体思路

(一)基本要求

1.创新驱动,改革引领

坚持将创新作为引领发展的第一动力,统筹改革、科技、文化三大动力,突出开放创新、全面创新和原始创新,强化创新基础支撑,深化管理体制改革、制度建设与运行机制创新，优化行政区划设置，着力破除行政壁垒和市场分割等阻碍都市圈融合发展的体制机制约束，以强化制度、政策和模式创新为驱动，以改革为引领，加快建成推进中部崛起和湖南高质量发展高地。

2.统筹协调，融合互补

聚焦都市圈发展中不平衡、不充分、不协调、不可持续的短板弱项，统筹都市圈建设的总体方向、战略布局和制度安排，强化分类指导，深化城际分工协作，促进城市功能互补、产业错位布局、基础设施和公共服务共建共享，在深化合作中实现三市城乡统筹、政策协同、优势互补、资源共享、互利共赢、相向融合。

3.绿色共保，精明发展

坚守生态底线和低碳韧性约束，积极探索都市圈绿色发展方式，把保护生态环境和保障城市安全放在都市圈发展的优先位置，统筹生产、生活、生态三大布局，提高资源节约集约利用水平，用足城市存量空间，着力推进城乡与自然彼此共生、城镇与生态建设双向渗透、城市与乡村统筹发展，实现都市圈功能布局多元、基础设施共建共享、交通系统绿色便捷高效、生态环境保护多样的精明发展。

4.开放合作，互利共赢

坚持用全球视野和战略思维谋划发展，突出长株潭都市圈面向全国、引领中部、服务全省的门户枢纽地位，注重落实国家战略和强化开放活力，在保护和传承湖湘文化资源的基础上，深化与长江经济带、粤港澳大湾区的经济、科技、文化交流，在更大范围内集聚资源、拓展市场、外溢发展，努力建设创新能力卓越、产业层级高端、交通网络发达、辐射功能强大的国家中心城市，释放区域经济社会发展活力。

5.改善民生，全面进步

坚持共享发展，统筹政府、社会、市民三大主体，强化规划的公共政策属性，注重多方参与、协同治理，将国家战略、市民期待与都市圈实际相结合，实现都市圈共治共管、共建共享。坚持以人为本、富民优先理念，全面促进经济社会协调发展，推动社会事业发展不断完善、公共服务趋向均等化、各类生活服务设施更加完备、社会建设和治理不断强化、居民生活水平和幸福指数明显提升。

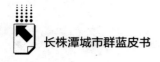

（二）发展定位

国家中南部区域强劲支撑极。以中部崛起国家战略为指引，充分发挥"一带一部"战略位能效应与内陆腹地跨域增长极赋能优势，不断壮大都市圈的经济、社会、文化、教育、科技、金融等载荷功能和对周边城市的辐射效应，引领国家经济内循环，构造长江经济带与粤港澳大湾区优势对接的先锋都市圈、中部崛起区域和成渝黔经济区联动发展大载体。

全国都市圈深度融合示范区。深化城市合作，在涉及规划管理、土地管理、投资管理、要素流动、财税风险、公共服务等方面成为跨区域制度创新和政策突破的"样板间"，加快形成基础设施对接、产业互补发展、环境协同治理、公共服务共享、城乡一体发展的新格局，为全国其他都市圈同城化发展提供可复制、可借鉴、可推广的经验模式。

全国高质量绿色发展新都市。坚定不移践行"绿水青山就是金山银山"理念，坚持节约资源和环境保护的基本国策，把生态优先作为"红线"和第一要求，把绿色发展作为"底线"和最根本出路，在绿色中求发展，以发展促绿色，建设宜居宜业宜游优质都市生活圈，打造人与自然和谐共生的绿色发展样板。

全国内陆创新开放引领高地。坚持推进更高起点的深度改革和更高层次的对外开放，积极发挥邻近粤港澳大湾区的地缘优势，加强创新策源能力建设，加快构建高质量发展的动力系统，深广激发内生创新动能与外向开放活力，全面加快长株潭都市圈在内陆腹地的现代化、国际化步伐，推动形成更全面、更深入开放的格局，打造新时代内陆地区改革开放新高地。

世界现代智能制造区域中心。顺应智造技术全面渗透和深度应用的大趋势，赋能国家经济内循环，以存量先进制造业为基础，以孵化新兴高科技产业为导向，有效配置业界创新资源与国际市场能量，提升高强要素成长活力与智能经济竞争力，将长株潭打造成为"产业智能化先行区""智能产业化引领区"，建成世界级智能制造基地。

（三）发展目标

到 2025 年，长株潭内 1 小时都市圈实现一体化融城，形成建成区人口过

1000 万、具有国际品质的现代化大都市区。跨界区域、城市乡村等板块一体化发展达到较高水平，在高新技术产业、开放发展、基础设施、生态环境、公共服务等领域基本实现同城化发展。形成空间结构优化、城市功能互补、要素流动有序、产业分工协调、交通往来顺畅、公共服务共享、环境和谐宜居的现代化都市圈。

国家中南部发展极强势崛起。都市圈功能协调互补和设施共建共享水平进一步提升，各城市核心功能和主导产业更加清晰，深度融入粤港澳大湾区世界级大都市圈发展体系，与长江中游城市群实现更有效的衔接，承接长三角、大湾区全球影响力科技创新中心的溢出效应更加明显，与海西区、北部湾、云贵区、成渝区的联动更加突出，成为对接大湾区、融入中三角、辐射中西部的国家中心城市。

都市圈同城一体化全面实现。都市圈交通互联、产业协作、科技创新、公共服务、文化互融、社会与环境治理等领域合作稳步推进，阻碍生产要素自由流动的行政壁垒和体制机制障碍基本消除，成本分担和利益共享机制进一步完善，规划一体化、交通网络化、市场一体化、公共服务均等化、治理跨城化不断推进，经济要素自由流动、资源高效配置和市场深度融合格局基本形成，共建共享水平持续提高。

高新科创经济实力显著增强。创新驱动整体加快，发展质量和效益持续提高，高新技术产业增加值占 GDP 的比重达到 50%，全社会研发投入占 GDP 的比重达到 3%，每万人发明专利拥有量达到 50 件，技术交易额达到 500 亿元规模，众创空间面积达到 2000 万平方米。科技企业、科技园区、科技产业、科创先区和科创城市占比持续扩大，基本形成开放型区域创新体系和创新型经济主体形态，长株潭国家自主创新示范区、湘江新区等一批功能性平台和供应链核心企业成为增强创新驱动能力的重要引擎。

社会公共服务能效大幅提升。公共服务设施配置合理，基本公共服务趋向均等，不同地区、不同人群公共服务供给之间的差异逐步消除，全年龄段公共服务保障日益强化，基本公共服务便利性与覆盖率全面提升。功能复合和职住平衡目标基本实现，15 分钟社区生活圈初步成型。400 平方米以上绿地、广场等公共开放空间 5 分钟步行可达覆盖率达到 80% 以上。卫生、养老、教育、文化、体育等社区公共服务设施 15 分钟步行可达覆盖率达到

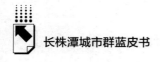

95%以上。

区域生态环境品质更加优良。在严守生态优先的发展底线，锚固湘江为脉、林田共生、城绿相依的自然生态格局和基底的基础上，基本完善生态保护与治理基础设施，形成科学全面的环保治理体系，生态环境质量和环境监管能力全面提高，自然生态保护修复、环境污染综合治理、资源节约集约利用系统推进，建成天更蓝、水更清、地更绿，人与自然和谐共生的幸福美丽宜居都市圈。都市圈内森林覆盖率达到 62%，空气优良率达到85%以上。

到 2035 年，长株潭大都市圈高质量发展活力与国际竞争能级大幅跃升。城市资源集成规模位居中部前列，现代化经济体系全面建成，跨域基础设施互联互通全面实现，公共服务与民生保障水平趋向均衡，同城化发展体制机制更加完善，形成以 1 小时通勤圈为基本范围，覆盖周边益阳市、岳阳市、常德市、娄底市等相关区域的现代化都市圈，城市文明程度跻身全国先进行列，成为国内外高美誉度的强势活力增长极。

三　构建结构优化的空间组织体系

着力优化行政区划，优化都市圈空间结构、提升中心城市动能、推动城乡融合发展，提升都市圈同城化水平，构建区域联动、"三圈（生产圈、生活圈、生态圈）"融合、优势互补、协调共生的现代化都市圈。

（一）优化都市圈空间结构

形成"一核四极四廊三区一绿心"都市圈空间结构（见图 1）。

"一核"即核心都市区，包括长株潭市辖区、湘江新区和长沙县、湘潭县。建成长株潭都市圈发展的核心引擎，打造国家交通物流中心、国家创新创意中心、全国内陆对外开放高地、全国智能制造业中心、产城融合发展示范区、引领湖南发展的核心增长极。强化都市圈核心主导功能，提升其辐射带动能级，推动高端产业、创新人才、创新要素优先集聚，增强高端服务和科技创新功能。

"四极"即四个副中心，包括宁乡市区、浏阳市区、醴陵市区、湘乡市区四个副中心。提升产业支撑力和公共服务品质，推进宁乡市和湘江新区、浏阳市区与长沙县、醴陵市区与株洲市辖区、湘乡市区与湘潭市辖区协同发展、相向发展，带动周边县市和乡村提升发展水平。

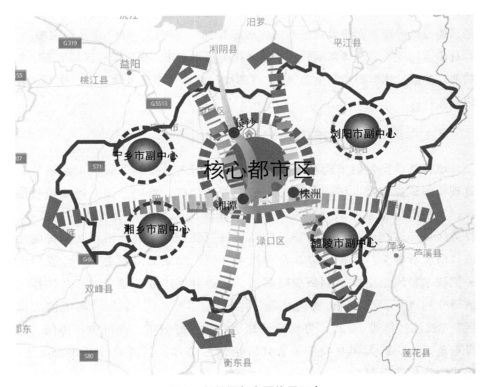

图 1　长株潭都市圈格局示意

"四廊"即四条发展走廊，包括湘江（长沙月亮岛至株洲空洲岛，全长128公里）、岳临高速长潭、平汝高速长株、沪昆高速株潭四条合作发展廊道。依托湘江、高速公路等通道，构建廊道发展轴，增强廊道节点区域功能和协调发展能力，集聚优质资源要素和高端产业，促进都市圈协调发展，推动全省形成优势互补的高质量发展新格局。

"三区"即三大融合发展区，包括长潭（含浦—坪塘—鹤岭—响水等区域）、长株（黄兴—江背—柏加—镇头—云田—仙庾等区域）、株潭（雷打石—群丰—栗雨—易俗河—谭家山等区域）三大融合发展示范区。在三市结

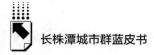

合部位，以打造融城小镇为切入点，培育三片融合发展示范区，在体制融合、空间融合、产业融合、设施融合、社区融合等方面率先做出示范。

"一绿心"即生态绿心公园。严格按照主体功能区规划，合理承担城市功能，融入长株潭都市圈城市体系。以森林、湿地为主体，构建城镇森林群落体系，连通破碎斑块，建设绿色通道，形成森林生态网络。开展森林景观提质、森林步道构建、森林体系增效和生态文化传播等工作，强化绿心区域生态服务功能。建成长株潭都市圈生态屏障、"两型"社会生态服务示范区、生态文明建设先行区。

（二）增强中心城市功能

增强长沙市辐射带动功能，争取将长沙列入享受副省级城市经济社会管理权限试点城市。增强长沙产业组织带动功能，着眼于提升产业极核能级，加快集聚创新平台、研发机构、人才团队，重点发展智能制造产业，打造区域经济高质量发展引擎。增强科技引领创新功能，由相关高等院校或科研院所牵头，整合优势学科和技术资源，围绕都市圈重大产业发展的关键技术领域组建技术创新战略联盟，联合开展产业关键技术、共性技术的研究和攻关。增强对外交流功能，主动融入"一带一路""粤港澳大湾区""长江经济带"，以举办国际论坛、共建友好城市、推进技术协同、建设示范工程、扩大相互投资等方式开展国际合作，打造对外开放新高地，构建国际化都市圈。

（三）构建城镇协同体系

发挥都市圈各城市比较优势，培育区域副中心城市，促进小城市做精做特，做强特色小城镇等微支点。培育宁乡市区、浏阳市区、醴陵市区、湘乡市区四个副中心，增强县城综合承载力。小城市注重培育都市圈重要节点功能，提升配套服务和公共服务软实力，打造推动农业转移人口就地就近城镇化重要平台。统筹考虑居民生产生活半径，优化布局小城镇、村级行政中心与村庄居民点，着力构建以小城镇为中心、惠及周边乡村的便捷生活圈、优质服务圈、繁荣商业圈。推进具备条件的非县级政府驻地特大镇设市，以中心镇为龙头，提升小城镇对农村的辐射带动力。

（四）强化区域合作联动

推动长株潭中心城区同城化发展，带动城市圈其他地区加快发展。引导岳阳的汨罗市、湘阴县，益阳的市辖区、桃江县等拓展区联动发展、相向发展、提升发展。加强都市圈主体区与洞庭湖、湘南、大湘西等地区的深层合作，引领环长株潭城市群开放发展。加强益阳、岳阳、常德、娄底、衡阳等区域重点城市建设，辐射带动周边地区协同发展。深化长株潭与长江中游城市群的合作交流，共同推动长江中游城市群一体化发展。

四　构建互联互通的基础设施体系

坚持优化提升、适度超前原则，统筹推进跨域基础设施建设，形成便捷性、连通性、网络化及管理协同的基础设施体系，把长株潭都市圈打造成国家级综合交通枢纽及国家物流枢纽承载城市。

（一）构建现代化立体交通体系

优化综合交通网络布局。加快推进"三干两轨"项目建设，构建半小时通勤圈。完成长株潭城际轨道交通西环线（长沙地铁3号线山塘站到沪昆高铁湘潭北站）的建设。完善都市圈公路网络，加快长益高速扩容及宁韶高速公路建设。构建长株潭高速公路大环线，使都市圈高速公路由环成网。整体打造组合港口（包括长沙港、株洲港、湘潭港、湘阴港）。推进城市轨道与航空对接，将长沙城市轨道6号线及10号线、S2线（长沙西站—浏阳快线）与黄花机场连接起来。长株潭都市区地下逐步推进城际综合性骨干"共同沟"管廊建设。

共建轨道上的长株潭。积极推进长沙地铁向株洲、湘潭方向延伸，构建以长沙站、长沙南站、湘潭北站、株洲西站等为核心节点的长株潭地铁环线。推进长沙轨道交通向株洲、湘潭延伸，长沙南至株洲的磁悬浮、长沙地铁3号线延伸到湘潭北高铁站再延伸到株洲西高铁站。推进长浏快线、长株快线、长潭快线、长株潭城际轨道交通西环线工程等城际轨道建设，把长沙南站、长沙西站、长沙火车站、长沙黄花机场站、湘潭站、湘潭北站、株洲站、株洲南站等

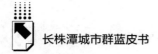

主要交通枢纽的轨道交通串联起来，建成"长株潭"轨道都市圈。

打造国家级综合交通枢纽城市。配合建设过境国家公路铁路干道建设，建设渝长厦铁路（长沙段）、株福高铁（株洲西高铁站—福州）、韶井铁路（沪昆高铁韶山南站—江西井冈山），加快推进都市圈铁路网并入全国铁路网的步伐。对醴茶铁路进行电气化改造，适应全国铁路网电气化发展需求。实施G106、G107、G240、G319、G345 国家干线公路新建、提质改造。建设好长沙南站、黄花机场、长沙西站等国家级综合交通枢纽站①。

打造国家物流枢纽承载城市。着力推进长株潭陆港型、空港型、生产服务型和商贸服务型国家物流枢纽承载城市建设，整合长株潭航空货运口岸、高铁口岸、普通铁路口岸、黄花综合保税区等口岸资源，加快长沙北货场、长沙港、株洲北站、株洲火车站东片区综合开发，株洲市铁、公、水多式联运物流基地建设（包括株洲建霞多式联运物流中心、渌口货运码头建设），岳塘国际商贸城建设，加快完善都市圈货运通道基础设施建设，促进各物流平台之间的信息联通共享。将株洲北站建设成为国家一级铁路口岸，申报成为"湘欧快线"的始发站，打造长株潭中欧班列集结中心。争取国家支持在长株潭都市圈内设立自由贸易区，发挥服务贸易对区域经济的开放引领与辐射作用。

打造中部国际航空门户。加快推进长沙黄花机场东扩二期工程项目建设，主要建设 T3 航站楼、综合交通中心、第三跑道以及附属配套设施。改造升级机场既有设施，充分运用互联网、大数据和人工智能等技术手段，不断提高机场管理和服务水平，提升机场使用效率。积极引进基地航空公司，培育发展本土航空公司，进一步拓展对接全国、联通世界的空中通道。不断延伸、拓展和培育国际国内航线，着力构建长沙 4 小时航空经济圈和内陆地域重要国际航空门户。推进长沙开慧、株洲、醴陵、湘乡市、湘潭县天易经开区、湘潭九华工业园等地通用机场建设。

（二）构建安全互联智慧型都市圈

协同打造长株潭信息通信枢纽。积极推广新一代通信技术，构建多网协同

---

① 长沙西站是汇集高铁（渝长厦高铁、长九高铁、京广高铁西复线、长沙至西安高铁）、地铁（2 号线、10 号线）、城铁（长益常城际、长株潭城际、长岳城际、长浏城际）、有轨电车（T2、T3）、磁悬浮（宁乡支线）、城市公交六位一体的国家级综合交通枢纽。

的泛在无线网络，建设长株潭枢纽型国际信息港、新一代互联网示范城市。持续推进"云网端"新基础设施建设，打造一批政务数据中心和基于云计算的创新服务公共平台。积极推动现有数据中心升级改造。引导长沙市大数据中心、株洲信息港、湘潭市数据中心开展区域合作，开展异地服务。优化信息通信网络结构，加强信息基础设施与城市公共设施的融合发展。实施"宽带中国"战略，建设光网城市，实现无线局域网（WLAN）全覆盖，百兆光纤到户、到村。全面启动智慧城市大脑工程。

共建新一代信息通信网络。构建高水平全光网络、提升4G网络服务水平、大力推进5G网络建设。统筹50000个5G宏基站、打造5G精品网络、推动5G网络连续覆盖。持续推进高水平物联网建设，构建新一代绿色数据中心，加快工业互联网基础设施建设，提升网络支持长株潭都市圈经济转型升级的服务能力；全面建设面向都市圈及湖南全省的通信基础设施，建设高效的互联网信息"高速公路"；坚持"技管"结合，提升4G、5G、工业互联网、物联网等新技术新业务安全防护能力。

合力拓展多元互联智慧化服务。拓展、深化新一代信息技术在都市圈建设管理中的智慧应用，推进在长株潭一体化规划、土地利用、基础设施、公共管理、产业发展、生活出行等方面的信息化应用，推动网络资源互联集成，搭建统一、安全、共享的政务云、物流云、公共服务云、环境监测云和电子商务云，提升综合信息服务水平。推进智慧政务、智慧教育、智慧医疗、智慧交通、智慧旅游、智慧征信、智慧社区建设。在湘江新区建设腾讯智慧产业总部。

（三）协同构建能源安全保障体系

优化能源供应结构。积极拓宽煤炭外输通道，加快健全储配体系，保障煤炭稳定供应。加强煤炭产业优化布局和结构调整，发展煤炭洁净转化和高效利用技术。大力发展以天然气和可再生能源为重点的清洁能源。推进分布式能源建设，重点依托工业建筑和公共建筑屋顶实施分布式光伏发电工程，完善太阳能利用。建设湘潭九华分布式能源工程。规划浏阳高效清洁煤电项目（长沙电厂异地项目），为都市圈提供能源。结合垃圾分类，将垃圾发电作为能源补充。到2025年，构建清洁低碳、安全可靠的现代能源体系。

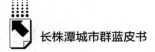

加快构建智能电网。优化主网架，化解电网风险。完善外电供应格局，推进湘东 500 千伏双环网、酒泉—湖南特高压直流工程建成投运，提高供电可靠性。继续发展完善都市圈内电源基地，做好电源优化调整工作，新建华电重型燃机机组、大唐华银燃煤发电机组。升级配电网，进一步强化配电网的网络结构。提高配电网的智能化水平，推广使用智能电表。建设丰泉古井智慧用能示范社区。到 2025 年，都市圈基本建成可靠、绿色、高效的智能电网。

推动新的能源设施建设。推进天然气管网、储气库等基础设施建设，提升天然气供应保障能力。积极争取新气源，主动参与国家气源引进和通道工程建设，尽快建成入湘油气管网。长株潭都市建成区建设充电桩 2000 个。规划株洲攸县抽水蓄能项目。到 2025 年，都市圈建成"多源互补、四方贯通、多级并行、两环相连"的主干管网输配系统。

（四）协同提升水利防控能力

合力建设水源安全工程。强化都市圈河流上下游调控管理，统筹水资源总量管理和水资源流域调配。统筹长株潭都市圈水源建设，在株洲以上集中建设湘江水源地，做好重点饮用水水源保护。引涟水补湘潭，从韶山干渠引水到跃进水库，再加压输送到湘潭市城区一水厂。建设互联互备供水联络管网，推进城市备用水源工程建设。加强水源地保护，建设应急备水源，实现多源互济的水资源配置格局，推进供水一体化，增强供水保障和应急能力。

强化水利开发利用合作。共同推进重大水利工程建设，统筹都市圈水源一体化布局，推行统一的水资源合理利用（包括再生利用）、水环境保护、水污染治理、水生态修复体系，确保"一龙管水、团结治水、合力兴水"。落实最严格的水资源管理制度，严守水资源开发利用控制、用水效率控制、水功能区限制纳污控制三条红线。强化规划和项目水资源论证，严格水功能区监督管理。

全面提升防洪抗旱能力。协同完善都市圈防洪排涝体系。协同建设防洪排涝工程，加强湘江干流上下游、浏阳河等主要支流重要河段以及中小河流治理，进一步提高都市圈防洪排涝能力。全面推进长株潭"海绵城市"建设，着力解决都市圈中心城区重点易涝区域排水问题，切实提高城市排水、防涝、防洪和防灾减灾能力，到 2025 年，建成区 60% 的降雨就地消纳和利用。发挥水库防洪抗旱作用，继续推进长沙市椒花水库建设。

五 构建协同创新的现代产业体系

加快动能转换，强化创新引领，走"科创+产业"的高质量发展道路，促进创新链与产业链深度融合，以赋能国家经济内循环为引领，让高科技、黑科技、硬科技加快产业化，打造产业升级版和新经济发展高地，建设创新引领型都市圈。

（一）共同打造国家先进制造中心

准确把握先进制造的发展规律，大力发展智能制造，促进制造业转型升级、提质增效，提升企业智能化水平，建设中国智能制造示范引领区，推进智能制造试点示范，促进数字经济与实体经济深度融合，积极培育具有国际竞争力的先进制造业集群，将长株潭都市圈建设成为国家先进制造中心。

完善基地型先进制造业产业链。针对产业链和价值链的关键环节，进行强链、补链和扩链，协同做强先进制造业产业链。重点依托三一重工、中联重科、铁建重工、山河智能等，推进工程机械智能化、数字化、网络化、电动化发展，打造世界一流工程机械产业集群。依托中车株机、中车株所等，以国家先进轨道交通装备制造业创新中心为平台，打造先进轨道交通装备国家制造中心。依托331厂、608所、湖南航天、山河科技等核心企业，以国家航空发动机创新中心为平台，打造国家中小航空发动机及通航整机制造基地。依托杉杉新材、博云新材等，以新型储能材料、新型复合材料、先进结构材料、高品质特种金属材料为重点，以先进储能材料国家工程研究中心为平台，打造国内领先的新材料产业集群。建设具有国际竞争力、辐射带动面广的先进制造业基地。

推动产业智能化和智能产业化。加快5G应用基础、一体化数据中心、区块链网络、工业互联网等重大项目布局，提升大数据、云计算对智能制造的支撑促进作用，全面推广智能制造生产模式，推动制造业向智能化、高端化、绿色化升级。依托湖南吉利、长沙比亚迪、株洲北汽及新兴新能源车企等，以国家智能网联汽车（长沙）测试区为平台，打造国家新能源及智能网联汽车产业基地。依托中兴智能、中南智能、威胜信息等，以智能装备、智能终端、智能芯片、智能服务为重点，在设计智能化、生产智能化、管理智能化、运维智能化、产品智能化上深耕发力，打造国家级人工智能产业集聚区。加快精益生产、敏捷制造、虚拟制造等在装备制造企业的普及推广。重点推进智能制造系统平台、关键部件、成套装备研发。发展基于互联网的个性化定制、众包设计、云制造等新型制造模式。推动"智能工厂/数字化车间"建设，促进传统制造智能化升级。

打造高端智能装备品牌聚集区。重点围绕轨道交通、工程机械、智能制造、航天航空、新能源汽车和智能汽车、工业机器人等优势产业，培育一批具有系统集成能力、智能装备开发能力和关键部件研发生产能力的智能制造骨干企业，打造轨道交通、工程机械、航天航空装备、汽车制造等若干万亿产业集群和产业链。提升长株潭制造的品质和能级，深入开展质量革命，深化高端智能装备品牌建设，引导企业树立品牌发展战略，实施品牌培育工程，应用先进质量管理技术，优化生产工艺，弘扬工匠精神，提高产品质量，打造一批品质卓越、具有自主知识产权的智能制造高端品牌，打响长株潭"制造湘军"高端品牌。

加快新兴产业战略性布局。把握数字经济发展大势，以前沿核心技术为导向，共同布局一批面向未来的新兴产业。依托湘江鲲鹏、中电集团、景嘉微、国科微等，以自主可控操作系统、数据库、云计算自主架构、GPU、超高清解码芯片为重点，培育计算机与信创产业集群。依托三安光电、楚微、天岳等，以半导体装备及成套装备、碳化硅材料、封装技术为重点，打造第三代半导体产业集群。依托蓝思科技、彩虹玻璃、惠科光电等，以显示面板、触摸屏单体和模块、防护玻璃、特种玻璃为重点，培育壮大手机平板显示器件产业链。依托隆平高科、三诺生物、圣湘生物、光琇高科等，以生物育种、基因技术、中药产业链为重点，建设中古生物技术联合创新中心、国家育种中心，打造中部地区生物医药产业新高地。

（二）合力培育建设国际消费中心

加快集聚国际消费资源，提升国际消费服务，打造国际消费环境，培育国际消费需求，不断增强消费对经济发展的基础性作用，将长株潭都市圈建设成为扩大引领消费、促进产业结构升级、拉动经济增长的新载体和新引擎，成为具有全球影响力的国际消费中心。

培育聚集优质消费资源。鼓励国际知名品牌企业通过资产重组、合资合作、独资经营等方式在长株潭布局，重点引进奢侈品类、化妆品类、服饰类、餐饮类等国际知名商业品牌入驻大型商业综合体及街区，打造区域性国际知名品牌营销中心。挖掘湖湘特色文化，培育一批文旅精品景区和旅游演艺、特色节会。加快培育和发展健康、养老、托育、家政、教育、培训、文化、体育、旅游、美容、养生、中医药等服务消费产业，进一步提升生活服务品质，形成一批带动性强、示范效果好、服务品质优的服务企业。鼓励支持友阿、通程、步步高等本土大型实体零售企业加强品牌创新发展，提升核心竞争力和影响力。

建设都市新型消费商圈。合理规划打造一批具有较强国际影响力的新型消费商圈，以长沙五一商圈为载体打造夜经济商圈，进一步提升五一商圈在全国城市商圈的知名度和影响力，支持黄兴步行街申报创建国家级试点步行街，推进株洲芦淞区中心广场商业中心、湘潭建设路口商业中心等商圈提质改造，形成长株潭都市圈特色化、国际化的商业中心。引导商圈逐步提高信息化水平，加强线上线下资源共享，构建网络化、移动化、便捷化的智慧商店、智慧商圈。着力打造业态齐全、消费集聚力强、辐射范围广的综合性商业地标。鼓励引进国内外品牌首店、旗舰店和体验店等高端业态，提供新品国际首发，打造具有国际知名度的顶级商圈。

营造安全放心消费环境。开展城市环境美化建设，优化生态宜居环境，提升服务质量与水平，规范服务场所多语种标识，提升城市国际化水平。推进5G等新一代信息基础设施建设，实现主要消费场所光纤宽带、无线网络全覆盖。优化城市商业设施布局，促进大型商业设施与市政交通互联互通，加快城市公共停车智能服务系统建设，建立健全高效物流配送体系，提升消费便利度。健全统一的市场监管和消费维权体系，畅通消费投诉举报渠道，加强商品质量、食品安全、市场秩序综合监管和治理，打击侵权假冒行为，全面推进诚信体系建设，建立健全重要产品追溯体系，营造安全放心的消费市场环境。

（三）协同构建区域创新共同体

围绕"创新谷""动力谷""智造谷"统筹发展，全面整合三市资源，以岳麓山国家大学科技城、马栏山视频文创产业园、国家级高新区、经开区以及省级产业园区、集中开发区为重点，共同组织实施一批战略性、跨区域、跨领域的重大关键核心技术攻关项目和产业发展项目，努力补齐创新链关键短板，保障产业链和供应链安全，打造国内一流、国际知名的协同创新共同体。

协同建设自主创新示范区。充分发挥长株潭自主创新示范区科技和产业优势，合力打造长株潭科技创新共同体，积极创建国家先进轨道交通装备制造业创新中心，建设一批科技金融服务中心、企业孵化器和众创空间、星创天地。重点推进岳麓山国家大学科技城科创服务中心、长株潭湘江湾科创走廊、湖南工业创新研究院、中国（长沙）信息安全产业园、隆平生物种业产业园、"株洲·中国动力谷"国家先进交通装备制造创新中心、国家功率半导体产业创新中心等的建设。完善部际协调小组和省自创区建设领导小组工作机制，加强部省对接。强化省直相关部门及长株潭三市之间的沟通协调，建立定期会商制度，协同推进工作落实和目标完成。

共同打造国家创新创意中心。以长株潭国家自主创新示范区和湘江新区建设为载体，加快岳麓山国家大学科技城、马栏山视频文创产业园等重大创新平台建设，构建全链条创新孵化体系。围绕新兴优势产业链打造创新链，集中突破高端装备、轨道交通、自主可控信息技术、新材料、新能源、生命科学等领域的一批关键核心技术。打造环高校知识经济圈、大学科技园、协同创新示范园区，促进创新成果商品化和产业化。实施一批对经济转型和产业升级带动作用突出的新兴产业重大工程，开展智能制造、大数据应用、新型医疗惠民等重大创新工程。推动互联网新技术与产业融合，发展平台经济、共享经济、体验经济，共同培育新技术新业态新模式。明确企业的技术创新主体地位，强化企业创新投入、成果转移转化和产学研协同创新等主体作用。实施领军企业成长工程、高成长性企业培育计划、科技型小微企业提升行动。共同加强知识产权保护，加强研究成果推广、转移与转化，引导高校、科研院所建立健全专业化技术转移服务机构。

提升圈域科技原始创新力。依托长株潭国家自主创新示范区政策优势，共同争取国家重大战略项目、重大科技专项布局。针对超高产杂交稻、超级计算机、轨道动力控制系统、中低速磁悬浮和 IGBT 芯片等相关领先技术，开展关键技术、知识产权等领域的自主可控和国产化替代研究，不断提高产品迭代和产业化水平。支持三一重工、中联重科、中车集团、中航工业、湘电集团、株洲硬质合金集团等领军企业在先进装备制造、新材料、新能源等方面不断提高产品研发和应用水平，加强原创关键技术、自主可控信息技术等领域的基础研究。整合三市高等院校、科研院所、研发机构与企业、产业园区的科研资源，构建开放、协同、高效的共性技术开发平台，实现各类创新设施设备的开放共享共用。围绕重点产业、关键共性技术，引导院士专家、科研院所、政府部门、产业投资集团共同组成产业创新研发机构，联合集体攻关，完善以重大创新研究支撑战略性产业发展、以重点产业需求牵引创新能力提升的协同创新体系。积极承担和部署国家科技创新项目，形成若干战略性新技术、新产品。

（四）深化产业分工协作

以推动长株潭都市圈各城市间专业化分工协作为导向，强化中心区产业集聚能力，推动产业结构升级，优化重点产业布局和统筹发展，推进都市圈产业网络化、特色化、差异化、服务化发展，培育跨市域、跨行业产业集群。

引导产业合理分工布局。依托长株潭"两型社会"建设综合配套改革试验区、国家级湘江新区、国家自主创新示范区，构建"三廊一城"产业集聚带（"三廊"即长潭西线经济走廊、长株东部经济走廊、湘江生态经济走廊，"一城"即岳麓山国家大学科技城），建设具有国际竞争力的国家先进制造业中心、高技术产业基地和中部地区现代服务业中心。统筹协调"长沙·麓谷创新谷""株洲·中国动力谷""湘潭智造谷"三谷建设，推动国家级园区产业高端化发展，促进各园区功能互补、产业错位布局和特色化发展，形成各具特色、协同发展的产业新格局，辐射带动全省高质量发展。高标准做好"三干两轨"沿线产业规划布局研究，推进长沙红星农副产品全球采购中心、长沙国际会议中心综合体、中国（韶山）世界红色文化旅游基地、花明楼红色文旅小镇、长株潭城市群（昭山）生命康养融城社区等宜居宜业、绿色生态、特色鲜明的产业布局。

推动产业深度配套协作。推动长株潭三市产业"一盘棋"，引导产业特色化、差异化、协同化发展，构建一体化的现代产业体系。以长沙高新区、长沙经开区、株洲高新区和湘潭经开区等为核心，整合工程机械、轨道交通、汽车制造、航空航天、工业机器人等产业集群，促进各园区在研发设计、关键零部

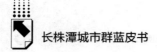

件生产、一般零部件制造、产品组装、检验检测、市场营销等产业链环节进行协同分工。依托长株潭国家自主创新示范区、湘江新区建设,积极引导高端服务业态、高附加值服务环节和高水平产业载体集聚发展,实施"湖湘服务"品牌战略,打造一批展示长株潭服务形象的高端服务品牌。统筹三市各园区功能定位和产业导向,进一步做大做强各市产业园区,推动园区之间开展对接合作,形成合理布局、各具特色的区域产业协作体系。

打造产业发展共同载体。统筹推进三市国家级园区统一规划,优化整合园区发展空间,开展园区整合优化试点,鼓励以国家级园区和发展水平较高的省级园区为主体,整合或托管区位相邻、产业相近的开发区,推进园区空间整合和体制融合。面向产业公共服务需求和关键共性技术攻关,共同建设区域综合性产业服务共享平台。支持创建产业集群公共服务平台,探索"政府引导+市场主导+专业化运作"的服务新模式。打造工业互联网平台体系,推动优势产业链骨干龙头企业建立企业级工业互联网平台,大力发展特色产业集群工业互联网平台,推动企业上云上平台,提升企业大数据运用能力。依托新一代信息技术,建设统一规范、公开透明、服务高效的公共资源交易平台体系。培育面向中小企业的公益性和增值性服务需求,建设小微企业服务站、线上服务超市等公共服务平台,形成支撑产业发展的公共服务体系。

六 构建便利共享的公共服务体系

坚持以满足人民美好生活需要为中心,以均衡普惠、整体提升为导向,统筹推进长株潭公共服务协同发展,打造政务环境优良、社会安定和谐、群众生活便利的宜居宜业宜乐宜游都市圈。

(一)推进公共服务标准化便利化

健全基本公共服务标准体系。加快长株潭都市圈基本公共服务标准衔接统一,开展基本公共服务标准化试点,在标准制定、实施、应用、宣传等方面先行先试。实施基本公共服务标准化管理,以标准化促进基本公共服务均等化、普惠化、便捷化。逐步提升基本公共服务保障水平,增加保障项目,提高保障标准。开展基本公共服务保障区域协作联动,确保覆盖全体居民。

拓展异地公共服务便利互通。创新跨区域服务机制,建立健全异地就医直接结算信息沟通和应急联动机制,提高异地就医便利性,完善住院费用异地直接结算机制,开展异地就医门、急诊医疗费用直接结算试点工作,加强异地就医直接结算服务监管合作。推进社会保险异地办理,开展养老服务补贴异地结算试点,促进异地养老。实施民生档案跨区查档服务项目,建立互认互通的档案专题数据标准体系。

推进长株潭政务服务一体化。深化以"不见面审批"为重点的"放管服"改革,优化业务流程、加强数据共享、拓展服务内容,建设一体化在线政务服务平台,探索建立统一政务数据管理的机构,推动长株潭政务数据共享,实现都市圈内跨部门、跨区域、跨层级政务信息资源共享和业务协同,并依法依规向社会开放。优化长株潭经济治理基础数据库,加快推动各城市各部门间数据共享交换,制定出台新一批数据共享责任清单。研究建立促进企业登记、交通运输、气象等公共数据开放和数据资源有效流动的制度规范。

(二)促进优质公共服务资源共享

均衡配置公共教育资源。依托长沙市优质教育资源,开展多种形式的跨地区教育合作,支持长沙"四大名校"等优质中小学校在株洲或湘潭兴办分校,支持高校跨地区共建共用院校科研实验室和实训基地。构建教育交流沟通平台,建立高校专家资源交流合作和教师培训交流合作机制。打造互联互通、紧密合作、开放共享的合作载体,在更高层次、更高水平、更高质量上开展战略合作。规划建设湘江湾大学城、湖南(株洲)职教城产教融合示范基地。

推进医疗卫生资源共享。加强对各类突发公共卫生事件的统一协调指挥和信息资源共享,建立紧急医学救援协调机制,推进省市共建公共卫生救治中心等突发公共事件应急医疗救援基地建设。鼓励医疗机构通过远程诊疗、派驻专家、交流进修等方式加强交流合作。探索建立标准统一、接口统一的医疗信息化平台。推动病历跨地区、跨机构互通共享以及医学检验检查结果跨地区、跨机构互认。深化医疗卫生体制改革,建立健全分级诊疗制度。共同推进医联体建设。支持株洲市公立医院医疗卫生综合能力提升项目建设、湘潭市公共卫生防控体系建设等。

共建共享圈域文体设施。推动图书馆、文化馆、博物馆、体育场馆、旅游景点等公共服务设施共建共享，对都市圈市民免费开放。支持长株潭都市圈三市共同举办马拉松、自行车等大型群众性体育赛事。加快建设长沙国际体育中心。搭建"长株潭文献资源共享"平台，实现都市圈内图书资源借阅"身份证通"的通借通还普惠服务。

实现社会保障同城化。建立标准统一、整体联动、业务协同的社会保险公共服务平台，实现"同城通办""异地可办"。建立社保关系跨地区转移接续机制。优化完善异地就医结算机制，健全基本医疗保险、大病保险、医疗救助等"一站式"即时结算机制，实现社会保障卡可同享三地医保服务、三地就医、购药实时刷卡结算。完善跨部门社会救助家庭经济状况信息核对平台。统筹推进社会保障等领域信息化建设，形成一体化的信息化应用支撑体系。

（三）促推文化旅游繁荣创新

共筑先进文化发展高地。加强文化政策互惠互享，推动文化资源优化配置，加强文物保护利用，继承发展优秀传统文化，共同打造湖湘文化、红色文化等区域特色文化品牌。高质量办好中国金鹰电视艺术节、汉语桥。构建现代文化产业体系，加强创意、影视、版权、动漫、出版等产业合作，推出一批文化精品工程，培育一批文化龙头企业，推动文化产品和服务走出去。推动美术馆、博物馆、图书馆和群众文化场馆区域联动共享，实现城市阅读一卡通、公共文化服务一网通、公共文化联展一站通、公共文化培训一体化。加强重点文物、古建筑、非物质文化遗产联合保护与合作交流。

打造国际知名旅游目的地。以提高旅游景区品位、挖掘旅游景点内涵为主要举措，重点打造"长沙—岳麓山（岳麓书院）·橘子洲旅游区—国金中心—化龙池—坡子街小吃一条街—火宫殿—太平街—湘江剧场—洋湖湿地艺术旅游区—湖南省博物馆—湖南广电影视基地—铜官古镇—株洲动力谷—醴陵瓷都—湘潭盘龙大观园—窑湾、万楼旅游区"湖南旅游精品线路。整合红色旅游资源，开发互联互通的红色旅游线路，着力打造"长沙—湘潭韶山旅游区（5A）—彭德怀纪念馆（4A）—长沙宁乡花明楼景区（5A）—岳麓山·橘子洲旅游区（5A）—第一师范旧址（4A）"这条伟人故里·红色潇湘路，合力推进湘赣边红色旅游融合发展创新示范区建设和湘潭（韶山）全国红色旅游融合发展示范区发展。因地制宜打造和培育具有休闲健身和度假功能的深度体验型旅游新产品，建设长株潭生态康养示范基地。推动旅游市场和服务一体化发展，联合开展旅游主题推广活动。打响长株潭都市圈"锦绣潇湘·快乐之都"品牌，着力打造国际知名旅游目的地。

培育文旅融合发展新优势。通过优势资源共享、统筹机制共建、企业主体共筑、发展平台共搭、专业人才共有，推动文化和旅游以及相关产业全域融合、全程融合、全面融合，实现文化和旅游的经济效益、社会效益同步提升。依托云计算、大数据、物联网、虚拟现实等最新科技成果，推动文化创意产业与科技、金融、旅游等相关产业形成高水平、深层次、宽领域的融合发展格局。着力打造一批国内领先、国际知名的著名企业及具有核心竞争力的文化创意产品，精心培育若干具有国际影响力的文化创意产业品牌，培育文旅融合发展新优势。

（四）共建公平包容社会环境

组构同城社会治理体系。推动社会治理由单个城市向都市圈协同治理转变。建立都市圈统一的社会治理联动平台，推进技术融合、业务融合、数据融合，实现跨系统、跨部门、跨业务的协同管理和服务。推进市场监管执法体系改革，建立健全跨部门、跨区域执法联动响应和协作机制。深化都市圈应急管理合作，深化应急处置联动，探索建立联合应急指挥机制，以属地管理为主原则，协同支援开展应急处置工作。健全突发事件处置应急物资设备等征用补偿制度。

开展公共事务协同治理。建立社会治理一体化的权责机制、联动机制与共享机制，跨行政区设立协调管理机构，铺设全局性的社会服务管理网络，联动应对突发事件、防范社会风险。编制都市圈突发事件应急预案，完善联合应急演练和治理、培训交流等机制。完善重大传染病疫情和突发公共卫生事件联防联控、紧急医学救援合作联动机制。建立社会综合治理联动机制，有效打击跨域犯罪活动。提高对各类灾害事故的预警预防与应急处置能力。

完善都市社会信用体系。利用区块链和大数据等技术，促进公共信用数据与互联网等数据的汇聚整合，实现信用主体信息共享，为经济高效运行提供全面准确的基础信用信息服务。建立健全贯穿市场主体全生命周期，衔接事前、事中、事后全监管环节的新型监管机制，不断提升监管能力和水平，

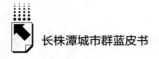

健全失信联合惩戒对象认定机制，深入开展失信联合惩戒，形成信用监管协同机制。

七　构建共保联治的生态文明体系

牢固树立和践行"绿水青山就是金山银山"的理念，坚持生态保护优先，完善区域生态文明建设联动机制，推动长株潭都市圈生态环境共治共保，打造生态友好型一体化发展样板，构建生态绿色型都市圈。

（一）共同打造生态防护屏障

营造世界品质都市绿心。依托湘江和山体绿地，将长株潭生态绿心建设成为世界上最辽阔、最开放、最优雅的第一绿色客厅。推动生态公益林建设，利用湘江支流、区内山体和丘陵分布的空间组合，串联城镇绿化隔离带、农田耕作区等网络状生态廊道。合理构造主要交通干道、铁路两侧的绿化带以及山水廊道生态景观系统，维护区域生态系统稳定代谢和可持续繁衍。以湘江、石燕湖、岳麓山、昭山、法华山、金霞山为关键节点，通过林地绿地、郊野公园、区域绿道串联，提升洋湖湿地、解放垸、巴溪洲等生态品质，构建以水为脉、林田共生、城绿相依的"山水洲垸城"景观格局。打造园艺博览园、农业观光园、运动休闲园、生态动物园、花卉博览园五大主题公园，以绿色生态、缤纷多元的景观体验，塑造独具魅力的城市名片。

健全区域生态安全体系。切实加强生态环境分区管治，强化长株潭生态绿心地区保护和修复，确保生态空间面积不减少，保护好长株潭都市圈可持续发展生命线。统筹山水林田湖草系统治理和空间协同保护，加快湘江生态廊道、浏阳河生态廊道建设。以同升—跳马丘陵区、昭山省级森林公园、石燕湖、法华山、五云峰、金霞山、九郎山和嵩山寺植物园为重点，共筑长株潭绿色生态屏障。加大自然保护区、风景名胜区、森林公园等其他生态空间保护力度，重点推进岳麓山、韶山、沩山国家级风景名胜区的保护和管理。加快石燕湖、昭山、九郎山省级森林公园基础设施和旅游设施建设。提升大围山、凤凰山、青羊湖、黑麋峰、天际岭、东台山国家级森林公园建设水平。

协力保护重要生态系统。长株潭三市统筹协调，加强森林、河湖、湿地等重要生态系统保护，提升生态系统功能。推动流域生态系统治理，建设湘江、浏阳河、捞刀河、沩水、涟水、涓水、渌水流域两岸生态保护区，实施靳江河、龙王港沿岸造林绿化工程，建设高标准农田林网，开展丘陵地区森林植被恢复工程。推进湿地生态保护与建设，重点修复保护团头湖、苏托垸和黄材水库湿地生态系统，加强千龙湖、金洲湖、松雅湖、浏阳湖、洋湖、水府庙国家级湿地公园水体、水质、景观、生物多样性的综合保护，完善湿地保护设施，开展科研监测。

（二）推进环境协同防治

加强大气污染联防联控。以都市圈为单位制定城市大气环境质量达标规范，突出治理好大气颗粒物污染，重点抓好工业源治理，协同推进移动源、生活源和农业源综合治理。强化能源消费总量和强度"双控"，进一步优化能源结构，依法淘汰落后产能，推动大气主要污染物排放总量持续下降，切实改善区域空气质量。联合制定大气污染综合治理攻坚方案，实施长株潭地区大气污染防治特护期联防联控，并将联防联控范围扩展到岳阳、常德、益阳三个传输通道城市，减轻重污染天气的影响，强化、细化重污染天气应对措施，提升区域大气污染防治水平。全力推行区域交叉执法、飞行检查执法等模式，加强主城区、产业集聚区、城乡接合部等重点区域治理，落实"网格化"监管措施，建立都市圈执法联动长效机制。

加强跨界水体环境治理。扎实推进水污染防治、水资源保护、水生态修复，促进跨界水体水质明显改善。继续实施湘江保护与治理"一号重点工程"。严格落实河（湖）长制责任，加强湘江干流及浏阳河、捞刀河、靳江河、沩水、渌水、涓水、涟水主要支流整治，建立都市圈内湘江流域岸线资源利用项目台账及动态管理机制，强化违规违法惩戒制度。沿湘江设置多道监测断面，推动实施工业和生活污水达标排放、重金属污染防治、沿江重点入口水系整治工程，推动沿岸农业县率先实现化肥及农药使用减量化。持续巩固清水塘、竹埠港、坪塘等重点区域污染综合整治成果，推进渌江上游流域水污染防治工程。

加强土壤环境保护与污染治理。以农用地和容易引发土壤污染的产业用地为重点，开展土壤污染状况详查，划定质量类别，实行分类管理。严格环境准

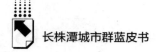

入，强化新建项目土壤环境影响评价。优先实施耕地和水源保护区土壤保护，控制农业面源污染，改善城乡土壤环境。加强住宅、学校、医疗和养老用地土壤环境风险管理，对周边地区严格实行用途管控和开发建设管理。推广土壤修复试点示范，联合开展长株潭地区重金属污染耕地修复综合治理试点，加快原长沙铬盐厂污染治理和厂区土壤修复进度，抓好竹埠港工业区、锰矿工业区、湖铁、南天公司、牛头化工厂及周边地区和清水塘工业区等重金属土壤污染综合治理。启动铜塘湾片区、清水湖片区等土壤治理工程。

加强固废危废污染协同处置。按照"减量化、资源化、无害化"原则，开展危险废物集中处置区域合作。统筹规划建设固体废物资源回收基地和危险废物资源处置中心，探索建立跨区域固废危废处置补偿机制。推动固体废物区域转移合作，完善危险废物产生申报、安全储存、转移处置的一体化标准和管理制度，严格防范工业企业搬迁关停中的二次污染和次生环境风险。全面运行危险废物转移电子联单，建立健全固体废物信息化监管体系。

（三）创新绿色低碳发展模式

降低产业和建筑能耗。核定工业碳排放阶段减排目标，严格控制高耗能、高排放的产业发展。通过科技创新建构低碳化、高附加值的新型产业体系，推行城市管理引领建设的低影响开发（LID）理念，创建绿色生态示范城区，降低城市的综合碳排放。依托大河西、云龙、昭山、天易、滨湖绿色生态示范城区，推进绿色建筑规模化高星级发展，全面推广绿色建筑，扩大装配式建筑及其在市政基础设施领域的技术应用。

促进生产生活循环链接。构建市场导向的绿色技术创新体系，集中突破一批节能环保关键技术，推广应用重金属污染治理、餐厨垃圾资源化利用和无害化处理等十大清洁低碳技术，以及清洁发展机制（CDM）和合同能源管理（EMC）等市场化节能减排机制。通过推行政府绿色采购制度，引导和促进企业开发清洁低碳产品，全面开展生活垃圾分类，实现原生垃圾零填埋。推进湿垃圾资源化利用设施、建筑垃圾分类消纳和资源化利用体系建设，完成城市固废终端分类利用和处置设施布局，发展固废循环经济，形成静脉产业链。

塑造"两型"生活新方式。开展绿色生活行动，推动居民在衣食住行游等方面加快向绿色低碳、文明健康的方式转变。倡导绿色消费，强化绿色管理，都市圈域内禁止商场、医院等机构提供免费塑料包装，禁止餐馆、酒店、旅馆主动提供一次性碗筷、牙具、拖鞋和洗涤用品。践行绿色教育，开展两型机关、两型学校、两型社区、两型家庭系列创建活动，推动两型文化理念渗透到社会生活各个角落。开展低碳交通示范，加强城市绿道、森林湿地步道等公共慢行系统建设，完善便民自行车公共服务系统，鼓励低碳出行。

建设绿色发展示范区。发挥长株潭绿心地区的生态枢纽作用，结合长株潭绿心地区总体规划，推动绿心生态绿色发展示范区建设，重点发展生态农业、旅游休闲业、高端现代服务业、创新型孵化型产业，形成昭山文化健康园、暮云低碳科技园、同升—跳马体育休闲区、柏加庭院式总部经济区、白马垄生态旅游镇、云峰湖健康运动园、云龙文创休闲区、天易生态服务片区八大精品高端生态发展片区及多个相对分散布局的以生态休闲农业为核心的产业发展点。

（四）推动生态环境监管联动

完善区域资源环境生态监测体系。鼓励都市圈内环境监测机构及相关科研院所共研环境科技监测技术、共建资源环境生态监测网络、共享区域环境监测结果。开展联合技术培训、联合设备运维、联合监测结果分析等行动，提升区域整体环境监测科技能力。建立都市圈一体化的大气环境监测预警网络及水土流失防治联动协作机制。推进建立农村地区生态环境监测网络，优化台站布局。

建设多元化横向生态补偿机制。建立健全长株潭都市圈区域生态补偿公共财政制度，明确生态补偿标准，制定生态补偿的产业扶持政策，建立生态补偿、环境管理制度及生态补偿的市场化机制。建立都市圈生态补偿专项资金，重点针对湘江流域长株潭区段、长株潭生态绿心区，大力推进生态示范工程和生态公益林建设等。制定补偿产业发展政策，对江河源头区、饮用水源涵养地区、自然保护区、森林和生物多样性保护地区等欠发达乡镇实施税收减免，实行基本财政保障制度。

强化"三线一单"生态环境管控。以确定和落实生态保护红线、环境质量底线、资源利用上线综合管控和生态环境准入清单为抓手，协调发展与保护的关系。实施预防为主、防治结合，确保都市圈环境质量稳步改善。按照自然资源有限有价的要求，协调区域开发模式，促进资源高效利用，落实区域资源

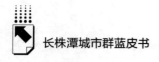

开发利用总量上限和强度、效率底线要求。在环境信息平台建设中统筹考虑"三线一单"信息共享与成果应用。

八 构建统一开放的现代市场体系

以建设高标准市场体系为统领，充分发挥市场配置资源的决定性作用，破除阻碍要素自由流动的体制机制障碍，扩大要素市场化配置范围，健全要素市场体系，营造规则统一、标准互认、开放包容、高效有序、要素自由流动的统一市场，构建开放竞合型都市圈。

（一）高效配置城际土地资源

创新土地供应模式，支持开展土地利用方式改革，逐步建立区域城乡统一的建设用地市场。加强土地统一管理，探索建立跨区域统筹用地指标、盘活空间资源的土地管理机制。改革建设用地计划管理方式，在全省土地利用年度计划安排上向都市圈适度倾斜，对重点开发区和重大项目优先安排新增建设用地指标。深化城镇国有土地有偿使用制度改革，扩大土地有偿使用范围，完善城乡建设用地增减挂钩政策，建立健全城镇低效用地再开发激励约束机制和存量建设用地退出机制。完善长株潭范围内闲置土地清理、调整机制。建立城乡统一的建设用地市场，探索宅基地所有权、资格权、使用权"三权分置"改革，依法有序推进集体经营性建设用地入市，开展土地整治机制政策创新试点。按照国家统筹、地方分担的原则，优先保障跨区域重大基础设施项目、生态环境工程项目所涉及的新增建设用地和占补平衡指标。

（二）引导人力资源顺畅流动

深化户籍制度改革，在都市圈全境全面取消落户限制。推进人口服务同城化建设，对都市圈内居民落户长沙的，一站式办理户口迁移手续。加快推进基本公共服务常住人口全覆盖。加快推进人口基础信息库和人才、劳动力市场建设，消除不同类型群体之间享受基本公共服务的差别。建立都市圈人才市场，共享就业信息和人才信息，推行各类职业资格、专业标准的城际互认。加强面向高层次人才的协同管理，探索建立户口不迁、关系不转、身份不变、双向选择、能出能进的人才柔性流动机制。实施长株潭高层次人才聚集工程，积极探索政府部门、用人单位、高校机构三方合作模式，引导高层次人才向重点产业、重点区域集聚，规划建设"中国长株潭人力资源服务产业园"。

（三）推进资本要素协同配置

加快金融领域协同改革和创新，深入推进长株潭城市群金融专项改革试点，促进资本跨区域有序自由流动。完善区域性股权市场。依法合规扩大发行企业债券、绿色债券、自贸区债券、创新创业债券。推进金融产品与服务同城化，实现区域内企业授信标准统一、授信额度共享、信贷产品通用，协力增加有效金融服务供给，推进金融配套同城化，统一三市土地、房地产抵（质）押登记等办理流程与收费标准。强化区域金融合作交流，推进预警联防、宣教联动、案件联办和维稳联合，共同维护区域金融发展安全。

（四）完善跨区域产权交易市场

发挥长株潭"两型"社会试验区、国家级湘江新区、国家自主创新示范区的政策优势，统筹发展碳排放权、排污权、水权等交易平台，建设面向湖南、辐射全国的要素集中交易场所，引导发展资源环境交易、信息数据交易、农村产权交易、知识产权交易等市场业务，建设具有全国性影响的新型要素交易平台。探索面向全国的大宗商品现货交易平台与物流服务平台建设。建立统一的技术市场，支持建设长株潭区域技术交易市场联盟，共同促进技术转移转化，构建多层次知识产权交易体系。加强产权交易信息数据共享，优化长株潭经济社会治理基础数据库，建立安全风险防范机制。

（五）建设良性互动的商贸流通圈

建立长株潭都市圈商贸合作联盟，实现电子商务、商贸物流和会展等领域的合作。相互支持都市圈内商贸企业到本市开设商业零售、餐饮、便利店、专卖店，在国家许可范围内，提供市场准入方便、市场准入指导和政策支持。推进市场准入同城化，加强长株潭标准领域合作，加快推进标准互认，探索建立区域一体化标准体系。加快完善都市圈信用体系，实施统一的守信激励和失信

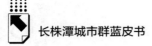

惩戒制度，树立"信用长株潭"品牌。发挥都市圈电商平台资源聚集的优势，为都市圈内知名农特产品、特产品牌及本地农村电商、专业户提供整合资源服务。加强圈内各市产销对接合作，促进农产品和各地特色产品流通，培育品牌消费。发挥长株潭各口岸区位优势，推进现代物流协同化。

九　构建融合发展的新型城乡体系

以促进长株潭都市圈城乡要素自由流动、平等交换和公共资源合理配置为重点，建立健全城乡融合发展体制机制，构筑空间一体、功能对接、发展联动的新型城乡体系，率先实现城乡融合发展。

（一）优化城乡一体化政策体系

构建城乡一体的户籍政策。深化户籍制度改革，全面放开城市及建制镇的落户限制，推进长株潭三市户籍互认。有序推动农村人口向条件较好、发展空间较大的城镇、特色小镇和中心村相对集中居住和创业发展。推动城乡人才双向流动，鼓励和引导城市人才回乡创业兴业。加快以户口为核心的综合配套改革，加快推进人口基础信息库和人才、劳动力市场建设，提升居民自由落户、办理户籍手续便利度，在实现基本公共服务常住人口全覆盖的基础上，推进扩大居住证附加的公共服务和便利项目，破除制约人全面发展的体制机制障碍，均衡提升城乡居民福利水平。

完善城乡一体的土地政策。落实第二轮土地承包到期后再延长30年政策。加快完成农村承包地、房地一体的宅基地确权登记颁证。在依法保护集体所有权和农户承包权的前提下，平等保护并进一步放活土地经营权，允许农户将土地经营权入股、从事农业产业化经营。稳慎探索宅基地所有权、资格权、使用权"三权分置"，适度放活宅基地和农民房屋使用权。在符合规划、用途管制和尊重农民意愿的前提下，鼓励盘活利用闲置宅基地和闲置房屋，探索对增量宅基地实行集约有奖、对存量宅基地实行退出有偿。建立多种方式的集体经营性建设用地入市制度，推进集体经营性建设用地使用权和地上建筑物所有权房地一体、分割转让。

完善城乡同权的资本政策。建立城乡一体化的财政保障机制，建立涉农资金统筹整合长效机制，提高农业农村投入比例。支持通过市场化方式设立城乡融合发展基金，引导社会资本培育一批城乡融合典型项目。完善乡村金融服务体系，改革村镇银行培育发展模式，建立健全农业信贷担保体系，依法合规开展农村集体经营性建设用地使用权、农民房屋财产权、集体林权抵押融资，以及承包地经营权、集体资产股权等担保融资。实现已入市集体土地与国有土地在资本市场同地同权。完善农村金融风险防范处置机制。

完善城乡均等的公共服务政策。推动公共服务向农村延伸、社会事业向农村覆盖，健全全民覆盖、普惠共享、城乡一体的基本公共服务体系，推进城乡基本公共服务标准统一、制度并轨。建立以城带乡、整体推进、城乡一体、均衡发展的义务教育发展机制，落实义务教育学校教师"县管校聘"，建立城乡教育联合体。研究推动乡村医生"乡聘村用"，推进县域医共体建设和三甲医院与县医院建立对口帮扶、巡回医疗和远程医疗机制。均衡农村公共文化服务布局，建立文化结对帮扶机制，加强农村群众文化团队建设，推动服务项目与居民需求有效对接，繁荣、兴盛农村传统文化。

完善城乡统一的社会保障政策。进一步完善城乡居民基本养老保险制度、基本医疗保险制度和大病保险制度及其转移接续工作，建立以省级政务服务平台为统一入口的社会保险公共服务平台。推动涉农区镇通过政府购买服务，为农村困境儿童和妇女、老年人以及残疾人提供关爱服务。支持推进健康乡村建设，构建多层次农村养老保障体系，创新多元化照料服务模式，提升农村养老服务能力。推进低保制度城乡统筹，统一城乡居民人身损害赔偿标准。

（二）填充城市建成区间"真空带"

推进城中村改造。依托长株潭融合发展区建设，坚持系统化改造与特色化改建相结合，统筹安排城中村拆除重建和综合整治，在含浦—坪塘—鹤岭—响水、黄兴—江背—柏加—镇头—云田—仙庾、雷打石—群丰—栗雨—易俗河—谭家山等区域大力开展以综合整治为主，融合辅助性设施加建、功能改变、局部拆建等方式的城中村更新。创新拓展城中村改造模式，重点关注城中村安全隐患消除、居住环境和配套服务改善以及历史文化特色保留，打造特色组团和共享公共空间。搭建城中村改造合作平台，探索在政府引导下工商资本与农民

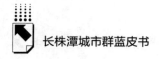

集体合作共赢模式，统筹利用乡村资源资产、工商资本和金融资本，发展壮大集体经济，促进城中村可持续发展。

推进融城社区建设。围绕全生活链服务需求，以人本化、生态化、数字化为价值目标，以和睦共治、绿色集约、智慧共享为内涵特征，在长潭、长株、株潭等三大融合发展区地域范围内，建设白泉-黄家湾融城社区、暮云融城社区、昭山融城社区、观音港融城社区、牛角塘融城社区、金屏融城社区、云龙融城社区等一批大型融城示范社区。依托国家新型智慧城市试点示范，以政府引导管控和城市综合运营为主要抓手，从塑造艺术与风貌交融的建筑群，推进窄路幅密路网建设、营建尺度宜人的开放街区，推进智慧社区发展入手，建设大王山、黄兴、竹埠港等一批有序组团、功能优宜、生态跨界、引领未来生活方式变革的新型城市功能单元。

推进农村社区建设。营建以田园生态区为基底，田园城区和田园村镇为点缀、"山、水、林、田、湖"交相辉映的新型城乡风光风貌，打造跳马、仙庾、荷塘、昭山等一批立足乡土风俗、富有地域特色、承载田园乡愁、融合现代文明的升级版乡村。大力推进内部配套服务对标城市社区、外部配套满足农民生产生活需要的农民社区建设。以城郊村建设为联结点，统筹推进城乡重要基础设施的市政公用设施一体化规划、建设、管护，推动农村基础设施提档升级。

（三）推进城乡融合发展平台建设

培育宜居宜业特色小镇。突出业态和模式创新，加快建设特而强、聚而合、精而美、新而活的特色小镇。重点建设田汉艺术小镇、黄兴体育小镇、靳江河文创小镇、大瑶烟花小镇、云田花木小镇、花石湘莲小镇等一批产城有机融合、创新创业活跃的特色产业小镇。充分利用山水风光，保持原真性、生态性，发展旅游、运动、康养等产业，建设灰汤温泉小镇、盘龙生态小镇、古龙湖生态小镇、云湖森林小镇、水府水乡小镇等一批人与自然和谐、宜居宜游的生态休闲小镇。围绕挖掘红色资源、讲好红色故事、建设红色阵地、打造红色产业的主线，建设花明楼、文家冲、滴水洞、开慧、乌石等一批传承红色"基因"、富有影响力的红色名镇。延续文脉、挖掘内涵，做强文化旅游、民族民俗体验、创意策划等产业，建设靖港、铜官、沩山、朱亭、白石等一批保护文化基因、兼具现代气息的文旅小镇。

推动现代农业产业园区建设。依托芙蓉区、宁乡市等国家现代农业产业园建设，有效发挥技术集成、产业融合、智能化管理、创业平台、核心辐射等功能，聚集现代生产要素，促进农业生产、加工、物流、研发、示范、服务等功能相互融合，造就现代农业产业集群。依托望城、湘潭等国家农业科技园，努力建设现代农业科技园，突出科技创新、科技应用、实验示范、科技服务与专业培训等功能，打造现代农业创新高地。依托长沙、株洲、湘潭国家新型城镇化综合试点，完善差别化扶持政策，整合创建一批具有区域特色的返乡下乡人员创业创新园区（基地），促进示范引领和融合带动。支持有条件的乡村建设以农民合作社为主要载体，培育都市农业、循环农业、设施农业、创意农业、农事体验等现代农业新业态新模式，让农民充分参与并分享收益。

共建城乡产业协同发展平台。培育发展城乡产业协同发展先行区，推动城乡要素跨界配置和产业有机融合。依托正大、唐人神等龙头企业产业链建设，促进农产品加工业提质升级，统筹推进初加工、精深加工、综合利用加工和主食加工协调发展。培育农业农村新产业、新业态，引导休闲农业与特色产业、资源环境、农耕文化等资源要素深广融合，促进组织优化与发展升级。探索农产品个性化定制服务、会展农业和农业众筹等新模式，完善农村电子商务支持政策，实现城乡生产与消费多层次对接。

打造城乡融合发展示范区。依托国家田园综合体建设和农村综合性改革试点，以培育产业、振兴农村为目标，选择具有较好的发展改革基础、较强的试验意愿和地方政策保障的若干地区，充分利用田园综合体建设试点、农村综合性改革试点、农村产业融合发展示范园、农民专业合作社质量提升整县推进试点、民营企业下乡发展试点等政策集成优势，打造城乡融合发展示范区，形成示范带动效应。加快推进浏阳永安镇和官渡镇、湘潭韶山、株洲等一批国家级、省级田园综合体建设和醴陵市、宁乡市、长沙县等一批国家级、省级农村综合性改革试点。

十　保障措施

全面强化组织领导，创新体制机制，加大推进力度，扩大社会参与，严格督促落实，聚力加快长株潭都市圈一体化深度融合发展。

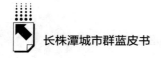

（一）强化组织领导

切实加强长株潭都市圈发展的组织领导，设立长株潭都市圈发展领导小组，由省政府主要领导担任组长，常务副省长、长沙市委书记、省委秘书长、省政府秘书长任副组长，都市圈相关设区市政府和省直有关部门主要领导担任成员，统筹协调都市圈规划编制、重大体制机制和政策创新，推进实施重大决策重大工程重大事项。领导小组办公室设在省发展和改革委员会，承担领导小组日常工作。在长株潭三市联席会议制度的基础上，完善都市圈市际联席会议制度，形成常态化工作机制，具体协调推进长株潭都市圈建设的重点合作工作与重大工程建设，及时协理解决各种矛盾、困难和问题。组建市场化的长株潭建设投资平台，负责年度跨区域重大项目建设。

（二）创新体制机制

完善规划协调机制。以同城化为目标，长株潭三市政府抓紧编制长株潭都市圈发展实施规划和重点领域专项规划，制定长株潭都市圈融合发展目标及思路，明确关系长株潭都市圈发展质量的重点领域，规划都市圈建设的重要任务，制定具体行动计划并推动落实。

优化行政协同机制。探索推进行政一体化改革，完善区域行政政策协同体系，推广"一站式服务"、"网上办事"和"网上审批"，开辟重大项目"绿色通道"，制定和完善市场"负面清单"、政府"责任清单"和"权力清单"，激发市场活力。

创新风险防范化解机制。以风险防控为底线，建立健全风险安全监管体系，依规开展空间开发与项目建设，加强工商、税务、银行等部门的服务合作，共同防范长株潭都市圈建设规划失控风险、金融债务风险和生态环境风险。

（三）实施重大专项

强化项目协商合作。建立都市圈融合发展重大项目多层次合作协商机制，明确重点合作项目建设主体，制定科学合理可行的年度、季度项目实施进度表，由合作办适时组织跟踪督导、现场检查各建设主体完成目标任务的进度，研究调控和推进措施。

共创重大融合平台。加快推进绿心生态绿色发展示范区、湘江智能经济带、"产、教、城融合示范区"、特别合作示范区等重大平台开发建设，充分发挥平台在进一步深化改革、扩大开放、促进合作中的驱导作用。优化行政区划设置，提高中心城市的综合承载和资源优化配置能力，引领都市圈高质量发展。

推进重大项目建设。聚焦基础设施、公共服务、环境保护、民生保障等领域，形成了一批项目化、可实施的重大项目，加强府际协同和部门联动，明确项目建设主体，细化责任和措施，定期考核评估，确保项目建成增效。

（四）扩大社会参与

引导社会智库参与长株潭都市圈建设。吸引高水平智库和高水平专家参与都市圈发展的战略、规划、政策研究和决策咨询，扩大都市圈社会影响，及时回应社会关切。建立第三方评估机制，发挥第三方社会公信力优势，引入第三方适时评估长株潭都市圈建设成效，帮助发现问题，及时调整发展策略。

引导社会资本参与长株潭都市圈建设。创新融资模式，建立风险共担—利益共享机制，引导社会资本进入都市圈基础设施建设领域，参与一体化重大公共工程建设。创新产业项目建设奖补机制与市场回报机制，吸引社会资本参与长株潭都市圈产业建设、资源开发以及产城融合项目建设。

引导社会公众参与长株潭都市圈建设。畅通公众参与渠道，搭建全过程、全方位的公众参与平台，完善动态反馈和调整机制，广泛听取社会各界特别是利益相关者意见，营造有利于长株潭都市圈同城一体化建设的优良环境氛围，增强长株潭都市圈内社会各方的认同感，汇聚强大社会合力，共同促推长株潭一体化高质量发展。

（五）抓好督促落实

加强规划实施绩效监测、分析和评估，严格对重大政策、重大项目实施的动态管理，推进规划实施—评估—调整—实施滚动循环。实行都市圈建设发展情况的监测约谈制度，推动相关政策协调取得实效。创新督查考核方法，鼓励利用大数据集成分析功能，提升考核的客观性和科学性。加强督查考核结果的分析运用，对考核排名居前者给予用地、财税等绩优奖励，培育务实创新、谋事兴业风尚。

参考文献

张萍：《长株潭城市群经济一体化历史进程》，《中国区域经济发展报告（2007~2008）》，社会科学文献出版社，2008。

童中贤：《加快推进长株潭一体化纵深发展》，《长沙晚报》2019年4月4日A10。

童中贤等：《新型城镇化视角下的区域发展研究》，人民出版社，2016。

约翰·弗农·亨德森等主编《区域和城市经济学手册》，经济科学出版社，2004。

协同发展篇
Synergetic Development Chapter

B.2
长株潭都市圈同城化阶段划分及时空演变特征分析

刘晓 唐玉 罗熙*

摘　要： 同城化是经济全球化和区域经济一体化背景下产生的一个新概念，是经济一体化的高级形态，与城市群、都市圈的发展紧密相关。本报告以湖南省经济发展水平最高、人口密度最大的长株潭都市圈为研究对象，通过构建长株潭都市圈同城化发展水平评价指标体系，运用熵值法对1997~2020年长株潭都市圈6个不同维度的同城化水平进行测度，并对长株潭都市圈的同城化发展阶段进行划分与分析，结果显示：1997~2007年为长株潭都市圈同城化探索阶段，2008~2016年为同城化加速阶段，2017~2020年为同城化融合发展阶段；2020年长株潭都市圈同城化水平为0.6573，处于同城化融合发展阶段，尚未达到同城化一体阶段；2020年长株潭都市圈同城化水平在经济联系同城方面评分最高，

* 刘晓，博士，湖南省社会科学院（湖南省人民政府研究中心）副研究员，邵阳学院理学院外聘导师，研究方向：城市发展与区域经济规划、绿色发展与低碳经济；唐玉，邵阳学院本科生；罗熙，邵阳学院理学院讲师。

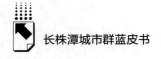
其次是公共服务同城和行政管理同城，在产业结构和市场发展同城方面最弱。

关键词： 长株潭都市圈　同城化　熵值法

随着经济全球化和区域经济一体化的深入发展，自 20 世纪 80 年代以来，城市群逐步取代单一型城市，成为国家或区域参与全球竞争与合作的主流地域空间组织。区域经济一体化主要表现为以特大城市、大城市为中心的城市群以及相邻城市之间的区域性经济合作，呈现城市空间向区域空间拓展与转化的趋势，即随着城市间协作的不断深化和空间结构的巨大调整和演变，相邻城市逐渐融为一体，界限趋于消失，由单一城市转变为一个大的城市集合体。"同城化"正是在区域经济一体化的背景下发展起来的，是经济一体化的高级形态，是相邻城市之间围绕共同利益达成和解，并日益走向融合发展的态势，即逐渐突破单一的经济一体化，朝着多方面相互协调的趋势发展。

"同城化"是伴随区域经济一体化出现的一个新概念，学术界对它存在许多不同的阐释。"同城化"的概念与都市圈、城市群的概念密切相关。"都市圈"概念源于 19 世纪五六十年代，日本学者富田和晓等对都市圈的基本概念进行了定义，即主要通过非农人口数和城市通勤率两个指标对都市圈的范围进行界定①。"城市群"的概念则源于法国地理学家戈特曼，他认为大都市带具有高度稠密的城镇基础设施和高效率的网络流通体系②。"同城化"则源于中国，国内学者高秀艳和王海波对"同城化"的概念进行了定义，即指地域相邻、经济和社会发展要素紧密联系的城市之间为打破传统城市间的行政分割和保护主义限制，以实现资源共享、统筹协作、提高区域经济整体竞争力的一种新型城市发展战略③。从规划角度来解释"同城化"则是，构筑"1 小时生活圈"，区域内居民的日常生活和工作往来像在同一座城市，类似于国外的"双

---

① 王德：《评介富田和晓的〈大都市圈的结构演变〉一书》，《城市规划汇刊》2002 年第 2 期。

② Gottmann J. Megalopolis, or the Urbanization of the Northeastern Seaboard, *Economic Geography*, 1957 33（3）.

③ 高秀艳、王海波：《大都市经济圈与同城化问题浅析》，《企业经济》2007 年第 8 期。

子城""孪生城市"等概念，例如美国的明尼阿波利斯-圣保罗、德国的柏林-勃兰登堡、荷兰的鹿特丹-海牙等。

自 2005 年深圳市率先提出与香港的同城化战略后①，国内众多城市群如广佛、沈抚、西咸等也根据各自的区域发展条件陆续出台和实施同城化发展战略。在这一大背景下，长株潭都市圈也加入"同城化"的队伍当中。

长株潭都市圈位于湖南省东部，由长沙、株洲、湘潭三座中心城市组成，辐射周边五座城市，是长江中游城市群重要组成部分和中部崛起的重要战略组成部分，是湖南省经济发展水平最高、人口最密集的区域。长沙、株洲、湘潭三市沿湘江呈"品"字形分布，中间以"生态绿心"相隔，三市的中心城区两两相距不足 45 公里，结构紧凑、地域邻近、交通便捷、经济强劲、生活相似，为"同城化"的发展提供了得天独厚的条件②。

本报告通过构建同城化发展水平的评价指标体系和评价方法，对长株潭都市圈同城化发展水平进行测度，并划分发展阶段，分析不同阶段的特征，针对长株潭发展过程中存在的问题提出了建议、对策，以期为推动长株潭都市圈同城化进程提供支撑，为探寻同城化发展路径提供参考。

一 长株潭都市圈区域概况及发展历程

长沙、株洲、湘潭三市面积共 28096.5 平方千米，2021 年末，长株潭都市圈全年生产总值为 19239.3 亿元，占全省的 41.77%，总人口 1684.95 万人，占全省的 25.4%；社会消费品零售总额 7228.4 亿元，增长 14.5%，占全省的 38.87%。

20 世纪 50 年代，出现过"长株潭一体化"的设想，有专家提出把长沙、株洲和湘潭三市合并组建"毛泽东城"，但一直未得到官方和民间的认同，而后从 1982 年湖南省社会科学院副院长张萍提出建立"长株潭经济区"至现今，长株潭一体化建设经历了从提出到停滞至步入正轨至缓慢增长直到现今的全面推进。长株潭都市圈历年发展政策大事及影响见表 1。

---

① 深圳市规划局、中国城市规划设计研究院：《深圳 2030 城市发展战略》，中国建筑工业出版社，2007。
② 曾群华：《长株潭一体化进程中的同城化研究》，《求索》2016 年第 2 期。

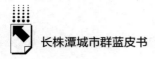

表1 长株潭都市圈历年发展大事/政策及影响

年份	相关政策、关键大事	相关影响
1982	张萍在省政协四届六次会议上提出"建立经济研究中心,加快经济体制改革,建设长株谭经济区"三点建议	首次提出建立长株潭经济区议题
1984	省委常委召开第66次会议,议定建立"长株潭经济区";长株潭经济区规划办公室成立,办公室在分管副省长直接领导下开展协调工作	长株潭经济区发展从理论开始变成实践
1985	陈邦柱副省长主持召开长株潭三市市长会议	标志着长株潭经济区的建设步入实施和实践探索阶段
1986	陈邦柱副省长主持召开三市市长联席会议	决定长株潭经济区启动十大工程建设
1991	省国土局提出编制长株潭区域规划	获国家计委和省政府支持
1992	省政府成立"长株潭区域规划领导小组"	长株潭跨区域协商机制萌芽,长株潭进入省级顶层设计层面
1997	省委书记王茂林、副书记储波主持召开长株潭一体化专题会议,长株潭三市市委书记、市长和省直有关部门主要负责人参会	会议提出"长株潭城市群建成湖南经济发展的增长极"战略,长株潭一体化启动
1998	成立长株潭经济一体化发展协调领导小组。编制长株潭经济一体化交通、电力、金融、信息、环保5个专题网络规划,提出《关于编制长株潭经济一体化五个专题规划的工作方案和建议》	明确提出要推进长株潭经济一体化进程
1999	省委、省政府召开第一次长株潭经济一体化发展座谈会	持续推进长株潭一体化5个专题发展
2000	编制《长株潭经济一体化"十五"规划》;世界银行开展长株潭城市发展战略研究(CDS)	长株潭一体化进程加快
2001	省委、省政府召开第二次长株潭经济一体化工作会议;首届长株潭经济论坛召开	多元持续推进长株潭一体化发展
2002	湖南省人民政府印发湘政发〔2002〕15号文,批准实施《长株潭产业一体化规划》	长株潭一体化进程持续加快
2003	《湖南省湘江长沙株洲湘潭段生态经济带建设保护办法》《湘江长沙株洲湘潭段生态经济带开发建设总体规划》正式发布或实施	长株潭一体化进程持续加快
2004	国家发改委以"发改投资〔2004〕1478号文"批复湖南省长株潭城市发展项目可行性研究报告	长株潭一体化进程持续加快

续表

年份	相关政策、关键大事	相关影响
2005	省政府以湘政发〔2005〕16号文,批准下发《长株潭城市群区域规划》,支持申报长株潭城市群国家综合改革试验区	我国内地第一个城市群区域规划
2006	第一届长株潭三市党政领导联席会议召开,签署《长株潭区域合作框架协议》;第九次党代会召开	长株潭政府协商机制全面启动,提出"3+5"城市群,带动全省区域经济协调发展
2007	获批"全国资源节约型和环境友好型社会建设综合配套改革试验区"	长株潭城市群发展上升为国家战略
2008	《长株潭城市群区域规划(2008~2020年)》获国务院批准	从国家层面对长株潭城市群发展提出明确要求
2009	"湖南省长株潭两型社会建设改革试验区领导协调委员会办公室"挂牌成立;长株潭通信突破行政区域限制,实行三市通信同费,采用统一区号0731;国家批复了里程为760公里的《长株潭城市群城际轨道交通网规划(2009~2020年)》	长株潭"两型社会"改革进一步深化,长株潭通信一体化正式启动,城轨的批复对缓解长株潭区域交通紧张状况、完善综合运输结构、推进城市化进程有重要推动作用
2011	湖南省政府批复《长株潭城市群生态绿心地区总体规划(2010-2030)》,《湖南国民经济和社会发展十二五规划纲要》出台	为长株潭地区"两型"社会的进一步建设提供了方向;首次明确提出"环长株潭城市群"新名词,长株潭城市群进一步扩容
2012	《湖南省长株潭城市群生态绿心地区保护条例》通过	更好地推动生态绿心地区的保护和发展
2014	长株潭国家自主创新示范区获批	全国第六个国家自主创新示范区,湖南第二个国家级平台
2015	国务院正式批复同意在长株潭城市群设立湘江新区	中国第12个、中部地区首个国家级新区
2016	国家工信部正式批复同意长株潭开展"中国制造2025"试点示范城市群建设,《长株潭城市群生态绿心地区规划管理办法》印发,《长株潭国家自主创新示范区发展规划纲要(2015~2025年)》获批	制造业产业集群发展,生态绿心保护日益完善,长株潭国家自主创新示范区建设被纳入国家创新驱动发展战略
2017	湖南省人民政府办公室印发《长株潭自主创新示范区发展建设三年行动计划(2017~2019年)》,同年设立了自创区建设专项资金,支持重大项目、平台、人才等的建设工作	全面推进自创区建设

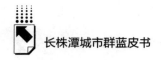

年份	相关政策、关键大事	相关影响
2018	长株潭城市群一体化发展首届联席会议举行	三市市委书记参加会议,开启长株潭一体化发展新征程
2019	长株潭城市群"三干两轨"项目正式开工,签署《长株潭城市群一体化发展行动计划(2019~2020年)》	从规划、交通、产业、民生及环境等方面推进长株潭合作
2020	包括长株潭在内的中国(湖南)自由贸易试验区获批,湖南省委和省政府印发《长株潭区域一体化发展规划纲要》	为长株潭区域向高质量一体化发展指明了方向
2021	长株潭都市圈被纳入国家"十四五"规划纲要;湖南省委和省政府印发《长株潭一体化发展五年行动计划(2021~2025年)》	未来5年将在规划同图、设施同网、三市同城、市场同治、产业同兴、生态同建、创新同为、开放同步、平台同体、服务同享的"十同"行动上下功夫,实现长株潭"一张蓝图管全域"
2022	《长株潭都市圈发展规划》被批复	中部地区第一个、全国第四个获批的都市圈规划,明确了长株潭都市圈范围,推动长株潭区域高质量同城化发展

从"长株潭经济区"启动到"两型社会"建设,再到长株潭城际铁路全线开通运营、长株潭都市圈列入国家"十四五"规划、长株潭都市圈成为全国第四个、中部地区第一个被国家批复的都市圈,"长株潭一体化"进程虽然经历过波折,但也取得了巨大的成效,长株潭都市圈的发展过程就是长、株、潭三市不断走向融合的"同城化"过程。

二 长株潭都市圈同城化发展水平评价体系及评价方法

(一)长株潭都市圈同城化发展水平的评价指标体系构建

1.评价指标体系设计思路和依据

回顾近几年研究结果可以发现,通过客观指标并不能充分、准确地反映同城化发展状况①。因此，本报告在借鉴已有研究成果的基础上，结合长株潭都市圈同城化发展的实际状况以及科学性、综合性、代表性的指标选取原则，并考虑数据和资料的可得性，依据《长株潭一体化发展五年行动计划（2021~2025 年）》中发布的"十同任务"清单构建了客观指标与主观指标相结合的长株潭都市圈同城化发展水平评价指标体系。

2. 评价指标体系及指标解释

本报告从经济联系、产业结构、市场发展、基础设施、行政管理和公共服务等六个维度，选取了 21 个指标，具体包括空间经济联系强度、时间经济联系强度、产业结构差异指数（生产总值）、产业结构差异指数（从业人数）、商品房屋平均销售价格集中化指数、在岗职工年平均工资集中化指数等 6 项客观指标，以及交通设施、通信设施、能源设施、金融设施和体育设施等基础设施的同城化，政府战略规划、产业发展规划、专项事务协调机制、对话沟通机制和利益协调机制等行政管理方面的同城化，公共教育、社会保障、医疗卫生、户籍管理和生态环境等公共服务的同城化等 15 项主观指标。具体指标见表 2。

六个维度的选择主要是基于以下几个方面的原因：经济联系是区域一体化最重要的条件，是区域一体化的基础，缺少经济联系，区域内难以形成统一、协调的态势；产业结构和市场发展二者是影响经济联系的重要因素，同时这二者之间也是相互影响的；基础设施是经济联系所依赖的重要条件，是经济联系进一步发展的基础；行政管理则依靠行政力量和政策创造适宜的社会经济环境，并在大范围内调动和分配各种资源，所以行政管理为区域一体化提供所需要的社会环境和资源条件；公共服务与民众的生活息息相关，是影响民众认同感的重要因素，而民众作为社会经济活动的主体，是区域一体化的主要参与者，认同感会影响民众参与区域一体化进程的积极性以及对区域一体化进程的支持度，从而影响区域一体化的发展，所以公共服务也是区域一体化不可忽略的重要条件。"同城化"是区域一体化的高级形态，自然也受以上条件的影响，所以上述指标是"同城化"的重要内容，是衡量"同城化"发展水平的重要标准。

---

① 马学广、窦鹏：《中国城市群同城化发展进程及其比较研究》，《区域经济评论》2018 年第 5 期。

表 2　同城化发展水平评价指标及说明

维度	具体指标	指标说明
经济联系	空间经济联系强度	空间距离邻近性
	时间经济联系强度	交通通达性
产业结构	产业结构差异指数(生产总值)	产值结构差异程度
	产业结构差异指数(从业人数)	劳动力结构差异程度
市场发展	商品房屋平均销售价格集中化指数	商品价格统一程度
	在岗职工年平均工资集中化指数	劳动力工资统一程度
基础设施	交通设施同城	城际交通设施建设
	通信设施同城	城际通信设施共网
	能源设施同城	城际能源设施同建
	金融设施同城	城际金融设施协同
	体育设施同城	城际体育设施共享
行政管理	政府战略规划	区域战略规划协作性
	产业发展规划	产业政策协调性
	专项事务协调机制	个案决策针对性
	对话沟通机制	政府相关部门协作性
	利益协调机制	利益分配合理性
公共服务	公共教育同城	公共教育资源均等化
	社会保障同城	社保转移对接便利性
	医疗卫生同城	卫生基础设施共享性
	户籍管理同城	户籍业务办理便捷性
	生态环境同城	环境问题治理协作性

（二）长株潭都市圈同城化发展水平的评价方法

长株潭都市圈同城化发展水平六个维度可通过两种不同的方法进行测算，其中基础设施、行政管理、公共服务三个维度为主观指标，主要依据历年相关政策文件的颁布及实施力度采用专家打分法来测算。客观指标包括经济联系、产业结构和市场发展同城化指标，主要通过获取相关数据、依据对应模型进行测算。由于主观指标具有不同的量纲和数量级，本报告采用 Min-Max 标准化方法对指标数据进行标准化处理。标准化处理后各个指标的数值都在 0~1，数值越靠近 1，表明同城化程度越高。采用熵值法确定各个指标的权重，并计算出综合同城化得分，得分越高，同城化水平就越高。

1. 指标测算与赋值

（1）经济联系同城化。采用经济联系强度来客观测度城市间经济联系的同城化程度，考虑经济联系强度受空间距离邻近性和交通通达性两个因素的影响，分别采用最短的实际空间距离和最快的交通通达时间测度两个城市间的经济联系强度[①]。经济联系强度越大，同城化程度越高。计算公式如下：

空间经济联系强度：

$$Rij = \sqrt{PiGi} \sqrt{PjGj}/D^2ij \qquad (1)$$

时间经济联系强度：

$$Rij = \sqrt{PiGi} \sqrt{PjGj}/T^2ij \qquad (2)$$

式中，Pi、Pj 分别是两个城市的总人口数，Gi、Gj 分别是两个城市的地区生产总值，D 为两个城市的最短实际空间距离，T 为两个城市的最快交通通达时间。

（2）产业结构同城化。采用产业结构差异度指数来客观测度产业结构的同城化程度，产业结构主要包括产值结构和劳动力结构。本报告选取长株潭三市三次产业结构中的产值结构和劳动力结构予以测度。

产业结构差异度指数的具体表达式如下：

$$Dij = \frac{1}{2} \sum_{k=1}^{n} |Xik - Xjk| \qquad (3)$$

式中，Xik 是 i 市 k 产业占 i 市三次产业的比重，Xjk 是 j 市 k 产业占 j 市三次产业的比重。其中 $0 \leqslant Dij \leqslant 1$，当 $Dij = 0$ 时则表示 i、j 两市产业结构完全相同，当 $Dij = 1$ 时表示 i 和 j 两市的产业结构完全不同，也就是说 Dij 的值越大两个城市的产业差异程度越大，相似度也就越小，产业结构的同城化程度就越高。

（3）市场发展同城化。市场发展同城化主要包括商品市场和劳动力市场

---

① 王源、赵雅男、黄莹：《基于熵值法的贵州省农业可持续发展水平评价研究》，《国土与自然资源研究》2022 年第 1 期。

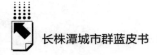

两个方面的同城化，本报告分别采用商品房屋平均销售价格集中化指数和在岗职工年平均工资集中化指数对长株潭都市圈的商品市场和劳动力市场发展的同城化水平进行客观测度。指数越小则市场分割水平越低，即市场发展同城化程度越高。计算公式为：

$$I = (A - R)/(M - R) \tag{4}$$

其中，A 为实际数据的累计百分比之和，R 为均匀分布时的累计百分比之和，M 为集中分布时的累计百分比之和。

（4）基础设施同城化、行政管理同城化、公共服务同城化则采用专家打分的方法进行测度。赋值依据是相应年份长株潭都市圈的三个维度实际发展情况如相关政策文件的颁布及实施力度，由专家进行打分。具体赋值说明及标准如表3所示。

表3　主观指标赋值标准

维度	具体指标	指标说明	赋值说明
基础设施	交通设施同城	城际交通设施建设	地铁 0.9~1 分 高铁 0.8~0.9 分 普铁 0.6~0.8 分 高速公路 0.4~0.6 分 普通公路 0.2~0.4 分 水路 0.1~0.2 分
	通信设施同城	城际通信设施共网	资费同价 0.8~1 分 规划未建 0.4~0.6 分 未规未建 0.2 分
	能源设施同城	城际能源设施同建	已建 0.8~1 分 规划未建 0.4~0.6 分 未规未建 0.2 分
	金融设施同城	城际金融设施协同	已实现 0.8~1 分 规划未实现 0.4~0.6 分 未规划 0.2 分
	体育设施同城	城际体育设施共享	共建共享 0.8~1 分 规划未实现 0.4~0.6 分 未规划 0.2 分

续表

维度	具体指标	指标说明	赋值说明
行政管理	政府战略规划	区域战略规划协作性	规划同体同图 0.8~1 分 高尺度区域规划 0.6~0.7 分 合作意向 0.2~0.5 分
	产业发展规划	产业政策协调性	产业合作制度健全 0.8~1 分 城市功能耦合 0.6~0.7 分 产业布局优化 0.2~0.5 分
	专项事务协调机制	个案决策针对性	全方位合作制度协议 0.8~1 分 专项事务合作协议 0.4~0.6 分 无专项合作协议 0.2 分
	对话沟通机制	政府相关部门协作性	协调交流机制健全 0.8~1 分 定期工作交流机制 0.4~0.6 分 无交流机制 0.2 分
	利益协调机制	利益分配合理性	综合利益分配 0.8~1 分 部分利益分配 0.4~0.6 分 未规划利益分配 0.2 分
公共服务	公共教育同城	公共教育资源均等化	教育资源均等 0.8~1 分 相关教育规划 0.4~0.6 分 未规划教育资源分配 0.2 分
	社会保障同城	社保转移对接便利性	社保同城对接 0.8~1 分 规划社保同城 0.4~0.6 分 未规划社保同城 0.2 分
	医疗卫生同城	卫生基础设施共享性	卫生设施对接共享 0.8~1 分 规划未落实 0.4~0.6 分 未规划 0.2 分
	户籍管理同城	户籍业务办理便捷性	户籍迁移一站式办理 0.8~1 分 规划未落实 0.4~0.6 分 未规划 0.2 分

2. 数据标准化处理与指标权重的确定方法

（1）数据标准化处理：Max-Min 标准化方法。

Max-Min 标准化方法即极差标准化法，是利用最小值、最大值对统计数据进行标准化处理的一种方法。本报告中的经济联系强度分别以长株潭都市圈1982 年、2025 年的相应发展水平作为最小值和最大值，其中，2025 年的数据是

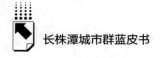

根据《长株潭一体化发展五年行动计划（2021～2025）》以及三市的"十四五"规划预测的，其余各项指标的最小值均为 0，最大值均为 1。计算公式如下：

正向指标标准化处理：

$$X = \frac{X - \min X}{\max X - \min X} \tag{5}$$

负向指标标准化处理：

$$X = \frac{\max X - X}{\max X - \min X} \tag{6}$$

（2）指标权重的确定方法：熵值法。

假设有 m 个评价指标和 n 个评价对象，形成原始评价矩 $R = （Yij）m×n$。对于某个指标 Yj，有信息熵：$ej = -\sum\limits_{i=1}^{n} Pij\ln Pij$，其中，$Pij = Yij/\sum\limits_{i=1}^{n} Yij$。如果某个指标的熵值 ej 越小，则表示在综合评价中所占份量越大，其权重也就越大，反之则越小。熵权法计算步骤如下：

A. 计算 j 指标下 i 年份的比重 Pij：

$$Pij = Yij/\sum\limits_{i=1}^{n} Yij \tag{7}$$

B. 计算第 j 项指标的熵值 ej：

$$ej = k\sum\limits_{i=1}^{n} Pij\ln Pij \qquad k = \frac{1}{\ln n} \tag{8}$$

C. 计算第 j 项指标的熵权 Wj。

$$Wj = \frac{1 - ej}{\sum\limits_{i=1}^{m}(1 - ej)} \tag{9}$$

三　长株潭都市圈同城化发展水平测度及分析

（一）数据来源

本报告数据主要源于《中国城市统计年鉴》（1998～2021 年），《湖南统计年鉴》（1998~2021 年），长沙、株洲、湘潭三市国民经济和社会发展统计公报（1997~2020 年），《长株潭一体化发展五年行动计划（2021~2025）》，和长沙、株洲、湘潭三市的"十四五"规划。最短空间距离及涉及的交通数据来源于高德地图以及 12306 软件中测算的城市间实际距离。

（二）长株潭都市圈同城化发展水平指标赋值及测算

主要根据公式 1、2 及所获数据来测算获得长株潭都市圈城市两两之间的经济联系强度；根据公式 5 及表 4 的数据对长株潭都市圈历年经济联系强度进行标准化处理，结果见表 5。长株潭都市圈 1982（长株潭最早提出年份）和2025 年（"十四五"规划目标年）的数据作为本研究中经济联系强度的最小值和最大值。产业结构同城化的指标主要通过根据公式 3 测算获得长株潭都市圈两两城市之间的产值结构（生产总值）和劳动力结构（从业人数）差异度指数，在这个基础上将产值结构差异度指数、劳动力结构差异度指数的平均值作为长株潭都市圈整体的产业结构（生产总值、从业人数）差异度指数。市场发展同城化主要根据公式 4 测得的长株潭三市之间的商品房屋平均销售价格和在岗职工年平均工资集中化指数。根据公式 5 对长株潭都市圈历年商品房屋平均销售价格和在岗职工年平均工资集中化指数进行标准化处理。

1. 指标权重测算

在 6 个维度的各级指标值确定的前提下，通过熵值法确定各项指标的权重，测算结果如表 4 所示。

表 4　长株潭都市圈同城化发展水平评价指标权重

同城化维度	具体指标	指标属性	熵值 e_j	指标权重 W_j
经济联系	空间经济联系强度	正向指标	0.8939	0.1549
	时间经济联系强度	正向指标	0.7700	0.3358
产业结构	产业结构差异系数（生产总值）	正向指标	0.9904	0.0141
	产业结构差异指数（从业人员）	正向指标	0.9809	0.0280
市场发展	商品房屋平均销售价格集中化指数	负向指标	0.9993	0.0010
	在岗职工年平均工资集中化指数	负向指标	0.9999	0.0002

同城化维度	具体指标	指标属性	熵值 ej	指标权重 Wj
基础设施	交通设施同城	正向指标	0.9983	0.0024
	通信设施同城	正向指标	0.9819	0.0264
	能源设施同城	正向指标	0.9837	0.0238
	金融设施同城	正向指标	0.9808	0.0281
	体育设施同城	正向指标	0.9752	0.0362
行政管理	政府战略规划	正向指标	0.9943	0.0083
	产业发展规划	正向指标	0.9874	0.0184
	专项事务协调机制	正向指标	0.9632	0.0537
	对话沟通机制	正向指标	0.9607	0.0574
	利益分配机制	正向指标	0.9846	0.0225
公共服务	公共教育同城	正向指标	0.9694	0.0446
	社会保障同城	正向指标	0.9696	0.0444
	医疗卫生同城	正向指标	0.9785	0.0314
	户籍管理同城	正向指标	0.9697	0.0443
	生态环境同城	正向指标	0.9834	0.0243

2. 同城化综合水平测算

根据权重计算出长株潭都市圈各维度指标同城化具体得分，再将所有维度得分相加后获得长株潭都市圈同城化综合得分，结果如表 5 所示。

表 5　1997~2020 年长株潭都市圈同城化发展水平测度结果

同城化维度	1997 年	1998 年	1999 年	2000 年	2001 年	2002 年
经济联系	0.0060	0.0067	0.0072	0.0078	0.0088	0.0098
产业结构	0.0034	0.0037	0.0038	0.0039	0.0023	0.0033
市场发展	0.0009	0.0009	0.0009	0.0009	0.0010	0.0009
基础设施	0.0244	0.0401	0.0401	0.0401	0.0428	0.0428
行政管理	0.0327	0.0411	0.0411	0.0437	0.0437	0.0446
公共服务	0.0382	0.0431	0.0431	0.0431	0.0431	0.0431
综合得分	0.1056	0.1356	0.1362	0.1395	0.1417	0.1445
同城化维度	2003 年	2004 年	2005 年	2006 年	2007 年	2008 年
经济联系	0.0106	0.0132	0.0156	0.0183	0.0237	0.0295
产业结构	0.0037	0.0037	0.0036	0.0035	0.0037	0.0035

续表

同城化维度	2003 年	2004 年	2005 年	2006 年	2007 年	2008 年
市场发展	0.0009	0.0010	0.0009	0.0010	0.0010	0.0010
基础设施	0.0558	0.0586	0.0724	0.0724	0.0780	0.0780
行政管理	0.0446	0.0446	0.0481	0.0729	0.0729	0.0729
公共服务	0.0443	0.0433	0.0548	0.0572	0.0661	0.0661
综合得分	0.1599	0.1644	0.1954	0.2253	0.2454	0.2510
同城化维度	2009 年	2010 年	2011 年	2012 年	2013 年	2014 年
经济联系	0.0587	0.0750	0.0857	0.0977	0.1097	0.1215
产业结构	0.0041	0.0043	0.0047	0.0047	0.0044	0.0043
市场发展	0.0010	0.0010	0.0010	0.0010	0.0010	0.0010
基础设施	0.0877	0.0893	0.0893	0.0893	0.0893	0.0893
行政管理	0.0793	0.0820	0.0820	0.0820	0.0820	0.0820
公共服务	0.0859	0.0904	0.0952	0.0952	0.0952	0.0952
综合得分	0.3167	0.3420	0.3579	0.3699	0.3816	0.3933
同城化维度	2015 年	2016 年	2017 年	2018 年	2019 年	2020 年
经济联系	0.1821	0.1992	0.2154	0.2292	0.2555	0.2794
产业结构	0.0061	0.0054	0.0048	0.0051	0.0056	0.0063
市场发展	0.0011	0.0010	0.0010	0.0010	0.0010	0.0010
基础设施	0.0920	0.0920	0.0957	0.0957	0.0957	0.0957
行政管理	0.0914	0.0914	0.1025	0.1260	0.1289	0.1348
公共服务	0.0974	0.0974	0.1043	0.1055	0.1237	0.1401
综合得分	0.4710	0.4864	0.5237	0.5625	0.6104	0.6573

（三）长株潭都市圈同城化发展水平测度结果分析

1. 长株潭都市圈同城化整体趋势

通过测算可以发现（见表5），1997~2020 年长株潭都市圈的同城化发展水平不断提高，但是产业结构和市场发展两个维度的同城化水平较为波动，其他维度均是逐渐提升。其中，经济联系同城化水平提升最快，其次是公共服务同城化水平，提升最慢的是市场发展同城化和产业结构同城化。同城化整体水平也呈现波动起伏的态势，其中 2004~2007 年、2008~2009 年、

2014~2015 年以及 2017~2020 年这四个时间段较快上升，年均分别增长
0.027、0.0657、0.0777、0.0445，2017 年之后更是持续稳定上升；1997~
2004 年年均增长仅为 0.0084，发展较慢。2009~2014 年年均增长也仅为
0.0153。发展较快的四个时间段分别得益于 2005 年《长株潭城市群区域规
划》的出台、2009 年"两型社会"建设改革方案的全面实施，以及高速铁
路、城际铁路的开通运营，且与这些年间长株潭三市各相关党政领导或政府
部门之间联席会议的召开、合作协议的签署、相关政策文件的出台有较大的
关系。

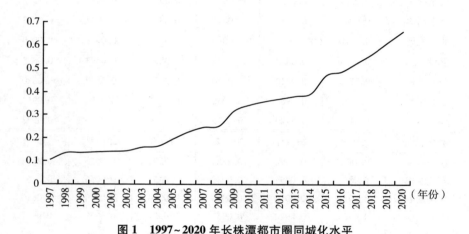

图 1　1997~2020 年长株潭都市圈同城化水平

2. 经济联系同城化

长株潭都市圈经济联系同城化水平（见图 2）呈不断上升趋势，尤其是在
2008 年之后上升更为迅速。从 1997 年的 0.006 提高到 2020 年的 0.2794，23
年上升了 45.57 倍，其中 1997~2008 年 11 年间仅增长了 0.0235，而 2008~
2020 年 12 年间则增长了 0.2499，这主要得益于 2007 年底长株潭都市圈成为
"两型社会"建设综合配套改革试验区，以及 2009 年、2014 年、2017 年底武
广高速铁路、沪昆高速铁路长新段（长沙-新晃）和长株潭城际铁路的陆续开
通。前者为长株潭都市圈的社会经济发展提供了政策支持，促进了长株潭都市
圈发展模式的转变，后者则极大地改善了长沙、株洲和湘潭三座城市之间的交
通条件，缩短了三市之间的交通时间，三市之间交通通达性得以提升，从而便

利了三市之间的人员和各种要素往来，加速了经济和社会交流，三市之间的经济联系也日益密切。

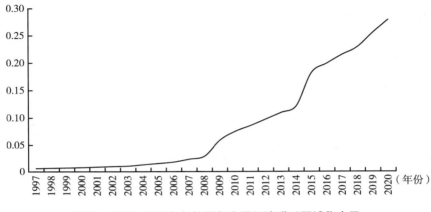

图2　1997~2020年长株潭都市圈经济联系同城化水平

3. 产业结构同城化

长株潭都市圈产业结构同城化（见图3）呈螺旋式上升，上涨幅度不大，发展较缓慢，整体水平也不高。1997~2020年23年间仅上涨了0.0029，2020年是1997年的0.85倍，大致经历了四升四降，得分始终低于0.01，由此可见长株潭三市三次产业结构差异程度较小，趋同程度较大。但是2008年之后，

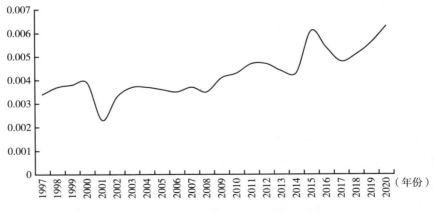

图3　1997~2020年长株潭都市圈产业结构同城化水平

除短暂出现过两次下降外，基本上呈上升趋势，这主要是因为 2007 年底长株潭都市圈成为"两型社会"建设综合配套改革试验区，长株潭三市之间的产业合作逐渐加深，加上交通条件的改善也为产业分工提供了良好条件，三市在三次产业细分领域的分工趋向优化。2014、2017 年的短暂下降则可能是因为沪昆高速铁路和城际铁路的开通，吸引大量相似产业在三市的铁路沿线布局，但随后很快得到调整。

4. 市场发展同城化

长株潭都市圈市场发展同城化水平呈现小幅度波动状态，大部分时间处于停滞状态，发展极为缓慢。1997～2020 年 23 年间始终在 0.001 左右徘徊，未超过 0.0011。具体发展态势如图 4 所示。

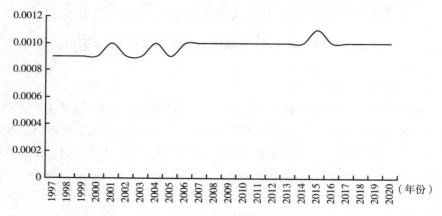

图 4　1997～2020 年长株潭都市圈市场发展同城化水平

长沙市作为湖南省的省会城市，人口首位度居全省第一，截至 2020 年末常住人口为 1004.79 万人，且拥有政策和教育方面的优势，拥有湖南省最多的优质教育资源，且就业和发展机会较多。拥有高校 58 所，其中本科和大专院校分别为 23、35 所，本科院校中还包括 4 所双一流高校，其他社会生活条件，如医疗、社保、交通等相比株洲和湘潭也更为优越，长沙共开通 6 条地铁线。2020 年末，株洲市常住人口为 390.31 万人，高校仅 10 所，包括 2 所非本科院校、8 所大专院校。湘潭市常住人口为 272.62 万人，高校仅 14 所，其中本科 8 所、大专 6 所，湘潭和株洲均无地铁。综上，长沙市社会经济条件相对株洲市、湘潭市更为优越，长沙市对株洲、湘潭两市形成了"虹吸"效应，人才大量流往长沙市。长沙市作为省会，职工工资和商品价格均相对较高。株洲和湘潭邻近长沙，人才流失较多，职工工资和商品价格相对较低，尤其是株洲、湘潭与长沙之间交通条件的改善，更是加速了株洲和湘潭地区人才流向长沙，从而导致长株潭市场难以整合、分割程度较大。

长株潭都市圈的产业结构和市场发展同城化水平较低，发展缓慢，但长株潭三市之间经济联系不断增强对长株潭三市基础设施、行政管理和公共服务等方面同城化的快速发展有一定的促进。

5. 基础设施同城化

长株潭都市圈基础设施同城化水平（见图5）快速提高，1997~2020年23年间增长了0.0713，2020年是1997年的2.92倍，其中前13年变化较为明显，即2010年是1997年的2.66倍，2010年后上升速度逐渐放缓，这主要与长株潭三市经济发展水平和三市之间经济联系的快速发展有一定关联，也受我国基础设施建造及运营技术不断进步的影响。

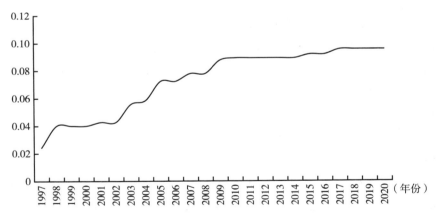

图5　1997~2020年长株潭都市圈基础设施同城化水平

（1）交通设施同城。长株潭交通设施基础较好，1997年已开通京广铁路和沪昆铁路这两条国家主要铁路的长株潭段，且1997~2007年，我国铁路经历了6次大提速，由1997年之前的平均时速48.1公里提升到2007年的70.18公里；2009年、2014年武广高速铁路和沪昆高速铁路湖南段相继开通运营，运营时速为 300~350 千米，分别连接长沙和株洲、长沙和湘潭，长株潭三市之间的交通设施条件快速改善。2017 年底，长株潭城际铁路全线开通运营，同时长株潭三市已开通多条城际公交线路、多条高速公路，且三市间的港口互通，长株潭都市圈的交通设施达到较高水平。但是，这主要是长沙与株洲、长沙与湘潭之间高铁相连、交通快速发展，而株洲与湘潭间的交通仍以公路和普通铁路为主，两城还未实现城市轨道交通的连通，发展较为缓慢，且长株潭三市间仍存在较多"断头路"，在一定程度上拉低了长株潭都市圈交通设施同城化水平。这些因素导致长株潭都市圈的交通设施同城化水平的上升在 2010 年之后逐渐放缓，尤其是 2017 年之后趋于停滞，仍有较大提升空间。

（2）通信设施同城。通信同城是长株潭一体化早期"五同"任务的重要内容之一，发展较快。2003 年，中国联通公司在三市实行资费同价；2005 年，中国移动公司在三市推广降费业务；2009 年，三市统一长途区号为 0731，后逐渐实现全运营商资费同价，成为全国率先实现通信同城的城市群。其后主要提升方向变为改进服务类型、提高服务质量、促进通信设施更新换代，对基础设施同城化水平的提升影响较小。

（3）能源设施同城。能源同城也是早期"五同"任务的重要内容之一，同样发展较快。能源设施同城早期主要是电力同网，后上升到能源同体，2009 年，建成亚洲最大天然气储配站，极大地保障了长株潭地区能源供应的稳定，长株潭"能源同体"实现重大突破。2017 年，三市系统地布置了大批新能源汽车充电站网点，有效地促进了三市能源设施同城的发展。

（4）金融设施同城。金融同城同样是早期"五同"任务的重要内容之一，发展较快。2007 年，交通银行、兴业银行和浦发银行（长沙分行）相继在湘潭、株洲布下网点，金融设施同城迈出重要一步；2010 年，长株潭取消了银行跨行异地手续费，降低了三地市民资金融通的交易成本，相继成立了华融湘江银行、长沙银行等区域性金融机构，对长株潭地区乃至整个湖南省的金融业发展都发挥了很好的协调作用，为长株潭一体化发展提供了良好的金融保障。

6. 行政管理同城化

长株潭都市圈行政管理同城化发展较快，增速呈波动状态。1997~2020 年23 年间增长了 0.1021，2020 年是 1997 年的 3.12 倍，其中 1997~2000 年、2005~2007 年和 2017~2020 年这三个时间段发展较快，年均增长分别为

0.0033、0.0124、0.0108，尤其是 2006 年和 2018 年发展最快，相较前一年分别增长 0.0248、0.0235。2001~2004 年和 2008~2016 年两个时间段发展较慢，年均增长仅为 0.0003 和 0.0023，具体发展趋势如图 6 所示。

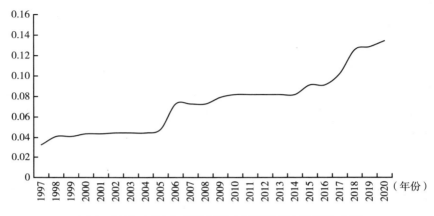

图 6　1997~2020 年长株潭都市圈行政管理同城化水平

1997~2000 年长株潭都市圈行政管理同城化发展较快，主要与长株潭一体化战略的提出相关，长株潭三市均有较强的合作意向，2000 年编制了《长株潭经济一体化"十五"规划》。不过随着合作的深入、项目的开展，行政分割的问题逐渐凸显，三市在发展方向、发展计划等问题上意见不统一，从而限制了行政管理同城化的发展。2005 年，《长株潭城市群区域规划》印发，长株潭三市有了明确的规划和任务，方向明晰；2006 年，召开了第一届长株潭三市党政领导联席会议，行政管理同城化迈出重要步伐；2009 年"两型社会"建设改革方案全面实施，长株潭三市统一目标为建设"两型社会"，行政管理同城得以继续推进。但是，随着"两型社会"项目的落地和开展，三市之间由于行政利益分歧而致行政管理同城化遇到障碍，进度放缓。到 2017 年，随着长株潭城际铁路全线开通运营，三市经济联系快速发展，居民交流日益频繁，政府在教育、医疗等社会资源的均等化、社保转接的便利性、户口迁移的便捷性等方面的服务能力逐步提高，长株潭三市在多年的一体化进程中分享到了切实的利益，获得了不错的发展，如交通条件和生态环境质量明显改善、通信资费降低等。从 2018 年开始，长株潭三市展现出前所未有的合作动力，积极开展沟通与对话，合作领域也不断细化，对区域规划的制定更为重视，所以，对话沟通机制迅速完善，相关政府部门之间协作性不断提高，专项事务的决策也更具有针对性，行政管理同城也就获得了前所未有的发展，行政分割问题大大缓解。

7. 公共服务同城化

1997~2020年，公共服务同城化水平（见图7）整体发展较快，发展态势呈现波动状态。23年间增长了0.1019，2020年是1997年的2.67倍，其中有两个时间段发展快速，即2004~2010年和2017~2020年，后一个时间段发展尤为迅速，分别年均增长0.0079、0.0119，其余两个时间段则分别年均增长0.0007（1997~2004年）、0.002（2010~2017年）。

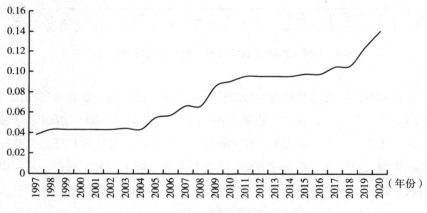

图7　1997~2020年长株潭都市圈公共服务同城化水平

1997~2004年发展较慢的主要原因是这一阶段一体化任务主要集中在基础设施的建设上，公共服务仅限于城市环境的改善，对教育、医疗、社保等方面不够重视，尤其是医疗和社保缺少统一规划、户籍迁移等业务办理的便捷性较差，而这几个方面的建设是公共服务的主要组成部分；另外，三市行政分割也有一定的影响，公共服务是由地区政府统筹提供，行政分割导致三市的公共服务政策、措施不同，而且区域经济条件有历史差异，城市群公共服务一体化相对较难开展。2004~2010年三市公共服务同城化获得较快发展，主要得益于《长株潭城市群区域规划》的出台和"两型社会"建设。《长株潭城市群区域规划》将公共教育纳入规划;"两型社会"
建设则促使将医疗和社保也纳入统一规划,教育规划完善,户籍迁移条件
逐步放宽,尤其是长株潭三市在生态环境治理方面的合作加深,共同推动
了长株潭都市圈公共服务同城化的发展。2017~2020年迅速发展,主要受
长株潭城际铁路全线开通的影响,城际铁路开通后三市之间的经济联系日
益密切,三市政府的合作进一步加深,合作领域不断拓宽、细化,对公共
服务的重视程度空前提高,政策迅速被执行,有力地推动了长株潭都市圈
公共服务同城化的快速发展。

四 长株潭都市圈同城化发展阶段的划分与特征分析

本报告对长株潭都市圈同城化发展阶段进行划分,将0~0.25分设为同城
化探索阶段,0.25~0.5分设为同城化加速阶段,0.5~0.75分设为同城化融合
阶段,0.75~1分设为同城化一体阶段。根据测算结果可知,长株潭都市圈
1997~2007年为同城化探索阶段、2008~2016年为同城化加速阶段、2017年
至今为同城化融合阶段,2020年长株潭都市圈的综合得分为0.6573,随着
《长株潭都市圈发展规划》的实施和"十同"任务的推进,长株潭都市圈有望
在"十四五"期间进入同城化一体阶段。

(一)长株潭都市圈同城化探索阶段特征

同城化探索阶段分数为0~0.25,长株潭都市圈在1997~2007年属于这一
阶段。这个阶段长株潭同城属于起步阶段,长株潭三市之间拥有一定的经济联
系,但经济联系强度较小、提升潜力大;产业结构趋同度高,产业分工不够合
理。市场整体分割程度大,阶段前期呈上升趋势,后随着一体化进程的推进呈
下降态势。交通设施基础条件逐步改善,并率先往同城一体化方向发展;通信
设施同城加速发展,能源、金融设施同城同步发展;体育设施同城缺少统一规
划,发展较为缓慢。政府行政分割程度逐步下降,但行政管理合作主要集中在
高尺度区域规划上,细化到专业领域的合作较少,如基础设施缺少系统的对话
沟通机制,政府相关部门协作性较差。公共服务同城主要体现在生态环境同
城,生态环境共治是除基础设施同城外,最重要的合作内容和发展得最好的方

面,其他公共服务领域由于行政分割发展较慢,教育和户籍一体化也仅限于规划层面,推行力度较小,医疗和社保则缺少统一规划。

(二)长株潭都市圈同城化加速阶段特征

同城化加速阶段得分为 0.25~0.5,长株潭都市圈在 2008~2016 年属于这一阶段。这个阶段长株潭同城化开始加速,长株潭三市之间的经济联系日益密切。三次产业结构趋同度相对第一阶段有所降低,产业细分领域分工有所发展,但同构度依然较高。市场分割程度小幅度降低,但城市两两之间依然有较大差距。交通设施同城化快速发展,进入高铁时代,交通条件改善较为明显;通信同城初步实现,长株潭三市统一区号为 0731,且资费同价;能源、金融设施同城方面则初步建立起城际能源设施和区域性金融机构;体育设施同城化发展水平依然较低。行政分割程度进一步下降,但下降比较缓慢,行政合作领域有所拓宽,并开始细化,进行多方面规划,基础设施、产业发展和生态环境方面对话沟通机制有所完善,政府相关部门协作性增强。公共服务方面,生态环境一体化加速发展,并取得重大成果,三市生态环境质量明显改善,教育和户籍一体化有所发展,相关教育规划进一步完善,户籍迁移条件逐渐放宽;医疗和社保一体化被纳入规划,但落实力度较小。

(三)长株潭都市圈同城化融合阶段特征

同城化融合阶段得分为 0.5~0.75,长株潭都市圈在 2017 年至今属于这一阶段。随着 2017 年城际铁路的开通,长株潭三市之间的经济联系进一步加强,并达到较高水平;三次产业结构趋同度持续下降,呈现先高后低的趋势,产业细分领域呈现优势互补、错位发展的格局;市场分割程度呈先升后降并保持平缓的趋势,城市间商品价格和劳动力工资差距逐渐缩小;交通设施基本形成半小时同城通勤圈,迈入城际轨道时代,城际通信设施更新速度较快,通信服务类型多样,国家级能源储存设备已建立并逐步完善,能源供应充足,金融设施协同程度较高,基本实现金融一卡通,体育设施共享程度提高较多;行政分割影响较小,都市圈战略规划实现同体同图、对话沟通机制不断完善,对话沟通对象由市级党政领导干部拓展到各个组织部门,包括政府具体部门;公共服务同城方面发展较快,生态环境同建共治达到较高水平,社会保障同城化快速推进，教育和医疗同城化不断推进，株洲和湘潭受长沙溢出效应影响增大，公共服务水平得到提高。

（四）长株潭同城化一体阶段特征

同城化一体阶段得分为 0.75~1，这是同城化融合的高级形态。长株潭都市圈 2020 年的综合评分为 0.6573，尚未达到同城化一体阶段。长株潭都市圈三市在后续发展中，根据长株潭"十同"任务清单以及《长株潭都市圈发展规划》的目标，三市将在经济联系程度、产业分工、产业互补性等方面实现高水平同城，产业结构趋同度以及市场分割程度将会变小，商品价格和劳动力工资高度统一；基础设施不断完善，行政分割被打破，生态环境同建共治、教育和医疗资源均等化水平不断提高，社会保障转接和户籍业务办理的便利性得到极大提升。

五 长株潭都市圈同城化发展问题及对策

（一）长株潭都市圈同城化发展中存在的问题

1. 三市的产业结构同构度高、趋同现象明显，产业同城化水平较低

长株潭三市产业结构趋同度高与某些产业的重复建设有很大关系，尤其是第二产业中的制造业，例如：长株潭三市均布局了一批大中型化学原料及化学制品企业，长沙的工程机械制造业优势明显，湘潭在工程机械上也有较好基础。产业结构趋同度高容易导致恶性竞争，不利于产业结构转型和三市产业结构的协调发展，会阻碍产业同城化的深入发展。

2. 长沙市对湘潭市和株洲市的虹吸效应较强，导致市场分割程度大

长沙市由于基础规模较庞大，加上省会城市的行政优势以及教育资源优势，人口和 GDP 增长较快，商品价格和劳动力工资都相对较高。相反，株洲市和湘潭市则因为基础规模较小和教育资源相对落后，人口、GDP 增长较缓慢，人才和资金都大量流向长沙，特别是湘潭的城市人口有一个阶段不增反降。株洲和湘潭商品价格和劳动力工资相对较低，导致株洲市、湘潭市与长沙的差距不断扩大，加上三市之间的产业结构趋同度较高，市场难以整合，对同城化的持续发展有较大影响。

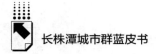

3. 长株潭城际交通设施有待完善

长沙市与株洲市、长沙市与湘潭市之间的交通设施快速发展，已进入高铁城铁时代，但株洲市与湘潭市之间的交通发展较慢，仍以公路和普通铁路为主。长株潭都市圈进入高铁时代后城际通达时间会缩短，加上拥有多条城际公交线路和高速公路，交通会很便捷，但城市与城市间的交通成本显然高于一城内的通勤费用。

4. 长株潭都市圈公共服务同城化没有实质性进展

公共教育方面，长沙市在株洲和湘潭甚至全省都有名校共建，但学校多以中小学校为主，产学研融合进展较慢，且三市的高教资源之间有较大差距，湘潭、株洲难以享受长沙的优质教育资源，长株潭都市圈教育均等化还需进一步推进；医疗卫生方面，三市之间未就医疗资源未广泛开展合作或共享，医疗、医保政策均未实现同城化；在户籍制度上三市均未实现同城突破，在户籍迁移方面还未实现一站式办理。

（二）长株潭都市圈同城化发展问题的解决对策

1. 强化顶层设计，完善产业发展规划，制定详细的主导产业发展规划

长株潭都市圈产业结构要协调发展，就要充分发挥规划的引导作用，通过规划对长株潭三市产业进行科学合理的布局，从而避免长株潭三市产业趋同导致的恶性竞争。通过完善产业总体规划明确长株潭三市各自的主导产业定位、主要产业集群和产业发展方向。并根据产业总体发展规划制定详细的主导产业发展规划，打破行政分割壁垒，依据产业集群的理念，在城市群范围内布置产业集群，形成以龙头企业为核心、众多中小配套企业为两翼的产业集群发展态势。这样不仅能有效发挥各市的优势、实现产业互补，还能充分利用产业集群的集聚效应提升城市群的整体产业竞争力。

2. 加强长株潭三市间市场交流与重建，建设长株潭统一市场

长株潭三市应加强商品市场和人力资源市场的交流与合作，依托各自优势产业建立相应的区域商品批发和零售市场，积极举办商品交易展览会，并完善法律法规以保障三市之间的商品交易；构建长株潭人力资源共享平台，三市共同发布和分享招聘信息，允许求职者根据自身条件、能力和需求自主选择就业机会，并加强相关企业间的人力资源交流。

3. 完善城际基础设施建设,促进交通基础设施、体育基础设施加快发展

推动长株潭城际轨道交通线的建设,完善城际高铁网建设,明确加快建设长株潭城际轨道交通西环线,加快形成长株潭高铁环线,促进株洲与湘潭轨道交通连接入环。完善城际高铁网,提升城市间运力,降低交通运输成本,缩短长株潭三市之间的通勤时间。加大长株潭体育设施建设力度,完善体育设施共享机制,积极开发体育旅游资源,鼓励和支持民间资本开发体育旅游资源,例如三市的自然休闲体育资源、体育旅游小镇等,丰富体育设施类型,满足人民群众的体育健身和旅游需求。

4. 创新体制机制,推动长株潭公共服务实现共建共享

通过加大中小学优质教育资源共享力度,拓展优质教育资源共享范围和方式。一方面,积极鼓励和支持长沙市教育质量或成果突出的中小学名校在株洲和湘潭两市合理增建分校区,与本部共享优秀师资力量、先进软硬件设施等教育资源,实行统一的管理制度和奖惩机制,使株洲、湘潭的学生同享长沙优质中小学教育资源;另一方面,将共享范围拓宽到高教资源,尤其是职教资源的共享,加强三市高校之间的教育教学和管理方面的交流与合作,尤其在校企合作方面,建立师资培养体系和产学研合作机制,促进三市高等教育发展和产学研的深度融合;利用互联网+教育的模式,建立优质教育资源线上共享平台,丰富优质教育资源的共享方式。推动医疗保险享用便利化,加快建设区域性医疗卫生机构和平台,完善长株潭三市在医疗卫生领域的合作交流机制。增强长株潭地区医疗紧急救助能力,鼓励建设长株潭医联体,并给予资金和技术支持,加强三市基础医学领域的交流,共享先进医疗技术和设备,并在民众当中普及基础医学和卫生知识。推进户籍制度改革,放宽长株潭地区户籍迁移条件,减少入学、就医、住房、社保等方面的户籍限制,并提升户籍业务办理的便捷性,逐步实现长株潭地区户籍一站式办理。在长株潭都市圈融城片区开展教育、医疗等公共服务资源与长沙同城的试点示范,率先开启户籍与长沙同城。

参考文献

王德:《评介富田和晓的〈大都市圈的结构演变〉一书》,《城市规划汇刊》2002 年

第 2 期。

张京祥、邹军、吴启焰、陈小卉：《论都市圈地域空间的组织》，《城市规划》2001
年第 5 期。

Gottmann J. , Megalopolis, or the Urbanization of the Northeastern Seaboard. *Economic
Geography*, 1957 33（3）.

高秀艳、王海波：《大都市经济圈与同城化问题浅析》，《企业经济》2007 年第 8 期。

曾群华：《长株潭一体化进程中的同城化研究》，《求索》2016 年第 2 期。

张萍：《梦圆"两型"社会改革试验区——长株潭城市群 25 年发展历程》，《今日中
国论坛》2008 年第 Z1 期。

马学广、窦鹏：《中国城市群同城化发展进程及其比较研究》，《区域经济评论》
2018 年第 5 期。

王源、赵雅男、黄莹：《基于熵值法的贵州省农业可持续发展水平评价研究》，《国
土与自然资源研究》2022 年第 1 期。

深圳市规划局、中国城市规划设计研究院：《深圳 2030 城市发展战略》，中国建筑
工业出版社，2007。

B.3
长株潭城市群统一市场建设研究报告

摘　要： 2022 年 4 月 10 日，《中共中央、国务院关于加快建设全国统一大市场的意见》发布，指出中国将从基础制度、市场设施等方面加快建设高效规范、公平竞争、充分开放的全国统一大市场。但因为我国人多地广且各地区之间社会经济发展不平衡，建立全国统一大市场、破除"行政区经济"不可能一蹴即至，需要分领域、分环节、分阶段推进。因此，必须从具体领域的市场一体化开始着手，以打破区域分割的壁垒、消除产权要素流动的所有障碍为宗旨，清除影响市场一体化发展和公平竞争的障碍，同时以优化产权制度和要素市场化配置为关键，实现产权要素相互开放和市场化配置，为全国统一大市场建设的实现探路。

关键词： 统一市场　长株潭城市群　产权要素

一　问题的提出

近年来，长株潭城市群在湖南省乃至我国宏观经济中的功能、地位和作用的发挥得到越来越多的关注。2021 年 3 月，《中华人民共和国国民经济和社会发展第十四个五年规划和 2035 年远景目标纲要》提出，推动长江中游城市群协同发展，加快武汉、长株潭都市圈建设，打造全国重要增长

---

* 匡远配，博士，湖南农业大学教授，博士生导师，研究方向：农业经济理论与政策。

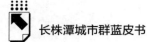

极①。2022 年 3 月，湖南省人民政府印发《长株潭都市圈发展规划》，指出要统筹推进长株潭"五位一体"建设，通过"十同行动"推动长株潭一体化取得新的重大突破。本文的长株潭城市群统一市场是指在维护全国统一大市场的前提下，结合区域重大战略和区域协调发展战略的实施，加强规划布局，让区域间的资源错位分配更加科学合理，并优先推动区域的经济一体化快速发展。

目前，对于长株潭城市群市场一体化的研究一般从城市群空间结构与演化②③④、形成经济增长极⑤⑥、自觉进行区域经济一体化案例⑦、率先建设中部地区都市圈⑧等方面去理解长株潭城市群市场一体化建设的必要性和重要性，且多为定性分析，极少从建成国内统一大市场的角度，通过对长株潭城市群这一经济单元内部市场分割程度进行测度，探究国内市场从地区性市场向区域性市场的跨越的定量分析。本文则通过对长株潭城市群市场的分割水平进行量化测度，来探究其内部市场一体化发展进程，从而发现并剖析本区域市场在促进内部市场一体化过程中各方面的优点和缺点，以便为各区域人民政府制定城市群内部统一的协同发展政策提供借鉴依据。同时，也可为各大城市群综合衡量其市场一体化水平提供参考借鉴。

---

① 魏后凯、成艾华：《携手共同打造中国经济发展第四极——长江中游城市群发展战略研究》，《江汉论坛》2012 年第 4 期。

② 陈伟、常黎丽、彭翀：《基于网络化发展的长株潭城市群空间格局及优化策略》，《经济地理》2016 年第 2 期。

③ 朱政、贺清云：《资源节约型、环境友好型社会建设背景下长株潭城市群空间形态的优化》，《经济地理》2008 年第 6 期。

④ 曾永年、何丽丽、靳文凭等：《长株潭城市群核心区城镇景观空间扩张过程定量分析》，《地理科学》2012 年第 5 期。

⑤ 杨洪、郑旺晟、陈志军：《大长株潭（3+5）区域旅游合作研究》，《湖南科技大学学报》（社会科学版）2013 年第 3 期。

⑥ 刘莉君：《长株潭产业竞争力评价与提升政策研究》，《科技进步与对策》2010 年第 1 期。

⑦ 周国华、陈炉、唐承丽等：《长株潭城市群研究进展与展望》，《经济地理》2018 年第 6 期。

⑧ 周勇：《省域副中心城市和核心增长极：调整逻辑及整合框架——以湖南省等为例》，《学术论坛》2021 年第 5 期。

二　长株潭城市群统一市场的市场分割测度

（一）研究对象

城市群既是一个国家的经济社会发展综合能力在空间结构形态上的体现，同时也是一个国家参加全球分工与竞争的综合能力标志，城市群统一市场发展的质量直接影响区域土地利用综合效益，进而影响全国统一大市场的形成。长株潭城市群作为"中国第一个自觉进行区域经济一体化实验的案例"，内部市场一体化的探索起步较早，早在 20 世纪 80 年代便开始了市场一体化探索，提出建设"长株潭经济区"，其商品市场具备产业类型多元、发展扩张迅速的特点，经过多年的发展，长株潭城市群集聚了全省 60% 以上的高新技术企业、70% 以上的创新创业平台和科研机构，湖南省 60% 以上的高新技术产业增加值和 70% 以上的科技成果出自长株潭地区[①]，它已成为湖南省经济科技发展的重要力量，GDP 由 2005 年的 2410.88 亿元增加到 2020 年 17591.46 亿元，增长 629.67%；全域总人口从 1289.50 万人增加到 1668.94 万人，增长 29.43%。长株潭城市群在我国城市群中具有相当的典型性和代表性，是研究城市群统一市场建设的极佳样本。

（二）测度方法与数据来源

1. 测度方法

本文借鉴刘昊和祝志勇（2021）对五大城市群市场分割的测算方法[②]，采用相对价格法对长株潭城市群内部各城市之间的市场分割程度进行测度。

（1）通过对数差分法计算 i、j 地区的商品 L 的环比价格之差：

$$\mid \triangle W_{ijn}^L \mid = \mid \ln(Y_{ij}^L/\ln Y_{jn}^L) - \ln(Y_{in-1}^L/\ln Y_{jn-1}^L) \mid = \mid \ln(Y_{in}^L/\ln Y_{in-1}^L) - \ln(Y_{jn}^L/\ln Y_{jn-1}^L) \mid$$

---

①　熊曦、宋婷婷、肖俊等：《长株潭城市群一体化高质量发展的路径选择》，《长沙理工大学学报》（社会科学版）2021 年第 4 期。

②　刘昊、祝志勇：《从地区性市场走向区域性市场——基于五大城市群市场分割的测算》，《经济问题探索》2021 年第 1 期。

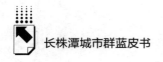

（2）利用去均值法，通过对 $|\triangle W_{ijn}^{L}|$ 去均值得到 $|\overline{\triangle W_{ijn}^{L}}|$，以此来去除由商品的异质性导致的商品价格波动的差异，得到仅包含市场分割因素的商品价格变动 $w_{ijn}^{L} = |\triangle W_{ijn}^{L}| - |\overline{\triangle W_{ijn}^{L}}|$。

（3）利用计算各级别产品中的仅含有市场分割影响的产品价值变化 w_{ijn}^{L} 的方差 VAR（w_{ijn}^{L}）来判断由市场分割影响而形成的套利空间的有效程度。

（4）用长株潭城市群各城市间的市场价格方差 VAR（w_{ijn}^{L}）的平均数作为评价市场分割水平的重要指标。为更方便地展示回归系数，本文将借鉴现有文献，把所有用价格方差表示的市场分割指数都乘以100。

2. 数据来源

本文数据来源是长沙、株洲、湘潭三市的居民消费价格指数，通过测算长株潭城市群内部各个城市之间的市场分割程度，衡量城市群市场一体化水平。商品类别主要包括8大类，分别为食品烟酒、其他用品和服务、居住、衣着、生活用品及服务、医疗保健和个人用品、交通和通信、娱乐教育文化用品及服务。本文研究的时间序列为2011~2020年，由于2015年前长株潭地区居民消费价格指数分类中将食品和烟酒分为两类，且不存在"其他用品和服务类"价格指数，为尽可能获得更多的数据，本文将2015年前"食品类"作为"食品烟酒类"、将"烟酒类"作为"其他用品和服务类"进行计算，数据和资料主要来自湖南统计年鉴、长株潭地方统计年鉴和地区统计报告，对于少量缺失数据本文以插值法予以补处理。

（三）长株潭城市群市场分割程度测算结果分析

本文使用相对价格法，对长株潭城市群内2011~2020年的市场分割情况进行了评估，通过市场分割指标的均值来反映市场分割情况，评估结果如图1所示。

从市场分割的发展趋势来看，由图1可知在2011~2020年长株潭城市群内部各城市之间的市场分割程度总体上呈波动下降趋势，市场一体化水平明显提升且具有几乎相同的发展趋势。这表明长株潭城市群在探索长株潭市场一体化的过程中取得了丰富的发展和建设成果，从20世纪80年代提出建设长株潭经济区方案，到1997年实施长株潭一体化发展战略，再到2007年长株潭城市

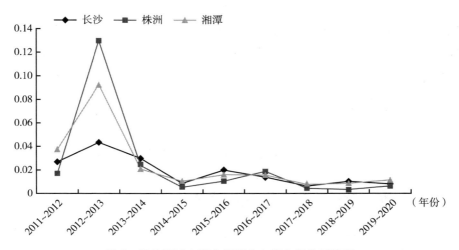

图1 长株潭城市群内部城市之间市场分割情况

群获批"两型社会"建设综合配套改革试验区，最后再到如今"长株潭都市圈发展规划"获批，长株潭区域已成为湖南现代化建设和全方位开放的战略支撑。而在2012~2013年整体上市场分割加剧，本文认为可能是因为湖南省该年出现严重旱灾，首次出现粮食减产，减产幅度达到2.7%，且该年湖南省通信器材、建筑及装潢材料等传统商品零售额增速同比分别下降17.8%、2.1%，住宿业和餐饮业增速同比下降6%和17.4%，各地区基于市场萎缩实施了地方保护政策以保护当地企业的生存和发展。

从市场分割的衡量结果分析，长株潭城市群内部城市之间市场分割水平差距长期保持在0.1%以下的较低水平，说明长株潭城市群内部城市之间市场分割程度小，市场一体化程度高，实现了持续稳定协同发展；而通过对市场分割的指数进行分析，长株潭城市群内各城市之间市场割裂程度的波动幅度也存在着一定的差别，在样本期内市场分割指数的波动幅度由低到高依次为长沙市、湘潭市、株洲市，表明虽然长株潭城市群内的市场融合进度较快，但在城市群内市场一体化水平仍亟待进一步提高，而这一结论也更加证明了长株潭城市群商品市场发展正在进入城市群范围内区域市场一体化的新阶段。

长株潭城市群内城市之间市场的分割水平降低速度也较快，到2020年分别下降了57.58%、71.97%和65.09%，说明在样本期内长株潭城市群市场整

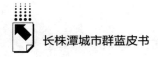

合进程较快。近年来，长株潭地区为实现市场一体化的目标采取了大量积极措施，包括通过加速构建现代化综合交通体系和促进城市群城际铁路工程建设，完善城际高速公路网，逐渐实现了城市群区域内两小时通达，"一卡通"的使用范围进一步扩大，城市群内的人口流动更为方便，社会经济联系也更为密切，为整合市场提供了便利。

三 长株潭城市群统一市场发展现状

（一）城市群经济发展水平不断提升

作为全省经济发展水平最高的地区，长株潭通过推进市场一体化，使得经济发展始终处于较高速的增长态势，对湖南省的核心引领地位也不断提升，推进了全省产业结构调整和经济转型升级的进程。通过对长株潭地区总体发展情况进行分析发现，长株潭三市的财政收入占比、社会固定资产投资、对外贸易以及 GDP 在 1996~2020 年期间始终呈现持续增长的态势。如长株潭三市社会固定投资在 1996~2020 年期间，占全省的比重提高了 20.8%。2020 年长株潭三市 GDP 为 17591.46 亿元，占全省的比重为 42.1%，相较于 1996 年分别提升了 16776.81 亿元和 11.5 个百分点。

（二）城市群产业结构持续优化

通过对长株潭地区产业结构进行分析发现，2020 年长株潭地区第三产业占比 53.39%、第二产业占比 41.79%、第一产业占比 4.82%。在经济发展的过程中长株潭地区二、三产业比重不断上升，对国民经济的贡献持续提高，目前已经占据明显优势，而第一产业份额持续减少。因此，从整体看，长株潭城市群产业结构已日趋合理化，基本达成了产业协调和良性循环。

（三）城市群基础设施建设全面推进

基础设施建设是长株潭一体化快速发展的重要基石和动力，在湖南省区域发展规划的指导下，长株潭通信、金融、交通、电力等方面的基础设施工程项目不断增加，资金持续投入，交通网络逐渐完善。从 2009 年开始，长株潭三市为达成通信同城，将 0731 设置为统一城市区号，是长株潭基础设施一体化的开端。在交通领域，长株潭地区高铁的建设发展和城市轨道交通的建成标志着基础设施一体化实现了飞跃，进入全新的发展阶段。尤其是城际铁路建成后为三市的要素和人员流动提供了巨大便利，推进了城市群的经济融合发展。另外，长株潭地区的公交线路、地铁建设和长途巴士满足了民众的多样化需求，为长株潭地区市场一体化和城市群的协调发展创造了良好的条件。

四 长株潭城市群统一市场建设中存在的主要问题

从前文分析可知，长株潭城市群在 2011~2020 年市场一体化水平总体上有了较大提升，具备良好的发展特征及优势。但是，与我国其他城市群相比，长株潭城市群在构建全国统一大市场的背景下仍面临以下四个方面的突出问题。

（一）城市群区域壁垒的制约有待弱化

政府限制和地区保护主义阻碍了技术人才的自由流动和跨地区的技术贸易，严重制约了长株潭城市群综合竞争力的提升和统一市场的形成。政府对市场经济活动的直接干涉也是区域市场割裂现象产生的主要原因，政府对市场经济活动的直接或间接干涉越多，政府通过非经济手段加剧市场割裂的可能性就越大。而近年来，尽管长株潭城市群内的行政区域边界已逐步淡化，但城市群内各级政府行政关系错综复杂，仍然可能为城市群之间的信息沟通造成一定障碍。另外，我国地方政府官员的升迁考核标准仍旧以绩效为主，因此无法完全消除行政壁垒，三市之间仍存在由利益驱动导致的相互制约和过度竞争的情况，"区域保护主义"成为三个城市协同发展的障碍，阻碍了长株潭区域内的经济合作和发展。地方主导型产业政策向来倾心于局部的短期收益，而热衷于那些投资周期较短、投资收益高、资本利用效果好的投资项目，往往为了抢占比较紧缺的资源和人才而盲目规划和投入，从而导致了重复投资、重复引进、"一哄而上""一哄而散"的现象非常常见，没有合理利用自身的相对资源优势，三个城市之间产业结构趋同化的状况也十分明显。

（二）城市群中心城市辐射带动能力有待增强

长株潭城市群总人口已超千万人，但长沙与京津冀、长三角、珠三角等城市群的中心城市相比经济实力还有很大差距，与武汉、成都、重庆等城市群的中心城市相比也存在距离。一个重要因素是这些区域的中心城市的辐射效应显著，而长沙到现在还没有发挥中心城市对周边的辐射效应。长沙的发展更多得益于其因省会城市的地位在湖南省发展规划中获得的倾斜政策。不仅在财政上，在其他资源上也获得了省和国家的支持。强省会的发展战略也造成全省的资源向长沙集聚，形成典型的中心城市发展过程中的"虹吸效应"。目前长沙的整体实力还不够强，并不能完全靠自身力量发展，反而需要周围城市不断提供资源以维持其"一市独大"的发展局面，而且与株洲、湘潭并没有形成实质性协同发展战略。所以长沙作为中心城市很难驱动本区域的发展，更无法完成向周边的"辐射效应"，这使得长沙在城市群的核心和支柱作用难以凸显。

（三）城市群区域统筹发展程度有待提升

通过对整体经济社会发展能力进行分析发现，目前长株潭城市群区域内经济空间结构分异较分明，且呈增长态势。另外，各地土地供需差异较大，供需矛盾局部表现突出①。2020 年长、株、潭三地生产总值分别占湖南省地区生产总值的 29.06%、7.43% 和 5.61%，长沙地区远高于株洲和湘潭地区的总和。另外，长沙在经济、科技、教育、人口等方面明显超过株洲和湘潭，而且长株潭之间没有非常紧密的产业关联性，三市的发展差距给统筹协调发展带来了阻碍。此外，轨道交通设施的修建一定意义上加速了工业生产要素向长沙集中的进程，但作为经济开发的漏斗地区的株洲、湘潭则面临着资源要素流失的困境。如果长此以往，长沙将会积聚更多的优良资源，并形成先发优势，而株洲和湘潭则构成了后发劣势，城市群内部的差距将会扩大。而依托优良资源要素叠加优势的长沙市，随着城市体量与面积不断扩大，将形成"一城独大"的城市群发展局面，但株洲、湘潭也不得不在长沙这个核心城

---

① 熊鹰、余婷、苏婷：《长株潭城市群土地供需预测及格局分析》，《中国人口·资源与环境》2016 年第 S1 期。

市最优化的限制下，寻求以相同的方式向环长株潭城市群等外围城市汲取资源的发展路径。

（四）城市群产业同构现象有待改变

长株潭城市群内各地的产业结构存在着很大的同构性[①]，比较优势不突出，行业地域分工也并不明确。整体而言，在产业方面，长株潭城市群内集中了湖南65%的大中型企业，但钢材、有色金属、石油化工等资源消耗大、污染物总量大的产业比重依然偏高，湘江的有色金属环境污染、株洲重金属污染最严重，资源环境问题对城市群持续发展的约束日趋凸显。粗放型工业经济方式造成的高能耗高污染问题没有完全解决；服务业领域，长株潭城市群服务业发展相对落后，综合性服务业发展还存在短板，生产性服务业的总体聚集水平不高，空间发展差距明显，产业聚集程度也不一。由于城市群自身发展的不均衡与不完善，基础设施、生态环境、社会服务等一体化发展的综合能力亟待增强，产业整合能力协同不足、城市群内企业分工与协作能力亟待增强，长株潭经济社会的一体化发展依然面临很大困难。

五　推进长株潭城市群统一市场建设的对策

本文通过对长株潭城市群市场分割水平的定量分析和现状分析发现，近年来长株潭城市群市场一体化水平获得明显提升，市场一体化发展潜力巨大，城市群经济实力不断增强且基础设施建设齐头并进。为更好地推进区域一体化发展，实现分类有序推进和重点突破[②]，加快长株潭城市群市场一体化进程，本文将根据前文对长株潭城市群在统一市场发展中所面临的重点问题的剖析，提出如下政策建议。

（一）组建城市群联席制度和城市群市场领导小组

由于长株潭三市经济联系日益紧密且地理位置较近，与其他城市群核心城

---

① 陈群元、宋玉祥：《长株潭"3+5"城市群产业结构的比较测度》，《经济地理》2009年第1期。
② 刘志彪、徐宁：《统一市场建设：长三角一体化的使命、任务与措施》，《现代经济探讨》2020年第7期。

市相比，长沙市经济发展水平较低，难以发挥增长极的作用；同时，由于地方政府官员的升迁考核以绩效为参考，无法完全消除行政壁垒和避免由利益驱动导致的相互制约。因此，可以探索合并行政区，通过成立城市联席制度来实现行政区划一体化；制定区域间协调管理规定，提高行政管理能力和市场一体化发展水平，消除地方保护的阻碍，改变政策推进不一致的状态；城市群市场领导小组进行定期交流会谈，共同协商解决市场一体化过程中遭遇的困难与矛盾纠纷，共享信息资源，抓住发展机遇，共同承接发展建设项目和应对挑战；加大市场监管力度，推进要素流通自由、投资环境良好、合作交流便利的市场一体化。

（二）提高市场经济外向度，促进形成城市群"双循环"市场格局

株洲和湘潭对外投资发展水平，与长沙的发展水平存在较大差距，所以必须不断创新长株潭城市群对外投资的协作机制，以提高整个城市群的经济外向程度。首先，要统筹对外经济合作资源，充分发挥长株潭城市群各企业的资源优势和各城市的优势，承接国际项目工程，提升工程绩效和规模。其次，精准落实国家"走出去"的对外开放策略，提高城市群国际交流联系的深度和频率。积极参与发展全球跨国公司，进一步提高其全球知名度和竞争力，同时引导优势企业率先开展国际业务，进一步开展能源技术开发与利用、跨国并购、对外间接投资、国际农业产业项目等。最后，要优化企业对外合作审批的流程，减少签字盖章手续，提高审批效率。

（三）强化产业分工协作，构建"产业集群"式市场体系

长株潭城市群三市在工业基础设施条件与人力资源禀赋等方面均具有明显差异，产业集群的核心带动功能有待增强①。因此，在产业整合过程中，长株潭三市需要提升相关产业水平并推进产业结构转型，进一步强化各城市之间的交叉连接、分工与合作，并通过各区域产权要素的集成带动行业迁移和拓展，以此促进中心城市价值链的形成和拓展。比如，长沙可以将发展工程机械制

---

① 王欢芳、胡振华：《产业集群低碳化升级路径研究——以长株潭城市群为例》，《现代城市研究》2012 年第 2 期。

造、新材料、电子信息等集群作为核心，株洲可以将发展轨道交通设备制造、有色金属深加工等产业集群作为核心，湘潭可以积聚力量发展食品、精品钢材加工业、汽车及零配件制造业等产业集群。同时，积极促进城市群农副产品加工、石化、电子、冶金、钢材等产业链的建设和发展。

（四）做好区域规划，引领城市群市场深度衔接

建设长株潭城市群区域性服务中心，关键是促进第三产业的蓬勃发展，更加凸显第三产业在长株潭城市群的发展优势，积聚力量建设富有长株潭城市群区域特点的现代化服务业。一是要发挥长株潭城市群在湖南各领域中的地域资源优势，积极开发特色文化产业、精品旅游等核心型服务领域；二是要以大数据分析研究为基础，着力打造智能城市，积极开发现代物流、科技金融服务、电商等生产性服务领域；三是在前二者的基础上，逐步形成体系完善、功能齐全的现代化服务业网络。比如，可以在物流运输、旅游和社会文化等领域将整个长株潭城市群打造成为具有湖南省特色的现代化国家区域性物流中心、旅游胜地以及综合型文化娱乐中心。

B.4
长株潭都市圈高质量发展的
协同推进机制研究[*]

宋婷婷 罗旭婷 刘欣婷 熊曦^{**}

摘　要： 推进长株潭都市圈高质量发展是事关全省发展的大事，且是一个整体联动的系统工程，而以新发展理念指导其高质量发展具有重要的理论和现实意义。本报告以创新、协调、绿色、开放、共享的新发展理念，系统分析长株潭都市圈高质量发展的协同推进机制，并提出了相应的协同推进策略，以期为推动长株潭都市圈高质量发展提供参考。

关键词： 新发展理念　长株潭都市圈　高质量发展　协同推进机制

党的十九届六中全会审议通过的《中共中央关于党的百年奋斗重大成就和历史经验的决议》指出，必须"立足新发展阶段、贯彻新发展理念、构建新发展格局、推动高质量发展"。可见，坚持新发展理念，是"十四五"时期经济社会发展必须遵循的原则之一，是新发展阶段推动各领域高质量发展的理念引领。以新发展理念引领都市圈高质量发展，既是时代主题，也是科学命题。改革开放以来，我国城市群建设和城市化发展取得了举世瞩目的成就。工业化和城镇化仍然是未来中国发展的基本动力，我国城市群建设将进入绿色发

＊ 本文为湖南省社会科学成果评审委员会课题：新发展理念下长株潭都市圈高质量发展的思路与对策研究（XSP21YBZ177）的成果。

＊＊ 宋婷婷，中南林业科技大学商学院硕士研究生，研究方向：战略管理；罗旭婷，中南林业科技大学商学院硕士研究生，研究方向：工商管理；刘欣婷，中南林业科技大学商学院硕士研究生，研究方向：农村与区域发展；熊曦，博士，中南林业科技大学商学院国际商务系主任，教授，硕士研究生导师，研究方向：工业化与城镇化，国际商务。

展和高质量发展阶段，并将是我国城镇化推进的主体形态。推进都市圈高质量发展是下一阶段我国城市群发展的主要思路。

长株潭一体化发展是历届省委、省政府一以贯之推进的重大战略，已经具备在更高起点上推动其高质量发展的良好基础和条件，且长株潭已成为湖南现代化建设的战略支撑。同时，2020年10月30日，湖南省对外发布了《长株潭区域一体化发展规划纲要》，2021年4月19日上午，省委实施"强省会"战略暨长株潭都市圈建设推进会在长沙召开，指出推进长株潭都市圈建设是事关全省发展的大事，是作为发挥"一带一部"区位优势、落实"三高四新"战略定位和使命任务的重要载体，并将贯彻新发展理念、在新起点上推动长株潭都市圈建设取得新突破作为一个重要的指导思想。可见，长株潭都市圈高质量发展已成为湖南纵深推进现代化建设和打造全方位开放格局的重要战略。汇聚都市圈高质量发展的各种动力，将新发展理念贯彻到其高质量发展当中，是推动长株潭都市圈高质量发展的必然途径。本报告通过分析新发展理念下长株潭都市圈高质量发展的协同推进机制，结合长株潭都市圈高质量发展的基础和条件，分析其高质量发展的协同推进路径与策略，旨在为推进长株潭都市圈高质量发展提供参考。

一 新发展理念下长株潭都市圈高质量发展的协同推进机制

协同推进机制是指一个复杂的系统内组成部分的结构、功能及其各部分之间的相互联系、相互作用、相互影响的关系。新发展理念与都市圈高质量发展是密切耦合关联的，其内在的机制在于：创新发展是城市群发展的动力源，协调发展是城市群发展的质量要求，绿色发展是促进城市群生态文明建设和提升城市群发展质的基础条件，开放发展是提升城市群发展效率的重要保障和活力所在，共享发展是城市群发展的重要目标。因此，在长株潭都市圈的高质量发展中，创新发展提供了根本动力，共享发展是重要目标，绿色发展是基础条件，协调发展是质量要求，开放发展则提供了多重的发展活力，如图1所示。

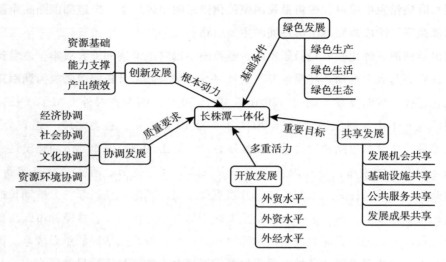

图1 新发展理念下长株潭都市圈高质量发展的协同推进机制

（一）创新发展是协同推进长株潭都市圈高质量发展的根本动力

构建区域创新协同机制成为都市圈内部协同发展的关键。在都市圈高质量发展的大背景下，通过协同创新可以共同开展科学技术研发和科技攻关，提高科研成果产出水平，推动产学研合作，形成高科技产业，产出更多市场需要的创新产品，一些高端技术应用于制造业，让都市圈发展减少对稀缺资源的依赖，创造现代化的都市圈发展环境。创新对于都市圈发展的作用机制又可以分为资源基础、能力支撑和产出绩效三个方面，每一个方面发挥的作用都各不相同，如图2所示。

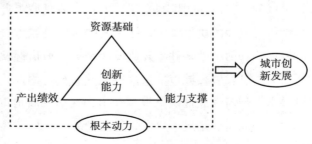

图2 都市圈创新发展的根本动力

1. 资源基础为创新发展提供条件

资源基础是创新发展的前提条件。资源一般分为知识性资源、财产性资源和混合性资源。创新的本质属性是知识属性，知识创新是持续创新的基础。财产性资源是创新的物质条件。没有财产性资源的支持，任何知识创新都只是空谈。科技研发机构是知识创新的源地，同时也是新时代都市圈创新发展的标配。一个城市的创新的资源基础强弱可以从该地区的科学技术支出、普通高等学校数量、工业总产值、地方的科技研发平台等指标看出，并且这些指标与创新资源基础强弱是正相关关系。地区生产总值越多，就越能够促进该地区创新资源集聚；普通高等学校数量越多，也越能够促进地区创新资源水平提高。

2. 能力支撑为创新发展提供保障

创新的能力支撑主要包括文化、体制机制和能源环保水平三个方面的支撑。地区文化产业的发展和文化市场的活跃，以及文化本身具有的创新力均体现着文化对于创新发展的保障作用。体制机制则体现了社会发展过程中制度对创新的支持力和变革力。节约型社会要求以节能降耗作为能源使用的技术创新和变革方向，能源环保水平较高是创新发展最坚实的环境支撑。一个地区对于创新的能力支撑体现在拥有 R&D 活动的单位个数、政府对于 R&D 活动的支持力度以及基础和应用研究人员的数量上。拥有 R&D 活动的单位个数越多及政府对 R&D 的支持力度越大和该地区从事基础和应用研究人员的数量越多，证明该地区对于创新发展的重视程度越高，对创新发展的能力支撑就越大。

3. 产出绩效为创新发展提供方向引领

产出绩效衡量了创新能否为经济社会发展带来实际的效益。产出绩效主要体现在创新的知识成果数量和知识成果转为实际收益两个方面，从知识成果到实际收益的转化主要是指原始技术创新——技术产品化——产品产业化的转化过程。要深化区域分工协作，共筑现代产业体系，共建高标准市场体系，提高产出绩效。地区的专利申请个数、科技论文数和高新技术产业产值占 GDP 的比重等指标直接反映出该地区创新的产出绩效，同时最新的专利或科技论文数也为创新发展提供了方向引领，指导该地区可以侧重从哪些方面实施创新，进而为整体的都市圈高质量发展提供根本动力。

（二）共享发展是协同推进长株潭都市圈高质量发展的重要目标

都市圈作为我国推进城镇化的主体形态，其健康、科学、共享发展有助于实现资源在更大范围内的合理配置。努力打造要素有序自由流动、主体功能布局合理、基本公共服务共建共享的都市圈共享发展新格局，是都市圈实现高质量发展的重要目标。要瞄准一体化方向、用好协同方法、紧扣共享目的，在推进都市圈高质量发展的过程中，要始终注重维护整个都市圈内地区间发展的公平性，保证各地区和全体劳动者能够享有平等的发展机会，获得均等化的基本公共服务。共享是共同分享，不仅要求公平和平等地享用公共环境和服务，更要求发展机会的共享，这是实现都市圈高质量发展的必然结果。共享发展主要体现在基础设施共享、公共服务共享、发展机会共享和发展成果共享四个方面，且这四个方面是层层递进的关系。共享发展首先要实现基本的基础设施共享，其次是公共服务的共享，最后是发展机会共享，最终实现发展成果共享，如图3所示。

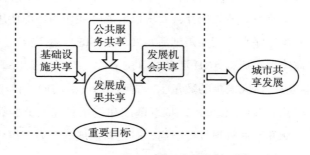

图3　都市圈共享发展的重要目标

1.基础设施共享是共享发展的逻辑起点

都市圈高质量发展，统一完善的基础设施建设是前提，高质量推进都市圈建设，要加快打造便捷高效的通勤圈、梯次配套的产业圈、便利共享的生活圈。都市圈的基础设施建设程度，可以通过交通基础设施的互联互通，公共图书馆资源的共享共建和医疗、教育等基础性资源的配置等来具体体现，如加快设施互联互通，坚持优化提升、适度超前的原则，统筹推进都市圈重大基础设施和物流网络建设。只有实现了基本的基础设施共享，畅通交通网，提升物流网，建强能源网，打造综合交通物流枢纽，才会有更多资源用来实现更高水平的共享。

2. 公共服务共享是共享发展的重要体现

公共服务共享是指都市圈有均等的机会享受到同等的公共服务，不因地区差异而不同。均等的公共服务共享权利体现了都市圈过程中实质性的共享程度。公共服务共享才会更好地实现一体化，才会让整个都市圈内的居民真切体会到共享发展带来的好处。要加强民生共建共享，推动基本公共服务均等化，如建立社保协同互认机制，推进养老保险关系无障碍转移接续等公共服务共享机制建设，对提升都市圈公共服务的共享程度将产生强有力的影响。

3. 发展机会共享是共享发展的关键所在

发展机会共享是在实现基本设施和公共服务共享后，要着重达到的目标。都市圈内城市与城市之间平等的发展机会是共享发展的关键所在，也是衡量都市圈高质量发展水平的重要尺度。发展机会共享主要反映都市圈在公共财政、教育、科学技术、固定资产投资等方面的投入与潜力。平等的发展机会有利于实现人才资源的平等分配。都市圈内城市与城市之间平等的人均公共财政支出、人均教育支出、人均科学技术支出、人均城市维护建设资金支出、人均公共财政收入等，有助于吸引人才、留住人才，为都市圈高质量发展提供智力支撑。

4. 发展成果共享是共享发展的必然结果

发展的目的是共享。发展成果共享主要反映的是都市圈惠及人民群众的水平。都市圈高质量发展的目标是要该地区人民享受发展带来的好处，这是共享发展的必然结果。如都市圈高质量发展惠及百姓，提高了人均地区生产总值，互联网、通信等新型基础设施的建设和完善，让老百姓感到生活更便利、更幸福，则发展成果共享的程度就更高，这对都市圈高质量发展也将产生深远的影响，形成更多可见可感可知的一体化发展成果。

（三）绿色发展是协同推进长株潭都市圈高质量发展的基础条件

绿色发展是建设美丽都市圈的基石。绿色发展关乎人们生活质量的改善，关乎国家可持续发展战略的实现。都市圈的高质量发展需要有绿色发展观的引导，才能行稳致远。"绿水青山就是金山银山"，都市圈高质量发展要走在生

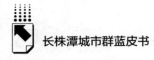

态优先、绿色发展之路上。绿色发展包括绿色生产、绿色生活和绿色生态三个方面，如图 4 所示。

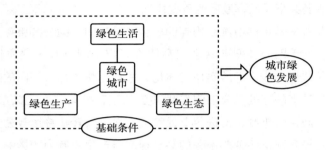

图 4　都市圈绿色发展的基础条件

1. 绿色发展的直接动力是绿色生产

绿色生产是生态文明建设的重要内容，也是工业化提高的重要标志。绿色生产主要反映城市的污染物排放以及工业节能等方面的水平。生产方式涉及劳动者、劳动对象、劳动工具、劳动环境、劳动产品等诸多要素。绿色生产包括这些要素自身及其整体的生态化，如劳动者的生态素养普遍提升、劳动对象得以生态化利用、劳动工具能够节省资源、劳动环境干净无害、劳动产品绿色环保等，并且能够合理配置能源资源，实现整体关系上的优化。一般工业固体废物综合利用率、污水处理厂集中处理率和第三产业占 GDP 的比重等指标反映出都市圈绿色生产的水平。

2. 绿色发展的有力支撑是绿色生活

绿色生活是一种没有污染、节约资源和能源、对环境友好、健康的生活方式。生活方式涉及衣食住行用各方面，绿色生活体现为人们对绿色食品、绿色服装、绿色住宅、绿色交通和生态用品愈益青睐，对简约适度、绿色低碳的文明生活普遍崇尚。实现绿色生活，城市中最普通的人的作用不可忽视。居住在城市中的人的生活方式对绿色发展会产生极大影响。绿色观念的深入人心，才会引导人们在生活中的方方面面为绿色发展做出努力。只有整个都市圈实现了绿色发展，才能实现都市圈的高质量发展。

3. 绿色发展的天然基础是绿色生态

绿色生态观是践行社会主义文明观的核心部分，是实现经济发展、提高幸福感的基础。都市圈绿色生态主要反映在森林覆盖率、公园绿地面积等生态环境建设方面的投入与现状上。天然的良好生态环境，是都市圈在高质量发展过程中最大的资源优势，是任何规划都无法构建的最佳条件。在都市圈高质量发展过程中，要注重对绿色环境本身的保护，因势而造，合理规划绿色面积和道路面积。

（四）协调发展是协同推进长株潭都市圈高质量发展的质量要求

改革开放以来，都市圈发展日新月异，已经成为带动经济社会发展和现代化建设的重要引擎。在都市圈快速推进的过程中，我国都市圈发展也出现了圈内城市与城市之间的产业同质化和圈内城市间差距较为明显等突出问题。推动我国大中小城市协调发展，应深入理解和把握都市圈发展背后的逻辑和地缘经济关系，应发挥中心城市的引领作用，促进大城市朝着规模化、小城市朝着专业化方向发展，在大中小城市间形成具有合理地缘经济关系的都市圈产业分工和合理布局的体系。统筹城乡发展，把都市圈作为一个整体进行谋划建设，推动都市圈城市规划深度融合，加快协调发展。都市圈协调发展体现在经济协调、社会协调、文化协调和资源环境协调四个方面，如图5所示。

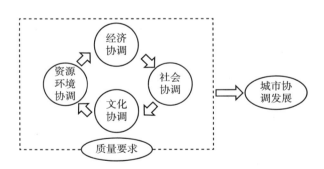

图5　都市圈协调发展的质量要求

1.经济协调体现了都市圈的产业结构配合度

都市圈在发展过程中容易出现产业同质化现象。尤其是中心城市在某一产业上极具优势，周边城市就极易借鉴，由此导致都市圈整体在某方面发展非常迅速，而相关产业发展稍显吃力。因此，经济协调要求都市圈在产业发展上体

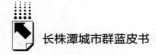

现各城市的比较优势，在区域间关系上形成优势互补、良性互动的机制，提升都市圈作为整体的竞争优势和经济效率，避免重复建设、相互封锁和产业结构趋同化。

2. 社会协调体现了都市圈的城乡融合度

统筹城乡经济社会发展，是相对于城乡分割的"二元经济社会结构"而言的。传统的城市发展，城市和乡村之间本身就存在差异，因此在都市圈高质量发展过程中，要注重健全城乡发展一体化体制机制，健全农村基础设施投入长效机制，推动城镇公共服务向农村延伸，促进城乡分割的传统"二元经济社会结构"向城乡一体化发展转变。

3. 文化协调体现了都市圈的思想包容度

城市之间往往因为地理位置优势想要加强联系，进而提出都市圈的一体化建设。天然的毗邻关系，使得相邻的城市具有大致相同的文化背景，但在都市圈的一体化建设过程中，城市之间文化的融合程度，以及文化与物质文明的匹配度，是需要重点关注的。推进都市圈的文化协调，为一体化发展提供普适的文化理念，会创造更加包容的发展前景。

4. 资源环境协调体现了都市圈的规划合理度

资源环境协调更多是指发展能力和发展条件之间的关系。任何都市圈的发展都需要建立在自身资源可承载的基础之上，不可高估。土地资源和水资源是区域经济发展的承载基础，是都市圈发展最重要的基本要素。都市圈的高质量发展要注重与资源环境的协调，合理规划，让资源环境为经济发展做出最大限度的支持。

（五）开放发展是协同推进长株潭都市圈高质量发展的多重活力

在纵深推进经济全球化发展的今天，开放是国家繁荣发展的必由之路，也是地域经济换挡升级的前行方向。把城市外交作为构建内陆地区对外开放新高地的重要抓手，是提高城市发展水平的重要战略。一直以来，经济外向度不高是制约内陆城市高质量发展的重要短板。内陆城市想要打造高水平开放型城市，就要在区域竞争中寻找到一把能促进经济快速发展的"钥匙"。而通过开放开发，推动城市实现经济发展不断壮大，开放带来竞争，竞争提高效率，效率催生繁荣，尤其是在都市圈内部之间形成开放资源共享和合理利用的机制，可以推动都市圈开放发展水平的整体提高，这样的内生循环，也将都市圈高质量发展提升到一个更新的层次。都市圈的开放发展主要体现在外贸水平、外资水平和外经水平方面，如图6所示。

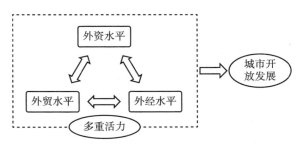

图6　都市圈开放发展的多重活力

1. 外贸是都市圈开放发展的主要内容

在双循环发展新格局背景下，对外贸易对开拓市场、刺激需求有一定的现实意义，尤其是一个城市的进出口总值、外贸依存度等在一定程度上对城市开放程度会产生强有力影响，进出口总值越大，外贸依存度越高，则城市的开放程度越高。城市开放发展的主要内容就是对外贸易，通过对外贸易，让市场机制更好发挥作用，为城市发展创造更多活力。

2. 外资是都市圈开放发展的主攻方向

外资水平体现了城市对外的吸引程度。吸引外资对于提升城市发展水平可以起到一定的作用。吸引外资不仅是引进技术，也是为了解决城市发展过程中资金不足的问题。外商直接投资项目个数、外商投资经济数额和规模以上外商投资企业个数等指标评价了城市的外资水平。

3. 外经是都市圈开放发展的必然要求

外经水平是评价城市对外开放程度的直接指标。国际友好城市是开放型经济发展的重要目的地。以友好城市交流为基础，推进对外经济合作，有力地支撑着开放型经济发展水平提升。规模以上工业企业是开放型经济发展的重要主体。因此，努力构建国际友好城市，发展规模化的工业企业，有利于提高城市外经水平。

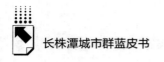
二 长株潭都市圈高质量发展的基础和条件

世界新一轮科技革命和产业变革同我国经济优化升级交汇融合，为长株潭都市圈加快产业转型升级、提升产业竞争能力、全方位参与国际合作提供了良好的外部环境；我国经济转向高质量发展阶段，城镇化发展格局迎来重大变革，中心城市和城市群将成为经济和人口主要承载空间；促进中部地区崛起、长江经济带发展战略的深入实施，长株潭国家自主创新示范区加快建设，为新时代加快长株潭都市圈高质量发展带来了新机遇，注入了新能量。但受国内外多种因素影响，经济全球化进程放缓，特别是新冠肺炎疫情等的影响，对世界经济产生了不利影响，我国经济下行压力持续加大，长株潭都市圈高质量发展也面临一些新情况新问题。

（一）优势和机遇

1. 长株潭都市圈有较强的创新推力

长株潭都市圈拥有国家自主创新示范区、国家高新区等重要的创新高地，为推进长株潭都市圈高质量发展起了重大的推动作用。一方面，作为国家级自主创新示范区，长株潭国家自主创新示范区依托长沙、株洲、湘潭三个国家高新技术产业开发区建设，是"尖端科技产业核心区+现代服务业集聚区+国际城市复合功能区"的"三位一体"创新模式，实体经济基础雄厚，科技体制改革成绩突出，城市群协同创新初见成效。长株潭都市圈聚集了全省 60% 以上的创业平台、70% 以上的高新技术企业、80% 以上的高校科研机构、85% 以上的科研成果。另一方面，长株潭国家高新区探索的产学研结合模式在全国领先。以产业技术链为中心，组成产业技术创新联盟；科研院所整体转企改制，推进科技产业化、产业科技化，使改制后的企业迅速成长为各行业的领军企业，成为全省科技创新的重要引擎；以高校、科研院所为依托共建企业研发中心；以项目技术为纽带，共同组建开发实体。2019 年，长株潭三市超级计算机、超级杂交稻、磁悬浮技术、"海牛号"深海钻机等一批世界先进科技成果先后涌现，长沙麓谷创新谷、株洲中国动力谷、湘潭智造谷成为中国制造新名片。长株潭国家高新区已成为创新驱动发展的核心动力源。

2. 长株潭都市圈有良好的共享实力

近些年来，长株潭都市圈互联互通水平提高，基础设施和公共服务共享快速发展。长株潭都市圈按照湖南省委、省政府"交通同环、电力同网、金融同城、信息同享、环境同治"的部署目标编制了基础设施一体规划，并已取得显著成效（见图7）。

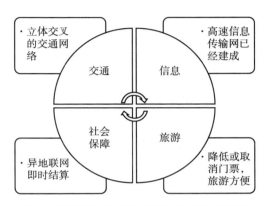

图 7　长株潭都市圈公共服务共享体系状况

目前，长株潭都市圈已经初步形成较为完善的一体化立体交通网络，构筑了包括高速铁路、高速公路、城市轻轨、公交快速干线、航空等在内的快速便捷、立体交叉的交通网络；在金融方面，已建成无缝覆盖、功能完善、技术领先、互融互通的金融网络，城市电子支付与结算网络系统已投入运行；在信息化建设方面，城市群高速信息传输网已经建成，电子政务工程、企业信息化工程已实现全面推广；长株潭三市图书馆、文化馆、博物馆等80个公共文化场馆向市民免费开放；三市实现社保卡省内跨地区异地联网即时结算，办理异地就医备案的参保人员，可凭社会保障卡办理异地就医住院登记与即时结算手续；取消6个景点门票，降低3个景点门票或服务价格，发布51个首道门票免费景区名单，推出3条精品旅游线路，三市群众休闲、旅游更加方面，长株潭三市共享发展朝着社会保障更加健全，教育、医疗、旅游等公共服务共享领域不断扩大，三市通信同号、同城同费、"一卡通"应用不断拓展的方向快速发展。

3. 长株潭都市圈有优质的绿色动力

长株潭都市圈有天然的绿色环境支撑，绿色生产、绿色生活和绿色生态取得良好效果。共同维护一江碧水、一片蓝天，长株潭三市合力打造城市群绿色发展的全国标杆。早在 2003 年，湖南就正式提出"绿心"概念。随后，"绿心"保护被列入长株潭都市圈建设的重要范畴。如今，面积 500 多平方公里的长株潭绿心，已成为世界上最大的城市群绿心之一。未来，这里将成为"生态文明样板区、湖湘文化展示区、两型社会创新窗口、城乡融合试验平台"，成为高品质、具有国际影响力的城市群绿心。长株潭三市已实现水污染联防联治、大气污染联防联控；统一区域大气污染物排放标准；统一重污染天气应急预案；共享环境空气监测数据及监测信息；建立全省统一的空气质量发布平台和长株潭地区重污染天气监测预警体系、环境空气质量预警预报系统等；大气监测监控网络体系不断完善，涉气排污企业污染治理不断加强，空气质量优良天数比例达到 80% 以上。

4. 长株潭都市圈有较为均衡的协调效力

长株潭都市圈产业结构持续优化，经济、社会、文化和资源环境协调发展。长株潭三市产业发展各具优势，产业结构正在持续优化，高新技术产业发展势头尤为突出，三市产业正在形成优势互补格局。从近年产业结构发展变化趋势来看，三市第三产业占国民经济比重及对经济增长的贡献率均不断增长，已从传统的"二三一"即第二产业占绝对优势的产业模式向二三产业并重的局面发展，如表 1 所示。

表 1　长株潭都市圈 2015～2019 年产业结构变化统计

单位：%

年份	第一产业	第二产业	第三产业
2015	5.3	52.6	42.1
2016	5.2	49.6	45.2
2017	4.1	47.1	48.8
2018	3.9	43.4	52.7
2019	4.2	41.1	54.6

资料来源：相关年份的《湖南统计年鉴》。

目前，长沙已成功打造电子信息业、装备制造业、汽车产业、新材料、食品和生物医药等六大支柱产业，第三产业特别是娱乐文化产业历来发达，全市营商环境优越，在长株潭都市圈中处于核心地位。株洲目前已形成先进轨道交通装备、新能源汽车、新材料等 15 个工业新兴优势产业链，工业水平与生产能力在省内均居重要地位，商贸流通服务业依托南方铁路交通枢纽地位一直成长态势良好。湘潭产业转型较为成功，目前已推动智能装备制造业、汽车及零部件产业、食品医药产业等优势主导产业及新一代信息技术和新材料等战略性新兴产业顺利发展，同时，湘潭也是国内重要的科教和旅游城市。湖湘文化底蕴深厚，山水洲城形象凸显，城市活力、吸引力不断提升，借助文化优势，在资源环境可持续发展的前提下，发展旅游业，经济、社会、文化协调发展，老百姓获得感、幸福感、安全感不断增强。

5. 长株潭都市圈有多元的开放活力

长株潭都市圈是中部地区最有活力、合作水平最高、创新能力最强的区域之一，在区域合作和一体化发展方面一直走在全国的前列。2015~2019 年，湖南省对外合作开放程度越来越高，如表 2 所示。

表 2　2015~2019 年长株潭都市圈对外开放情况

单位：万美元，人

年份	新签合同额	完成营业额	外派劳务人数	月末在外人数
2019	366769	357988	50860	45628
2018	224157	285058	38464	52206
2017	161967	194440	34889	48148
2016	120467	134146	32165	22944
2015	92524	92563	28984	39749

资料来源：相关年份的《湖南统计年鉴》。

湘潭综保区是长株潭首家综合保税区，承载着湖南开放崛起的梦想，是开放型经济的重要试验区。湘潭综保区结合自身特点，着力布局产业集聚平台、企业服务平台、仓储物流平台、保税研发展销平台、跨境电商平台五大平台，大力完善商业商务配套、生产生活配套。提升产业承载能力和服务能力，让高水平开放、高质量发展加快破题。支持外贸做强做大、支持招大引强、支持湘企"走出去"、推进国际物流整体化、促进跨境电商整体优化、强化金融财政

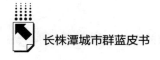

支撑等一系列政策，为推动湖南省开放型经济跨越式发展提供了全面的政策支持，也为长株潭都市圈高质量发展提供了多元的开放活力。

（二）挑战与不足

一是创新投入不足，产业与创新缺乏深度融合。据统计，湖南全省在创新投入方面低于全国平均水平，仅占财政支出的 2.23%，细分到长株潭三市，创新投入则明显不足。

二是基础设施、公共服务一体化发展水平有待提高。长株潭都市圈建设首先从基础设施开始，交通网络加快互通，社保、异地结算等公共服务也朝着无差异的方向发展，但基础设施和公共服务的建设需要逐步推进。公共服务需要进一步明确服务对象、服务指导标准、支出责任和主责部门，并向三市全民开放，进一步推进长株潭都市圈基本公共服务的标准化、规范化。

三是生态保护与高质量发展水平有待提高。目前，长株潭生态绿心地区森林覆盖率只有 38.99%，比全省森林覆盖率平均水平低 18.14 个百分点，作为绿心核心区的昭山也只有 50.48%，且其林质、林相和活立木蓄积量都低于全省平均水平。

四是产业融合协同不足，区域内部发展不平衡不充分。长株潭都市圈高质量推进进程中，三市的产业虽各具优势，产业结构逐渐优化，且朝着互补格局发展，但产业融合协同依旧有较大提升空间，产业同质性现象仍然较为明显。

五是对外开放程度不高，外资和外贸水平有限。长株潭都市圈作为中部省份城市群，对外开放水平显然落后于沿海城市。通过外资引进先进技术和资金程度不高，仅仅通过城市内部发展对于提升经济开放活力的作用有限。

三　长株潭都市圈高质量发展协同推进路径与优化策略

（一）加大创新投入，协同实施创新驱动发展战略

要全面激发创新活力，优化长株潭都市圈协同创新机制，提升产业链供应链自主可控能力和现代化水平。发挥长株潭都市圈重点高校科教和人才资源聚

集优势，推动与国内外知名高校联合共建新型研究机构，打造人才集聚高地和原始创新高地。加强"校地、校企、校产"合作，采用企业主导、院校协作、多元投资、成果分享新模式，共建以技术研发和转化为主的新型创新研究院。深入实施创新驱动发展战略，加大创新投入，依托长株潭国家自主创新示范区、国家创新型城市建设，搭建协同创新平台，集聚创新要素，加大产业创新力度，紧盯前沿关键核心技术攻关，促进科技成果转化，积极育才引才聚才，让创新成为城市发展主动力。建立产业协同机制，完善创新体制机制，促进创新链、产业链融合及产业链、供应链稳定，构建特色鲜明、优势互补的一体化现代产业体系，促进长株潭经济高质量发展。

（二）加大公共服务共建共享力度，协同完善基础设施和基础服务建设

坚持优化提升、适度超前的原则，统筹推进长株潭都市圈基础设施一体化建设。整合长株潭都市圈信息资源，加快 5G 网络、长株潭大数据中心、北斗导航、量子通信、车联网等信息设施建设，构建三市共享大数据、公共服务支撑和人工智能等平台，提升城市信息化基础服务能力，夯实长株潭智慧城市发展基础。大力推进民生智慧应用，加快建设长株潭"智慧云"，着力建成覆盖城乡、全民共享的智慧民生服务体系，全面提升信息化协同和精细化管理水平，满足人民对高品质智慧生活的需求。加快推进城市综合管理服务平台建设，大力推进智慧工地、智慧住房、智慧小区、智慧物业、智能家居等网络化、智慧化管理，探索形成新型智慧城市建设"长株潭模式"。完善教育科研协作机制，优化区域医疗卫生资源配置，统筹长株潭都市圈基础服务建设。积极促进共同富裕，加快推进群体共富、城乡共富、物质精神共富，建设宜居、韧性、创新、智慧、绿色、人文城市，打造共同富裕先行区。

（三）加强生态优先理念融入，协同治理和美化生态环境

要注重强化规划引领，践行"绿水青山就是金山银山"的理念，贯彻山水林田湖草是一个生命共同体的系统思想，强化生态环境共保联治，推广绿色低碳生产生活方式，开创绿色发展新局面。加强区域生态同保共育，统筹考虑人口、经济布局和资源环境承载能力，构筑区域生态安全体系。做好基本农

田、森林资源等生态空间保护和生态系统修复工作。加强规划管理，彰显规划权威，规划利用好每一寸土地，突出地域特色，严格遵循长株潭生态绿心、自然保护区、风景名胜区、重要水源地、重要湿地等生态保护红线、环境质量底线、资源利用上线和生态环境准入清单"三线一单"生态保护管控要求，强化生态红线保护和生态修复，严控能耗总量和强度、环境准入，保护长株潭可持续发展生命线，整合构建污水治理、黑臭水体整治、供水水质、垃圾治理等城乡环境基础设施智慧监管平台，加强重要水源地及湖库保护，进一步完善三市生态环境协同治理机制。

（四）加紧促进产业结构升级，协同推进区域协调发展

强化强省会战略，提升株洲、湘潭比较优势，优化区域功能布局，加强政策协调和规划衔接，形成分工协作、优势互补、独具特色的协调融合发展格局。强化区域联动发展，进一步强化长沙省会中心地位、龙头作用和集聚功能，要大力推进制造强市，始终把制造业作为主攻方向，加快打造国家级智能制造、创新创意、交通物流中心及全国区域性金融中心，壮大产业集群，发展"大智移云"，做强产业园区，培育市场主体，增强极化带动效应，引领长株潭都市圈整体发展再上新台阶。充分发挥株洲、湘潭比较优势，协同打造湘江湾智能制造产业走廊和科创走廊，提升区域协同发展整体水平和效率。制定区域产业发展引导目录，统筹三市产业定位和发展方向，引导产业合理分工布局，加快推动长沙市先进制造业和现代服务业深度融合，提升株洲市、湘潭市制造业规模化、特色化、集群化水平，形成各具特色、优势互补、协同发展的产业格局。

（五）加快扩大高水平开放，协同打造内陆高水平开放平台

要持续深化改革开放，把改革作为破解发展难题的"金钥匙"，全面拓展对外开放空间，打造高水平内陆开放平台，把开放作为提升竞争实力的"动力源"，培育国际合作和竞争新优势，营造市场统一、规则互认、要素自由的发展环境，构筑互惠互利、合作共赢的开放发展新机制。就长株潭都市圈来说，要在固有优势产业健康稳定发展的基础上，努力打造走在全国前列的市场化法治化国际化营商环境，着力推进升级蜕变；对具有长株潭都市圈地方传统

特色的产业，引进先进技术和生产流水线，借鉴其他国家和地区先进的管理方式，改进工艺技术、提高产品质量；要按照功能、类型和产品的不同对工业区进行合理规划，形成工业聚集效应，降低工业各环节的成本，提高生产效率，增强经济活力。同时，要着力建好湘江新区、自贸试验区、岳麓山大学科技城、马栏山视频文创产业园等重点区域，统筹用好各类发展平台，着力打造新增长点和增长极。

参考文献

张萍：《现代化长株潭大都市圈》，社会科学文献出版社，2020。

张迎春：《奋力谱写长株潭都市圈发展新篇章》，《新湘评论》2021 年第 16 期。

吴桂英：《全力推进长株潭都市圈高质量发展　在打造全国重要增长极上谱写新篇章》，《学习与研究》2021 年第 7 期。

吴桂英：《奋力将长株潭都市圈打造为全国重要增长极》，《新湘评论》2021 年第 16 期。

朱有志、童中贤：《长株潭城市群中心城市作用分析——基于大长沙都市区整合的视角》，《湘潭大学学报》（哲学社会科学版）2008 年第 5 期。

邝嫦娥、田银华、吴伟平、彭文斌：《长株潭城市群公众参与环保行为的实证研究》，《湖南科技大学学报》（社会科学版）2013 年第 2 期。

陈晓红、程鑫：《可持续发展与企业环境战略研究——以长株潭城市群碳排放对两型产业发展的影响为例》，《南开管理评论》2013 年第 6 期。

唐承丽、吴艳、周国华：《城市群、产业集群与开发区互动发展研究——以长株潭城市群为例》，《地理研究》2018 年第 2 期。

谭雪兰、安悦、苏洋、周国华、贺艳华：《长株潭地区农业功能的时空变化特征及发展策略研究》，《地理科学》2018 年第 5 期。

刘莉君、刘友金：《产业转移与土地利用的耦合作用机理及协调度评价——以环长株潭城市群为例》，《财经理论与实践》2019 年第 4 期。

王明、郑念：《城市群内部协同的圈层分化问题研究——基于"环长株潭城市群"的分析》，《中国科技论坛》2019 年第 8 期。

张佶：《政府主导的城镇群一体化发展实效研究——以长株潭城市群为例》，《城市规划》2019 年第 9 期。

欧阳晓、朱翔、贺清云：《基于空间区位条件的长株潭城市群城市用地扩张研究》，《经济地理》2020 年第 5 期。

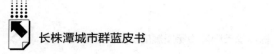

戴华仁、徐姝：《长株潭城市群承接沿海产业转移的区域差异性分析与路径优化选择》，《社会科学家》2020 年第 5 期。

陈银娥、李鑫：《长株潭城市群创业环境的综合评价与预测》，《财经理论与实践》2020 年第 5 期。

唐常春、李亚平：《多中心城市群土地利用/覆被变化地学信息图谱研究——以长株潭城市群为例》，《地理研究》2020 年第 11 期。

朱政、朱翔、张夏于：《长株潭城市群都市区各类城市建设用地的时空变化研究》，《人文地理》2021 年第 1 期。

王兆峰、谢佳亮、吴卫：《环长株潭城市群旅游业高质量发展水平变化及其影响因素》，《经济地理》2022 年第 3 期。

周国华、陈炉、唐承丽、贺艳华、冉钊：《长株潭城市群研究进展与展望》，《经济地理》2018 年第 6 期。

许彤彤、肖俊、熊曦、张杰：《新发展理念下长株潭城市群一体化高质量发展的现状与对策》，《广西质量监督导报》2021 年第 3 期。

熊曦、宋婷婷、肖俊、曹晟琦：《长株潭城市群一体化高质量发展的路径选择》，《长沙理工大学学报》（社会科学版）2021 年第 4 期。

城乡发展篇

Urban and Rural Development Chapter

B.5

长株潭城市群人口变化特征
及影响因素分析

周国华　崔树强　李秋泓*

摘　要： 人口的空间流动与分布对区域社会经济发展有重要影响，明晰人口时空变化特征及演变规律对制定人口政策、引导人口再布局具有重要意义。21世纪以来，长株潭城市群人口增速较快，截至2020年底，长株潭城市群常住人口已达1668.94万人，占湖南常住人口总量的25.1%。本文聚焦于长株潭城市群，以第五、六及七次全国人口普查数据为基础，采用人口分布结构指数、空间自相关、标准差椭圆和地理探测器等方法，多尺度分析长株潭城市群20年来的人口变化特征及其影响因素。结果表明，研究期内，长株潭城市群呈现人口与城镇化率快速增长的特点，且长沙市在人口总量和质量上均保持显著优势；城市群人口多尺度集聚特征显著，"北密南疏"的总体分异格局稳步

---

* 周国华，湖南师范大学地理科学学院院长，二级教授，博士生导师，研究方向为区域发展与国土空间规划；崔树强，博士研究生，研究方向为城乡空间结构；李秋泓，湖南师范大学研究生。

强化，突出表现为各城市内部人口分布差异贡献率较大；城市群人口重心整体向北倾斜，人口密度变化呈现南北、市辖区与非市辖区两种差异；自然因素仍然是影响人口分布的基础性因素，但经济、服务与创新等非自然因素对人口分布格局的变化起着日益重要的推动作用。本文针对城市群中心城市辐射带动能力不足、人口老龄化、农民工市民化困难等人口结构问题提出调控对策与建议。

关键词： 长株潭城市群　人口密度　时空变化　人口分布格局

人口是社会、经济活动的主体，其分布格局是人地关系最基本的空间表征，也是区域均衡、协调发展的核心议题之一。2015 年中国劳动年龄人口已达到峰值，预计在 2030 年左右中国人口也将达到峰值[①]，城市或区域间的人口竞争必将更加激烈。

一　研究综述

通过系统梳理已有研究，发现国内关于人口分布的时空演变及其影响因素研究已积累丰富的成果。从研究主题来看，在人口格局研究方面，自 1935 年地理学家胡焕庸在《论中国人口之分布》中提出了瑷珲—腾冲线作为我国人口地理分界线后，关于"胡焕庸线"的实证检验及相关研究成果日益增长，这一宏观格局到现在仍未发生改变。基于逐渐精细完善的统计、普查数据资料，多尺度人口格局研究愈加丰富，特别是大区域研究范围与小尺度研究单元的人口分布格局研究成果快速增加[②]。人口迁移与流动研究方面，主要涉及人口迁移格局、人口流动意愿与网络，着重描绘人口流动的空间特征、演化特征

---

① 李晖、陈锡康：《基于人口投入产出模型的中国人口结构预测及分析》，《管理评论》2013 年第 2 期。

② 尹旭、王婧、李裕瑞等：《中国乡镇人口分布时空变化及其影响因素》，《地理研究》2022 年第 5 期。

与作用机理，定量刻画人口集聚扩散特征，关注宏观城—乡人口流动、城—城人口流动与微观尺度个体移动模式等[①]。人力资本研究方面，人力资本分布格局、人力资本与创新联系、人力资本的空间效应是其研究热点[②]，重点探究人力资本空间溢出效应对经济增长或创新发展的贡献及机制。从研究方法与数据来看，人口总量、人口密度、人口增长率、人口重心等指标是度量人口空间分布特征和演变规律的主要指标。同时，随着 RS 和 GIS 技术的发展，基于遥感数据、手机信令、POI 数据等大数据与传统数据结合的研究方法被大量应用于人口空间分布格局研究中[③]。

从人口分布的影响因素研究来看，自然地理条件仍然对人口空间分布具有重要限制作用，但社会经济发展状况对人口分布格局变迁的重要性不断提升。有较多研究围绕社会经济发展对人口分布的新影响和新特点展开，尤其是城市群快速交通基础设施建设、公共服务均等化推进、"新"基建等重大项目铺开，改变区域经济规模、产业结构、就业岗位、房价等，对塑造人口分布格局发挥着日益重要的作用。

截至 2020 年底，长株潭城市群常住人口已达 1668.94 万人，是全国第五大城市群长江中游城市群的重要节点城市群，成为撬动"中部崛起"的新高地。本文以长株潭城市群为研究区，以 2000~2020 年为研究时段，全面把握其人口时空变化特征及演变规律，揭示长株潭城市群地区人口集聚的影响因素，对提高区域发展政策制定的合理性，促进区域人口、经济、资源和谐可持续发展具有重要意义。

二　长株潭城市群区域概况

（一）长株潭城市群形成与发展历程

从历史发展来看，长株潭三地同属于"大长沙"，同根同源，联系紧密，

---

① 刘艳军、汤爽爽、吴康等：《经济地理学视角下中国人口研究热点与展望》，《经济地理》2021 年第 10 期。

② 高远东、花拥军：《人力资本空间效应与区域经济增长》，《地理研究》2012 年第 4 期。

③ 赵莹、关可汗、赖丽娜：《基于手机信令数据的长春市居民时空活动分析》，《测绘地理信息》2020 年第 5 期。

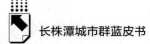

依据相关大事件或政策制度，总体可将长株潭城市群发展历程划分为三个阶段（见图1）。

2006年以前为起步发展阶段。新中国成立初期，有城市规划工作者提出将长沙、株洲、湘潭三市合并组建"毛泽东城"的构想；1982年12月，湖南省社科院原副院长、经济学家张萍在湖南省政协四届六次会议上提出，把长沙、株洲、湘潭在经济上联结起来，建立"长株潭经济区"，并逐步形成湖南省的经济中心①；1997年，长株潭一体化会议召开，长株潭一体化启动；2000年，世界银行把长株潭作为在华首批试点，开展城市发展战略研究（CDS）；2006年，长株潭城市群被国家列为促进中部崛起重点发展的城市群之一。

2007～2014年为加速发展阶段。2007年12月，经国务院同意，国家发改委行文批准长株潭城市群为"全国资源节约型和环境友好型社会建设综合配套改革试验区"；2011年6月，《湖南国民经济和社会发展十二五规划纲要》出台，其中首次明确提出"环长株潭城市群"新名词，长株潭城市群进一步扩容；2014年8月，长株潭国家自主创新示范区获批。

2015年后为提质发展阶段。2015年4月，国务院正式批复同意在长株潭城市群设立中国第12个、中部地区首个国家级新区——湘江新区；2016年11月，国家工信部正式批复同意长株潭开展"中国制造2025"试点示范城市群建设②；2018年10月，长株潭城市群一体化发展首届联席会议在长沙召开，审议并签署了一系列合作项目及行动计划；2019年底，长株潭城市群签署了《长株潭城市群一体化发展行动计划（2019～2020年）》，从规划、交通、产业、民生及环境等方面推进合作；2020年9月，中国（湖南）自由贸易试验区获批，促进了长株潭城市群建设成为中国改革开放的"新地标"和"试验田"；2020年10月，《长株潭区域一体化发展规划纲要》发布，为推动长株潭区域高质量一体化发展指明了方向；2021年初，长株潭都市圈被纳入国家"十四五"规划纲要，《长株潭都市圈发展规划》也于2022年公布，成

---

① 胡德池、夏昕：《一个崭新的发展时代向我们走来——访湖南省社科院研究员张萍》，《新湘评论》2008年第1期。
② 周国华、陈炉、唐承丽等：《长株潭城市群研究进展与展望》，《经济地理》2018年第6期。

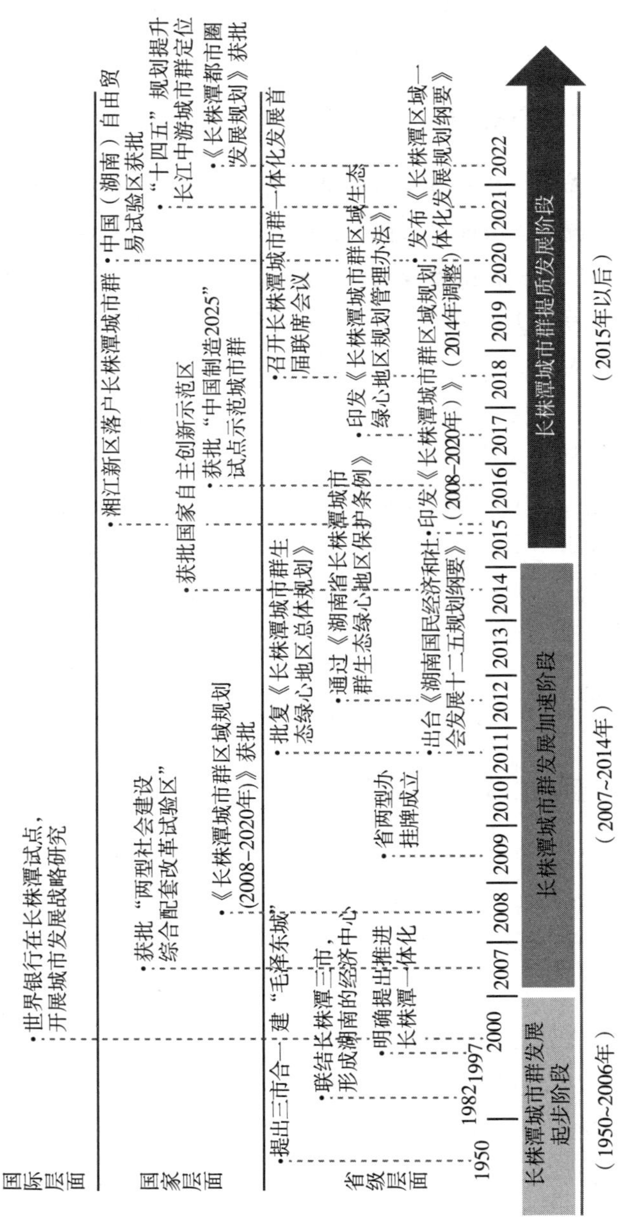

图1 长株潭城市群发展历程概览

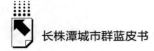

为全国第四个获批的都市圈发展规划①，明确了由长沙市全域、株洲与湘潭市中心城区、醴陵市、韶山市及湘潭县共 19 个区县组成的都市圈空间范围，为推动长株潭区域高质量同城化发展指明了方向。

（二）长株潭城市群空间范围界定

城市群范围的界定是长株潭城市群研究的重要内容，对指导城市群规划与整体发展具有重要意义。目前对长株潭城市群范围界定的视角、方法、结论尚未达成共识，但已形成三种主流观点，一是直接采用长沙、株洲、湘潭三市范围，总面积约 2.8 万平方千米。二是采用《长株潭城市群区域规划（2008～2020）》（2014 年调整）的规划范围，即长沙、株洲、湘潭、衡阳、岳阳、常德、益阳、娄底 8 市行政辖区，总面积约 9.68 万平方千米。三是基于信息流、经济流与人口流等虚拟与实体要素流联系强度，在长株潭 "3+5" 城市群的基础上突破省际边界，将萍乡市纳入长株潭城市群②。

基于人口流动的距离衰减规律，并考量都市圈建设、政策实施效果与城市群发展近、远期目标等因素，将长株潭城市群界定为以长株潭三市为极核的中心区域。从行政单元构成来看，长株潭城市群包括长沙、株洲、湘潭 3 个省辖市，浏阳、宁乡、醴陵、湘乡、韶山 5 个县级市，长沙、湘潭、攸县、茶陵、炎陵 5 个县，13 个市辖区，187 个建制镇和 79 个乡，总面积约为 2.8 万平方千米。

（三）长株潭城市群发展现状

长株潭城市群具有良好的生态本底，区位优势明显，人口集聚力较强，形成了合理的城市群城镇等级体系与特定空间结构，经过多年快速发展，长株潭城市群已成为湖南省经济发展的核心增长极及长江中游城市群的重要组成部分。

1. 长株潭城市群空间结构特征

长株潭城市群以周边良好的生态环境为背景，以长株潭北、西南、东南三个功能区为主次核心，其中长沙城区（即长株潭北核）为核心增长极。城市

---

① 李远方：《六个 "一体化" 长株潭创新都市圈同城化》，《中国商报》2022 年 4 月 27 日。
② 王圣云、宋雅宁、张玉等：《交通运输成本视角下长江中游城市群城市网络空间关联机制》，《经济地理》2020 年第 6 期。

群区域基础设施网络发达，各类空间协调发展，生态循环良好，城市中心组团、片区组团和小城镇构成发育相对完善，呈现"一主两副环绿心"的空间特征，包含了3个主中心组团、4个次中心组团、15个片区组团和29个小城镇组团（见表1）①，长株潭三市结合部金三角地区为绿心，是长株潭城市群的"绿肺"，主要承担区域绿地和生态保育、休闲度假两类主要功能。

表1 长株潭城市群空间组织结构

空间组织结构	具体区域
3个主中心组团	长沙中心城区（湘江东侧）、株洲河西城区、湘潭河东城区
4个次中心组团	长沙河西新城、长沙星马新城、株洲河东城区、湘潭河西城区
15个片区组团	高塘岭组团、星城组团、含埔组团、坪塘组团、丁字组团、捞霞组团、城南组团（原暮云组团）、栗雨组团、石峰组团（清水塘片区、湘天桥片区、杉木塘片区）、田心组团、荷塘组团（分为宋家桥区和大丰区）、枫溪组团（包括曲尺区和董家塅区）、昭山—易家湾组团、鹤岭组团、易俗河组团
29个小城镇组团	跳马镇、黄兴镇、干衫镇、莲花镇、雨敞坪镇、白箬镇、乌山镇、新康镇、靖港镇、乔口镇、铜官镇、茶亭镇、桥驿镇、北山镇、安沙镇、青竹湖镇、暮云镇、朗梨镇镇区、白马镇、云田镇、仙庾镇、龙头铺镇、马家河镇、群丰镇、雷打石镇、渌口镇镇区、姜畲镇、梅林桥镇、九华镇镇区

2. 长株潭城市群城镇等级体系

依据2014年印发的《关于调整城市规模划分标准的通知》②，基于长株潭城市群内各城市2020年城区人口规模可知，城市群整体呈现"金字塔"式的城镇等级结构特征，即大城市数量较少，小城市数量较多（见表2），城镇等级体系的中心化特征明显③。具体而言，人口规模大于300万人的Ⅰ型大城市仅有长沙市，100万人至300万人的Ⅱ型大城市仅有株洲市，50万人至100万人的中等城市仅有湘潭市，20万人至50万人的Ⅰ型小城市有宁乡市、醴陵市、湘乡市及浏阳市，人口规模小于20万人的仅有韶山市，为Ⅱ型小城市。

---

① 朱翔：《湖南空间发展新谋略》，湖南教育出版社，2019。
② 国务院：《关于调整城市规模划分标准的通知》［EB/OL］，http://www.gov.cn/zhengce/content/2014-11/20/content_9225.htm，最后检索时间：2022年8月30日。
③ 周国华、朱翔、唐承亮：《长株潭城镇等级体系优化研究》，《长江流域资源与环境》2001年第3期。

表 2 长株潭城市群城镇等级结构

规模等级	人口规模	数量	城市名称
Ⅰ型大城市	300万人～500万人	1个	长沙市
Ⅱ型大城市	100万人～300万人	1个	株洲市
中等城市	50万人～100万人	1个	湘潭市
Ⅰ型小城市	20万人～50万人	4个	宁乡市、醴陵市、湘乡市、浏阳市
Ⅱ型小城市	<20万人	1个	韶山市

注：依据《中国城市建设统计年鉴（2020）》整理而得。

3. 长株潭城市群社会经济发展

长株潭城市群已成为带动湖南经济发展的核心地域，人口流动活跃，2020年长株潭城市群常住人口1668万人，占湖南省总人口的25.1%，其中城镇人口1284万人，城镇化率为76.97%（见表3），新型城镇化建设不断推进；地区生产总值达17591.46亿元，占全省地区生产总值的41.7%；地方一般公共预算收入1420.86亿元，占全省总额的47.2%；社会消费品零售总额6310.73亿元，占全省总额的38.8%；居民人均可支配收入45273元，其中城镇居民人均可支配收入53149元，农村居民人均可支配收入为28809元；进出口总额407.74亿美元，占全省总额的57.7%；实际利用外资金额108.73亿美元，占全省总额的51.8%，与200多个国家和地区建立经贸合作关系，中国—非洲经贸博览会长期落户长沙。

表 3 2020年长株潭城市群人口分布情况

单位：万人，%

区域	年末常住总人口	城镇人口	农村人口	城镇化率
长沙市	1004.7914	830.0000	174.7914	82.60
株洲市	390.2738	278.1072	112.1666	71.26
湘潭市	272.6181	175.4969	97.1212	64.37
长株潭城市群	1667.6833	1283.6041	384.0792	76.97
湖南省	6644.4864	3904.6176	2739.8688	58.76

资料来源：依据"七普"数据整理而得。

产业发展方面，2020 年，长株潭城市群第一产业产值为 848.3 亿元，第二产业产值为 7351.53 亿元，第三产业产值为 9391.63 亿元。三次产业结构为4.82∶41.79∶53.39，二三产业比重总体上升，产业结构不断优化，现已形成以机械、电子、冶金、轻纺、食品、化工、制药、印刷为支柱的综合工业体系。目前，长株潭城市群已聚集 10 个国家级园区、22 个省级园区，形成 3 个万亿级产业、14 个千亿级产业和 20 条工业新兴优势产业链①。以三一重工、中联重科、山河智能等为代表的工程机械产业规模稳居全国第一，主营业务收入占全国的 1/4 以上；以中车株机为代表的轨道交通装备产业规模列全国首位，电力机车产品市场份额全球第一；以马栏山视频文创产业园为基地的"电视湘军""出版湘军""动漫湘军"享誉全球，长沙获评世界"媒体艺术之都"；电子信息、生物医药、节能环保、新材料、人工智能、大数据等战略新兴产业正蓬勃发展。

科教创新方面，长株潭城市群教育科技实力雄厚，创新动能日趋强劲，是我国重要的智力资源密集区。资本、技术及人才等高端发展要素加速聚集，汇聚了全省 60%以上的创业平台、70%以上的高新技术企业、80%以上的高校科研机构、85%以上的科研成果，2020 年高新技术产业增加值为 5229.12 亿元，R&D 经费内部支出相比 2019 年增加 14.03%。超级计算机、超级杂交稻、磁悬浮技术、"海牛号"深海钻机等一批世界先进科技成果先后涌现，长沙麓谷创新谷、株洲中国动力谷、湘潭智造谷等成为中国制造新名片。

三　长株潭城市群人口时空变化特征

（一）研究数据来源及处理

研究所用数据主要有统计数据与地理空间数据两类，统计数据包括人口数据、社会经济数据，其中人口数据来源于第五次、第六次与第七次人口普查，即 2000、2010 与 2020 年 3 期全国人口普查数据；人均可支配收入、金融指数、

---

① 沈晓英：《聚焦"节点"研究，服务双循环高质量发展——致公党中央 2021 年经济工作综述》，《中国发展》2022 年第 1 期。

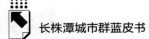

房价与专利申请数等社会经济数据分别来源于《湖南统计年鉴》、北京大学数字金融研究中心（https：//idf.pku.edu.cn/）、聚汇数据（https：//fangjia.gotohui.com/）、湖南省市场监督管理局（http：//amr.hunan.gov.cn/）；空间数据包括人口栅格数据集、行政区划矢量数据与夜间灯光数据等，分别来源于WorldPop世界人口栅格数据集（https：//www.worldpop.org/）、湖南省地理信息公共服务平台（https：//hunan.tianditu.gov.cn/）及地理空间数据云平台。

借助ArcGIS平台，对上述部分需要统计的数据进行如下处理：（1）基于人口普查数据修正WorldPop数据并统计人口数量，基本步骤是以WorldPop栅格数据为基础，分别统计长沙、株洲与湘潭三市行政区内的栅格总值，计算得到修正系数，利用栅格计算器对WorldPop数据进行修正，最后按乡镇、街道矢量数据统计各区域栅格总值，得到2000、2010与2020年3期乡镇街道级别的人口规模数据。该数据优点是避免了行政区划调整导致的乡镇街道人口数量统计误差，但由于WorldPop数据在精度上总体低于人口普查数据，因此市、县级人口时空变化特征分析仍以人口普查数据为主。（2）基于中国长时间序列逐年人工修正夜间灯光数据集统计基本研究单元栅格的平均值，得到各区县的夜间灯光指数。（3）基于SRTM高程数据得到长株潭城市群坡度栅格数据，统计得到基本研究单元的高程和坡度值。

（二）主要研究方法

人口分布差异的常用分析方法主要有人口比例、人口密度、人口广狭度、人口接近度、不均衡指数、集中指数、基尼指数与空间分析等。本文选用人口分布结构指数、局部空间自相关、标准差椭圆与地理探测器等方法来测度长株潭城市群地区人口空间分异特征。

1. 人口分布结构指数

人口分布结构指数包括非均衡指数（U）和集中指数（C）、泰尔指数（I）和累积分布函数等。其中，非均衡指数（U）和集中指数（C）是研究人口分布集中与分散趋势的主要指标，其表达式分别为[1]：

---

[1]　罗君、石培基、张学斌：《黄河上游兰西城市群人口时空特征多维透视》，《资源科学》2020年第3期。

$$U = \sqrt{\frac{\sum_{i=1}^{n} \left[\frac{\sqrt{2}}{2}(R_i - L_i) \right]^2}{n}}$$

$$C = \frac{1}{2} \sum_{i=1}^{n} |R_i - L_i|$$

式中：R_i 和 L_i 分别表示第 i 个县域的人口和土地面积比重；n 为县域数量。U 和 C 值越接近于 0，人口分布越均衡，反之越集中。

泰尔指数也是地理要素空间差异测算的常用方法，其主要优势在于能将区域总体差异分解成不同空间尺度的内、外部差异，以此将研究区总体差异分解为长沙、株洲和湘潭市内部差异及各城市间差异，以衡量其演变趋势及差异贡献，表达式为[1]：

$$I_{theil} = I_{(inter)} + \sum (Y_i \, / \, Y) I_{i(Intra)}$$

$$I_{(inter)} = \sum (Y_i/Y) * \lg[(Y_i/Y) \, / \, (X_i \, / \, X)]$$

$$I_{i(Intra)} = \sum (Y_{ij}/Y_i) * \lg[(Y_{ij}/Y_i) \, / \, (X_{ij}/X_i)]$$

式中：$i = 1$，2，3；I_{theil} 表征长株潭城市群总体差异，$I_{(inter)}$ 为长株潭城市群城市间差异，$I_{i(Intra)}$ 为各城市内部差异。$\sum (Y_i \, / \, Y) I_{i(Intra)}$ 是每个城市内部差异的加权平均值；Y_i 和 X_i 分别为第 i 个城市的人口数量和行政区面积；Y_{ij} 和 X_{ij} 分别为第 i 个城市内第 j 个县的人口数量和行政区面积。

累计分布函数按照人口密度（总人口/行政区面积）进行排序，计算各区县人口占总人口比重位序，得到某一人口百分比上区县的占比，能够直观反映研究区内部人口空间分异特征及其变化趋势[2]。

2. 局部空间自相关

局部空间自相关用于衡量局部区域人口空间关联程度，测度人口分布是否存在高值集聚或低值集聚特征，公式为：

$$I_i = z_i \sum_{j}^{n} w_{ij} z_j$$

---

① 王彬燕、王士君、田俊峰等：《中国重点产业创新产出时空分异及影响因素》，《地理研究》2019 年第 2 期。

② 刘杰、杨青山、徐一鸣等：《中国东南半壁南北方地区人口空间分异格局及其影响因素》，《经济地理》2022 年第 1 期。

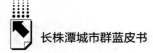

式中：z_i 和 z_j 分别为考察变量（人口密度）的标准化值；w_{ij} 为样本点的空间权重。

3. 标准差椭圆（SDE）

标准差椭圆分析为人口重心移动的常用分析方法，椭圆中心反映人口要素在二维空间的相对位置，长短轴反映其扩展的主趋势方向和次趋势方向。长短半轴的值差距越大（扁率越大），表示人口分布的方向性越明显；若长短半轴相等，则无分布与方向特征，表达式为[1]：

$$SDE_X = \sqrt{\frac{\sum_{i=1}^{n}(X_i - \bar{X})^2}{n}} \ , SDE_Y = \sqrt{\frac{\sum_{i=1}^{n}(Y_i - \bar{Y})^2}{n}}$$

$$\tan\theta = \left[\left(\sum_{i=1}^{n} P_{X_i}^2 - \sum_{i=1}^{n} p_{Y_i}^2 \right) + \sqrt{\left(\sum_{i=1}^{n} p_{X_i}^2 - \sum_{i=1}^{n} P_{Y_i}^2 \right)^2 + 4\left(\sum_{i=1}^{n} P_{X_i} P_{Y_i} \right)^2} \right] / 2 \sum_{i=1}^{n} P_{X_i} P_{Y_i}$$

式中：SDE_X、SDE_Y 为椭圆的方差；θ 为方位角，用以确定椭圆方向；(X_i, Y_i) 为各行政区的地理坐标；$(\bar{X}, \bar{Y})$ 为人口加权平均重心坐标；(P_{X_i}, P_{Y_i}) 为坐标 (X_i, Y_i) 与坐标 $(\bar{X}, \bar{Y})$ 的偏差。

4. 地理探测器

地理探测器被广泛应用于要素空间异质性的影响因素研究，本文选用因子探测器解释各变量对长株潭城市群地区人口空间分布的影响及其作用大小。其模型如下[2]：

$$P_{D,U} = 1 - \frac{1}{n \sigma_U^2} \sum_{i=1}^{m} n_{D,i} \sigma^2_{U_{D,i}}$$

式中：$P_{D,U}$ 为人口空间分异影响因素探测力指标；$n_{D,i}$ 为次一级区域样本数；n 为整个区域的样本数；m 为次级区域个数；σ_U^2 为整个区域人口方差；$\sigma^2_{U_{D,i}}$ 为次一级区域方差。假设 $\sigma^2_{U_{D,i}} \neq 0$，模型成立，$P_{D,U}$ 的取值区间为 $[0, 1]$，$P_{D,U}=0$ 时，表明人口随机分布，$P_{D,U}$ 值越大，说明分区因素对人口分布的影响越大。

---

① 白雪、宋玉祥：《中国生产性服务业发展水平的时空特征及其影响因素》，《人文地理》2019 年第 3 期。

② 刘彦随、杨忍：《中国县域城镇化的空间特征与形成机理》，《地理学报》2012 年第 8 期。

（三）人口时序变化特征

1. 人口数量时序变化特征

2000~2020 年，长株潭城市群常住人口增长较快，从 1238 万人增加至 1668.9 万人（见图 2），20 年内人口增长了 430.9 万人，年均增加 21.5 万人，年均增长率为 1.7%。具体来看，2000~2009 年城市群常住人口增长较缓慢，2010 年后人口加速增长。就普查年而言，"五普"至"六普"期间常住人口增加 126 万人，增幅约 10%，而"六普"至"七普"期间人口增加 303 万人，增幅约为 22%，人口增速显著提升。

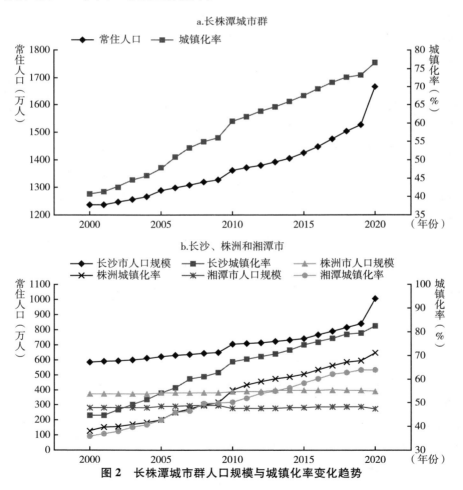

图 2 长株潭城市群人口规模与城镇化率变化趋势

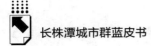

从人口城镇化率来看，2000~2020 年长株潭城市群城镇化率快速上升，从 40.9%上升至 77.0%，年均增加 1.8 个百分点；同期，国家城镇化率从 36.09%上升至 63.89%，年均增加 1.39 个百分点，长株潭城市群城镇化水平显著高于全国平均水平，反映出城市群在推动就业、吸纳人口等方面的能力较强，区域人口流动性强，城镇化进程快速推进。但从人口总规模来看，与国内长三角、京津冀、珠三角、成渝城市群等主要城市群相比，长株潭城市群 2020 年人口规模仅为长三角城市群人口总量的 1/10、京津冀和成渝城市群人口总量的 1/6、珠三角城市群人口总量的 1/5。与同在长江中游的武汉都市圈相比，长株潭城市群人口总量约为其 1/2，值得注意的是长株潭城市群 2010~2020 年人口年均增长率约为 2.2%，而武汉都市圈显著慢于长株潭城市群，仅为 0.6%。综上，与国内主要城市群和武汉都市圈相比，长株潭城市群总体上呈现人口规模小但人口增长较快的特点。

从分市人口规模与城镇化率变化来看，长株潭城市群人口总量与城镇化水平的空间差异持续拉大。在人口规模方面，长沙市人口呈持续上升的态势，而株洲市和湘潭市人口总量保持基本稳定，2020 年人口均出现小幅度负增长，相比 2015 年分别下降 2.43%与 3.48%，城市群中心城市的“虹吸效应”明显，无论是城市 GDP 还是建成区面积，长沙市的规模远大于株洲与湘潭市，形成“一城独大”的城市群发展格局，而株洲与湘潭市只能在长沙这个核心城市最优化的限制下，寻求外围城市相对最优的发展路径。城镇化水平方面，长沙市始终高于株洲和湘潭市，2020 年长沙市城镇化率达 82.6%，稳居“新一线”城市行列，株洲市城镇化水平在 2009 年后逐渐与湘潭市拉开 4.8 个百分点乃至更大的优势，城镇化发展快速推进。总体来看，长沙市始终是长株潭城市群人口增长的发动机，未来长沙市和株洲、湘潭市的人口规模差距或将进一步拉大。

2. 人口质量时序变化特征

人口质量通过人口教育结构来反映，从长株潭各城市人口教育结构来看（见表 4），2000~2020 年长株潭城市群人口质量稳步提升，长沙市保持人口质量优势地位且各城市间人口质量梯度差距较小。至 2020 年，长株潭三市 15 岁及以上人口的平均受教育年限分别比全国平均水平高出 1.61、0.30 和 0.57 年，城市群整体平均受教育年限达到 11.05 年，体现出长株潭城市群已成为我国重要智密区、湖南省科教文化集聚区。各城市人口质量的提升不仅体现城市科教文化发展成效显著，更深刻反映了以生活品质、创新环境、产业实力等为基础的强大人才吸引力，同时也可看出株洲市、湘潭市与长沙市人口质量仍存在差距，需要积极构筑城市群协同创新人才共同体，促进长株潭城市群人口质量整体提升。

表4　2000、2010、2020年长株潭城市群人口结构特征

区域	年份	男女性别比	城镇人口占比（%）	少数民族人口占比（%）	平均受教育年限（年）
长沙市	2000	107.87	44.7	0.79	8.81
	2010	103.42	67.69	1.10	10.48
	2020	102.49	82.6	—	11.52
株洲市	2000	106.22	38.18	0.46	7.99
	2010	104.39	55.48	0.49	9.35
	2020	102.81	71.26	—	10.21
湘潭市	2000	105.92	35.92	0.46	8.39
	2010	104.01	50.11	0.44	9.79
	2020	103.02	64.37	—	10.48
长株潭城市群	2000	106.97	40.92	0.62	8.49
	2010	103.81	60.69	0.79	10.03
	2020	102.65	76.97	—	11.05

注："七普"数据暂未公布人口民族构成情况。

3.人口构成时序变化特征

人口构成主要反映诸如年龄、性别、城乡及受教育程度等人口结构特征，从长株潭城市群人口性别构成来看，各城市男性人口始终多于女性人口，但男女性别比例呈现持续下降趋势，表明在生育观念变革背景下，城市女性人口逐渐增多，男女平等意识发展有效促进了社会公平，至2020年城市群男女性别比达102.65，人口性别结构进一步优化。从长株潭城市群人口城乡构成来看，各城市城镇人口不断增加，乡村人口大幅减少，城镇化率持续提高，长沙市城乡人口比例高于株洲与湘潭市，2020年长株潭城市群城镇化率达76.97%。从

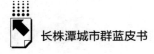

长株潭城市群人口民族构成来看，长沙与株洲市少数民族人口比例略有增长，尤其是长沙市对少数民族人口吸引力增强，反映了长株潭城市群中心城市良好的文化包容性。

（四）人口空间分异特征

1. 城市群人口集聚特征更加显著

由表5可知，2000~2020年，长株潭城市群人口分布非均衡指数从0.017升至0.0247，集中指数由0.2487升至0.4022，表明长株潭城市群人口分布的非均衡程度和集中程度显著提升。以2010年为分隔点，2000~2010年长株潭城市群人口集聚程度提升缓慢，而2010~2020年提升较快，表明城市群人口分布空间差异逐渐拉大，非均衡性增强。

表5 2000、2010、2020年长株潭城市群人口密度分布指数

指数	2000年	2010年	2020年
非均衡指数	0.017	0.0196	0.0247
集中指数	0.2487	0.3005	0.4022

2. "北密南疏"的总体分异格局稳步强化

从长株潭城市群各城市人口比例来看（见表6），2000~2010年，长株潭三市人口比例保持相对稳定，长沙市占比略有增加；2010~2020年，长沙市人口占比大幅增加，增加8.67个百分点，而株洲与湘潭市各减少4.86个和3.81个百分点。从人口密度来看，长株潭三市人口密度变化情况与人口比例变化类似，2000~2010年，长沙市人口密度增加了76.35人/km²，2010~2020年，长沙市人口密度增加了254.49人/km²，而株洲和湘潭市人口密度增加始终较为缓慢，20年内仅分别增加28.53人/km²和10.81人/km²，其中湘潭市人口密度在后期甚至出现略微下降。至2020年，长沙市已具有显著的人口规模和密度优势，并与株洲市、湘潭市之间的差距在逐渐拉大，城市群"北密南疏"的总体空间分异格局得到加强。

表6　2000、2010、2020年长株潭城市群人口密度与占比

单位：人/km², %

区域	年份	人口密度	占总人口比例
长沙市	2000	519.53	49.54
	2010	595.88	51.58
	2020	850.37	60.25
株洲市	2000	318.44	28.9
	2010	342.91	28.26
	2020	346.97	23.4
湘潭市	2000	533.88	21.56
	2010	549.88	20.16
	2020	544.69	16.35
长株潭城市群	2000	441.51	100
	2010	486.31	100
	2020	594.14	100

3. 城市内部人口分布差异贡献率远大于城市间差异

由表7可知，2000~2020年长株潭城市群整体人口 *Theil* 值呈现明显增长趋势，由0.1368上升至0.2580；城市群城市间 *Theil* 值和各城市内部 *Theil* 值均出现较大幅度增长，但由于城市群城市间 *Theil* 值基数较小，其绝对值变化也较小，20年仅增加了0.021，远小于城市内部 *Theil* 值的增加，表明长株潭城市群人口分布差异主要是由城市内部差异导致的，城市间差异的贡献率较低，2020年城市间 *Theil* 值对整体 *Theil* 值的贡献率仅为12.78%，而各城市内部 *Theil* 值贡献率达87.22%；城市内部 *Theil* 值又可分解为长株潭三市内部的 *Theil* 值，其中长沙市内部人口分布的空间差异更为明显，对整体 *Theil* 值的贡献率达63.44%，而株洲和湘潭市的城市内部差异相对较小。总体而言，长株潭城市群各城市内部人口分布差异远大于城市间差异，而长沙市的人口分布差异又远大于其他城市。

表7　2000、2010、2020年长株潭城市群人口分布差异

年份	2000年	2010年	2020年	2020年贡献率（%）
长沙市 *Theil* 值	0.0812	0.1171	0.1637	63.44

年份	2000 年	2010 年	2020 年	2020 年贡献率(%)
株洲市 Theil 值	0.0348	0.0353	0.0440	17.03
湘潭市 Theil 值	0.0090	0.0169	0.0174	6.74
各城市内部 Theil 值	0.1250	0.1693	0.2251	87.22
城市群城市间 Theil 值	0.0118	0.0134	0.0330	12.78
城市群整体 Theil 值	0.1368	0.1827	0.2580	100.00

4. 城市群人口多尺度空间分异特征显著

通过分析累积分布函数得到长株潭城市群不同尺度更细致的人口集聚情况。从长株潭城市群整体来看，2000~2010 年，前 25%县（市、区）人口总量占总人口的比重由 48%下降至 43%，前 25%~50%县（市、区）人口总量占比略有增加；到 2020 年前 25%县（市、区）人口总量占比回升至 46%，其他组别都略有下降。总体而言，城市群整体的人口规模序列较为稳定，前 50%的县（市、区）人口总量占比始终维持在 72%或以上，人口集聚态势显著。

从长株潭都市圈尺度看，2000~2020 年前 25%县（市、区）人口总量占总人口的比重显著上升，后 50%~75%县（市、区）人口总量占比略有上升，其他组别则持续下降，表明都市圈尺度的人口集聚效应比城市群整体更强，人口集聚态势更加显著。

从各城市尺度来看，2000~2020 年，长沙市人口主要向市辖区集聚，岳麓区、雨花区和长沙县人口集聚显著，而浏阳市、宁乡市人口占比显著缩小，其余区县保持相对稳定；株洲市和湘潭市市辖区人口比重持续提升，人口有向市辖区集聚的趋势，但非市辖区人口依然保持较大比重，2020 年株洲和湘潭市非市辖区的县（市）分别占城市总人口的 56%和 60%。综上，长株潭城市群各城市均存在人口向中心城区集聚的特征，且长沙市人口集聚强度要明显高于株洲和湘潭市。

从乡镇尺度来看，通过修正 Worldpop 栅格数据计算的乡镇街道级人口密度可知，长株潭城市群乡镇、街道人口分布存在局部自相关特征。高-高聚集区主要分布在长沙和株洲市中心城区；低-低聚集区广泛、连片，主要分布在浏阳市和宁乡市，湘乡市和湘潭县，株洲市渌口区、炎陵县、攸县及茶陵县东部乡镇。高-低聚集区和低-高聚集区的县（市、区）数量较少，低-高聚集区分布于长沙中心城区的边缘区域。2000~2020年，高-高聚集区的空间范围稳定在长沙市中心城区，株洲和湘潭市中心城区并不是显著的高-高聚集区；长沙市的低-低聚集区主要分布于城市行政区边缘的乡镇并略有缩小，从连片分布变为块状分布，株洲和湘潭市低-低聚集区则保持稳定。总体来看，长株潭城市群乡镇、街道级人口分布的空间格局基本保持稳定，长沙市中心城区乡镇是主要的人口集聚中心，集聚区范围略有扩大，非中心城区的乡镇、街道人口也有所增加，而株洲和湘潭市的人口分布始终较为分散、集聚程度相对较低。

（五）人口空间格局变化特征

1. 人口重心整体向北倾斜

2000~2020年，长株潭城市群人口重心基本稳定，始终位于长株潭三市交界区域，2000~2010年人口重心变化很小，从（113.05°E，27.88°N）移动至（113.05°E，27.90°N），位于株洲市石峰区西部，略微北移；2010~2020年重心进一步大幅向北移动至（113.05°E，27.95°N），进入湘潭市岳塘区范围内。相比于南北纵向上的变化，人口重心东西横向移动不明显，重心移动方向指向长沙市中心城区，表明长沙市的人口吸引力逐步增强。

标准差椭圆基本覆盖了长株潭三市的中心城区，该椭圆区域是长株潭城市群的中心区域，具有较高的人口密度。具体来看，2000~2010年，长株潭城市群人口分布标准差椭圆变化微弱，短轴、长轴分别由114.49km和132.92km变为114.45km和132.85km，但2010~2020年，长轴缩短5.82km，短轴变化依旧较小。总体来看，标准差椭圆的旋转角略微增大，椭圆向内收缩，表明人口略微向西北方向移动，向长沙方向集聚，人口分布整体呈"西北-东南"的空间格局，与长株潭城市群境内的湘江流向基本一致。

2. 人口密度变化类型差异显著

借助ArcGIS工具对长株潭城市群人口密度变化进行可视化分析，结合自然间断点分级法将各县（市、区）人口密度变化划分为快速增加（>300人/km^2）、较快增加（100~300人/km^2）、缓慢增加（0~100人/km^2）、缓慢降低（-50~0人/km^2）和较快降低（<-50人/km^2）5种类型，以揭示不同时间段

内人口演变的空间特征。2000~2010年，城市群不同县（市、区）人口密度变化具有较大差异，长株潭三市中心城区对人口的吸引作用及人口向心集聚态势明显，其人口密度上升，长沙市东西两端及湘潭市西南部县域人口密度下降，株洲市除渌口区以外人口密度保持不同程度增长。到2010~2020年，人口集聚态势发生了变化，长沙市所有县（市、区）人口密度都呈现增加趋势，株洲市和湘潭市的市辖区人口密度也出现快速增长，而非市辖区的人口密度都缓慢降低。总体来看，2000~2020年城市间人口密度变化差异较为显著，长沙市各县（市、区）整体的人口吸引力强于株洲和湘潭市，人口密度均保持增长趋势，株洲与湘潭市人口密度增加区域集中于除渌口区外的市辖区。

四 长株潭城市群人口时空变化影响因素分析

人口时空变化特征本质上反映了人口集聚受自然环境、社会经济等因素的综合作用，选择相关因素对2000~2020年长株潭城市群人口密度变化量进行地理探测，探明人口集聚的内在作用机制。

（一）影响因素选择

自然环境本底是影响人口集聚的基础性条件，社会经济发展则是地区间人口流动的重要驱动因素。综合数据可获取性与数据质量，自然环境因素选取平均高程和平均坡度2个指标，以反映县（市、区）的自然地理环境特征；经济因素选取人均可支配收入、夜间灯光指数、第三产业比重、房价收入比4个指标；公共服务因素选取医疗卫生机构密度、中小学校密度、交通运输用地面积占比和数字普惠金融指数[1]4个指标；科技创新因素选取每万人互联网用户数和每万人专利申请数2个指标，以综合反映各县（市、区）自然环境、经济因素、公共服务水平和科技创新对人口集聚格局的影响，具体指标见表8。

---

[1] 郭峰、王靖一、王芳、孔涛、张勋、程志云：《测度中国数字普惠金融发展：指数编制与空间特征》，《经济学》（季刊）2020年第4期。

表8　长株潭城市群人口密度变化影响因素指标

类型	名称	单位	说明	数据来源
自然环境	平均高程	米	地形条件	地理空间数据云
	平均坡度	度		地理空间数据云
经济因素	人均可支配收入	元	收入水平	统计年鉴
	夜间灯光指数	—	经济活力	国家青藏高原科学数据中心
	第三产业比重	—	就业吸纳能力	统计年鉴
	房价收入比	—	住房购买能力	聚汇数据
公共服务	医疗卫生机构密度	个/km²	医疗服务能力	统计年鉴
	中小学校密度	个/km²	教育服务能力	统计年鉴
	交通运输用地面积占比	—	交通便利性	统计年鉴
	数字普惠金融指数	—	金融服务能力	北京大学数字金融研究中心
科技创新	每万人互联网用户数	户/万人	信息通信能力	统计年鉴
	每万人专利申请数	个/万人	科技创新水平	湖南省市场监督管理局

（二）影响因素探测

以2020年为例对长株潭城市群人口密度变化量的影响因素进行探测，除房价收入比指标不显著外，其余变量均对长株潭城市群人口时空变化具有显著影响（见表9）。其中医疗卫生机构密度、夜间灯光指数、交通运输用地面积占比、第三产业比重、人均可支配收入与中小学校密度对人口密度变化的影响程度较高，其q值均大于0.6，且p值均小于0.01；每万人互联网用户数、平均坡度的影响程度次之，q值均大于0.4，且p值均小于0.05；数字普惠金融指数、每万人专利申请数与平均高程的q值均大于0.4，且p值均小于0.1，表明其对人口时空变化具有一定的影响，但影响程度较弱。

自然环境因素中，地形条件仍然是重要的基础性因素，恶劣的地形地貌不仅不适宜农垦且容易导致水土流失阻碍农业发展，也不利于人口生存和城市发育。从坡度来看，地面坡度对区域交通运输建设成本和道路维护成本存在显著影响，导致路网密度较低，而且即使在同样的交通网络密度下，商品移动的时间成本和能源消耗也较高，从而影响城市经济运行和人口出行效率；从海拔来看，长株潭城市群人口集聚存在一定的垂直梯度效应，随着海拔升高，人口数量和人口密度不断降低，人口一般在承载力较

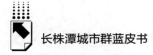

高的河谷、平原地区集聚分布。从 q 值来看，地形和海拔对人口集聚影响的解释力相对较低，社会经济、公共服务与科技创新等新因素对人口集聚的影响日益增强。

表 9 　长株潭城市群人口密度变化影响因素探测结果

名称	q 值	p 值
平均高程	0.4110	0.0653
平均坡度	0.4465	0.0445
人均可支配收入	0.6123	0.0051
夜间灯光指数	0.7305	0.0000
第三产业比重	0.6557	0.0036
房价收入比	0.2382	0.2378
医疗卫生机构密度	0.9323	0.0000
中小学校密度	0.6116	0.0049
交通运输用地面积占比	0.6683	0.0000
数字普惠金融指数	0.4201	0.0603
每万人互联网用户数	0.4922	0.0273
每万人专利申请数	0.4201	0.0603

经济社会因素是影响人口密度变化的主要因素。夜间灯光指数、第三产业比重、人均可支配收入等经济因素对人口集聚具有较高的显著影响，q 值分别为 0.7305、0.6557 和 0.6123，表明收入水平、经济活力、就业吸纳能力对人口就业的区位选择影响较大，第三产业发展同时也是吸引人才流入的重要因素，这能在一定程度上解释第三产业比重较高的长沙市人口密度提升较快。此外，房价收入比对城市群人口集聚的影响并不显著，这主要是由于高人口密度的长株潭城市群中心城区房价收入比未与其他县（市、区）拉开显著差距，例如人口密度最高的芙蓉区房价收入比为 0.17，与宁乡市、渌口区及湘乡市等县（市、区）处于相似水平，反映了研究区特殊影响因素的内生性。从2020 年新一线城市房价收入比对比可知（见表 10），长沙市为房价收入比最低的新一线城市，仅为 0.1882，推断长沙市相对较低的房价也是其吸引外来人口流入的重要因素之一。

表 10 2020 年新一线城市房价收入比

城市	长沙	沈阳	佛山	重庆	东莞	成都	苏州	青岛
房价收入比	0.1882	0.2155	0.2294	0.2818	0.3236	0.3300	0.3465	0.3524
城市	西安	武汉	郑州	宁波	天津	杭州	南京	
房价收入比	0.3563	0.3628	0.3685	0.4349	0.4499	0.4501	0.4726	

公共服务因素中，各县（市、区）医疗卫生机构密度、交通运输用地面积占比、中小学校密度与数字普惠金融指数对人口密度空间变化有较强的影响，q 值分别为 0.9323、0.6683、0.6116 和 0.4201，表明人口聚集的动力从自然环境条件转向了多元公共服务，优越的教育、医疗、交通、金融等条件更加能够吸引人口，特别是公共服务均等化配置有效推进了城市群地区城乡人口流动与城乡生活圈的形成。

科技创新因素中，每万人互联网用户数与每万人专利申请数的 q 值分别为 0.4922 与 0.4201，对人口空间集聚的影响程度较高，每万人互联网用户数体现了区域通信水平，信息技术缩小了人们交流的时空距离，移动互联网市场也享受到了巨大的人口红利，而专利申请数量则直接体现了区域创新产出。创新驱动发展下的高素质人才空间集聚形成促进地区经济发展的内生动力，地区创新能力提升有效促进了区域经济发展方式转变和产业结构高级化，实现区域人口引力再提升。

总体来看，长株潭城市群自然生态本底、经济发展实力、公共服务能力与创新能力所产生的人口承载力和吸引力相对应，非自然因素对人口集聚格局的变化起着更为重要的推动作用。长沙、株洲与湘潭市中心城区在城市群内部拥有较高的收入水平、经济活力，有较多的服务业就业机会、偏低的房价收入比，加之较强公共服务和科技创新能力，共同促进了当前长株潭城市群人口空间格局的形成。

五 长株潭城市群人口结构问题与调控对策

长株潭城市群作为我国首个自主进行区域经济一体化试验的城市群，各类要素完善，人口集聚能力日益增长，但随着城市群一体化进入提质发展阶段，城市群人口数量及空间结构显现不足，中心城市辐射带动能力不足、人口老龄

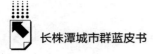

化、农民工市民化困难等问题日益凸显，制约城市群高质量一体化进程的推进，亟待进一步解决。

（一）人口结构存在的问题

1. 城市群中心城市辐射带动能力不足

长沙作为长株潭城市群的中心城市，拥有相对雄厚的资本、发达的科技、便捷的交通、高端的人才、集中的消费市场和完备的公共服务等，主要社会经济指标遥遥领先，但其总量仍然偏小，人口、经济集聚能力在全国尺度上相对有限，对外辐射带动能力、对内服务与支撑能力均有待增强。具体来看，2020年长沙市 GDP 为 12142.52 亿元，占湖南省 GDP 的 29.06%，明显低于武汉、成都与西安等城市（见表 11）；依据"七普"数据可知，2020 年长沙市总人口规模为 1005 万人，占湖南省总人口的 15.12%，明显低于成都和武汉等城市。由此表明，长沙市作为中心城市的辐射带动能力整体有限，与国内珠三角、长三角城市群存在较大差距，未来有待深入实施"强省会"发展战略，加强长株潭城市群社会、经济外向广度与深度。

表 11　2020 年长沙与其他地区中心城市社会经济核心指标规模比较

省会	GDP（亿元）	全省 GDP（亿元）	占全省 GDP 比重（%）	常住人口（万人）	全省常住人口（万人）	占全省常住人口比重（%）
长沙	12142.52	41781.49	29.06	1004.7914	6644.4864	15.12
南京	14817.95	102718.98	14.43	931.4685	8474.8016	10.99
杭州	16105.83	64613.34	24.93	1193.6010	6456.7588	18.49
合肥	10045.72	38680.63	25.97	936.9881	6102.7171	15.35
福州	10020.02	43903.89	22.82	829.1268	4154.0086	19.96
南昌	5745.51	25691.50	22.36	625.5007	4518.8635	13.84
济南	10140.91	73129.00	13.87	920.2432	10152.7453	9.06
郑州	12003.04	54997.07	21.82	1260.0574	9936.5519	12.68
武汉	15616.06	43443.46	35.95	1232.6518	5775.2557	21.34
广州	25019.11	110760.94	22.59	1867.6605	12601.2510	14.82
成都	17716.68	48598.76	36.46	2093.7757	8367.4866	25.02
西安	10020.39	26181.86	38.27	1295.2907	3952.8999	32.77
沈阳	6571.5587	25114.96	26.17	907.0093	4259.1407	21.30

注：依据《中国统计年鉴 2021》和"七普"数据整理而得。

2. 城市群人口老龄化趋势明显

长株潭城市群人口老龄化程度日益加深，人口老龄化的区域差异化特征明显（见表12），早在2000年长株潭城市群各城市65岁及以上人口占比就均超过7%，按照国际通行划分标准，已属于轻度老龄化水平；2020年，长株潭三市65岁及以上人口占比分别比2020年增加3.28、6.87与8.44个百分点，老龄化进程差异显著。至2020年，相比于长沙市，株洲和湘潭市老龄化趋势尤为显著，65岁及以上人口占比均超过14%，属于中度老龄化水平。总体来看，株洲和湘潭市老龄化进程较快并超出全国平均水平，20年间老龄人抚养比提升一倍以上，而长沙市老龄化趋势则相对缓慢，反映出株洲和湘潭市21世纪以来城市吸引力不足导致青年人口流失问题严峻，社会经济发展动力不足，地方财政和家庭赡养压力加大，社会创新和科技发展不可持续，城市养老服务能力面临挑战。

表 12　2000、2010、2020 年长株潭城市群人口年龄结构特征

单位：%

区域	年份	15~64 岁人口占比	65 岁及以上人口占比	老龄人抚养比
长沙市	2000	74.93	7.83	10.45
	2010	77.41	9.02	11.65
	2020	72.25	11.11	15.38
株洲市	2000	71.83	7.66	10.67
	2010	75.45	9.42	12.49
	2020	67.19	14.53	21.63
湘潭市	2000	70.78	8.45	11.94
	2010	74.57	11.08	14.86
	2020	67.89	16.89	24.88
长株潭城市群	2000	73.14	7.92	10.82
	2010	76.28	9.55	12.52
	2020	70.35	12.86	18.27

注：依据第五次、第六次与第七次人口普查数据整理而得。

3. 城市群农民工市民化仍然存在障碍

城市群人口分布格局是人口流动的结果，其中城乡人口流动是城市群人口

流动的重要组成部分，户籍人口与常住人口差异通常可以反映不同城市人口集聚与扩散能力，并在一定程度上测度其"市民化"压力①。通过比较 2000~2020 年长株潭城市群各城市户籍人口与常住人口规模（见表 13）可知，长株潭三市户籍人口与常住人口均保持持续增长，长沙市常住人口增长率高于户籍人口增长率，而株洲与湘潭市的户籍人口增长率高于常住人口增长率，表明基于较近的空间距离与省会城市更多更好的就业机会，大量农民工涌入长沙市，株洲与湘潭市出现乡村人口流失趋势。进一步以常住人口与户籍人口的比值反映城市人口吸引能力②，结果亦表明长沙的人口集聚能力远强于株洲与湘潭市，同时体现了长沙作为人口净流入地较高的经济社会发展水平。城市群户籍

表 13　2000、20102020 年长沙、株洲与湘潭市户籍人口与常住人口比较

区域	年份	户籍人口（万人）	常住人口（万人）	常住人口/户籍人口
长沙市	2000	583.19	613.8719	1.05
	2010	652.4	704.0952	1.08
	2020	747.29	1004.7914	1.34
	增长率（%）	28.14	63.68	1.28
株洲市	2000	365.51	358.182	0.98
	2010	390.3	385.71	0.99
	2020	402	390.2738	0.97
	增长率（%）	9.98	8.96	0.99
湘潭市	2000	279.61	267.2069	0.96
	2010	289	275.2171	0.95
	2020	287.37	272.6181	0.95
	增长率（%）	2.78	2.03	0.99
长株潭城市群	2000	1228.31	1239.2608	1.01
	2010	1331.7	1365.0223	1.03
	2020	1436.66	1667.6833	1.16
	增长率（%）	16.96	34.57	1.15

注：因株洲市 2020 年户籍人口暂未公布，以 2019 年数据代替。

① 闫东升、陈雯、李平星：《基于人口分布空间特征的市民化压力研究》，《地理研究》2015年第 9 期。
② 李平星、陈雯、孙伟：《经济发达地区乡村地域多功能空间分异及影响因素——以江苏省为例》，《地理学报》2014 年第 6 期。

人口与常住人口规模差距持续拉大的本质是农民工市民化陷入困境，在城市资源承载力有限与农民工输入压力过大的现实状况下，城市公共服务在就业、教育、医疗等方面的供给略显紧张，生活成本高昂、代际教育失公与农民工自身素质薄弱等问题愈加凸显。另外，农民工对乡村的地方归属感浓厚，且乡村振兴战略的实施使得乡村基础设施逐渐完善，乡村经济社会发展迎来契机，城市群内流动农民工落户城市的意愿较低。总体而言，城市的"阻力"与乡村的"引力"合力阻碍农民工进城实现异地市民化的步伐，部分农民工处于城市流浪和返乡之间，城市群对农民工的社会保障与包容性有待提高。

（二）人口结构的调控对策与建议

1. 引导人口在大中小城市和小城镇合理分布

统筹编制与实施城市群国土空间规划，科学划定城市边界，优化城市功能布局，合理调控长株潭城市群整体及内部城市人口规模。第一，加强中心城市科技创新、高端制造、生活服务、对外交往等功能，提升人才吸引力，促进大城市科技创新发展，巩固长沙、株洲与湘潭中心城区发展品质和引领带动能力；第二，适当降低中心城区开发强度和人口密度，强化长沙市中心城区空间管控，有序疏解一般性制造业、区域性专业市场、物流基地等功能与设施，引导株洲与湘潭市主动承接长沙市产业转移和功能疏解，以提供更多的就业机会，强化长株潭三市在城市群中的协作配套能力和发展支撑能力；第三，调节城市群区域县城人口规模，完善县城服务功能，分类引导小城镇建设。以长沙县、浏阳市、宁乡市等县市为示范推进城市群城镇化建设，优先扶持湘潭县、醴陵市等有实力的县市提升人口吸引力，同时充分发挥小城镇连接城乡的纽带作用，强化主要交通通道、城乡结合区域等重要节点镇基础设施和公共服务配套建设，实现精明规划、精致建设、精细管理，有效促进城市群多元需求人口的流动，服务乡村振兴发展。

2. 加强长株潭城市群人口承载能力

当前，城市群成为我国推进新型城镇化的主要载体，区域高质量发展形势下，以人为核心的城镇化建设使得城市群成为经济和人口主要承载空间。为进一步提升长株潭城市群竞争实力与辐射带动能力，推进融城融合发展，需在高水平基础设施、现代公共服务、社会保障等领域进行同城化建设，在市场经济动力机制的基础上，结合行政引导，配置与区域人口规模相适应的便民服务设施，实现区域基础设施互联互通，构建"一小时通勤圈"的城市群空间格局，鼓励城乡人口跨区域双向流动，缩小城乡区域发展及居民生活水平差距。此外，长株潭城市群应注重生态环境的联保共治，加强以湘江及其支流为脉络的生态安全区水源涵养、水土保持、生物多样性保护，协同保护生态绿心，构筑区域生态安全体系，为引导人口布局奠定优良的环境基础，增强城市群区域人口综合承载能力。

3. 积极推进农业转移人口就近就地城镇化

长株潭城市群户籍人口与常住人口规模差距持续拉大主要是由异地城镇化中进城农民工未落户导致①。异地城镇化是传统城镇化模式下以乡村人口异地迁移实现就业非农化和市民化的过程，其中城市群中心城市作为异地城镇化的载体，人口逐渐趋于饱和②，面临"半城镇化"、城乡融合发展困难等问题，城镇化动力不足，因此在提升城市群对农民工公共服务供给、社会保障及包容性的同时更要积极推进农业转移人口就近就地市民化，实现对传统粗放型异地城镇化路径的创新。就近就地城镇化旨在通过发展县域或镇域经济实现农业人口就近城镇化，促进大城市近郊乡村就地城镇化，有利于减少城镇化的制度障碍，促进城镇化合理布局，推进全域城乡融合发展与乡村振兴，更符合农业转移人口意愿。实现就近就地城镇化，重点需要解决三个问题，一是优化城镇发展格局，提高城镇吸纳农业转移人口的能力，推进大中小城市和小城镇协调发展；二是整合土地、资金、产业、技术、劳动力等条件，培育产业联系，转变就业结构，完善设施规划与建设，促进乡村振兴发展，提高农民返乡意愿；三是深化体制机制改革，突破利益固化的藩篱，加强城市群户籍、产权、社保、土地制度改革创新③，维护农民合法权益，不断释放制度红利，化解制约发展的深层次矛盾和问题，激发社会活力，增强就地就近城镇化发展动力。

4. 努力建设全龄友好型城市群

长株潭城市群人口老龄化程度日益加深，城市养老服务能力面临挑战，城

---

① 王灵桂、洪银兴、史丹等：《阐释党的十九届六中全会精神笔谈》，《中国工业经济》2021年第12期。

② 王小兵：《城镇化、县域经济与教育体系互动研究综述》，《湖南工业大学学报》（社会科学版）2016年第6期。

③ 孙祥栋、王涵：《2000年以来中国流动人口分布特征演变》，《人口与发展》2016年第1期。

市群应着重在机制建立健全与空间布局引导两方面应对人口老龄化，一是积极完善应对老龄化的城市资源分配机制，科学配置养老服务设施，推进适老无障碍环境建设①，优化老年人力资源开发利用机制；二是促进人口在城市群内自由流动，提高对青壮年人口的集聚能力②，实现人口年龄结构动态平衡，同时加快研究异地养老问题，推进城市群地区大型养老基地建设，提供异地养老服务。缓解人口老龄化与青年发展型城市建设相呼应，积极贯彻青年优先发展原则、建设青年发展型城市成为城市群改善人口结构的重要路径，通过统筹协调面向青年人口的城市群公共服务配套建设，更好地发挥青年的主力军作用，有效激发城市活力。人口老龄化应对与青年发展型城市建设本质上关注不同群体在城市的生存发展，兼顾多类人群需求、践行"全龄友好"理念是城市群人口结构优化调控的内在要求，"全龄友好"的"友好"不仅针对不同年龄，还指向不同性别、健康、社会经济程度等，是对全体社会成员的友好，未来长株潭城市群建设应在社会政策、公共服务、权利保障、成长空间、发展环境等方面充分体现儿童友好、老年友好、青年友好等要求，构建全龄友好型城市生活体系。

5. 制定长株潭城市群人才一体化政策制度

人才是第一资源，也是产业、资本、技术的主要物理载体与运营者，长株潭城市群应加强人才工作政策与机制的创新，打造一体化的人才聚集地与辐射源。善用激励性、协调性与约束性政策工具，具体从以下几个方面进行相关决策：一是做好顶层设计，构建多层面、多部门、多领域的协调合作系统，对人才的基本理念、指标体系、激励机制等进行相应规范，激发人才创新潜力；二是打造长株潭城市群高层次人才试验区，加大重要科研平台建设与知名专家引进力度，推进人才政策先行先试，建立人才共享机制，加强人才国际交流与合作；三是努力消除行政壁垒和体制机制障碍，推进要素自主有序流动，积极探索公共服务均等共享、户口通迁、居住证互认及"两低一高"的人才政策，并以人口净流入的大城市为重点，扩大保障性租赁住房供给，着力解决符合条

---

① 李小云：《包容性设计——面向全龄社区目标的公共空间更新策略》，《城市发展研究》2019 年第 11 期。

② 李鸿梅、王志宝、赵娜娜等：《城市群演变进程中人口老龄化地域分异特征》，《地域研究与开发》2021 年第 4 期。

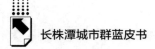
件的新市民、青年等群体住房困难问题，促进城市群一体化、高质量、可持续发展。

参考文献

傅伯杰、冷疏影、宋长青：《新时期地理学的特征与任务》，《地理科学》2015 年第 8 期。

尹旭、王婧、李裕瑞等：《中国乡镇人口分布时空变化及其影响因素》，《地理研究》2022 年第 5 期。

刘艳军、汤爽爽、吴康等：《经济地理学视角下中国人口研究热点与展望》，《经济地理》2021 年第 10 期。

高远东、花拥军：《人力资本空间效应与区域经济增长》，《地理研究》2012 年第 4 期。

赵莹、关可汗、赖丽娜：《基于手机信令数据的长春市居民时空活动分析》，《测绘地理信息》2020 年第 5 期。

胡德池、夏昕：《一个崭新的发展时代向我们走来——访湖南省社科院研究员张萍》，《新湘评论》2008 年第 1 期。

周国华、陈炉、唐承丽等：《长株潭城市群研究进展与展望》，《经济地理》2018 年第 6 期。

李远方：《六个"一体化" 长株潭创新都市圈同城化》，《中国商报》2022 年 4 月 27 日。

王圣云、宋雅宁、张玉等：《交通运输成本视角下长江中游城市群城市网络空间关联机制》，《经济地理》2020 年第 6 期。

朱翔：《湖南空间发展新谋略》，湖南教育出版社，2019。

国务院：《关于调整城市规模划分标准的通知》，http://www.gov.cn/zhengce/content/2014-11/20/content_ 9225. htm，最后检索日期：2022 年 8 月 30 日。

周国华、朱翔、唐承亮：《长株潭城镇等级体系优化研究》，《长江流域资源与环境》2001 年第 3 期。

沈晓英：《聚焦"节点"研究，服务双循环高质量发展——致公党中央 2021 年经济工作综述》，《中国发展》2022 年第 1 期。

罗君、石培基、张学斌：《黄河上游兰西城市群人口时空特征多维透视》，《资源科学》2020 年第 3 期。

王彬燕、王士君、田俊峰等：《中国重点产业创新产出时空分异及影响因素》，《地理研究》2019 年第 2 期。

刘杰、杨青山、徐一鸣等：《中国东南半壁南北方地区人口空间分异格局及其影响因素》，《经济地理》2022 年第 1 期。

白雪、宋玉祥：《中国生产性服务业发展水平的时空特征及其影响因素》，《人文地理》2019 年第 3 期。

刘彦随、杨忍：《中国县域城镇化的空间特征与形成机理》，《地理学报》2012 年第 8 期。

郭峰、王靖一、王芳、孔涛、张勋、程志云：《测度中国数字普惠金融发展：指数编制与空间特征》，《经济学》（季刊）2020 年第 4 期。

闫东升、陈雯、李平星：《基于人口分布空间特征的市民化压力研究》，《地理研究》2015 年第 9 期。

李平星、陈雯、孙伟：《经济发达地区乡村地域多功能空间分异及影响因素——以江苏省为例》，《地理学报》2014 年第 6 期。

王灵桂、洪银兴、史丹等：《阐释党的十九届六中全会精神笔谈》，《中国工业经济》2021 年第 12 期。

王小兵：《城镇化、县域经济与教育体系互动研究综述》，《湖南工业大学学报》（社会科学版）2016 年第 6 期。

孙祥栋、王涵：《2000 年以来中国流动人口分布特征演变》，《人口与发展》2016 年第 1 期。

李小云：《包容性设计——面向全龄社区目标的公共空间更新策略》，《城市发展研究》2019 年第 11 期。

李鸿梅、王志宝、赵娜娜等：《城市群演变进程中人口老龄化地域分异特征》，《地域研究与开发》2021 年第 4 期。

B.6
长沙加快建设现代化宜居都市研究[*]

张四梅　瞿理铜　龚　波　马　畅[**]

摘　要： 现代化宜居都市是以实现城市治理体系和治理能力现代化为目标，坚持以人民为中心，贯彻新发展理念，以先进的管理理念、科学的管理模式、智能的管理手段，积极彰显城市独特内涵、品质、特色，实现生产空间集约高效、生活空间宜居适度、生态空间山清水秀，人与自然和谐共生的美好城市。本文从系统梳理现代化宜居都市的主要特征入手，全面分析了长沙建设现代化宜居都市的机遇与挑战，通过横向和纵向数据对比深入分析了长沙建设现代化宜居都市取得的主要成效和存在的主要问题，并通过问卷深入调查长沙建设现代化宜居都市居民满意度，在此基础上提出长沙推进现代化宜居都市建设的指导思想、主要目标、基本原则和重点任务。

关键词： 长沙　现代化　宜居都市

引　言

　　城市现代化是国家现代化的重要组成。现代化宜居城市是城市发展进入高级阶段后的一种必然趋势，也是现代城市建设达到一定水准之后更高层次的发

---

　*　本文是长沙市重大招标课题"长沙加快建设现代化宜居都市研究"的成果。

　**　张四梅，博士，中共湖南省委党校（湖南行政学院）教授，研究方向：区域经济；瞿理铜，博士，湖南师范大学马克思主义学院副教授，研究方向：城镇规划；龚波，博士，湖南科技大学商学院副教授，研究方向：产业经济；马畅，中共湖南省委党校（湖南行政学院）。

展目标。随着城市化步伐的不断加快，城市规模日益扩大，人口密度不断提高，同时，生态破坏、环境污染、交通拥堵等城市问题不断显现，严重影响了人们的生活质量。城市的宜居性成为居民密切关注的问题，也是城市治理必须解决的问题。建设人与自然和谐共生的现代化，必须把保护城市生态环境摆在更加突出的位置，科学合理规划城市的生产空间、生活空间、生态空间，处理好城市生产生活和生态环境保护的关系，既提高经济发展质量，又提高人民生活品质。"现代化宜居"就是在保证适当发展速度的前提条件下，改善人们生存环境、生活环境和发展环境，建立人际关系和谐、人与自然和谐相处以及可持续发展的城市建设管理新模式。

近年来，长沙市认真贯彻落实习近平总书记关于建设"国际一流的和谐宜居之都"重要指示和党中央、国务院关于"努力打造和谐宜居、富有活力、各具特色的现代化城市，让人民生活更美好"的要求，着力优化城市人居环境，取得良好成效。实践证明，长沙建设现代化宜居都市有迫切需要，有现实需求，有良好基础，也面临许多挑战。

本研究从现代化宜居都市的理论分析入手，分析长沙建设现代化宜居都市的机遇和挑战，并立足长沙建设现代化宜居都市现状，积极借鉴国内外宜居城市建设的先进经验，提出长沙建设现代化宜居都市的对策建议。

一 现代化宜居都市的界定

（一）概念界定

1. 城市现代化

2020年4月，习近平总书记在浙江考察时强调，推进国家治理体系和治理能力现代化，必须抓好城市治理体系和治理能力现代化，要运用大数据、云计算、区块链、人工智能等前沿技术推动城市管理手段、管理模式、管理理念创新，从数字化到智能化再到智慧化，让城市更聪明一些、更智慧一些，这是推进城市治理体系和治理能力现代化的必由之路，前景广阔。城市现代化是城市发展的必然趋势，包括经济、政治、文化、生态文明、社会等领域现代化。随着城市化进程的推进，城市问题不断涌现，急需在管理水平上不断提升，推

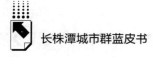

进城市治理体系建设和治理能力现代化。本研究对城市现代化的研究重点聚焦于城市治理现代化。城市治理现代化是国家治理体系和治理能力现代化的重要组成。现代化的城市要有现代化的治理体系和能力，要注重在科学化、精细化、智能化上下功夫，要善于运用现代科技手段实现智能化，又要提高精细化水平，打造一座城市的品质品牌。

2. 宜居城市

宜居城市是对城市适宜居住程度的综合评价，宜居性较强的城市具有良好的居住和空间环境、人文社会环境、生态与自然环境和生产环境。"宜居城市"是一个综合性概念，国内外学者对宜居城市的内涵理解不一，学术界最早把宜居城市定义为具有宜人居住环境的城市，指城市拥有优美的生态环境、和谐的人文环境以及良好的治安环境。宜居城市建设其本质是在可持续发展理论指导下，生产步入高级化和智能化，居住环境步入生态化和人性化，因此应当从可持续发展理论、人居环境理论以及生态城市理论综合把握宜居城市的内涵。基于理论基础和现实研究需要，本研究主要从生产宜居、生活宜居、生态宜居三个角度来研究宜居都市建设。

3. 现代化宜居都市

在对城市现代化和宜居城市进行界定的基础上，本研究将现代化宜居都市定义为以实现城市治理体系和治理能力现代化为目标，坚持以人民为中心，贯彻新发展理念，以先进的管理理念、科学的管理模式、智能的管理手段，积极彰显城市独特内涵、品质，实现生产空间集约高效、生活空间宜居适度、生态空间山清水秀，人与自然和谐共生的美好城市。

（二）现代化宜居都市的主要特征

1. 城市治理现代化

本研究对城市现代化的研究重点主要聚焦于城市治理现代化。城市治理现代化主要特征如下。

（1）治理理念科学化。树立全周期治理理念，在城市治理上做到事前防范、事中控制、事后反思的全周期闭环管理。比如，在权力运行上，有决策、实施、监督的周期；在工作推进上，有部署、贯彻、验收的周期；在项目运作上，有风险评估、运行监测、总结评价的周期等。树立依法治理理念，善于运用法治思维和法治方式解决城市治理顽症难题，让法治成为社会共识和基本准则。树立以人为本理念，从根本上强调城市治理的出发点和落脚点是人，城因人而生，人为城之本，城市的存在是为了让人的生活更美好，以人为本应该作为城市治理最根本的理念。树立系统理念，从构成城市诸多要素、结构、功能等方面入手，对事关城市发展的重大问题进行深入研究和周密部署，系统推进各方面工作。

（2）治理手段智能化。智能管理是依托新技术、汇集众智实现精细治理。现代城市应当充分利用物联网、地理信息技术、网络通信技术、大数据、云计算等关键技术在数据收集、数据传输和数据处理方面的优势，促进城市规划、建设、管理和城市治理决策、执行和评估等有机结合，实现城市治理制度、体制、机制和技术的适时更新和城市治理模式的动态调整，构建弹性、可持续的城市治理模式。

（3）治理能力精细化。现代化的城市治理应当摒弃经验化、粗放式的管理模式，要求治理的理念、制度、手段和技术全面精细化。基于现代信息技术的智慧城市建设，城市信息化从"数字城市"快速转向"智慧城市"。城市管理者不仅要利用智慧城市的服务，全面获取数据和精细管理社会，更重要的是用更加友好的"使用体验"和交互式终端，服务于市民的政务需求和日常需求。

2. 生产宜居

生产宜居是促进生产空间集约高效，其主要内涵就是指通过增加生产空间的管理与投入，优化生产空间结构，不断提高生产空间的单位面积产量、产值和效益的过程。这些效益不仅是经济效益，也包括生态效益和社会效益，其中生态效益就是要求尽力减少生产空间的生态负效益，最大限度增加生态正效益；社会效益主要指生产空间布局能够满足社会发展、公平的需要。与传统的不断通过增加土地投入而获得增长的外延式扩大生产模式不同，促进生产空间集约高效则是在增加少量土地投入或不增加土地投入的情况下，主要通过增加资本和技术投入、提高管理水平、优化结构等方法，实现又好又快发展，走的是内涵式发展道路。总之，生产宜居的城市要转变高消费、高污染的工业化发展方式，发展低消耗、低污染、高附加价值产业，以生态技术为基础实现社会物质生产的生态化，使生态产业在产业结构中居于主导地位，成为经济增长的主要源泉。

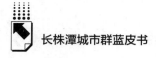

3. 生活宜居

生活宜居主要包括城市生活安全、生活便捷舒适、环境友好等。其中，安全是城市生活空间品质的基石，舒适便捷的空间环境是宜居生活的外在体现，环境友好是可持续发展的宜居生活的内在要求。打造宜居生活空间，首先，增强生活空间的监管力度和安全防卫能力，营造生活空间的安全氛围。其次，要根据不同时代、不同生活水平、不同类型居民对于学校、医院、超市、菜市场等生活服务设施的类型、数量、质量以及布局等各方面的差异化需求，围绕居住空间打造配套完善的便捷生活服务圈。最后，要重视新时代人民在生活水平提高后对于街边公园、社区休闲设施的提升需求，为城市居民创造更高功能和品质、环境更加优美的生活空间。

4. 生态宜居

只有充分利用好自然资源，改善城市生态环境，治理城市环境污染，把城市建设成为生态城市，生态宜居城市建设才有基础。生态宜居是为了促进生态空间山清水秀。生态空间是为城市提供生态产品和生态服务的区域，是保障城市生态安全、提升居民生活质量不可或缺的组成部分，主要涉及森林、草原、湿地、河流、湖泊、滩涂、岸线等国土空间。建设山清水秀的生态空间，首先，要敬畏自然、尊重自然，重视生态红线区域对于生态环境保障的基础地位，科学划定生态红线，并研究完善关于生态红线管控的政策和配套制度，以传导责任压力、激发保护动力，严守生态空间的最重要、最核心部分——对生态红线区域的强制性严格保护。其次，要把握好生态系统调节机能的有限性，依据地区资源环境承载力、生态敏感度等限制性因素来约束城市发展规模和开发强度，使城市社会经济发展规模、结构和增长速度与城市资源承载能力和生态环境容量相匹配。最后，要科学布局城市生态空间，强化山水林田湖系统保护，增强湿地、水域、森林、草地等生态用地的自然修复能力和可持续发展的生态环境保障功能，提升生态系统质量和稳定性。

处理好城市发展建设中生产、生活、生态的内在联系，这既是生态文明建设的内在要求，也是城市高质量发展的必然选择。现代宜居都市的四个特征之间是相互衔接、相互协调的。生产宜居是现代宜居都市建设的基础，就业是衡量城市是否宜居的关键指标，提高城市生产宜居度就是不断扩大城市就业容量。生活宜居是现代宜居都市建设的目标，居住生活是城市生活的基础，城市居住生活的内涵不断扩容，既包括安全的生活空间的获得，也包括有尊严的生活环境的保障、稳定安宁和谐的生活秩序的建立，三者中任何一个因素的缺失都会降低城市居住生活的基本质量。生态宜居是现代宜居都市建设的保障，城市发展要以保持大气、水资源、土地资源和其他生态资源的健康状态为基本前提。城市建设规模和开发强度也应根据资源环境承载能力和经济社会发展实际来科学规划。治理现代化是促进生产、生活、生态有机融合、相互协调的关键措施。城市在不同的发展周期需要不同的治理方式和手段，在走向国际化、现代化的进程中，只有抓好城市治理体系和治理能力现代化，才能促进城市更加和谐宜居。

二 长沙建设现代化宜居都市的机遇与挑战

（一）机遇分析

1. 国内经济发展仍然长期向好

我国经济总量规模持续扩大，具有强大供给能力、适应能力、修复能力，经济发展潜力足、韧性强、回旋空间大、政策工具多。着眼"十四五"及2035年远景目标，我国经济长期向好的基本面没有改变，发展基础牢固雄厚。目前我国经济总量接近100万亿元，是世界第二大经济体、制造业第一大国、外汇储备第一大国，对世界经济增长贡献连续多年达30%左右，拥有超大规模经济体优势。我国已形成世界上最为完备的产业链，是全世界唯一拥有联合国产业分类中所列全部工业门类的国家，在世界500多种主要工业产品中，中国有220多种工业产品产量占据全球第一，制造业增加值占全球份额达28%，接近美日德总和，拥有1.3亿户市场主体和1.7亿多名受过高等教育或拥有各种专业技能的人才，研发能力不断提升。在抗击疫情过程中，无论是稳产保供还是转产防疫物资，无不体现了中国制造强大高效的生产能力、配套能力和应变能力。综合国力优势稳步增强，意味着抵御短期冲击、应对风险挑战能力进一步提高。国内市场潜力巨大。我国拥有14亿人，其中中等收入群体有4亿人，是全球最大最有潜力的市场。人均国内生产总值突破1万美元大关，已经超过世界上中等收入国家平均水平，消费对国内生产总值增长的贡献率是

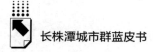

57.8%。随着向高收入国家迈进，规模巨大的国内市场还在不断扩张。同时，人们对消费质量和层次的要求持续上升，消费结构加快升级，电子信息、远程医疗、健康养老、社区服务、在线教育等新业态、新模式将逐渐成为居民消费的重点和我国消费的新增长点。新动能在持续聚集。一是产业升级创造新动能。随着创新驱动发展战略深入实施，产业结构转型升级步伐持续加快。2019年，我国战略性新兴产业增加值比上年增长 8.4%，高技术制造业增加值增长 8.8%，战略性新兴服务业企业营业收入比上年增长 12.7%。数字经济动能大幅释放，2020 年数字经济产值占国民生产总值的份额达到 38.6%。新动能正在深刻改变生产生活方式、塑造发展新优势。二是区域协调发展孕育新动能。"一带一路"建设、京津冀协同发展、长江三角洲区域一体化发展、粤港澳大湾区建设、黄河流域生态保护和高质量发展、推进海南全面深化改革开放等加快推进，优势互补高质量发展的区域经济布局正在逐步形成。三是新型城镇化和新农村建设培育新动能。常住人口城市化率突破 60%，未来 30 年还有 20 个百分点的上升空间，平均每年新增城镇人口 1400 万。城镇化、城市更新以及乡村振兴还将显著带动基础设施、制造业、公共服务等全方位投资，拉动经济快速发展。

2. 新发展格局释放巨大动能

以国内大循环为主体、国内国际双循环相互促进，其核心要义在于充分依托我国超大规模市场优势，培育和挖掘内需市场，推动产业结构优化和转型升级，同时坚定维护多边贸易体制，将国内经济融入经济全球化当中，实现国内循环和国际循环相辅相成、相得益彰、相互促进。经济发展到一定阶段之后，消费的空间、需求的空间就成为经济发展非常重要的制约因素。宜居城市建设中一个重要方面就是充分释放消费潜力，就是要不断地通过提高生活水平、提高收入水平、改善民生来释放消费潜力。改善民生让经济发展空间更大。

在把握内外需情况的前提下，加快城镇化空间再平衡和促进城市功能优化，构建多层级、多中心、网络化的城市空间结构，在资源约束条件下平衡好大城市的创新培育投入与中小城市和小城镇的扩大内需投入，推动区域协调发展。以国内大循环为主体、国内国际双循环相互促进的新发展格局是我国发展战略的重大转变。我国经济社会发展将进入新的发展阶段，可能对城市空间产生重大影响。

3. 新技术应用形成有力推动

当今世界，以新一代信息技术为主要驱动力的数字化浪潮蓬勃兴起，为城市发展注入新活力的同时，也引领世界各国城市治理体系在理念思路、体制机制、决策方式等方面实现系统性、全局性变革，在世界范围内出现了城市的数字化转型。新一代信息技术已经全面融合渗透到城市和区域发展的各个领域，世界正在进入以数字化、网络化、智能化为显著特点的发展新时期。在经济全球化的影响下，城市不同程度地卷入全球经济的巨大体系中，世界城市化出现了新的趋势。在经济全球化和全球信息化的共同推动下，城市—区域空间结构由"中心—外围"结构转变为网络化结构，若干全球信息节点城市将发展成为世界城市并主宰着世界的经济命脉，多极多层次世界城市网络体系将逐渐形成。同时，新的全球城市日益崛起。随着国际分工的深化和全球经济重心的转移，以区域腹地为支撑的大都市圈/大都市群更具发展活力，城市"大集中、小分散"的地域格局将持续下去，全球聚落将向具有良好气候条件和生存环境质量的地区转移，城市发展越来越依赖于其与全球其他城市的相互作用强度和协作程度，一些腹地经济基础雄厚的区域将有具代表性的全球城市崛起。充分挖掘城市数据价值，用数据治理城市，鼓励数据技术创新，推动数据价值挖掘，带动数据产业发展。通过数字化、智能化手段，人们可以办事"最多跑一次"、生活"一码通"；通过数据聚变，引领产业裂变，城市可以推进数字产业化和产业数字化，不断催生新业态新模式。基于数据驱动的城市治理，在5G、大数据、人工智能等新技术的助推下，正在释放出前所未有的巨大价值，为政府、企业、民众提供更科学、更高效、更便捷的服务和源源不断的驱动力，让城市更智慧，让生活更美好。

4. 政策配套产生叠加优势

习近平总书记亲临湖南考察，明确提出"三个高地"、"四新"使命、五项重点任务的总体要求，为湖南"十四五"乃至更长时期的发展指明了前进方向，提供了根本遵循，对广大干部群众是极大的鼓舞鞭策，将为湖南在中部地区崛起中实现新跨越凝聚更强大的合力。湖南作为中部大省，"一带一部"区位优势明显、科教资源丰富、产业基础坚实、人力资源丰厚，长江经济带发展、中部地区崛起等国家区域战略带来发展新机遇，共建"一带一路"、自贸试验区建设等引领开放新格局，强大内需市场成为高质量发展新支撑。湖南将

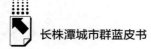

实施"五年行动计划",推进"十同行动",把长株潭打造成为中部地区高质量发展的重要引擎、全国重要增长极和生态文明建设示范区。长沙现代化建设面临巨大机遇,蕴含巨大潜能。

"十四五"规划指出,要加快转变城市发展方式,统筹城市规划建设管理,实施城市更新行动,推动城市空间结构优化和品质提升。从城市的规划建设和管理历程来看,城市更新是城市内在发展规律的客观要求,也是广大市民群众生活水平不断提高的内在要求。城市更新主要包括完善城市空间结构、实施城市生态修复和功能完善工程、强化历史文化保护、加强居住社区建设、推进新型城市基础设施建设、加强城镇老旧小区改造、增强城市防洪排涝能力以及推进以县城为重要载体的城镇化建设等。城市更新活动对于城市经济社会运行起到全面推动作用,满足广大市民群众生活发展需求,改善居住环境、提高城市品质和人民的生活质量,是城市治理现代化的重要标志。

"十四五"规划提出,推动长江中游城市群协同发展,加快武汉、长株潭都市圈建设,打造全国重要增长极。2021 年 7 月出台《中共中央国务院关于新时代推动中部地区高质量发展的意见》,对于推动中部地区高质量发展具有全局性意义,为长沙建设现代化宜居城市提供了多方面优势和条件。《湖南省"十四五"新型城镇化规划》提出,将长株潭都市圈打造成为全国重要增长极、全国都市圈同城化发展示范区、国家综合交通物流枢纽、全国都市圈生态文明建设样板区、全国高质量公共服务典型区、全国高标准市场体系建设先行区、全国一流营商环境引领区。至"十四五"末,长株潭都市圈城镇人口达到 1300 万左右,经济总量突破 2 万亿元,省会长沙首位度将进一步提升。未来,长沙将对外提高集聚力和影响力,打造国家重要先进制造业中心、国际文化创意中心、区域性国际消费中心、国家综合交通物流枢纽,积极创建国家科技创新中心,高水平建设自贸试验区长沙片区、临空经济示范区等开放平台,擦亮长沙中非经贸博览会、世界媒体艺术之都等开放名片。这对于长沙做大中心城市规模,对内增强辐射力和引领力,打造现代宜居都市提供了十分有利的机遇。

(二)挑战分析

1.国际环境日趋复杂
当今世界正经历百年未有之大变局,国际环境日趋复杂,不稳定性不确定性明显增加。贸易保护主义、经济单边主义抬头。经济全球化遭遇逆流，世界经济低迷，全球产业链、供应链面临非经济因素冲击。新一轮科技革命加速发展，国际科技竞争异常激烈，技术壁垒的增高将严重阻碍全球生产率的提升。世界多极化也遭遇阻挠，以美国为代表的一些发达国家不愿失去国际体系的主导权控制权，频频通过其垄断的金融、科技遏制发展中国家，调整国际经贸规则以保护自身利益。国际经济政治格局变幻不定，全球性治理议题日趋复杂，全球性危机此起彼伏，不断挑战人类社会。面对逐渐成为常态的"未知"和"非常态"的压力与冲击，外部环境条件的不确定性对长沙城市现代化建设提出较大挑战。

2. 新冠肺炎疫情影响深远

新冠肺炎疫情发生在世界经济充满不确定性的时刻，是"灰犀牛遇见黑天鹅"性质的事件，对世界各国及世界经济产生的冲击是巨大的。新冠肺炎疫情对各国的资本市场、实体经济、全球价值链会产生不同影响。从行业角度来看，疫情蔓延对全球旅游、交通运输等行业会造成直接冲击；对产业链全球化的制药、半导体、汽车制造等行业以及强顺周期的能源行业会造成较大影响。在当前疫情形势下，机电、半导体、运输设备、化工以及矿物燃料等方面的供应受影响较大。若疫情进一步在欧盟、美国等主要经济体蔓延，将从生产资料供应、资本供给和最终消费需求三个方面对全球供应链产生极大的冲击。产业链的延伸可能冲击长沙的相关产业发展。

3. 要素支撑压力增大

我国经济已由高速增长阶段转向高质量发展阶段，正处在转变发展方式、优化经济结构、转换增长动力的关键期，发展不平衡不充分问题仍然突出，很多方面还不适应高质量发展要求，继续发展面临不少困难和挑战。科技创新能力方面，我国关键核心技术"卡脖子"问题较为突出，航空、材料、信息硬件、数控机床、医药等领域很多关键环节存在短板；人口方面，我国人口出生率下降与人口结构老龄化趋势加剧，年人口出生数从 2016 年开始已经进入下降通道，60 岁以上及 65 岁以上老人占总人口比重均明显上升，传统劳动力优势正在被其他新兴经济体超越，经济发展亟须由要素驱动转向创新驱动。

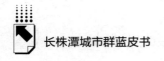

三 长沙市建设现代化宜居都市现状分析

长沙市是湖南省政治、经济、文化中心，也是国务院首批公布的历史文化名城和第一批对外开放的旅游城市。在国家公布的中国城市综合实力50强中，长沙市名列第13位，系中部地区的中心城市之一。长沙市在地理位置上处在大三角区域中心和长江经济带中腰，也是连接沪港渝三地的交通枢纽。长沙市承东启西、连南接北，其市场具有聚集、辐射和媒介等功能，逐渐成为区域经济的"发展极"。结合上述对"现代化宜居都市"的内涵分析，本研究将从生产宜居、生活宜居以及生态宜居三个方面对长沙市建设现代化宜居都市的现实基础进行分析。为分析比较长沙市建设现代化宜居都市在全国的位置，我们选择了与长沙地位相同的九个兄弟省会城市进行比较研究，这九个城市既包括湖南所处的中部五个省会城市，也包括广东、江苏和浙江等三个发达省份的省会，还选取了与湖南省情况相似的四川省省会。

（一）主要成效

近年来，在长沙市委市政府的正确领导下，长沙坚持"精准规划、精美建设、精致管理、精明增长，让城市更有颜值、有气质、有内涵、有格调、有品位"的城市建设理念，努力打造美丽舒适宜居的现代化大都市，在城市可持续发展、提升人居环境及建设生态城市等方面做了较多的实践探索，取得了不少的成效。

1. 城市治理的现代化水平不断提高

一座城市的治理发展，"三分靠建、七分靠治"，建设是城市形象的塑造者，治理则是形象的维持者。近年来，城市治理成为热点，在互联网技术的优势越发凸显的情况下，数字城市、智慧城市成为新的议题，而如何牵引城市使用创新的技术架构提升治理能力和治理水平成为关键。城市治理是一项复杂的系统工程，推进城市治理现代化，必须立足城市发展实际和人民需求，把好"精度""温度""数度"三个维度，在推动管理理念科学化、管理手段智能化、管理模式精细化上下足功夫。根据国家发展改革委城市与小城镇改革发展中心和华为云共同发起的《2021年长沙市城市治理现代化发展评估报告》，在

36 个直辖市、计划单列市和省会城市治理现代化发展水平评估中，长沙作为国内新一线城市，长江中游地区重要的中心城市，城市治理现代化的整体得分率为 67.17%，在中部区域重点城市中长沙处于第一方阵，其中，经济治理和绿色生态方面表现突出。

（1）管理理念不断创新。

近年来，长沙市坚持通过推动管理理念的科学化与亲民化，来提升城市的发展质效。能在保持"绿色"发展的同时兼顾"民生福祉"，加强长株潭城市群绿心地区的建设，创新绿色建设理念和建设模式，构建现代化的生态治理体系、绿色低碳经济体系和城乡融合发展体系。2018 年，《长沙市"强力推进环境大治理　坚决打赢蓝天保卫战"三年行动计划（2018~2020 年）》出台，"三年行动计划"中，蓝天保卫战、碧水攻坚战、净土持久战"三箭齐发"，从制度上构建出了完整的现代化的生态治理体系。2021 年，长沙的空气质量优良率在 80% 以上，国省控断面水质优良率继续保持 100%，"一江一湖六河"主要污染物年均浓度持续下降，市、区县（市）饮用水水源保护区水质达标率 100%，生态治理取得了很好的成绩。《2021 年长沙市城市治理现代化发展评估报告》中，长沙的发展质效得分率为 73.47%，在 36 个城市中排名第一。

（2）管理手段日益完善。

近年来，长沙市以多元协同助推城市的管理智慧为基本手段，以"业务数据化、数据业务化"为赋能路径，积极打造"用数据决策、用数据服务、以数据创新"的"1+3+4"城市超级大脑。即基于 1 朵云，建设数据、应用、AI 等 3 大中台，为数字政务、城市治理、城市决策、产业互联等 4 大领域提供智慧应用服务。目前，长沙城市超级大脑基本建成，作为智慧城市的"神经中枢"，其具备三个特点：一是高智能，产生了包括数据融合、控制优化、实时预警、实时仿真及深度分析在内的五大引擎，从全局角度优化和协同城市海量数据；二是跨领域，数据大脑已成为整个城市的人工智能枢纽，向政务、旅游、医疗、党建等领域拓展；三是全开放，具备全面开放的 AI 能力，引领城市治理领域的技术孵化、产业发展，带领更多部门共同改善城市管理，提高城市的智慧算力。基于这种思想，长沙市政府先后出台了《长沙市人民政府关于加快建设新型智慧城市示范城市的决定》《长沙市新型智慧城市示范城市

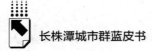

顶层设计（2021～2025年）》《长沙市新型智慧城市示范城市建设三年（2021～2023年）行动计划》等有关政策制度，形成"决定+顶层设计+行动计划"的新型智慧城市建设体系，"十四五"时期将建成中国新型智慧城市示范城市，长沙也是中国首个发布"十四五"新型智慧城市建设规划的城市。到2023年，长沙将初步建成中国新型智慧城市示范城市；到2025年，长沙智能化服务、治理和发展水平达到中国前列、国际领先，成为更有颜值、有气质、有内涵、有格调、有品位的中国新型智慧城市样板和标杆，城市治理基于互联网的服务与共生，从传统的管理手段开始向智能化转变，实现政府、市场、社会和个人等多元主体的协同。在这种新的管理模式下，长沙市按照"四个一""四个办"要求，对标一流城市，打造全新"互联网+政务服务"一体化平台，实现市、县（市区）、乡镇（街道）、村（社区）四级全覆盖，"网上办、一次办"比例均达97%以上。建设了官方城市综合服务移动平台——"我的长沙"App，聚焦市民需求提供了200项政务服务、131项公共服务和社会服务。2021年，长沙市联合华为率先打造全国首个按需供给、据实结算的创新云服务模式，统筹规划建设面向长沙市新型智慧城市的全市统一的政务云管理平台，数据共享开放，全面打造全市政务"一朵云"，采用"一主多辅"的整体架构、"多云融合"的发展路径、"自主创新"的技术路线，构建技术先进、资源共享、弹性扩展、响应高效的云服务体系，实现资源集中、信息共享和业务协同。长沙于2016年起率先以"产业生态为本、数字交通先行、运营场景主导"为核心，结合本土汽车、北斗导航、储能电池、电子信息、机械制造等产业基础，大力发展智能网联汽车产业生态，为世界智能网联汽车产业发展提供了实践基础和样板模式。启动"两个100公里"车路协同项目，即建设100公里智慧高速和100平方公里城市范围的开放道路。引进中车时代、地平线、猎豹移动、速腾等12家科研院所；与华为、腾讯、京东、百度、大陆、博世、舍弗勒、碧桂园等10多家企业达成合作协议，集聚智能网联汽车重点关联企业347家，引入相关技术人才3万人以上。与百度公司签署战略合作协议，共建自动驾驶与车路协同创新示范城市。2020年4月19日推出无人驾驶出租车试乘活动，运营范围约130平方公里，长沙市民可通过百度地图及百度App智能小程序，预约乘坐无人驾驶出租车等。长沙民政、公安、规划、住建委、国土、城管等十多个部门，联合开展了二维码标准地址建设，生成唯一的

GUID 编码。全力推动以出租房屋智能门锁安装和"平安院落"智能车门岗应用为关键抓手的"大钥匙工程"。

（3）管理模式不断精细。

为推动长沙城市治理精细化、智慧化、高效化，长沙市以现代信息技术为基础，通过打造数字经济发展"基底"，加快产业要素聚集，推进数据中心建设，提升城市算力，完善应用场景，深化企业链接，破除信息瓶颈，加速数据共享等方式，同时优化网格单元设置，加快打造大数据应用场景，使城市的整体智能感知水平提升明显，管理工作能落到实处与细处。努力做到管理工作越来越精细化、管理越来越精准、管理效率越来越高。新冠肺炎疫情突发后，长沙迅速明确"将大数据作为防疫工作的第一道防线"的工作方针，成立新型冠状病毒肺炎防控指挥部数据分析组，综合运用智慧城市相关平台技术精准防控疫情。自第一起新冠肺炎病例确诊后，仅用 57 天，实现在院新冠肺炎确诊病例清零。根据大数据精准分析疫情趋势，在全国率先启动复工复产，通过"互联网+政务服务"平台、"我的长沙"App 紧急上线"抗疫情专区"，提供复工复产政策兑现、企业复工人员健康码批量核查等服务功能，做到了疫情防控与恢复生产两不误。在"六控""十严禁"的高压态势，长沙市各级部门认真落实"两级巡查、三级执法"机制，以现代信息技术为抓手，创新智慧管理新模式，深化社区共建共治共享，推动社会治理智能化精准化，把治理工作落实到细处。在推进环境大治理进程中，做了大量细致的管理工作：强力实施涂料中挥发性有机物治理，加强低挥发性有机物涂料的推广及应用；推动省级以上工业园区大气污染防治平台建设；全面完成燃气锅炉低氮改造、持续推进窑炉污染治理、开展涉气污染无组织排放治理和管控。积极应对气候变化，编制温室气体排放清单；加强预警预报与分析研判；整合运用国控站、省控站、小微站、组分站、机动车遥感等，制定并实施有针对性的区域污染管控措施；推动《长沙市机动车排气污染防治条例》修改工作，实施柴油货车污染和非道路移动工程机械污染的防治工作；配合完成散乱污企业整治工作；优化和完善"一江一湖六河"监测断面设置，着力打好碧水保卫战；推动完成苏圫垸、新开铺、花桥等污水处理厂的建设，推动落实新城区雨污分流管网建设的监管，推进老城区雨污分流改造；基本完成"千人以上"饮用水源保护区划分、问题排查整治与规范化建设。全面完成湘江干流入河排口排查，完成第一批入河排口视频监控体系，强化排口溢流监管；加强省级以上工业园区问题排查整治，推动工业园区（工业集聚区）和企业内部雨污分流改造；以龙王港、捞刀河为重点，推进不达标水体重点流域的综合整治；完成靳江河流域污染现状调查；优化和完善"一江一湖六河"监测断面设置；大力推进重点区域、重点地块的土壤状况调查，建立疑似污染地块名单；积极开展涉镉等重金属重点行业企业排查整治；加强污染地块再开发利用准入管理，开展建设用地调查评估；加强土壤污染防治项目库建设，加强未利用地环境管理，持续推进土壤污染治理与修复，逐步改善区域土壤环境状况。稳步改善声环境质量，严格规范声环境准入，完善噪声污染投诉处置机制，厘清各部门职责；加强工业企业噪声污染防治，进一步规范建筑工地夜间施工审批，完善声环境质量监测网络，推动噪声自动监测系统建设，各区县（市）完成 1 个噪声控制示范区的创建，等等。正由于管理工作精细，《2021 年长沙市城市治理现代化发展评估报告》中，长沙的精细治理得分率为 72.08%，在 36 个城市中排名前列。

2. 生产宜居基础进一步夯实

经济实力、营商环境、就业情况、创新活力、开放程度等指标能体现出一个地区生产宜居的基础水平。近年来，长沙市加快建设现代化宜居都市的生产宜居基础得到了不断夯实，主要体现在以下几个方面。

（1）经济实力不断增强。

长沙经济实力稳居中部地区前列，经济保持了稳中趋优的发展态势，主要经济指标运行平稳，质量效益持续提升，经济结构逐步优化，经济活力不断释放，经济增长的稳定性和协调性增强，长沙经济总量已进入"万亿俱乐部"，经济长期向好，具备高质量发展的内生优势。长沙战略地位优势明显，是"一带一路"重要节点城市、长江经济带中心城市和"一带一部"首位城市，拥有湖南湘江新区、国家自主创新示范区、全国两型社会建设综合配套改革试验区等国家级战略平台，随着"一带一路"、长江经济带、粤港澳大湾区、中国（湖南）自由贸易试验区等国家重大战略的深入推进，区域协调发展新格局有效增强联动效应，具备高质量发展的政策叠加优势。长沙产业基础厚实，已具较为雄厚的工业发展基础，新材料、食品制造、工程机械、电子信息、汽车及零部件等产业保持稳定发展，高端装备制造、移动互联网、北斗导航、生物医药、软件产业等战略性新兴产业发展迅猛，在全球新兴产业价值链重构中具备创新优势。

一是全市地区生产总值增长显著。据不完全统计，2021年长沙市实现全市地区生产总值13270.7亿元，全市地区生产总值比上年增长7.5%，经济增速低于全国平均水平0.6百分点。从横向对比来看，2021年长沙市的GDP在10个省会城市中排名第六，高于合肥、南昌、太原和郑州，在中部6个城市中排名第二。

二是人均GDP不断提升。2021年长沙人均GDP约为13.2万元，相比2020年略有下降。从横向对比来看，长沙市2021年的人均GDP为132074元，10个城市中排名第五位，排名反而要高于成都。排在首、末位的是南京市和成都市，分别为175584元和95100元，长沙市人均GDP相比于GDP的排名上升了一个名次，在中部6个城市中排名第二（见表1），在2021中国内地GDP五十强城市中排名第十五位。

表1　2021年长沙市与其他城市的GDP比较

GDP	第一位	第二位	第三位	第四位	第五位	第六位	第七位	第八位	第九位	第十位
地区GDP（万元）	广州（28231）	成都（19917）	杭州（18109）	武汉（17717）	南京（16355）	长沙（13271）	郑州（12691）	合肥（11413）	南昌（6651）	太原（5122）
人均GDP（元）	南京（175584）	杭州（151721）	广州（151162）	武汉（143728）	长沙（132074）	合肥（121803）	郑州（100718）	南昌（106323）	太原（96560）	成都（95100）

资料来源：2022年各省的统计年鉴。

三是城乡居民可支配收入排名持续进位。近年来，随着经济的发展，长沙城乡居民的人均可支配收入得到了快速提高。2020年长沙市城镇居民人均工资性收入为32543元，占长沙市城镇居民人均可支配总收入的56.14%。2021年，长沙市的城镇居民人均可支配收入达到了62145元。从区域内的纵向对比来看，2012~2021年，芙蓉区、天心区和雨花区发展相对较好，人均可支配收入基本稳居前三，2021年均超过了6.1万元。宁乡市相当落后，2021年的人均可支配收入为4.05万元。从横向对比来看，长沙市的城镇居民可支配收入在10个省会城市中排在第四位，在中部6个城市中排名第一（见表2），已经超过武汉，正向广州这类一线大城市迈进。

表 2 2021 年长沙市与兄弟城市的城镇居民人均可支配收入比较

指标	位次									
	第一位	第二位	第三位	第四位	第五位	第六位	第七位	第八位	第九位	第十位
城镇居民人均可支配收入(元)	杭州(74700)	广州(74416)	南京(73593)	长沙(62145)	武汉(55297)	合肥(53208)	成都(52633)	南昌(50447)	郑州(42887)	太原(41377)

资料来源：2022 年各省的统计年鉴。

四是城镇化水平上升较快。根据长沙市 2021 年国民经济和社会发展统计公报，2021 年全市常住人口达到了 1023.93 万人。长沙市的城镇化水平提升较快，城镇人口从 2015 年的 552.78 万人增加至 2021 年的 851.53 万人（见图1）。2021 年长沙的城镇化水平为 83.16%，高于全国 64.72%的平均水平。

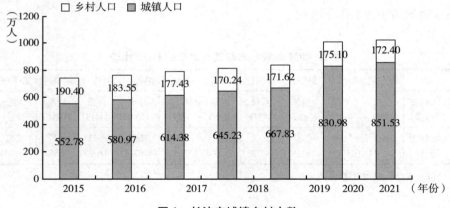

图 1 长沙市城镇乡村人数

资料来源：2016~2022 年的《长沙统计年鉴》。

从纵向比较来看，芙蓉区在近十年中城镇化水平均为 100%，城镇化水平最低的是宁乡市，2020 年也达到了 60.08%（见表3），稍低于全国平均水平。总的来说，天心区、芙蓉区、雨花区、开福区的城镇化率较高，达到了国外发达国家的水平，城镇化水平提升，一方面有利于解决城乡、区域之间的发展不平衡不协调问题，另一方面可为建设现代化宜居都市提供良好的人力资源环境。

表3　2020年长沙各区人口状况

区县市	总人口（万人）	城镇人口（万人）	乡村人口（万人）	城镇化水平（%）
芙蓉区	64.28	64.28		100
天心区	83.72	82.85	0.87	98.96
岳麓区	152.86	143.85	9.01	94.11
开福区	82.18	79.38	2.8	96.59
雨花区	126.65	123.47	3.18	97.49
望城区	89.14	69.86	19.28	78.37
长沙县	137.63	102.56	35.07	74.52
宁乡市	126.5	76	50.5	60.08
浏阳市	143.12	88.73	54.39	62

资料来源：2021年的《长沙统计年鉴》。

五是经济园区引领作用明显。经济园区为产业集群的形成提供了重要平台，促进了经济实力的增加。经济园区能体现经济的集群发展状况，近年来，长沙市加快转变经济发展方式，积极推进开放带动战略，打造具有较强竞争力的现代产业集群，现已逐步构建起多点支撑、质量型增长、内涵式发展的现代产业新格局，包括以中国联通长沙市云数据基地为代表的电子信息优势产业，以尔必地机器人为代表的战略新兴产业，以宜家购物中心为代表的现代服务业。另外，作为长沙市开放型经济发展的重要抓手，工业园区已经成为区域经济发展、对外开放、招商引资的核心载体，成为发展高新技术产业和促进产业集群形成的重要平台。2020年全年园区规模以上工业增加值比上年增长7.2%，对规模以上工业增加值增长的贡献率达92.4%。截至2019年底，长沙市共建成14个园区，其中五个国家级开发区（长沙市经开区、长沙市高新区以及浏阳、宁乡、望城三个经济技术开发区）、九个省级园区（雨花经济开发区、天心经济开发区、隆平高科技园、金霞经济开发区、暮云经济开发区、浏阳工业集中区、金洲新区工业集中区、岳麓工业集中区和星沙产业基地），经济园区引领作用明显，如长沙市经开区，是湖南首家国家级经济技术开发区。近年来，园区全面落实高质量发展要求，深入贯彻"创新引领、开放崛起""全面建设现代化长沙"等省市发展战略，紧紧围绕"率先打造国家智能制造示范区，率先建设5000亿国家级园区"发展目标，坚持区县一体、融合发展，以智能制造为抓手，以项目建设为支撑，大力实施智能制造与现代服务业

"双轮驱动"、智慧园区与人才高地"双臂支撑",经济发展呈现稳中有进、进中趋优态势,已成为中部地区工业发展的核心增长极和重要驱动力。截至2018年底,园区拥有规模以上工业企业191家,年产值100亿元以上企业5家、10亿元以上企业21家、亿元以上企业94家。在商务部2018年国家级经济技术开发区综合发展水平考核评价中综合排名第20位。园区逐步形成了工程机械、汽车及零部件、电子信息(含集成电路)的"两主一特"产业格局。其中,以三一集团、铁建重工、中联重工、山河智能为代表的工程机械产业在坚持做强做优主业的基础上,加快转型创新,实施跨界经营,正加速打造世界级工程机械产业集群,2018年成功晋级千亿产业集群。三一重工、铁建重工、山河智能跻身全球工程机械制造商50强。以上汽大众、广汽菲克、广汽三菱、长丰集团、众泰汽车、北汽福田、博世汽车、索恩格汽车、住友橡胶为代表的汽车制造及零部件产业发展迅猛,集聚了六大整车知名汽车品牌,是园区首个千亿产业集群。2018年,整车产能超过100万辆,产量达59万辆,广汽三菱祺智EV、长丰猎豹CS9 EV300、众泰汽车云100PLUS等系列新能源车型相继上市,汽车全产业链加快形成。以蓝思科技、国科微电子、维胜科技、纽曼数码为龙头的电子信息(含集成电路)产业发展平稳,产业链条向下游制造、封装、测试等不断延伸。

六是数字经济发展迅速。近年来,长沙坚持以新型智慧城市建设为纽带,突出场景牵引、生态培育,着力创新合作方式、构建优良生态、引导企业集聚,持续服务重点产业、重点园区、重点企业,助推数字经济蓬勃发展。根据《2021中国数字经济城市发展白皮书》,长沙位列2021数字经济城市发展百强榜的第12位,长沙跻身数字新一线城市。

(2)营商环境明显改善。

良好的营商环境是一个国家或地区经济软实力的重要体现,是一个国家或地区提高综合竞争力的重要方面。一个地区营商环境直接影响着招商引资,同时也直接影响着区域内的经营企业,最终对经济发展状况、财税收入、社会就业情况等产生重要影响。近年来,长沙市政府利好政策频出,对创造一个良好的营商环境打好了基础,根据知乎网站公布的2020年中国宜居城市的排名,2019年长沙市的营商环境指数在十个省会城市中排在第六位,在中部六个城市中排名第二位,在全国排名第十二位。根据《2021城市商业魅力排行榜》,

长沙市的商业魅力排名全国第十五位，在十个省会城市中排在第七位，在中部六个城市中排名第三位。从这两个指标可以看出，长沙的营商环境较好（见表4）。

表4　2019年长沙市与兄弟城市的商业魅力排行及营商环境指数比较

指标	位次									
	第一位	第二位	第三位	第四位	第五位	第六位	第七位	第八位	第九位	第十位
城市商业魅力排行	广州（4）	成都（5）	杭州（6）	武汉（10）	南京（11）	郑州（14）	长沙（15）	合肥（21）	南昌（36）	太原（42）
营商环境指数	广州（4）	杭州（5）	武汉（6）	南京（7）	成都（8）	长沙（12）	合肥（14）	太原（26）	郑州（27）	南昌（31）

资料来源：2020年各省的统计年鉴。

（3）就业情况总体良好。

近年来，长沙市城镇登记失业率整体维持在较低水平，从2010年的2.89%下降到2019年的2.65%，10年中下降了0.24个百分点（见图2），2019年的城镇登记失业率低于4.8%的全国平均水平，2020年受疫情等因素影响，城镇登记失业率为3.27%，相比2019年略有上升。从横向对比来看，长沙市的失业率在10个省会城市中排在第六位，在中部6市中排第三位（见表5），就业情况较好。

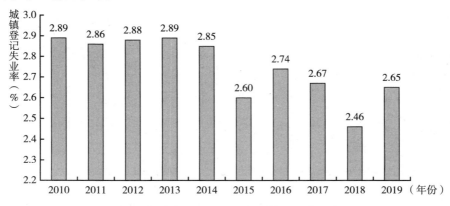

图2　长沙市2010~2019年城镇登记失业率

资料来源：2011~2020年的《长沙统计年鉴》。

表 5　2019 年长沙市与兄弟城市的失业情况

指标	位次									
	第一位	第二位	第三位	第四位	第五位	第六位	第七位	第八位	第九位	第十位
失业率	南京 (1.75)	杭州 (1.8)	郑州 (1.8)	武汉 (2.02)	广州 (2.15)	长沙 (2.65)	合肥 (2.8)	南昌 (2.93)	太原 (3.17)	成都 (3.31)

资料来源：2020 年各省的统计年鉴。

（4）创新活力不断释放。

一是高新技术企业数增长较快。2019 年，长沙新增高新技术企业数量创历史新高，新认定（含复核）高新技术企业为 1202 家，高新技术企业达到了 3095 家，长沙高新技术企业总数占湖南"半壁江山"，科技进步贡献率提高到 60%，2020 年长沙的高新技术产业投资增长 24.5%，高新技术产业增加值增长了 10.5%。

二是万人专利授权量逐年增加。2020 年长沙市全年授权专利 33012 件，比上年增长 46.7%。长沙市 2019 年每万人拥有 65.14 件专利授权，相比于2018 年增长了 8.3%。2010~2019 年，每万人专利授权量从 2010 年的每万人 19.7 件增长到 2019 年的每万人 65.14 件，增加了 2.3 倍（见图 3）。从横向对比来看，2019 年长沙市的万人人均专利授权量在 10 个城市中排在第二位（见表 6），仅落后排名第一位的广州 3 件，远远领先于中部其他五个兄弟城市，创新活力较强。

图 3　长沙市 2010~2019 年万人专利授权量

资料来源：2011~2020 年的《长沙统计年鉴》。

表6 2019年长沙市与兄弟城市的专利授权情况比较

指标	位次									
	第一位	第二位	第三位	第四位	第五位	第六位	第七位	第八位	第九位	第十位
万人专利授权量	广州(68.48)	长沙(65.14)	南京(64.71)	杭州(59.43)	合肥(36.93)	武汉(35.01)	郑州(32.53)	成都(30.62)	南昌(23.31)	太原(3.94)

资料来源：2020年各省的统计年鉴。

三是人口文化素质普遍较高。第七次全国人口普查数据显示，全市常住人口中，文盲人口（15岁及以上不识字的人）为47608人，与2010年第六次全国人口普查数据相比，文盲人口减少7666人，文盲率由0.79%下降为0.47%，下降0.32个百分点。与2010年第六次全国人口普查数据相比，全市常住人口中，15岁及以上人口的平均受教育年限由10.48年上升至11.52年。全市常住人口中，拥有大学（指大专及以上）文化程度的人口为2758466人；拥有高中（含中专）文化程度的人口为1969553人；拥有初中文化程度的人口为2712448人；拥有小学文化程度的人口为1809115人（以上各种受教育程度的人包括各类学校的毕业生、肄业生和在校生）。与2010年第六次全国人口普查数据相比，每10万人中拥有大学文化程度的由19138人上升为27453人；拥有高中文化程度的由17647人上升为19602人；拥有初中文化程度的由34249人下降为26995人；拥有小学文化程度的由22162人下降为18005人。

（5）外贸总量增幅明显。

一是外贸进出口量增长幅度较大。近年来，长沙市开放程度在进一步扩大。2020年全年进出口总额（海关口径）2350.46亿元（折合340.15亿美元），比上年增长17.4%，其中出口总额1548.72亿元，增长10.8%；进口总额801.74亿元，增长32.5%。2019年上半年，长沙有外贸进出口实绩的企业共2060家，较2018年同期增加370家。其中，1000万美元以上企业240家，较2018年同期增加94家，实现外贸进出口额104.29亿美元，占全市外贸总量的85.24%；1亿美元以上企业15家，较2018年同期增加2家。2016~2019年，长沙市的外贸进出口总额大幅增长，2019年进出口总额占GDP的比重为16.3%。其中，出口总额增长相比于进口总额增长更为明显，出口产品结构进

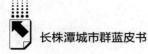

一步优化，茶叶、服装等传统产品占比逐步下降，高新技术产品占比达58.7%，出口总额从 2016 年的 75.56 亿美元增长到 2019 年的 202.16 亿美元，增长幅度接近 2 倍。相比于 2018 年，长沙市 2019 年进出口总额实现 49.57% 的增长率，增幅居中部第一、全国省会城市第二。进口总额增长速度没有出口总额快，但也在逐步缓慢增长（见图 4）。从横向对比来看，长沙市 2019 年的进出口总额在 10 个城市中排在第七位，进口总额排名第七位，出口总额排名第五，在中部 6 市中排名第二（见表 7），净出口 114.5 亿美元。

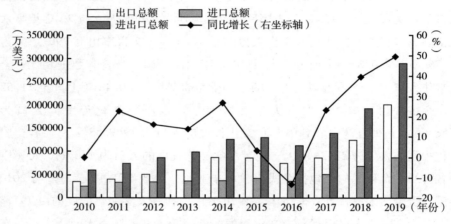

图 4　长沙市 2010~2019 年进出口总额及增长情况

资料来源：2011~2020 年的《长沙统计年鉴》。

表 7　2019 年长沙市与兄弟城市的进出口贸易情况比较

指标	位次									
	第一位	第二位	第三位	第四位	第五位	第六位	第七位	第八位	第九位	第十位
进口总额（亿美元）	南京(2346.9)	广州(688)	杭州(287.7)	郑州(206.5)	武汉(153.3)	合肥(120.1)	长沙(87.7)	太原(60.1)	成都(59.3)	南昌(59.1)
出口总额（亿美元）	南京(3947.8)	广州(762.2)	杭州(523.8)	郑州(381)	长沙(202.2)	合肥(202)	武汉(193.8)	南昌(91.9)	太原(88.3)	成都(80.2)
进出口总额（亿美元）	南京(6294.7)	广州(1450.2)	杭州(811.5)	郑州(587.5)	武汉(347.1)	合肥(322.1)	长沙(289.9)	南昌(151)	太原(148.4)	成都(139.5)

资料来源：2020 年各省的统计年鉴。

二是外资利用率明显提高。2012 年香港长沙商会在香港成立，是内地省会城市在香港成立的第一家有规模、有影响的商会组织。目前，香港已经成为长沙最大的境外投资来源地、重要的贸易伙伴和最主要的转口市场。2015 年，长沙市实际利用外资为 44.1 亿美元，2019 年达到了 63.7 亿美元，四年增长了 19.6 亿美元，年增长率达到了 49%（见图 5）。2020 年全年利用外资项目 256 个，实际利用外资金额 72.82 亿美元，比上年增长 14.3%。全年实际到位省外境内资金 1507.88 亿元，增长 20.4%。

图 5　长沙市 2015~2019 年进出口总额和实际利用外资额

资料来源：2016~2020 年的《长沙统计年鉴》。

3. 生活宜居基础不断完善

市政设施、城市交通、教育文化、卫生健康、社会保障、城市住房、公共安全等指标能体现出一个城市生活宜居的基础状况。近年来，长沙市加快建设现代化宜居都市，生活宜居基础得到了不断完善，主要体现在以下几个方面。

（1）市政设施不断完善，生活条件稳步提高。

一是长沙区域智慧能源系统逐步完善。自 2017 年开始，长沙城区早已逐步启动区域能源建设，通过可再生能源、分布式能源等技术为建筑群提供集中供热、供冷。目前，在长沙梅溪湖、滨江、洋湖、马栏山等区域，已经开始使用或者正在建设区域智慧能源系统。与传统空调相比，区域智慧能源系统冬季节能 30%~40%，夏季也能节能 15%~20%。

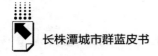

二是城市供水与天然气普及率高。目前，长沙共有9座水厂，日供水设计能力达260万立方米，城区供水普及率达100%。"十三五"末，长沙基本实现了天然气100%利用。

三是政务服务智能方便。长沙市积极创新行政管理和服务的方式、渠道、载体，全方位提升网上政务服务能力，积极推进覆盖范围广、应用频率高的政务服务事项向移动端延伸，推动实现更多政务服务事项"掌上办""指尖办"，将政府提供政务的时间延伸到了8小时工作时间以外，实现政务服务事项办理"24小时不打烊"，满足了广大人民群众日益多元化个性化的政务服务需求，拓展了政务服务的渠道。长沙市政务服务办事大厅于2018年12月19日试运行，开设6个综合受理功能区，共设180个综合窗口，6个综合受理窗口可分类"无差别"受理进驻该区的事项。随着政务服务的开展，2020年10月长沙市政府出台《关于加快建设新型智慧城市示范城市的决定》，明确将新型智慧城市建设作为全市经济社会高质量发展的重要引擎。通过构建"1+1+1"新型基础设施体系（1个政务云平台作为底座，1个城市超级大脑作为中枢、1个城市服务平台作为统一入口），向各级政府部门提供统一的基础资源以及各类智能服务，向市民和企业提供一站式政务服务和公共服务，政务服务事项网办率、一次办率达97%以上，2000余项政务服务和公共服务实现"指尖办"。近三年来，长沙市政府多次获得全国"精品栏目奖"、"政府网站大数据应用奖"、中国政府网站绩效评估"政务公开领先奖"等，2020年，国务院办公厅电子政务办公室发布的网上政务服务能力（政务服务"好差评"）调查评估报告中，长沙位列全国前十，长沙政府网站位列全国省会城市第二名。城市治理的成果，也助推了城市形象提升，长沙长期享有宜居城市盛誉。中央广播电视总台《中国经济生活大调查》发布2019~2020年度"中国十大美好生活城市"榜单，长沙名列第二。

（2）立体交通网络初步形成，出行更加便捷。

长沙位于长株潭城市群中心，毗邻珠三角和长三角两大经济圈，北连武汉城市群，是"一带一路"重要节点城市、"一带一部"首位城市以及长江中游城市群中心城市。同时，拥有全国两型社会建设综合配套改革试验区、国家自主创新示范区、国家级湖南湘江新区等国家级战略机遇平台。此外，长沙立体交通四通八达，水陆交通便捷，南北有京广高铁，东西有沪昆高铁，黄花机场、磁悬浮工程实现机场与高铁站无缝连接，湘江航道等多条航道交错，初步形成了东西贯通、南北连接、高效便捷的基础交通体系，为发展开放型经济、打通资本项目等要素的内外交流渠道提供了重要保障。

一是初步形成"54321"交通圈。其中"5"是指长沙与全国及区域中心城市北京、上海、南京、西安、重庆、广州等5小时到达；"4"是指省内县4小时通达；"3"是指省会与各市3小时到达；"2"是指长沙城市圈任意两节点2小时到达；"1"是指长株潭城市群任意节点与中心城市长沙1小时到达。

二是万人公共汽车拥有数增长迅速。长沙市2019年的万人公共汽车拥有数为14.6辆/万人，相比2010年增长一倍之多（见图6），已经超过北京和上海、杭州、南京的人均量。

三是机场排名较为靠前。2019年，在10个城市中，长沙市的机场吞吐量排名第六，全国排名第十四位，在中部6市中排名第二位。

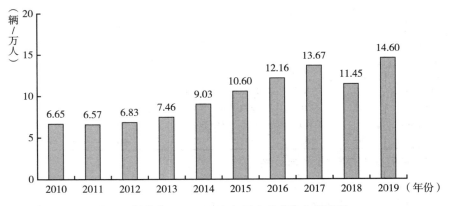

图6 长沙市2010~2019年万人公共汽车拥有数

资料来源：2011~2020年的《长沙统计年鉴》。

（3）教育教学质量提高，普及水平实现跃升。

从数量上来看，2010~2019年，浏阳市中等学校数量在长沙市各市区中居首位，天心区和芙蓉区数量相对较少，雨花区平均每所中等学校专任教师数为169人，人数最多（见表8）。从质量上来看，长沙市四所重点高中包括湖南师范大学附属中学、长沙市第一中学、长郡中学、雅礼中学，分别位于岳麓区、开福区、天心区、雨花区，这四所高中在全国保送名校的学校中名列前茅。

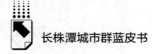
（4）医卫基础设施较好，医疗条件优势明显。

一是万人医院数较多。2020 年末全市有卫生机构（含村卫生室）4681个，其中医院、卫生院 339 个，卫生防疫、防治机构 14 个，妇幼保健机构 11个。卫生技术人员 8.80 万人，比上年增加 0.21 万人，其中执业医师、执业助理医师 3.28 万人，增加 0.05 万人；注册护士 4.27 万人，增加 0.17 万人。卫生机构床位 8.32 万张，增加 0.20 万张，其中医院、卫生院 7.61 万张，增加0.24 万张。2019 年，望城区的常住人口万人医院数量最多，为 8 个/万人，开福区、岳麓区、天心区、长沙县的常住人口万人医院数量最少，为 4 个/万人。从空间上看，呈现中部紧张而东西部较有盈余的态势。

表 8　2019 年长沙市各县市区教育条件

地区	中等学校	普通小学	中等学校专任教师	普通小学专任教师	平均每所中等学校专任教师数	平均每所普通小学专任教师数
芙蓉区	13	37	1684	2294	130	62
天心区	18	51	2176	2716	121	53
岳麓区	53	81	5468	5481	103	68
开福区	21	52	2428	2724	116	52
雨花区	35	72	5921	4804	169	67
望城区	39	82	2978	3134	76	38
长沙县	56	136	4297	5109	77	38
宁乡市	70	213	5955	5699	85	27
浏阳市	93	185	5537	4039	60	22

资料来源：2020 年的《长沙统计年鉴》。

二是三甲医院数排名靠前。在 10 个兄弟城市中，2021 年武汉市和广州市的三甲医院数最多，分别为 45 所和 41 所，长沙排名第 3（27 所），在中部 6市中落后于武汉排名第二位，合肥排名末尾（14 所），太原和郑州两市的三甲医院数量为 17 所和 18 所（见表 9），总的来说，长沙市的医疗条件相对较好。

（5）社会保障体系层次丰富，覆盖较为全面。

一是城乡基本医疗保险参保人数增加。2015～2019 年，长沙市城乡基本医疗保险参保人数总体在增加，医疗保险参保人数从 2015 年的 511.92 万人增加到 2018 年的 513.09 万人，四年增长了近两万人（见图 7）。从横向对比来看，长沙市的医疗保险参保率在 10 个兄弟城市中排在第四位（见表 9）。

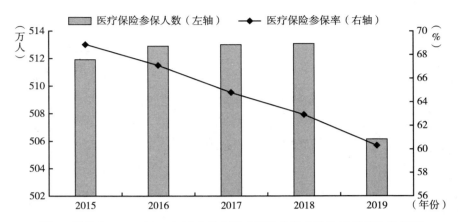

图 7 长沙市 2015~2019 年城乡基本医疗保险参保人数和医疗保险参保率

资料来源：2016~2020 年的《长沙统计年鉴》。

表 9 2019 年长沙市与兄弟城市的三甲医院数及保险参保率比较

指标	位次									
	第一位	第二位	第三位	第四位	第五位	第六位	第七位	第八位	第九位	第十位
三甲医院（所）	武汉（45）	广州（41）	长沙（27）	南京（27）	杭州（26）	南昌（19）	郑州（18）	太原（17）	成都（15）	合肥（14）
养老保险参保率（%）	长沙（74）	杭州（68）	成都（54）	广州（51）	郑州（48）	南京（47）	武汉（43）	南昌（38）	合肥（25）	太原（22）
医疗保险参保率（%）	成都（98）	太原（82）	杭州（65）	长沙（61）	广州（49）	武汉（43）	南京（4）	合肥（26）	南昌（24）	郑州（23）
失业保险参保率（%）	杭州（47）	广州（40）	南京（36）	成都（33）	武汉（23）	太原（23）	合肥（21）	郑州（2）	长沙（2）	南昌（12）

资料来源：2020 年各省的统计年鉴。

二是城乡基本养老保险参保率大幅提升。长沙市 2015~2019 年养老保险参保人数逐年增加，养老保险参保人数在 2019 年大幅提升，养老保险参保人数从 2015 年的 472.51 万人增加到 2019 年的 615.67 万人，增长 30.3%。养老保险参保率也大幅增加，从 2015 年的 63.58% 增长到 2019 年的 73.74%，增长 16%（见图 8）。从横向对比来看，长沙市的养老保险参保率在 10 个城市中排在第一位（见表 9），领先第 2 名的杭州 6 个百分点。

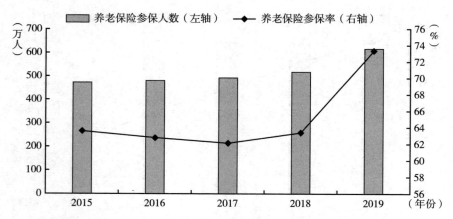

图 8 长沙市 2015~2019 年养老保险参保人数和养老保险参保率

资料来源：2016~2020 年的《长沙统计年鉴》。

（6）社会治理能力不断增强，城市安全度高。

一是社会治安情况较好。近年来，长沙市不断推进治理能力现代化，紧密结合"智慧长沙"，建设大融合、高共享、深应用的社会治理智能化平台，取得了不少成效。根据长沙市公安局的数据统计，长沙市警力配备率在逐年增加，年刑事案件逐年减少，长沙市的交通事故发生率在近五年逐步降低，2015年交通事故发生率为 12.2%，2019 年交通事故发生率为 5.2%，4 年间交通事故发生率下降 7 个百分点，如图 9 所示。

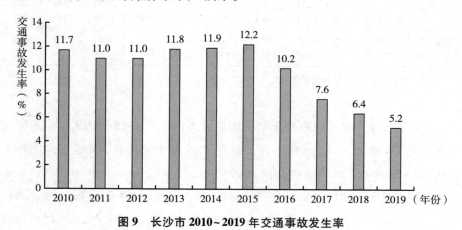

图 9 长沙市 2010~2019 年交通事故发生率

资料来源：2011~2020 年的《长沙统计年鉴》。

二是食品检测合格率高。长沙市市场监督管理局 2019 年公布的统计数据显示，长沙市各县市区食品抽检合格率较高，特别是长沙县、浏阳市的抽检食品全部为合格。水产类在检测的产品中，合格率落后于其他检测产品，但合格率全部在 98% 以上，能够很好地满足人民的食品安全需求。从横向对比来看，长沙市 2019 年的食品检测合格率达到了 98%，虽然在 10 个城市中排在第 6 位（见表 10），但与排名第一的杭州的差距仅 2 个百分点，差距不大，食品安全率仍较高。

表 10　2019 年长沙市与兄弟城市的食品检测情况比较

单位：%

指标	位次									
	第一位	第二位	第三位	第四位	第五位	第六位	第七位	第八位	第九位	第十位
食品检测合格率	杭州（100）	太原（99）	广州（99）	武汉（98）	郑州（98）	长沙（98）	合肥（98）	成都（98）	南京（98）	南昌（94）

资料来源：2020 年各省的统计年鉴。

三是公共安全服务能力较强。近年来，长沙全市积极推进智慧安防建设，以提高人民群众安全感，根据《2021 年长沙市城市治理现代化发展评估报告》，长沙的人本服务得分率为 79.72%，在 36 个城市中名列前茅。

（7）房价收入比相对较低，宜居优势明显。

长沙市一直是全国的"房价洼地"，在 10 个兄弟城市的房价对比中，2019 年广州的房价相对最高，达到 33364 元/平方米，其次是南京和杭州，房价达到 28000 元/平方米左右，长沙市房价最低，均价为 10151 元/平方米，只有广州房价均价的 1/3 左右，相邻省会城市南昌的房价均价为 12135 元/平方米，也比长沙高 19.5%（见表 11）。从房价收入比来看，在参与比较的十个城市中，2019 年杭州的房价收入比最高，排在第一位；其次是广州和南京，达到 16.5、15.4。长沙市在 10 个城市中房价收入比最低，为 6.4。根据《2020 年全国 50 城房价收入比报告》，全国 50 城房价收入比均值为 13.3，长沙的房价收入比为 6.2，在 50 城中居于最末位。相比于其他省会城市，长沙市的房价对于大多数人来说是非常友好的，在建设宜居城市上可提供非常大的助力。

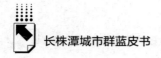

表 11 2019 年长沙市与兄弟城市的房价比较

指标	位次									
	第一位	第二位	第三位	第四位	第五位	第六位	第七位	第八位	第九位	第十位
房价(元/平方米)	广州(33364)	南京(28640)	杭州(27851)	武汉(16772)	合肥(14594)	成都(13883)	郑州(13509)	南昌(12135)	太原(11017)	长沙(10151)
房价收入比	杭州(17.7)	广州(16.5)	南京(15.4)	太原(14.1)	合肥(13.7)	郑州(12.9)	武汉(11.3)	南昌(10.9)	成都(10)	长沙(6.4)

资料来源：2020 年各省的统计年鉴。

4. 生态宜居基础不断改善

长沙的地理及气候特点，使得长沙拥有独特的"山水洲城"美誉。长沙在已有的良好生态环境基础上，不断改善生态宜居建设。烈士公园提质改造，橘子洲生态化改造，梅溪湖、松雅湖、洋湖、西湖、月湖等公园相继建成，湘江流域水系整体提质，集中式饮用水水源地水质达标，生活垃圾、污水以及工业固体废料得到妥善处理。长沙文化景观特色鲜明，建筑设计、空间布局、园林艺术等更加清晰可辨，给人深刻印象。

（1）城市绿化面积不断增加。

从 2010 年到 2021 年，万人人均公园面积增加 1 公顷/万人。2021 年，长沙市的公园数为 42 个，万人人均公园个数为 0.05 个。长沙市绿地面积在近 10 年也逐年增加，从 2010 年到 2021 年，万人人均绿地面积增加了 5.4 公顷/万人。

（2）生态环境改善明显。

一是污水处理率较高。近年来，长沙市加强了集中式饮用水水源地的保护与改造工作，对城镇的黑臭水体进行了综合治理，城市生活垃圾无害化处理率逐年提高，城区环境噪声逐年下降，污水处理能力逐年增强。2010~2021 年，长沙市的污水处理率全部在 90% 以上（见图 10）。从横向对比来看，2019 年长沙市的污水年排放量为 72000 万立方米，污水处理率在 10 个城市中排在第三位，达到了 97.56%（见表 12）。

二是空气质量优良率较高。一般，长沙的空气质量优良率有 11 个月份均在 80% 以上，而 12 月长沙市空气质量优良率往往会落后于其他月份，这是

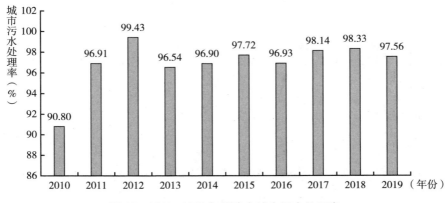

图 10　2010~2019 年长沙市城市污水处理率

资料来源：2011~2020 年的《长沙统计年鉴》。

表 12　2019 年长沙市与兄弟城市的污水处理率比较

单位：%

指标	位次									
	第一位	第二位	第三位	第四位	第五位	第六位	第七位	第八位	第九位	第十位
污水处理率	太原 （100.00）	郑州 （98.10）	长沙 （97.56）	成都 （96.49）	杭州 （95.96）	武汉 （95.06）	广州 （95.00）	南京 （95.00）	合肥 （94.58）	南昌 （94.00）

资料来源：2020 年各省的统计年鉴。

由长沙市的地形因素和气候特点导致的。比如 2019、2020 年这两年，长沙市的空气质量均是良好，部分月份空气质量优良率达到 100%（见图 11）。2019 年长沙市的年均空气质量优良率在 10 个城市中排在第五位，达到了 75.3%；优良天数为 275 天，排名也是第五位，在中部 6 个城市里仅落后于南昌，排名第二位（见表 13）。

（3）资源承载能力不断提升。

近年来，长沙加快了城市发展所需资源的保护与挖掘工作，使得资源承载的本体能力得到了不断提升，在长沙市人口逐年增加的情况下，仍具备了较好的宜居基础，使城镇化发展和水土资源的承载保持了较高的耦合协调度。从水资源来看，2019 年全市人均水资源占有量为 1205 立方米，人均综合用水量427.04 立方米。2019 年全市供水总量 35.85 亿立方米，其中地

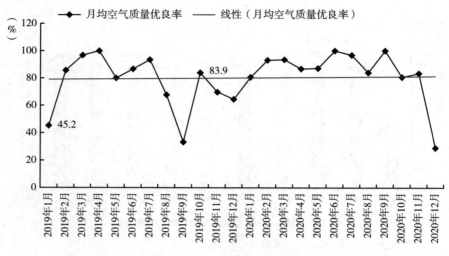

图 11　2019~2020 年长沙市月均空气质量优良率

资料来源：2020~2021 年的《长沙统计年鉴》。

表 13　2019 年长沙市与兄弟城市的空气质量比较

指标	位次									
	第一位	第二位	第三位	第四位	第五位	第六位	第七位	第八位	第九位	第十位
年均空气质量优良率（%）	广州（89.5）	南昌（88.2）	南京（83.1）	杭州（78.7）	长沙（75.3）	合肥（70.4）	成都（67.6）	武汉（67.1）	太原（54.8）	郑州（48.5）
优良天数（天）	广州（327）	南昌（322）	南京（304）	杭州（287）	长沙（275）	合肥（254）	成都（247）	武汉（245）	太原（200）	郑州（177）

资料来源：2020 年各省的统计年鉴。

表水供水量 34.69 亿立方米，占总供水量的 96.8%；地下水供水量 0.60 亿立方米，占总供水量的 1.7%；污水处理回用供水量 0.56 亿立方米，占总供水量的 1.6%；万元 GDP 用水量为 30.97 立方米（当年价）、30.19 立方米（按 2015 不变价），万元工业增加值用水量为 39.79 立方米（当年价），全市水资源开发利用率为 37.3%。

（4）城市本土特色鲜明。

长沙文化历史悠久，厚重的湖湘文化、红色文化给城市留下了丰富的文化遗产，长沙的文化设备齐全，文化活动丰富、频繁。长沙马王堆汉墓、铜官窑、汉墓竹简、岳麓书院、天心阁、开福寺、太平古文化街等保留了城市的历史痕迹，花鼓戏、湘绣等非物质文化传承了历史的文脉。与此同时，文化娱乐发达，文化创新时尚伴随着经济发展、生态优美、生活便利，使得长沙人娱乐精神十足，从物质到精神都感到幸福。湘江两岸，山水洲城美景独一无二。周末晚上橘子洲的烟花燃放，一度成为热门景观。围绕"一山、一洲、四组团、六桥"进行照明提质，通过夜景亮化，山、水、洲、城，在灯光下交相辉映，美不胜收。长沙已经连续13年获评"中国最具幸福感城市"。

（二）主要问题

1. 多元协同助推城市治理现代化的能力有待加强

出于信息技术不成熟等诸多原因，各部门或各地域之间的数据异构特征明显，数据格式不一致、数据库不同、海量数据的处理能力较弱等技术问题都可能导致信息孤岛的形成，使得全市的信息共享存在较高的难度。加上各部门、市场、社会等主体对同一事物的处理流程可能不一致，也会造成同种业务的处理缺乏统一性和协同性。据《2021年长沙市城市治理现代化发展评估报告》，长沙的多元协同得分率为43.43%，在36个城市中排名较落后，拉低了长沙市城市治理现代化的整体得分。

2. 绿化与轨道交通等生态宜居基础有待加强

一是公园数量与公园面积均少。2010~2021年，长沙万人公园面积增加1公顷（见图12）。2019年，长沙市的公园数为42个，万人公园个数为0.05个，在10个城市中均排名末尾（见表14）；万人公园面积为3公顷，在10个城市中排名第七位，长沙市的公园建设相对落后。

二是绿地面积不够。2019年，长沙市的公园绿地面积为4450公顷，在10个城市中排名末尾（见表14）；人均绿地面积为11.57平方米，在10个城市中排名第九位，在中部6市中排名第5位；城市建成区绿化覆盖率41.36%，虽然在中部6市中排名第三位，但在10个城市中排名第六位，低于平均水平。

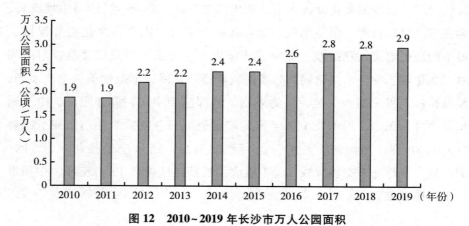

图 12　2010～2019 年长沙市万人公园面积

资料来源：2011～2020 年的《长沙统计年鉴》。

表 14　2019 年长沙市与兄弟城市的绿地情况比较

指标	位次									
	第一位	第二位	第三位	第四位	第五位	第六位	第七位	第八位	第九位	第十位
公园数（个）	杭州（260）	广州（247）	郑州（181）	南京（155）	成都（120）	南昌（98）	武汉（85）	合肥（70）	太原（52）	长沙（42）
万人人均公园个数（万/个）	杭州（0.25）	南京（0.18）	南昌（0.17）	郑州（0.17）	广州（0.16）	太原（0.12）	合肥（0.09）	武汉（0.08）	成都（0.07）	长沙市（0.05）
人均公园面积（公顷/万人）	太原（10.3）	南京（8.8）	合肥（6.7）	郑州（4.5）	广州（3.4）	杭州（3.1）	长沙（3.0）	南昌（2.8）	武汉（2.5）	成都（2.1）
公园绿地面积（公顷）	成都（35115）	广州（32081）	武汉（11425）	郑州（9704）	杭州（9246）	南昌（6760）	合肥（5836）	南京（5807）	太原（4608）	长沙（4450）
人均绿地面积（平方米）	广州（468.48）	杭州（155.58）	南京（15.70）	成都（14.58）	郑州（14.50）	合肥（13.31）	太原（12.78）	南昌（12.07）	长沙（11.57）	武汉（10.19）
城市建成区绿化覆盖率（%）	广州（45.50）	南京（45.20）	成都（43.46）	太原（43.38）	合肥（43.08）	长沙（41.36）	郑州（41.10）	杭州（40.58）	南昌（40.42）	武汉（40.02）

资料来源：2020 年各省的统计年鉴。

三是土地利用结构性矛盾突出。2020年，全市土地利用年度计划规模1445.02公顷，较上年增长137.29公顷。国有建设用地计划供应总量4092.38公顷，其中新增建设用地计划2207.59公顷。实际供应总量4272.71公顷（不含宁乡市）。长沙城市人口突破千万人，十年人口增量300.4万人。2020年，全市常住人口1004.79万人，建成区面积1143.25平方公里。六区一县常住人口735.52万人，建成区面积760.08平方公里。随着人口不断增长，土地开发需合理规划，与人口迅速增长要相匹配。随着城镇人口的增加土地供需矛盾日趋尖锐，相对不足的土地面积限制城市的宜居性扩张，土地利用水平有待进一步提高；市区与市郊平均用地产出效益差异明显，市郊大量建设用地未产生经济效益，农村居民点布局零散，建设用地粗放，浪费严重，需要进一步整合。

3. 高端人才资源不足，部分公共资源的承载压力大

一是高端人才资源缺口较大。2015年，长沙市的研究与试验发展人员数为93887人，2019年增长至105808人，增长了约12000人。但相比2019年南京的897700人、广州的229000人、杭州的126275人，长沙的研发人员数仍相对较少，因此需进一步改善科技环境，以吸引更多的高端人才。

二是长沙道路承载力、城区停车位数量与机动车保有量的增长速度不相适应，加上目前长沙修路，建地铁、隧道等城市工程建设，导致车多路窄的现象突出，长沙建成区路网密度低于国家路网密度平均值，及河东河西两个城区间连接走廊数量仍然不足，制约长沙城市发展，影响市民的出行。

三是城市商业中心建设过于集中，易造成城市中心的拥堵现象。公共交通发展相对不够。社会停车区域太少，停车位不足，特别是医院周边，停车场收费需要规范。交通设置仍有不合理之处。公交线路布局需要更加合理、科学，目前公交运力仍存在区域差距较大的状况，机动车道和非机动车道规划不合理。

四是轨道交通运营里程相对较短。2019年，长沙市的轨道交通里程为100.4公里，在10个城市中排名第七位，在中部6市中排名第三位；万人人均轨道交通里程达到1.54公里/万人，在10个城市中排名第八位，在中部6市中排名第五位（见表15），总体排名较为靠后。

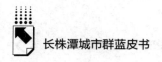

表15　2019年长沙市与兄弟城市的轨道交通情况比较

单位：公里，公里/万人

指标	位次									
	第一位	第二位	第三位	第四位	第五位	第六位	第七位	第八位	第九位	第十位
轨道交通里程	广州（489.4）	南京（394.3）	武汉（389）	成都（302.2）	郑州（194.7）	杭州（130.9）	长沙（100.4）	合肥（89.6）	南昌（60.4）	太原（0）
万人人均轨道交通里程	武汉（11.11）	成都（9.87）	广州（7.15）	郑州（5.98）	南昌（2.59）	合肥（2.43）	杭州（2.20）	长沙（1.54）	南京（1.07）	太原（0）

资料来源：2020年各省的统计年鉴。

4. 独角兽企业少，经济密度竞争力不大

一是独角兽企业少，根据长城战略咨询发布的2020年全国独角兽企业名单，2020年长沙的独角兽企业只有兴盛优选一家，而杭州、广州、南京都各有10家以上，其中杭州最多（有23家）。

二是城市经济密度竞争力不大。根据GUCP公布的2019年中国城市竞争力排名，长沙市排名全国第二十位，在10个兄弟城市中排在第六位。根据中国社科院发布的2020年中国城市竞争力排行榜，长沙的"综合经济竞争力"在全国排名第十六位，在10市中排名第六位，在中部6市中排名第2位。"经济增量竞争力"在全国排名第十四位，在10市中排名第七位，在中部6市中排名第三位。"经济密度竞争力"在全国排名第二十四位，在10市中排名第四位，在中部6市中排名第二位（见表16）。

三是产业结构有待进一步优化。长沙市的第三产业占GDP的比重相对较小。从2014~2019年的产业结构变化来看，第一产业变化幅度较小，第二产业下降幅度明显，第三产业则从2014年的占GDP比重的42%上升到2019年的58%，增加16个百分点（见图13），略高于全国平均水平53.9%。从与10个城市的横向对比来看，2019年长沙市的第三产业比重排名第九位，在中部6市中排名第五位，仅高于南昌的48.8%，距排名第一名的广州（71.6%）有较大差距（见表17），显然，长沙市的产业结构仍有较大的优化空间。

表16　2020年长沙市与兄弟城市的竞争力比较

指标	位次									
	第一位	第二位	第三位	第四位	第五位	第六位	第七位	第八位	第九位	第十位
城市竞争力排行	广州(4)	南京(7)	武汉(8)	成都(13)	杭州(19)	长沙(20)	郑州(21)	合肥(30)	南昌(41)	太原(71)
综合经济竞争力	南京(5)	广州(8)	武汉(9)	成都(11)	杭州(12)	长沙(16)	郑州(20)	合肥(21)	南昌(40)	太原(45)
经济密度竞争力	南京(6)	广州(11)	武汉(21)	长沙(24)	成都(26)	郑州(31)	合肥(32)	杭州(35)	南昌(46)	太原(50)
经济增量竞争力	南京(4)	杭州(6)	武汉(7)	成都(8)	广州(10)	郑州(13)	长沙(14)	合肥(15)	南昌(31)	太原(43)
独角兽企业	杭州(23)	广州(12)	南京(11)	成都(4)	武汉(2)	长沙(1)	郑州(0)	合肥(0)	南昌(0)	太原(43)

资料来源：2020年各省的统计年鉴。

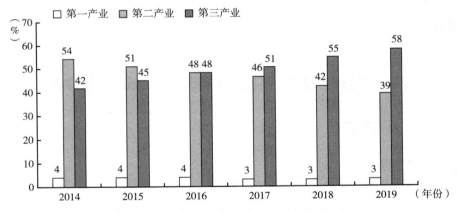

图13　2014~2019年长沙市产业结构比重变化

资料来源：2015~2020年的《长沙统计年鉴》。

表17　2019年长沙市与兄弟城市的第三产业比重比较

单位：%

指标	第一位	第二位	第三位	第四位	第五位	第六位	第七位	第八位	第九位	第十位
第三产业比重	广州(71.6)	杭州(66.2)	成都(65.6)	南京(62.1)	太原(61.2)	武汉(60.8)	合肥(60.6)	郑州(59.1)	长沙(58.5)	南昌(48.8)

资料来源：2020年各省的统计年鉴。

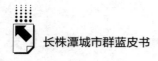

5. 教育、医疗的便利度仍存在不足

随着城市扩容、人口快速增长，教育资源供给还不适应随学龄人口总量快速增长而来的新需求；教育资源配置还未能跟上城市人口分布的新变化，尤其是城区公办幼儿园、中小学学位供给压力大，优质教育资源供给难以满足人民群众日益增长的需求。城乡、区域、校际发展不均衡的现象仍然存在。2019年，长沙县和岳麓区的中小学专任教师人均负担学生数最多，分别为18人和17人，略低于教育部规定的标准比例19人，长沙县和岳麓区的教学资源相对比较紧张，开福区的中小学专任教师人均负担学生数最少（为15人），开福区的教学资源略微宽松。

长沙市卫生保障还不能完全适应经济社会发展的需要，城乡基层卫生工作仍相对薄弱，医疗卫生基本建设存在资金不足的困难。部分县区尚未确定乡镇卫生院和社区服务机构人员编制，基层卫技人员的引进、培养、使用、保障方面的政策尚不完备。卫生人才匮乏、素质不高和服务能力不强的现象还比较普遍。

四 长沙建设现代化宜居都市居民满意度调查

（一）问卷设计

1. 调查内容

调查问卷的内容一共分为三个部分：居民的个人特征，居民对生态宜居、生产宜居、生活宜居的满意度，以及制约因素部分。满意度部分采用的是李克特五级量表，有五个等级打分，分别为"非常不同意、比较不同意、一般、比较同意、非常同意"，依次对应1~5分。

（1）消费者个人特征部分。

消费者个人特征用6个变量体现：性别、年龄、职业、学历、收入、所在地域。

（2）现代化宜居都市居民满意度调查。

满意度调查主要设计以下5个问项：您对长沙生态环境质量的满意度？您对长沙就业环境的满意度？您对长沙公共服务现代化程度的满意度？您对长沙

基础设施的满意度？您对长沙生活便捷度的满意度？您对打赢蓝天、碧水、净土保卫战所采取措施的评价？

（3）制约因素的测量量表。

制约因素部分主要设计以下 5 个问题：您每天从家里出门到单位上班需多长时间？在选择安家地点时，哪些是您首要考虑的？您认为长沙建设现代化宜居都市还存在哪些不足？为了让长沙满足宜居乐业的现代化城市要求，您认为长沙哪些方面需要改进？

2. 样本选择及数据收集

问卷的推广渠道主要是朋友圈和 QQ 空间，填写问卷的对象为长沙常住居民。此次共回收 761 份问卷，有效问卷 761 份，问卷回收率 100%、有效率 100%。

（二）问卷结果分析

1. 居民个人特征的描述性统计分析

居民个人特征的描述性统计数据如表 18 所示。

（1）性别：在被调查的居民中，男性占比 41.66%，女性占比 58.34%，女性的样本总量略多于男性。

（2）年龄：25 岁以下人数最多，占比 31.54%，约是样本量的 1/3，56~65 岁人数最少，占比 7.49%。

（3）职业：事业单位职工（含教师、医生等），占比 23.39%。学生最多，占比 29.96%，这是由于年轻人平时上网比较多，也比较热心，能及时发现课题组发布的调查问卷。公务员占比 20.37%。

（4）学历：本科学历占比 42.18%，硕士及以上和大专次之，分别占比 28.25% 和 21.42%，初中及以下占比 1.45%。

（5）收入特征：年收入 3 万元以下占比 30.49%，8 万~11 万元占比 19.05%，11 万~20 万元占比 25.49%，占比最少的是 50 万元以上，占比 2.37%。

（6）居住地：居住在芙蓉区的有 140 人，占比 18.4%；天心区有 66 人，占比 8.67%；岳麓区有 237 人，占比 31.14%；开福区 44 人，占比 5.78%；雨花区有 164 人，占比 21.55%。

（7）居住时间：居住时间为 1 年以内的有 145 人，占比 19.05%；1~5 年

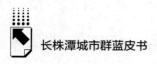

有 140 人，占比 18.40%；6~10 年有 85 人，占比 11.17%；11~15 年有 93 人，占比 12.22%；15 年以上有 298 人，占比 39.16%。

表 18　居民个人特征描述性统计

单位：人，%

基本情况	分类项目	调查人数	占比
性别	男	317	41.66
	女	444	58.34
年龄	25 岁以下	240	31.54
	25~35 岁	96	12.61
	36~45 岁	217	28.52
	46~55 岁	139	18.27
	56~65 岁	57	7.49
职业	公务员	155	20.37
	企业家或企业白领	50	6.57
	个体户	28	3.68
	事业单位职工（含教师、医生等）	178	23.39
	农民	2	0.26
	工人	14	1.84
	学生	228	29.96
	无业	11	1.45
	新业态从业居民（外卖、快递、网络主播等）	2	0.26
	其他	93	12.22
学历	初中及以下	11	1.45
	高中及相当	51	6.7
	大专	163	21.42
	本科	321	42.18
	硕士及以上	215	28.25
年收入	3 万元以下	232	30.49
	3 万~5 万元	42	5.52
	5 万~8 万元	69	9.07
	8 万~11 万元	145	19.05
	11 万~20 万元	194	25.49
	20 万~50 万元	61	8.02
	50 万元以上	18	2.37

基本情况	分类项目	调查人数	占比
居住地	芙蓉区	140	18.40
	天心区	66	8.67
	岳麓区	237	31.14
	开福区	44	5.78
	雨花区	164	21.55
	望城区	26	3.42
	浏阳市	37	4.86
	宁乡市	14	1.84
	长沙县	33	4.34
居住时间	1 年以内	145	19.05
	1~5 年	140	18.4
	6~10 年	85	11.17
	11~15 年	93	12.22
	15 年以上	298	39.16

2. 居民对宜居的满意度分析

以满分为 10 分计，调查者认为长沙的宜居现状平均分为 7.68 分，按李克特五级量表，整体属于满意。新业态从业居民打分最低，平均分只有 6 分，企业家或企业白领打分最高（为 7.82 分），宁乡市居民打分最高（为 8.07 分），长沙县居民打分最低（为 7.09 分）。

（1）居民对长沙生态环境质量的满意度分析。

长沙居民对生态环境质量的满意度调查结果显示，对长沙生态环境质量很不满意的有 16 人，占比 2.1%；不满意有 19 人，占比 2.5%；选择一般的有 209 人，占比 27.46%；选择满意的有 402 人，占比 52.83%；选择很满意的有 115 人，占比 15.11%，说明居民对长沙生态环境质量的满意度较高（见图 14）。其中，在所有职业群体中，对当前长沙生态环境质量满意度较低的是企业家或企业白领和事业单位职工（含教师、医生等），其不满意度分别为 14% 和 6.18%。长沙县、望城区、雨花区居民对当前生态环境质量的不满意度最高，分别为 12.12%、11.54% 和 6.1%。

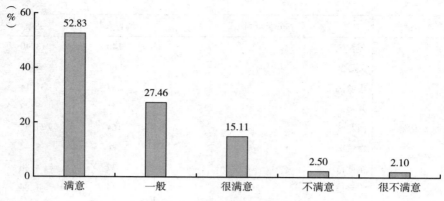

图14　居民对长沙生态环境质量的满意度调查结果

（2）居民对长沙就业环境的满意度分析。

长沙居民对就业环境的满意度调查结果显示，对长沙就业环境很不满意的有 19 人，占 2.5%；不满意有 38 人，占 4.99%；一般有 323 人，占 42.44%；满意有 308 人，占 40.47%；很满意有 73 人，占 9.59%，说明居民对长沙就业环境的整体满意度不是太高（见图 15）。其中，在所有职业群体中，工人、个体户以及企业家或企业白领对当前长沙的就业环境不满意度最高，分别为21.43%、17.85%和 12.00%。开福区、岳麓区和雨花区居民对当前就业环境的不满意度最高，分别为 13.64%、9.28%和 7.93%。

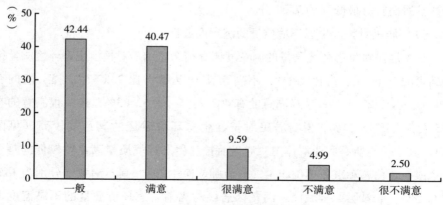

图15　居民对长沙就业环境的满意度调查结果

168

（3）居民对长沙公共服务现代化的满意度分析。

长沙居民对公共服务的满意度调查结果显示，对长沙公共服务很不满意的有 14 人，占比为 1.84%；不满意有 34 人，占比为 4.47%；一般有 254 人，占比为 33.38%；满意有 374 人，占比为 49.15%；很满意有 85 人，占比为 11.17%，说明居民对长沙公共服务的满意度较高（见图 16）。初中及以下和硕士及以上学历的居民，对长沙公共服务的满意度最低，分别为 18.18% 和 9.31%，这可能是部分公共服务较多关注的是中间文化层次的人。从收入水平来看，收入越高的群体对公共服务的要求越高，不满意度也越大，年收入 50 万元者不满意度为 11.12%。开福区、长沙县和岳麓区居民对公共服务的不满意度最高，分别为 9.10%、9.09% 和 7.08%。

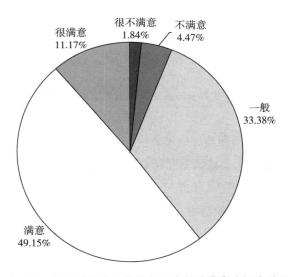

图 16　居民对长沙公共服务现代化的满意度调查结果

（4）居民对长沙基础设施的满意度分析。

长沙居民对基础设施的满意度调查结果显示，对长沙基础设施很不满意的有 16 人，占比 2.1%；不满意有 28 人，占比 3.68%；一般有 240 人，占比 31.54%；满意有 394 人，占比 51.77%；很满意有 83 人，占比 10.91%，说明居民对长沙基础设施的满意度也较高（见图 17）。文化层次越高，对长沙基础设施的满意度越低、不满意度越高，硕士及以上学历者选择很满意的占

6.05%，选择不满意的占了 9.3%。望城区、开福区、岳麓区居民对基础设施的不满意度最高，分别为 7.69%、6.82% 和 6.75%。

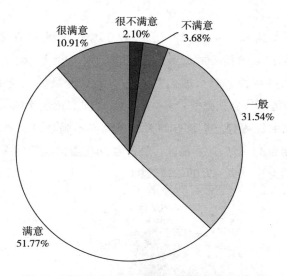

图 17　居民对长沙基础设施的满意度调查结果

（5）居民对长沙生活便捷度的满意度分析。

长沙居民对生活便捷度的满意度调查结果显示，对长沙生活便捷度非常不满意的有 15 人，占比 1.97%；比较不满意的有 25 人，占比 3.29%；一般的有 161 人，占比 21.16%；比较满意的有 437 人，占比 57.42%；非常满意的有 123 人，占比 16.16%，说明居民对长沙生活便捷度的整体满意度较高（见图18）。其中，65 岁以上的居民和初中及以下文化的居民对长沙生活便捷的满意度最高，这可能是因为这些类型的居民对生活的要求不是那么高。企业家或企业白领、工人对生活便捷度的满意度较高，这可能是因为这类居民平时工作、生活节奏快，所以打分更高，比如白领在工作日点外卖已成为一种普遍的现象。

（6）通勤时长分析。

长沙居民从家里到单位通勤时长的调查结果显示，女性的平均通勤时长要长于男性。25 岁以下居民将近有一半的人到单位上班时长在 10 分钟内。学历越高，到单位上班所花费的时长将越长，芙蓉区、雨花区的平均到单位上班时

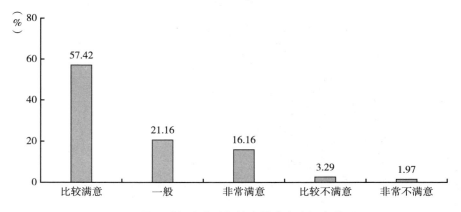

图18　居民对长沙生活便捷度的满意度调查结果

间最短,长沙县平均到单位上班时间最长,个体户和公务员到单位上班时间更短。

3. 宜居的主要影响因素分析

长沙居民对影响宜居的主要因素调查结果显示,影响居民宜居的因素从高到低依次为:选择交通便捷性有 512 人,占比 67.28%;选择环境健康性有 333 人,占比 43.76%;选择城市安全性有 317 人,占比 41.66%;选择公共服务设施便利性有 206 人,占比 27.07%;选择住房价格有 185 人,占比 24.31%;选择自然环境宜人性有 163 人,占比 21.42%;选择购物便利性有 145 人,占比 19.05%;选择人才培养与发展机会有 126 人,占比 16.56%;选择社会人文环境舒适性有 120 人,占比 15.77%(见图19)。显然,交通便捷性、环境健康性、城市安全性三个因素是居民安家最关心的。除此之外,女性比男性更多关注购物便利性。25 岁以下和 55 岁以上的居民,相比中年人更关注城市安全性。

4. 长沙现代化宜居都市建设存在的问题

关于长沙居民认为现代化宜居过程中所存在的不足,调查结果显示,有 495 人选择交通堵塞,占比 65.05%;选择工资与消费不匹配的有 441 人,占比 57.95%;选择教育压力大的有 418 人,占比 54.93%;选择就业压力大的有 236 人,占比 31.01%;选择公共交通不发达的有 186 人,占比 24.44%;选择

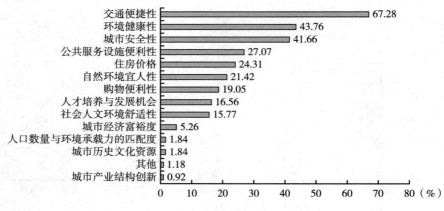

交通便捷性 67.28
环境健康性 43.76
城市安全性 41.66
公共服务设施便利性 27.07
住房价格 24.31
自然环境宜人性 21.42
购物便利性 19.05
人才培养与发展机会 16.56
社会人文环境舒适性 15.77
城市经济富裕度 5.26
人口数量与环境承载力的匹配度 1.84
城市历史文化资源 1.84
其他 1.18
城市产业结构创新 0.92

图19 居民认为影响宜居的因素

住宅周边配套不完善的有172人，占比22.60%；选择医疗配套差的有129人，占比16.95%（见图20）。可见，交通堵塞、工作与消费不匹配、教育压力成为影响长沙宜居都市建设的三个最主要问题。其中，初中及以下文化的居民教育压力更大，一方面可能其自身文化水平不高，对子女的教育更加看重；另一方面文化水平不高也可能导致其只能从事较为初级的工作，经济压力大，难以支付较高的教育成本。除初中及以下文化外，文化水平越高，就业压力相对越小。在长沙，年收入超过50万元的居民中，关注工资与消费匹配比率的人数最少。公务员、企业白领、个体户、学生、其他居民都把交通堵塞选择为第一不足，而事业单位职工、农民和无业居民都选择教育压力为第一不足，而工人和个体户把工资与消费的不匹配视为第一不足。从区域来看，除宁乡和浏阳外，交通堵塞成为每个区域宜居方面最大的不足，宁乡和浏阳宜居方面最大的不足是教育压力太大。在长沙待的时间越长，对长沙交通堵塞的感受就越大。

5. 长沙现代化宜居重点需要改进的地方

关于长沙居民对现代化宜居重点需要改进的地方，调查结果显示，有471人认为交通拥堵状况需要改进，占比61.89%；认为智慧城市建设需要改进的有391人，占比51.38%；政府政务服务质量与效率需要改进的有312人，占比41.00%；认为购物、就医和就学方便度需要改进的有304人，占比39.95%；认为生态环境整治需要改进的有299人，占比39.29%；认为城市治

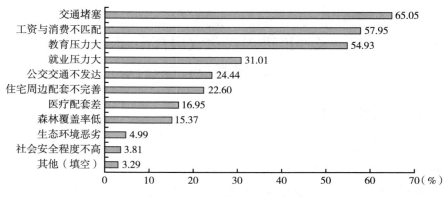

图 20 长沙建设现代化宜居都市存在的不足

理现代化水平需要提升的有 253 人，占比 33.25%；认为公共卫生与污染治理需要改进的有 224 人，占比 29.43%；认为住房条件需要改进的有 180 人，占比 23.65%；认为城市噪音需要改进的有 173 人，占比 22.73%；城市公园与绿化建设需要改进的有 156 人，占比 20.5%（见图 21）。显然，长沙居民认为交通拥堵状况、智慧城市建设、政府政务服务质量与效率成为需要重点改进的三大领域。年龄越大，认为生态环境整治，与购物、就医和就学方便度需要进行改进的占比也越高。文化层次越高，认为智慧城市建设、政府政务服务质量与效率需要改进的占比也越大。

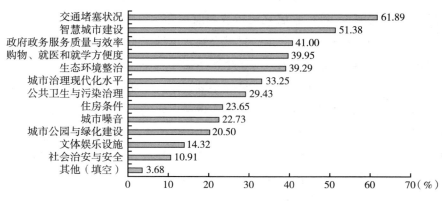

图 21 长沙现代化宜居重点需要改进的地方

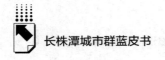

五 长沙推进现代化宜居都市建设的基本思路与对策建议

（一）指导思想

以习近平新时代中国特色社会主义思想为指导，牢固树立以人民为中心的发展思想，全面贯彻落实习近平总书记视察湖南重要讲话指示精神和党的十九届五中全会精神，扎实推进长沙现代化宜居城市建设高质量发展，补齐城市人居环境建设短板，提高城市发展的宜居性，凸显绿色生态特色，展现城市魅力，努力创造宜业、宜居、宜乐、宜游的良好环境，让人民群众更有幸福感、获得感，为建设现代化新长沙提供有力支撑，助力打造"四个中心"和创建国家中心城市。

（二）主要目标

立足"现代化宜居都市"定位，坚持"三生"融合，打造卓越人居环境，完善城市治理体系，全力构建人民满意的绿色花园之城、秀美生态之城、魅力宜居之城、精致智慧之城。系统实施现代化宜居城市建设，积极探索适合市情特征的城市更新行动与城市治理能力提升的现实途径，打造人民群众可观可感的高品质城市空间，城市宜居宜业指数全面提升。到 2022 年，建成一批现代化宜居城市建设样板项目，积累一批可复制、可推广的试点经验。到 2026 年，现代化宜居城市建设理念深入人心，生产生活方式加快绿色转型。全市建成更多可观可感的现代化宜居住区、街区、小城镇，生态环境持续改善，生态文明制度体系更加完备，国家低碳试点城市建设深入实施，绿色发展走在全国主要城市前列。"山水洲城"特色更加鲜明，形成蓝天常在、碧水长清、城乡更美的生态底色。城乡面貌焕然一新，市域治理扎实推进，营商环境达到国际一流水平，长沙成为中三角创新创业新首选、百姓幸福宜居新天地。到 2035 年，基本实现人与自然和谐共生的现代化，建成湖湘特色彰显、基础设施完善、生态环境优美、社会共建共治共享的现代化宜居城市。

（三）基本原则

1. 坚持问题导向、民生优先

聚焦解决人民群众关切的"城市病"问题，将现代化宜居城市建设与民生实事落地紧密衔接，尽力而为、量力而行，切实提高人民群众对城市建设和民生改善成效的满意度。

2. 坚持系统谋划、创新施策

按照系统化思维，注重专项提升和区域集成相结合，整合城市建设各类资源，改革创新城市建设管理方式，完善政策措施，不断提高工作的整体性、系统性和协调性。

3. 坚持因地制宜，突出特色

切实遵循城市发展规律、转变城市发展方式，结合城市功能提升，实施城市有机更新，推动城市个性化发展，注重彰显地域特色魅力。

4. 坚持渐次推进，动态提升

紧扣近期和中长期目标，结合现代化宜居住区、街区、小城镇、城市试点创建，强化设计引领和科技支撑，推动渐次改善、久久为功，做一块、成一块，做一片、成一片，连点成片、连块成片。

（四）重点任务

1. 不断提高城市治理现代化水平

（1）健全城市治理体制机制。

完善现代化治理体制，健全党委领导、政府负责、人大监督、民主协商、社会协同、公众参与、法治保障、科技支撑的体制机制，把体制优势更好地转化为社会治理效能。构建现代化治理格局，坚持立体化、法治化、专业化、智能化方向，打造国家安全、公共安全、社会治安综合防控体系。推进治理能力现代化，紧密结合"智慧长沙"，建设大融合、高共享、深应用的社会治理智能化平台。

（2）加快技术创新和理念更新。

进一步推进城市基层治理智慧化，着力强化街乡镇智慧化平台建设，在实践中不断推动技术创新和理念更新，积极破解城市基层治理的堵点和难点，有效解决基层治理资源不足等问题。通过引入大数据技术对基层问题进行实时梳理总结，增强相关工作的预见性，推动服务前置，实现城市基层治理的精准化。同时，把人的需求放在第一位，把技术创新和理念更新融入推动城市治理现代化的进程之中，不断拓展提升城市基层治理效能的空间。

（3）加强基层社会治理。

以社区为城市治理载体，打通联系服务群众的"最后一公里"。坚持党建引领，发挥基层党组织的战斗堡垒作用，建立以社区居委会主导，群众主体、物业企业、群团组织、社会组织、驻地企业单位参与的基层社区治理共同体。实行社区工作事项准入制度，深入实施"三个清单""社区万能章专项治理"行动，为社区减负增效。深化街道（乡镇）管理体制改革，合理推动人财物和权责利下沉，明确社区依法履职和依法协助工作事项，坚持"权随责走、费随事转"。开展社区服务质量认证和能力评价试点，促进社区服务现代化标准化规范化发展。支持发展一批社会工作服务机构和志愿服务组织。深化基层协商民主，拓宽公众参与渠道，健全小微权力监督制约机制。推动社区公约、居民公约全覆盖。提高社区信息化智能化水平，完善城乡社区公共服务综合信息平台，以信息化推动社区治理服务创新。深化"一件事一次办"改革，不断提升群众办事便利度，实现"一门式"公共服务覆盖全部社区。

2. 提升城市防灾减灾能力

一是从源头抓起，重视气候可行性论证和灾害风险评估。在组织修订城市规划设计标准、开展与气候条件密切相关的建设项目时，应进行气候可行性论证，充分考虑各地气候特点和气候承载力，降低城市气候脆弱性。根据灾害风险评估结果，提高城乡建筑和公共设施的设防标准，以加强城乡交通、通信、电力、供排水管网等基础设施的抗灾能力。以社区和高影响区域为重点，开展城镇气象灾害风险普查，完善致灾临界气象条件指标体系，建立并实时更新城市气象灾害风险数据库；加强气象灾害引发的城市内涝、交通安全、大气污染等严重影响经济社会安全与发展的灾害风险评估；建立完善精细到灾害风险隐患点的分灾种风险评估等。

二是增强城市应急响应、救灾能力。建立应急预案，一旦有灾害即将发生或已经发生，启动应急响应后各相关单位按照预案要求，各司其职，最大限度减轻或避免灾害损失；同时，在灾害发生后，应及时调查灾情，采取补救措施。加强应急队伍建设，确保将预警信息及时传递出去，将灾情信息及时收集回来。加强预警信息共享，有效拓宽民众获取防灾减灾信息的渠道。气象部门要发挥"发令枪"和"消息树"作用，加强与水利、国土、城市运行保障等部门的联系，建立气象灾害多部门预警联动机制；推进城市气象灾害保险制度建设；探索重大气象灾害停课、停工等制度。

三是引导全民参与，增强灾害意识，提升自救互救能力。民众防灾减灾意识淡薄、知识储备不足、自救互救能力较低已经成为抵挡灾害的"硬伤"。建议相关部门向社会公众尤其是中小学生、进城务工人员、工矿企业职工等普及防灾减灾知识和自救互救基本技能，进一步增强全社会防灾减灾意识；充分利用广播、电视、报刊、网络以及微博、微信等新兴媒体，传播防灾减灾知识；因地制宜，组织民众进行灾害演练，模拟灾害现场，积累实战经验。建立常态化、社会化、专业化的气象科普宣传工作体系，继续推进气象防灾减灾科普进社区、进学校、进企业等，鼓励社会企业、组织和志愿者等参与，将气象防灾减灾之声传遍城镇各个角落。

3. 推进产业转型升级

（1）做大做强中心城区产业，提高中心城区就业宜居程度。

一是推进中心城区园区管理体制优化。启动天心经开区、暮云经开区和雨花经开区三大省级园区合并升级、共同创建国家级高新技术产业园区，并申请纳入长株潭自主创新示范区范围，重点发展人工智能及机器人产业、地理信息产业和高端服务业。推动金霞开发区、马栏山管委会、青竹湖科技园、隆平高科产业园合并升级，打造国家级高新技术产业园区，重点发展商贸物流、视频开发和种业开发及交易等。推进岳麓高新区、岳麓山大学科技城与长沙高新区合并，在中心城区探索实行一园多区，降低园区管理成本，防止园区在招商引资过程中恶性竞争，改变长沙中心城区园区数量过多、管理成本高、发展质量低的局面，不能把园区作为安排干部、解决干部级别的主阵地和主战场。对比广州市园区发展，广州GDP约为长沙市的2倍，而广州市园区数量远远少于长沙市园区数量，未来要按照省委省政府"五好"园区发展精神，大力推进园区整合升级，改变过去恶性竞争的局面。

二是加快新产业新业态培育。强化自主创新，以新一代信息技术产业、生物医药产业、新材料产业、云计算、物联网为发展重点，抢占这些行业关键核心技术制高点，加快培育以智能化、数字化、信息化、融合化为特征的新业态，促进行业规模进一步发展壮大成为新优势产业和支柱产业。鼓励企业加大研发创新投入，实施高新技术企业培育计划，大力发展科技型中小微企业，建立健全技术转移和产业化服务体系，进一步完善创新服务体系，实施"长沙制造"标准提升工程。在长沙中心城区引进优质高校和科研机构。积极探索位于长沙市内的优质高校与国内外高校联合创办新型高校和科研院所。围绕长株潭城市群工程机械、轨道交通、信息技术等优势产业，大力引进国内外优质高校或科研院所，联合办学或联合举办科研院所，提高城市科技创新能力，同时也为中心城区创造更多高层次就业岗位。如近年来位于上海市的上海纽约大学，即由华东师范大学与美国纽约大学联合举办，位于江苏昆山的昆山杜克大学即由武汉大学与美国杜克大学联合举办，广东以色列理工学院即由汕头大学与以色列理工学院联合举办，相比之下，湖南省长沙市没有一所这类型的高校，这类高校从短期来看未必能给长沙市带来多大的税收等经济效益，但从长远来看一定能提升长沙市城市创新实力。通过访谈众多从深圳返回长沙购房定居的市民，大多数深圳返长族认为长沙市中心城区没有合适的就业岗位是影响长沙可持续发展的关键因素，低房价不会成为一、二线城市高层次人才流入长沙的根本原因，故部分从深圳返回长沙的市民在长沙就业或待业一段时间后依然选择回到深圳就业。在这类人看来，低房价只能吸引低层次人才，对高层次人才吸引力不大。

三是加大中心城区"三个"500强招商引资力度。紧盯世界500强、中国500强、民营500强等"三个500强"大型企业以及各类优质创新企业、行业隐形冠军、细分领域小巨人等开展招商，推动在长沙市中心城区设立区域总部和结算中心等。虽然长沙市在芙蓉CBD、洋湖和松雅湖都设立了总部经济区，但从实际效果来看，大型企业并没有多少将其区域总部搬迁至长沙，导致长沙市中心城区高层次就业岗位不多，城市吸引人才竞争力不强。应对大型企业总部进入长沙给予更大层面上的政策支持，完善总部就业人才公共服务配套，提高长沙市对大型企业总部的吸引力。

四是有序推进中心城区城市更新。持续开展城市体检，严格落实"四增两减"政策，实施医院、学校、交通枢纽等重点区域更新提质行动和完整居住社区建设补短板行动。综合运用棚户区改造、城中村改造、城镇老旧小区改造、配套公寓建设、街区微改造等"多改合一"手法，统筹推进市府北、蔡锷北路两厢、德雅路两厢、红星大市场、下碧湘街、湘雅附二及周边等片区更新改造。在城市更新过程中适当降低城市整体容积率。响应住建部关于城市建筑高度控制相关文件精神，严格控制超高层建筑，尤其是控制超高层住宅开发建设，建议未来新审批住宅以不超过 18 层楼为主。积极推进城市老旧小区功能优化改造。对房龄 20 年左右的城市住宅小区进行功能优化改造，改造其公共配套，如停车场建设，供水管网改造，垃圾站建设或改造，对住房外立面进行翻新，积极引导老旧小区居民在既有多层住宅上加装电梯，避免城市更新过程中大拆大建。补齐老旧小区在卫生防疫、养老托幼、社区服务、消防设施等方面的短板，将老旧小区改造与绿色社区建设、美丽宜居居住小区建设有机结合，提升老旧小区改造档次和品质，改造形成一批安全有序、环境整洁、生活便利、管理规范的"完整社区"，努力为居民提供更舒适的居住条件。创新城市更新居民安置方式。借鉴日本城市更新过程中的减步法，改变过去城市旧城改造过程中货币化安置方式，采取就地安置方式，让旧城区原居民在城市更新过程中经济利益不下降、亲邻关系不改变、生活环境有改善，提高旧城区原有居民更新改造的积极性。

五是降低中心城区商业公寓供地比例。据克尔瑞测算，长沙市中心城区商业公寓去化周期达到 36 个月，而住宅去化周期仅 5 个月，中心城区商业公寓严重过剩，中心城区同小区住宅与商业地产倒挂现象明显，从理论上来说，同地段商业地产价格往往高于住宅地产，10 年前是这样一个格局，时至今日，住宅价格大多数明显高于商业地产价格，这是一种不正常的现象，不能把住宅当作一种炒作品。因此，建议加大中心城区住宅用地供应比例，降低商业公寓供地比例，缩短在中心城区就业市民的通勤距离，从土地利用结构调整中缓解城市交通拥堵。目前，长沙市二环内住宅用地供应严重不足，住宅用地供应大多集中在新城新区，而新城新区并没有多少就业岗位，如梅溪湖、洋湖、高铁新城、月亮岛等片区并没有太多就业岗位，但布局了大量住宅小区，导致市民居住与就业严重分离，每天得花费大量的时间在通勤过程中，导致长沙各大过江通道严重拥堵，影响城市市民生活质量。因此，要大力推进中心城区旧城改造，加大中心城区高品质住宅供给力度。

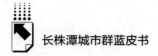

（2）不断优化城市营商环境。

一是坚持问题导向、目标导向、结果导向，在不断解决问题中推动营商环境持续提升。对标先进城市，查找自身短板、弱项，有针对性地解决问题。对照国家评价体系和要求，以评促改、以评促优，对存在的问题、差距、减分项细化整改措施，打通堵点、痛点、难点问题，争取在新一轮全国营商环境评价中"考个好成绩"。

二是聚焦企业、群众关切，锐意改革创新，持续推出含金量足、精简务实的改革举措。用足用好长沙企业家日，开展"我爱长沙·我有不满·我要说话"民声倾听主题活动，提升 12345 政务服务便民热线等平台效率。广泛征求企业、群众的意见建议，积极探索并提出领先性的创新突破政策，营造"人人都是营商环境，事事关乎长沙发展"的浓厚氛围，努力打造"近者悦、远者来"的良好生态。坚持市场化逻辑、法治化思维、国际化视野，建立完善常态化协同推进机制，持续研究迭代优化营商环境的创新举措，打造更多的营商环境"单项冠军"，让政策"含金量"变成企业获得感。

三是努力降低企业成本。落实减税降费政策，持续开展涉企负担清理。公开税费目录和依据，严厉查处各类乱收费行为。推动水电气外线工程审批实行一张表单、容缺受理、并联审批、一网通办。深化中介服务改革，全面规范中介服务事项、流程、收费、时限，建立中介机构"黑名单"制度。完善园区市政公用基础设施建设机制，用好用足用活各类优惠政策，切实减轻企业社保负担、用工成本、物流成本。

4. 不断提升市民生活质量

（1）多措并举缓解城市交通拥堵。

一是建设都市高速。参考纽约、洛杉矶、东京等城市经验，依托城市主干道建设多条穿过都市区的都市高速，从而充分降低城市主干道的通行压力，缩短进出城时间。近期重点建设岳麓大道—三一大道、芙蓉大道城区段2 条都市高速。积极谋划建设长沙市新绕城高速公路，长沙市现有绕城高速公路包围的面积太小，城市发展空间已经突破绕城高速边界，建议尽快谋划建设新的绕城高速公路。

二是探索不同交通方式有效衔接。充分应用现代化、智能化的交通技术，做好高铁、城轨、地铁、高速、快速、水运、城市道路等交通方式之间的衔接设计,提升各类交通方式的衔接与运行效率。高铁、地铁、磁浮三类轨道交通主要通过设计传送带和自动扶梯结合的模式实现有效衔接。都市高速公路与城市交通主要通过设计高速公路高架桥与周边建筑停车场、建筑间架空平台相结合的平行换乘模式实现有效衔接。城际轨道与机动车主要通过增加立体化停车场以及地表、地面、地下三个层次的联系路径,实现城际轨道与机动车有效衔接。城际轨道、地铁、公交主要通过建设现代化的公交首末站,建设架空连廊、地下通道、自动扶梯、传送带等设施,实现城际轨道、地铁和公交的立体化衔接。地铁与公交、非机动车主要通过设计地铁站、公交站、非机动车停车场相结合的多功能站点进行有效衔接。建议在城际快速路与城市轨道交通交会处建设大型停车场,株洲和湘潭市民通过城际快速路自驾至长沙市轨道交通站点附近,再通过换乘轨道交通深入中心城区。这一举措也是国外大多数城市缓解中心城区交通拥堵的重要办法。

三是构建多层次多模式的城市公共交通系统。提升轨道交通网密度,拓展网络覆盖范围,强化轨道交通换乘衔接,逐步形成以轨道交通为主的公共交通出行方式。积极发展社区公交、支线小公交,构筑微循环公交系统,围绕长株潭城际轨道交通站点,采取"小运量、高频率"运行模式,开通服务周边城区的小型电动巴士,及时解决城际客运与城市公交、轨道交通的换乘问题,为市民提供就近服务。积极引导公共租赁自行车规范发展。

四是加强南部新城过江通道建设。目前,南部新城过江通道仅湘府路大桥一条通道,暮坪大桥2021年开工,黑石铺大桥属于绕城高速公路。仔细研究可以发现,湘府路大桥和暮坪大桥之间距离较长,南部新城过江通道严重不足,目前湘府路大桥已经严重超载,上下班高峰时段出现严重拥堵。因此,建议近期在时代阳光大道新增过江隧道,随着时代阳光大道东延线建成通车,向西建设过江隧道,将在长沙城南形成一条新的长沙市东西向快速通道,它也将成为长株潭融城区域一条重要通道。

五是加快推进长沙市城市快速路互连成网。建议推进长沙市万家丽南路快速化改造,在万家丽路与芙蓉大道交会处实现万家丽快速路与芙蓉大道快速路互通,并进一步向西延伸通过暮坪大桥连接潭州大道快速路,实现"三干"互通成网。推进万家丽南路与洞株公路之间道路快速化改造,实现万家丽快速路与洞株公路快速路相连,推进长沙市红旗路高架南延至洞株路,实现洞株公路与红旗路高架、湘府路高架相连成网。实施芙蓉大道快速化改造二期、三期工程，实现芙蓉大道快速路与湘府路快速路、长沙市南二环相连接。对长沙市新开铺路、中意二路（新开铺路至万家丽路）进行快速化改造，实现湘府路快速路、长沙市南二环、万家丽快速路互联成网。建议试行上下班高峰时段长沙绕城高速对湘 A 牌照车辆 ETC 用户免费通行。贵阳市为缓解市内交通拥堵，贵阳市绕城高速对贵 A 牌照车辆 ETC 用户免费通行。适度放开高速免费通行，可以有效地缓解城市交通拥堵。参照梓园路做法，试点绕城高速高峰时段免费通行一个月，如果造成绕城高速交通拥堵，则取消免费政策，如果不造成绕城高速交通拥堵，则可以尝试开放高峰时段免费通行。

六是提高支路网密度。按照成片化、网络化、系统化的思路加强支路系统研究，结合城中村改造、老旧小区整治、交通节点疏解和单行系统建构，加大支路建设力度，优化中心城区路网结构，疏通交通微循环，提高道路通行能力。

（2）推进城市教育更高质量更加公平发展，缓解市民焦虑情绪。

一是加大公立高中发展力度。加快推进普通高中新改扩建工程，新改扩建普通高中 15 所，消除普通高中大班额，鼓励发展科技、人文、艺术、体育、外语等特色公立高中，建设普通高中新课程新教材实施国家级示范区。

二是加大公立学前教育支持力度。在城市新建住宅小区配套建设公立幼儿园，建立农村公办幼儿园建设长效机制，不断提高公立幼儿园比例。同时，财政加大对公立幼儿园建设的投入，每年公费培训幼儿园骨干教师和园长，为加快发展公立幼儿园建设提供强有力的保障。

三是进一步提高中考指标生比例。根据长沙市初中毕业生数量、普通高中学校办学条件、往年招生计划落实情况、消除普通高中"大班额"年度目标以及规范办学状况等情况，科学编制和下达普通高中招生计划。落实热点优质普通高中招生指标分配到初中学校政策，至 2023 年名额分配比例不低于 70%，进一步提高农村学校和城市薄弱学校升入优质高中比例。

（3）优化优质医疗资源布局。

一是引导优质医疗资源向新城新区布局。积极引导中心城区优质医疗资源向城市发展新区、外围城区等转移。到 2025 年，每个区至少设置 1 所三级综合性医院和 1 所二级以上中医类医院（含中医医院、中西医结合医院等）。其中，在梅溪湖、洋湖、滨江新城、南部片区和望城区等区域各选择 1~2 所大型综合医院建设成为片区医疗中心，并联合专科医院、其他医院，以及相应社区卫生服务中心建立区域医疗联合体，充分发挥大型综合医院在技术、质量和管理上的优势，带动区域医疗质量和服务效率的提升。

二是加大优质专科医院供给。加快发展专业化服务，积极支持社会力量深入专科医疗等细分服务领域，扩大服务有效供给，培育专业化优势。在眼科、骨科、口腔、妇产、儿科、肿瘤、精神、医疗美容等专科以及康复、护理、体检等领域，加快打造一批具有竞争力的品牌服务机构。鼓励投资者建立品牌化专科医疗集团、举办有专科优势的大型综合医院。

三是推进基层医疗卫生高质量发展。健全完善以政府为主导、"5+3" 为主体、"3+2" 为有力补充的全科医生培养体系，支持全科医生继续医学教育，加强全科医生培训基地和基层实践基地建设。

（4）完善城市社区建设。

在老龄化进程中，在社区进一步增加文体项目基础上，增加一些文化设施，譬如小型图书馆、阅览室等，既方便居民就近阅读学习，相互交流，也能提升大家的文化修养，还能满足中小学生放学后知识补充、放松情绪的需要，更能体现长沙作为一个有文化底蕴的城市的品位。由社区负责文化方面的专人牵头，采取招募志愿者的方式，与周边企事业单位开展党建共建，让社区建设更加有温度、有高度，覆盖面更广，价值更突出。科学布局社区服务中心，譬如雨花区体育新城附近的广益社区和体育新城社区的活动中心相隔不到 100 米，而上下白沙湾附近的五六个大楼盘附近竟然没有一个社区活动中心，建议在社区布局过程中能有更加合理、完善的布局，以便更好地发挥社区作用，也真正服务到更多的居民，让所有居民的幸福指数年年攀升。

完善社区公共服务功能，构建 "15 分钟社区服务圈" "5 分钟便民生活圈"，健全商业、教育、卫生健康、文化、体育、公共活动等居住配套功能。围绕居民生活需求，增补便民设施、协调街道界面、消除安全盲区、优化慢行交通、提升绿化景观，打造具有生活气息的美丽街道和有发展活力的美丽街区。

（5）讲好红色长沙故事。

充分挖掘长沙红色文化内涵，致力于讲好红色故事、传播红色音乐、传承红色基因、紧跟红色足迹、铭记红色历史，释放最大的红色正能量。深化岳麓书院实事求是思想路线策源地研究，建设享誉全球的湖湘文化地标。

一是加大红色资源保护力度。保护修缮中共湘区委员会、湖南省立第一师范学校、新民学会等革命文化旧址，加大文家市镇、开慧镇、花明楼镇、沙田乡、郭亮村等红色小镇、红色村落保护投入力度。

二是多举措挖掘长沙红色文化。围绕红色文化、长征文化、革命文物等，整合政府和民间力量，深入挖掘长沙市红色文化的深刻内涵和文化底蕴。不断扩大长沙市红色文化供给。

三是推进红色文化数字化传播。利用高清视频技术修复一批红色经典影像，制作一批红色故事、红色人物主题微视频、动漫作品，做优做强红色影像数据库和红色影像修复基地，举办红色文化博览会，提升红色文化传播辐射能力。

四是合力打造一体化红色旅游文化服务网络。整合长沙及周边地区的红色旅游景点资源，合力打造一体化红色旅游文化服务网络，从红色基因传承中汲取砥砺前行、勇担使命的强大精神力量。

（6）加大历史文化遗产保护力度。

一是保护物质文化遗产。推进长沙历史文化名城保护规划修编，整合并统筹划定历史城区、历史文化街区和历史地段、各级文保单位、历史建筑、地下文物埋藏区、历史文化名城名镇名村、传统村落等历史文化遗产的保护界线。加强历史文化街区保护修复，加强文物古籍保护、研究、利用，强化重要文化遗产系统性保护。优化文物保护综合信息平台，完善文物档案，健全文物名录，统筹推进文物实体性保护、收藏性保护、传承性保护和数字化保护，推动历史文化街区、历史建筑有机更新和合理利用。继续实施古城、古街（区）、古镇（村）、古寺、古遗址和名人故居（墓葬）"五古一故"保护工程。强化历史文化名人故居保护，推进贾谊故居二期建设，提升近现代名人故居的保护水平。

二是保护非物质文化遗产。强化非物质文化遗产系统性保护，健全非遗代表性项目和传承人名录体系，推动精准施策、分类指导和动态管理，落实保护单位的主体责任和传承人的传承职责。加强优秀传统手工艺保护和传承，推进"长沙窑铜官陶瓷烧制技艺"申报世界非物质文化遗产。增强非遗保护工作队伍建设，设立县（市、区）非遗保护中心，增强基层非遗保护力量，促进非遗保护和传承工作可持续发展。实施非遗传承传习人培养工程，以融入现代生活为导向，建成一批示范性非遗传习所，提高保护传承水平，推动非物质文化遗产保护事业深入发展。鼓励社会力量参与非物质文化遗产的保护和利用。持续开展非遗代表性项目记录工程，特别是濒危项目和代表性传承人的抢救性记录，加强对记录成果的传播和利用。加强宣传展示与交流，办好"文化和自然遗产日"及传统节日活动，支持举办具有区域特色的非遗展览展示活动，积极推动非物质文化遗产领域的国际交流与合作。

（7）培育践行社会主义核心价值观。

一是党员干部走在前、作表率。把核心价值观融入干部教育培训。把核心价值观教育同干部教育培训更加紧密地结合起来，推动核心价值观进教材、进课堂、进干部头脑。抓好理论武装和理想信念教育、党性教育。把社会主义核心价值观教育作为干部教育培训的重要内容。在各类班次和培训活动中，积极开展中国特色社会主义共同理想和中国梦教育，开展中华民族优秀传统文化、民族精神和时代精神教育，加强社会主义道德和党风党纪教育。

把核心价值观融入选人用人工作中。习近平总书记提出的好干部二十字标准，不仅体现了新时期选人用人的鲜明价值取向，而且蕴含着社会主义核心价值观的要求。在干部选拔任用、考核评价、管理监督等工作中，深入落实"好干部"标准，鲜明体现"好干部"价值取向，引导广大干部带头践行社会主义核心价值观，真正经得起党性作风的考验、道德品质的拷问。

把核心价值观融入基层党建。党的基层组织是党的全部工作和战斗力的基础，肩负着宣传和执行党的路线、方针、政策，教育引导党员群众树立共同理想、弘扬社会新风和自觉抵制不良倾向的重任。必须高度重视基层党组织的基础性地位，充分发挥其政治核心作用和战斗堡垒作用，把培育和践行核心价值观的战略任务落实到基层，落实到广大党员和群众之中。

二是把培育和践行社会主义核心价值观融入国民教育全过程。充分发挥课堂教学的主渠道作用。完善大中小学有机衔接、循序渐进的课程体系和教材体系，积极推动社会主义核心价值观进教材、进课堂、进学生头脑。研究制定进一步深化课程改革、落实立德树人根本任务的意见，完善中华优秀传统文化教育指导纲要，推进教学方法改革创新。

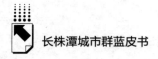

充分发挥社会实践的养成作用。强化实践育人环节，引导广大学生在服务他人、奉献社会中升华对社会主义核心价值观的体验感受和认知理解。广泛开展学雷锋、学习道德模范等道德实践活动，完善"青少年志愿服务制度"。把实践环节纳入教育教学计划，实施"实践育人共同体建设计划"。

5. 加大城市人居环境整治力度

（1）加大大气污染治理力度。

一是加大冬季雾霾治理力度。探索秋冬季私家车单双号限行。以长沙市绕城高速为界线，划定私家车秋冬季限行范围。机动车（含临时号牌）在限行区域内实施单号单日、双号双日行驶。具体为机动车号牌尾号为单号的（1、3、5、7、9）在单日上路行驶，机动车号牌尾号为双号的（2、4、6、8、0）在双日上路行驶。

二是加大夏季臭氧治理力度。谋划开展臭氧污染专项研究，开展臭氧防控技术攻关，组建专家团，对各区进行包点诊断服务，联合相关单位组成派出组指导超标严重的站点和区开展针对性整治工作。建立更有效的削峰联动工作机制，确保污染开始前及时预警、污染成因及时诊断、管控措施及时落地。

三是完善大气污染预警应急体系。修编重污染天气应急预案，强化系统性、科学性、衔接性、可操作性和灵活性。由过去的概念模糊转变为预警、响应及解除全过程各个环节清晰可行，增强预案的可操作性。对各类预警划分、科学术语表述等进行调整，使预警分级情形描述更实际、内容更全面。确定监测、预报、会商、预警信息发布、预警级别调整、预警解除整个工作流程，对每个环节进行详细规定。

（2）加快补齐城镇污水收集和处理设施短板。

深入实施城镇污水处理提质增效精准攻坚行动，全面消除城市黑臭水体、污水直排口、污水收集管网空白区，强化工业企业排水、"小散乱"排水以及阳台和单位庭院排水整治，提升城镇污水处理综合能力、新建污水管网质量管控水平以及污水管网检测修复和养护管理水平。县（市）、区城市建成区基本消除黑臭水体、污水直排口、污水收集管网空白区。城市污水处理厂进水浓度有效提升，乡镇污水处理设施实现全覆盖全运行，建立新（改、扩）建污水收集处理项目可追溯、可追责的质量管控体系。海绵城市建设，积极推广以滞、蓄、净为主的低影响开发建设模式，控制地表径流与面源污染，实现自然积存、自然渗透、自然净化的城市发展方式。推进污水处理生态缓冲区建设，利用自然生态的湿地技术提升污水处理厂尾水水质。建立长效管护机制，完善网格化河长管理体系，推动水体管护常态化、规范化、精细化。

（3）完善城市公园体系。

一是建设口袋公园。充分利用城市拆迁腾退地和边角地、废弃地、闲置地新建、改建口袋公园，以现有地形为基础进行绿化栽植、苗木提升，通过铺装场地形成功能分区，并配套建成景观廊架、景观亭、健身、休闲等设施。

二是实施"增绿添园"行动。推进城市道路绿化景观提升工程，对中央绿带、两侧绿化、道路节点进行花化彩化、增花筑景，在城市绿地重要节点打造园林景观，栽种适宜生长的色叶树种和开花植物。

（4）推进一江两岸提质发展

"一江两岸"是湖南窗口、长沙名片。在原有基础上，进一步加强规划、优化设计。放大格局、纵深展示，精细打磨、串点成线，在深入实施夜景照明提质中，更好彰显城市文脉和"山水洲城"独特魅力。拿出一流标准，做出长沙特色，真正把"山水洲城"品牌"用足做活"，使岳麓山更隽秀、湘江水更灵动、橘子洲更靓丽、长沙城更璀璨。打造夜游湘江旅游产品，积极对外塑造"华东夜游黄浦江、华南夜游珠江、华中夜游湘江"旅游品牌。以湘江游轮旅游为主要载体和抓手，加快推进增建新型游轮、提质改造挪亚游轮、拓展水上航线等工作，加大水上文旅新型场景项目开发力度，持续强化服务供给能力，不断提升游客体验感和满意度。

（5）提升城市人居品质。

按照"多中心、网络化、组团式、生态型"原则，优化生产、生活、生态空间布局，为创建国家中心城市提供支撑。注重规划引领，加强对城市重要节点的管控，科学确定建筑布局、造型、格调、色彩和高度，打造湘江和浏阳河两岸百里画廊，优化滨水区天际线和标志性建筑集群，塑造靓丽城市名片。

（五）保障措施

其一，加强组织领导。成立长沙市现代化宜居都市建设工作领导小组，负责统筹推进现代化宜居都市建设，研究制定相关政策，解决工作推进中的重大问题。领导小组下设办公室，设在市人居环境局，负责现代化宜居都市建设的统筹推进、督促检查、工作评估、情况通报等。各成员单位要根据实际，认真组织编制实施方案和试点项目，细化年度目标，明确重点任务，加强组织推进。每年可根据实际情况对试点项目进行增补。

其二，加强政策支持。积极构建有利于推动现代化宜居都市建设试点的制度体系，完善配套政策措施，形成统筹推进的政策合力和叠加效应。加强试点项目财政资金引导，鼓励金融机构依法依规对试点项目提供融资支持，引导社会资本参与部分试点项目投资、建设和运营。

其三，强化宣传引导。加强对现代化宜居城市建设重要意义、主要任务和政策措施等的宣传，组织开展现代化宜居都市建设专题培训。充分发挥街道、社区基层组织的作用，积极探索多种形式的基层协商，广泛征求居民意见，充分调动市民群众参与现代化宜居都市建设的积极性、主动性、创造性。及时报道宣传现代化宜居都市建设推进过程、实施成效，提高社会共识水平，共同营造良好的舆论氛围。

其四，严格监督考核。将现代化宜居都市建设工作纳入全市高质量发展综合考核，建立现代化宜居都市建设水平评价指标体系。各板块、各相关部门落实主体责任，抓好项目组织实施，每季度末及时上报工作推进情况、主要成效、存在问题和下一步打算。领导小组定期对项目进展情况检查通报，严格督导考核，确保工作实效。

参考文献

杭州市委宣传部：《数字赋能　幸福宜居——书写全面小康的时代答卷》，《思想政治工作研究》2020 年第 9 期。

本刊编辑部：《盘点科技关键词：七大亮点助力打造"数智杭州·宜居天堂"》，《杭州科技》2021 年第 1 期。

李景阳、张清华：《成都：从"城市中的公园"到"公园中的城市"》，《北京规划建设》2021 年第 1 期。

陈柯航、谢小林、陈良：《公园城市的建设发展探究——以成都市为例》，《现代园艺》2021 年第 2 期。

廖红君：《提升生活成本竞争力　构建高品质宜居生活性城市》，《先锋》2021 年第

2 期。

何艳玲：《成都：实现以人民为中心的社区发展治理》，《先锋》2019 年第 6 期。

李艺雯：《坚持科技是第一生产力　下好创新"先手棋"》，《国际人才交流》2021 年第 4 期。

张军红：《全国人大代表、合肥市市长凌云：心无旁骛谋创新，聚精会神抓发展》，《经济》2021 年第 4 期。

周琦：《全国人大代表、合肥市市长凌云：跑出创新"加速度"　打造人才"强磁场"》，《中国经济周刊》2021 年第 5 期。

高峰：《宜居城市理论与实践研究》，兰州大学硕士学位论文，2006。

于世梁、廖清成：《借鉴国外经验推动生态城市建设》，《中国井冈山干部学院学报》2018 年第 1 期。

李俊夫、李玮、李志刚、薛德升：《新加坡保障性住房政策研究及借鉴》，《国际城市规划》2012 年第 4 期。

王双：《中外宜居城市建设的比较及借鉴》，《经济与管理》2017 年第 1 期。

费欢：《特大城市公共安全风险管理比较与借鉴》，《中国公共安全》（学术版）2018 年第 1 期。

欧阳慧、李沛霖：《东京都市圈生活功能建设经验及对中国的启示》，《区域经济评论》2020 年第 3 期。

李菲：《国际贸易中心发展经验与广州实践》，华南理工大学硕士学位论文，2019。

崔园园、周海蓉、张云伟：《对标顶级全球城市进一步优化上海营商环境》，《科学发展》2020 年第 2 期。

B.7
近30年株洲市城乡建设用地扩张的时空特征及驱动因素分析[*]

刘玉安　张旺[**]

摘　要： 本文基于 Landsat TM/OLI 遥感解译数据，综合运用定性和定量方法，分析 1990~2020 年株洲市城乡建设用地扩张的时空演变特征，通过地理探测器、线性回归模型探索株洲市城乡建设用地扩张的驱动因子。结果表明：①株洲市城乡建设用地持续增加，年均扩张 4.9km²，其中天元区扩张总面积最大，渌口区、石峰区次之，荷塘区、芦淞区扩张相对较缓；②株洲市城乡建设用地扩张速率呈现先下降后上升的趋势，扩张速率分别为 2.94%、1.07% 和 1.9%；扩张强度呈现强-弱-强的阶段性特征趋势，石峰区扩张强大最大，渌口区扩张强度最小；扩张贡献率从大到小依次为天元区、渌口区、石峰区、芦淞区和荷塘区；③株洲市城乡建设用地变化格局发展态势呈现分散化特征，总体扩张方向为东北-西南方向，重心移动轨迹先向西南再向东北方向，偏移距离 10.39km；④株洲市城乡建设用地扩张受到常住人口、地区生产总值、社会消费品零售总额、城镇固定资产投资和地方财政预算收入以及政策的共同作用，其中人口是城乡建设用地扩张的初始动力，地区生产总值等经济指标是决定因素，而政策导向是重要的支持因素，到铁路和公路

---

[*] 本文为国家重点研发计划课题"村镇空间扩展的时空模拟关键技术"子课题4"县域村镇空间扩展适宜性评价技术"（2018YFD1100804-04）、株洲市社科课题"乡村振兴战略下县域城乡建设用地空间重构研究"（ZZSK2022311）的成果。

[**] 刘玉安，湖南工业大学城市与环境学院讲师，主要从事 3S 理论与应用研究、城乡与区域规划和发展研究；张旺，湖南工业大学城市与环境学院副教授，硕士生导师，主要从事城乡规划与发展研究。

的距离是株洲市城乡建设用地空间扩张的主导驱动因子，而坡度因素的决定力最低。

关键词： 城乡建设用地　驱动因素　时空特征　株洲市

引　言

自 20 世纪 90 年代以来，土地利用/土地覆被变化（LUCC）一直是全球环境变化研究领域的热点①②③。随着发展中国家人口增长、城市化和工业化加速，建设用地不断扩张是土地利用变化的主要特征④⑤，成为国内外学者关注的焦点问题。国外研究主要集中在城市建设用地扩张及其与人口变化、经济增长和政策等要素的关系上，如 Alonso⑥ 提出的城市单中心模型，构建了城市用地扩张的理论基础；Kaya 等⑦和 Boyle 等⑧，研究了欧洲和美国等地区城市扩张，及其与人口、经济、政策等要素的关系；Wei 等⑨分析中国城市土地扩张的核心外

---

① 李秀彬：《全球环境变化研究的核心领域——土地利用/土地覆被变化的国际研究动向》，《地理学报》1996 年第 6 期。

② George. C. Slin，Samue L. P. S. Ho. China's Land Resources and Land-use Change：Lnsights from the 1996 Land Survey［J］. *Land Use Policy*，2003（20）：87–107.

③ 曾群、喻光明、杨珊、胡利梅：《基于 RS/GIS 的江汉流域土地利用变化研究》，《华中农业大学学报》2008 年第 2 期。

④ 王宏志、宋明洁、李仁东、喻光明：《江汉平原建设用地扩张的时空特征与驱动力分析》，《长江流域资源与环境》2011 年第 4 期。

⑤ 史培军、陈晋、潘耀忠：《深圳市土地利用变化机制分析》，《地理学报》2000 年第 2 期。

⑥ Alonso W. *Location and Land Use*：*Toward a General Theory of Land Rent*. Cambridge，M. A.：Harvard University Press，1964.

⑦ Kayas，Curranp J. Monitoring Urban Growth on the European Side of Istanbul Metropolitan Area：A Case Study *International Journal of Applied Earth Observation and Geoinformation*，2006，8（1）：18–25.

⑧ Boyll，R，Moiianmed R. State Growth Management，Smart Growth and Urban Containment：A Review of the US and a Study of the Heartland，*Journal of Environmental Planning and Management*，2007，50（5）：677–697.

⑨ Wei Y. H. D.，Li H.，Yue W. Urban Land Expansion and Regional Inequality in Transitional China. *Landscape and Urban Planning*，2017，163：17–31.

围格局及其加剧经济发展的不平衡。国内学者的研究集中在四个方面：一是内容上，侧重建设用地时空特征①②、驱动机制③④、规模预测⑤⑥等，同时，对城乡建设用地的增减挂钩⑦⑧、城市形态⑨、景观生态指数⑩⑪等研究也颇为关注；二是方法上，主要包括空间计量法⑫、灰色关联法⑬、回归分析⑭⑮和地理探测器⑯

① 吴大放、刘艳艳、董玉祥等：《珠海市建设用地变化时空特征及其驱动力分析》，《经济地理》2010 年第 2 期。

② 李加林、许继琴、李伟芳、刘闯：《长江三角洲地区城市用地增长的时空特征分析》，《地理学报》2007 年第 4 期。

③ 张占录：《北京市城市用地扩张驱动力分析》，《经济地理》2009 年第 7 期。

④ 张利、雷军、李雪梅、高超、曾玮瑶：《1997~2007 年中国城市用地扩张特征及其影响因素分析》，《地理科学进展》2011 年第 5 期。

⑤ 刘云刚、王丰龙：《快速城市化过程中的城市建设用地规模预测方法》，《地理研究》2011 年第 7 期。

⑥ 张经度、梅志雄、吕佳慧等：《纳入空间自相关 FLUS 模型在土地利用变化多情景模拟中的应用》，《地球信息科学学报》2020 年第 3 期。

⑦ 顾汉龙、冯淑怡、张志林、曲福田：《我国城乡建设用地增减挂钩政策与美国土地发展权转移政策的比较研究》，《经济地理》2015 年第 6 期。

⑧ 丁翔宇、赵芸逸、王秀兰、吕品：《政府主导型城乡建设用地的增减挂钩效益研究》，《水土保持通报》2017 年第 3 期。

⑨ 黄焕春、苗展堂、运迎霞：《天津市滨海新区城市形态演化模拟及驱动力分析》，《长江流域资源与环境》2012 年第 12 期。

⑩ Jiao L, Mao L, Liu Y. Multi-order landscape Expansion Index: Characterizing Urban Expansion Dynamics. *Landscape and Urban Planning*, 2015, 137: 30-39.

⑪ Taubenock H., Wiesner M., Felbier A., et al. New Dimensions of Urban Landscapes: The Spatio-temporal Evolution from a Poly-nuclei Area to a Mega-region Based on Remote Sensing Data. *Applied Geography*, 2014, 47（1）: 137-153.

⑫ 劳洁英、王成、王金亮等：《1986~2018 年广州市建设用地扩张及其影响因素研究》，《测绘科学》2021 年第 9 期。

⑬ 李洪义、何方义、李芳颖、于少康、吴次芳：《鄱阳湖生态经济区城乡建设用地扩张驱动力研究》，《国土资源科技管理》2014 年第 1 期。

⑭ 吴小影、杨山、尹上岗、徐晗泽宇：《基于 GTWR 模型的长三角地区城市建设用地时空动态特征及其驱动机理》，《长江流域资源与环境》2021 年第 11 期。

⑮ 黄春华、吕靖童、王志远、张考、李欣：《洞庭湖生态经济区城乡建设用地演变特征及驱动因素》，《科学技术与工程》2021 年第 33 期。

⑯ 王雅竹、段学军、杨清可等：《近 30 年江苏省建设用地扩张的时空特征、模式与驱动因素研究》，《长江流域资源与环境》2019 年第 7 期。

等；三是研究尺度上，涵盖了宏观（全国、区域、城市群）①②、中观（省域）③ 和微观（市域、县域）④⑤；四是数据源上，从传统的多年统计年鉴数据、土地管理部门数据⑥为主转向以遥感影像为主的多源多时相⑦⑧⑨的数据。

上述学者在建设用地研究方面做了翔实的研究和有益的探索，取得了一系列经验和理论技术成果，为更好指导未来城市可持续发展决策部署提供了坚实的理论依据。但是，目前建设用地的研究多集中在城市扩张迅速的大城市或经济发达城市，而对中小城市、中西部城市研究相对较少，并且大多学者聚焦城市建设用地的研究，对乡村建设用地⑩⑪或综合考虑城乡建设用地研究较少。

本文以我国中部丘岗区地级市——湖南省株洲市作为研究区，基于 1990年、2000 年、2010 年和 2020 年的遥感影像、土地利用现状等多源数据，利用决策树分类法、目视解译等多种方法，提取城乡建设用地空间分布和变化信息，综合运用建设用地扩张速度指数、扩张强度指数、扩张贡献率指数等指标以及重心模型、标准差椭圆模型对近 30 年株洲市城乡建设用地的时空特征进

---

① 方创琳、李广东、张蔷：《中国城市建设用地的动态变化态势与调控》，《自然资源学报》2017 年第 3 期。

② 周艳、黄贤金、徐国良、李建豹：《长三角城市土地扩张与人口增长耦合态势及其驱动机制》，《地理研究》2016 年第 2 期。

③ 张雪茹、尹志强、姚亦锋、胡美娟、洪永胜：《安徽省城市建设用地变化及驱动力分析》，《长江流域资源与环境》2016 年第 4 期。

④ 劳洁英、王成、王金亮等：《1986~2018 年广州市建设用地扩张及其影响因素研究》，《测绘科学》2021 年第 9 期。

⑤ 罗媞、刘耀林、孔雪松：《武汉市城乡建设用地时空演变及驱动机制研究——基于城乡统筹视角》，《长江流域资源与环境》2014 年第 4 期。

⑥ 赵婷婷、张凤荣、安萍莉、孟媛：《北京市顺义区建设用地扩展的空间分异》，《资源科学》2008 年第 10 期。

⑦ 王旭熙、彭立、刘守江、魏芸云：《中国西南山区城市建设用地扩张特征及其驱动机制》，《生态学杂志》2021 年第 9 期。

⑧ 常变蓉、李仁东：《武汉市建设用地扩张遥感监测及空间分异分析》，《国土资源遥感》2017 年第 3 期。

⑨ 张晨晨、张杰、吴祥茵、朱家松：《基于多源时空数据的粤港澳大湾区建设用地扩张及动力机制研究》，《地理信息世界》2020 年第 2 期。

⑩ 孙道亮、洪步庭、任平：《都江堰市农村居民点时空演变与驱动因素研究》，《长江流域资源与环境》2020 年第 10 期。

⑪ 杨忍、刘彦随、龙花楼、陈呈奕：《基于格网的农村居民点用地时空特征及空间指向性的地理要素识别——以环渤海地区为例》，《地理研究》2015 年第 6 期。

行研究，并选取地理探测器、线性回归模型等方法探讨其驱动力，以期为城乡建设用地的高效合理利用提供决策支持。

一　研究区概况

株洲市（26°03′~28°01′N，112°57′~114°07′E），位于湖南省东部，处于"一带一部"的核心区，是"长株潭都市圈"核心成员之一。东接江西省萍乡市、莲花县、永新县及井冈山市，南连省内衡阳、郴州两市，西接湘潭市，北与长沙市毗邻，总面积11200平方公里。地势东南高、西北低，北中部地形岭谷相间，盆地呈带状展布，东南部均为山地，重峦叠嶂，地势雄伟。境内湘江干流穿城而过，一级支流较大的有洣水、渌水，二级支流长度在100公里以上的有洮水、攸水、澄潭江、铁水等。境内属于亚热带季风气候区，降水充沛、光热充足，是湖南省有名的粮食高产区和国家重要的商品粮基地。境内交通发达，有京广铁路和沪昆铁路的交会，京广高铁客运专线等，被誉为"火车拖来的城市"；公路有106国道、320国道、211省道、京港澳高速公路（G4）、长株高速公路（S21）、沪昆高速公路（G60）、泉南高速公路（G72）、衡炎高速公路、岳汝高速等。株洲市辖天元区、芦淞区、荷塘区、石峰区、渌口区5区，攸县、茶陵县、炎陵县3县，代管县级醴陵市，设立有云龙示范区。全市生产总值3105.8亿元[1]，常住人口为390.27万人，其中城镇人口占71.26%[2]。由于攸县、茶陵县、炎陵县和醴陵市距离市区较远，仅以株洲市市辖5区为研究对象。

二　数据和方法

（一）数据来源与处理

数据来源主要包括4类：①湖南省、株洲市及其河流、公路、铁路等基础地理信息数据；②1990年、2000年、2010年和2020年株洲市Landsat卫星遥

---

[1]《株洲市2020年国民经济和社会发展统计公报》，http：//tjj.zhuzhou.gov.cn/c19066/20210323/i1675200.html，最后检索时间：2022年8月30日。

[2]《株洲市第七次全国人口普查公告》，http：//tjj.zhuzhou.gov.cn/c8588/20210618/i1716699.html，最后检索时间：2022年8月30日。

感影像数据；③株洲市土地利用现状调查数据；④湖南统计年鉴、株洲市统计年鉴。表1列举了4类数据的来源及包含内容。

表1 研究区域数据来源及主要内容

数据类型	数据内容	数据时间	数据来源
基础地理信息数据	湖南省、株洲市及其河流、公路、铁路	2017年	全国地理信息资源目录服务系统
DME数字高程数据	ASTER GDEM 30M分辨率数字高程数据	2009年	地理空间数据云
遥感影像数据	Landsat8（OLI）	2020年	
	Landsat5（TM）	1990、2000、2010年	
土地利用现状调查数据	株洲市土地利用类型现状情况	2010、2020年	株洲市自然资源和规划局
湖南统计年鉴	社会经济数据	2010、2020年	湖南省统计局
株洲市统计年鉴	社会经济数据	1990、2000年	株洲市统计局

遥感影像数据为Landsat TM/OLI，影像分辨率为30米（OLI全色波段15米），影像云量均低于5%。利用ENVI5.3软件平台分别对4个时相遥感影像进行辐射定标、大气校正、几何校正、图像融合和裁剪等预处理，为解译建设用地做准备。土地利用调查现状数据，用于辅助对建设用地的识别，并可辅助对遥感影像识别结果的精度进行检测。

（二）研究方法

1.建设用地提取

基于ENVI软件平台，首先，计算4个时相遥感影像的归一化植被指数（NDVI）、水体指数（MNDWI）和建筑指数（NDBI），并经过反复试验求出NDVI、MNDWI、NDBI阈值；其次，基于决策树分类法利用阈值分割每个节点，提取4个时相土地利用类型，并采用人机交互目视解译对分类结果进行时间一致性检验；再次，利用Google Earth上的高分辨率影像和土地利用现状图判读样本数据，应用混淆矩阵进行分类精度评价，其卡帕系数（Kappa）均在

85%以上，符合研究精度要求；最后，利用 ArcGIS 软件平台对 1990 年、2000 年、2010 年和 2020 年 4 个时相影像分类结果进行重分类，获得株洲市城乡建设用地数据（见图 1），用于后续研究。

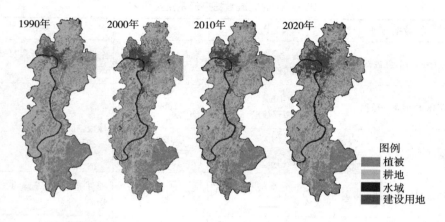

图例
植被
耕地
水域
建设用地

图1 1990~2020 年株洲市土地利用分类

2. 时间扩张分析

城乡建设用地扩张是一个动态的变化过程，通过对扩张速率、扩张强度和扩张贡献率等指标的研究，能反映其扩张特征。[①]

（1）扩张速率（*ESI*）：表示城乡建设用地扩张面积的年增长速率，用以表征城乡建设用地扩张的总体趋势[②]，公式为：

$$ESI = \frac{\Delta U_{ij}}{\Delta t_{ij} \times ULA_{ij}} \times 100 \qquad （公式1）$$

公式 1 中，*ESI* 为年均扩张速度；ΔU_{ij} 为 j 期间第 i 个研究单元城乡建设用地扩张面积；Δt_{ij} 为 j 期间的时间跨度；ULA_{ij} 为 j 时段初期第 i 个研究单元城乡建设用地面积。

（2）扩张强度指数（*EII*）：表征城乡建设用地扩张的强弱和快慢，其实

[①] 劳洁英、王成、王金亮等：《1986~2018 年广州市建设用地扩张及其影响因素研究》，《测绘科学》2021 年第 9 期。

[②] 钟洋、林爱文：《长江中游城市群空间格局演变及优化研究——基于 DMSP/OLS 夜间灯光数据的方法》，《水土保持研究》2018 年第 6 期。

质是用各空间单元的土地面积对其每年的城乡建设用地平均扩张速度进行标准化处理，使不同时期城乡建设用地扩张的速度具有可比性[1][2]，公式为：

$$EII = \frac{\Delta U_{ij}}{\Delta t_{ij} \times TLA_{ij}} \times 100 \qquad （公式2）$$

式中，EII 为扩张强度指数；TLA_{ij} 为第 i 个研究单元土地总面积；其他符号含义与公式 1 相同。

（3）扩张贡献率指数（ECI）：指各时段新增城乡建设用地面积占研究单元建设用地总扩张面积的百分比，用于表征各个时段内增加的城乡建设用地对城乡建设用地总体扩张的影响程度。[3] 公式为：

$$ECI = \frac{\Delta U_{ij}}{C_{TLA_{ij}}} \times 100 \qquad （公式3）$$

式中，ECI 为扩张贡献率指数；$C_{TLA_{ij}}$ 为 j 期间第 i 个研究单元城乡建设用地扩张总面积；其他符号含义与公式 1 相同。

3. 空间扩张分析

（1）重心轨迹模型。

重心来源于经典力学的物理学概念，指物体各个部分受到重力作用点。将重心概念扩展到区域重心，是样本平均数在二维空间上的延伸，指在某一时间区域的某种要素在空间平面上力矩达到平衡的点。[4] 空间上，重心模型反映区域发展指标与形心分析的契合程度，便于分析研究区域要素在空间上的流动性与聚集性。在时间上，重心动态变化表示区域要素分布的对比和转移，有助于深化研究区域发展历程、状态和趋势。[5]

---

① 胡盼盼、李锋、胡聃、孙晓、刘雅莉、陈新闯：《1980~2015 年珠三角城市群城市扩张的时空特征分析》，《生态学报》2021 年第 17 期。
② 王雅竹、段学军、杨清可等：《近 30 年江苏省建设用地扩张的时空特征、模式与驱动因素研究》，《长江流域资源与环境》2019 年第 7 期。
③ 姜晓丽、张平宇：《大连市建成区土地利用时空演变与动力机制分析》，《人文地理》2013 年第 4 期。
④ 吴凯、顾晋饴、何宏谋、党素珍：《基于重心模型的丘陵山地区耕地利用转换时空特征研究》，《农业工程学报》2019 年第 7 期。
⑤ 吴凯、王晓琳、许怡等：《中国大陆降水时空格局演变新事实》，《南水北调与水利科技》2017 年第 3 期。

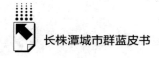

本文以城乡建设用地图斑为评价单元，分别计算 1990 年、2000 年、2010 年和 2020 年 4 个年份的重心及其相邻年份移动距离①，分析株洲市城乡建设用地重心轨迹的变化发展特征。

——重心坐标，计算公式如下②③：

$$X = \sum_{i=1}^{n}(C_i * X_i) / \sum_{i=1}^{n} C_i \qquad (公式4)$$

$$Y = \sum_{i=1}^{n}(C_i * Y_i) / \sum_{i=1}^{n} C_i \qquad (公式5)$$

式中，X，Y 分别表示城乡建设用地重心的经度和纬度，C_i 表示第 i 个图斑的面积，X_i，Y_i 分别表示第 i 个图斑的重心坐标。

——重心移动距离，指某年份重心与随后相邻年份重心之间的直线距离，主要反映了城乡建设用地空间结构均衡的变化幅度。计算公式如下：

$$D_m = \sqrt{(X_{t+1} - X_t)^2 + (Y_{t+1} - Y_t)^2} \qquad (公式6)$$

式中，t，$t+1$ 分别表示城乡建设用地扩张的相邻年份，X_t，Y_t 表示第 t 年份的重心坐标。

（2）标准差椭圆。

标准差椭圆方法是由 Lefever 教授于 1926 年提出的④，主要用来衡量地理要素的集中趋势、离散和方向趋势，从而对地理要素空间格局的全局特征进行表达。标准差椭圆包含 3 个核心参数：椭圆中心、旋转角、椭圆长轴和短轴⑤。利用标准差椭圆能显示城乡建设用地变化密集程度的偏移方向，其长轴刻画出变化方向，短轴反映变化的空间范围。长短轴之差越大，扁率越大，则城乡建设用地分布越具有明显的方向性；短轴越短则反映城乡建设用地利用分布越具有向心力。

① 王伟：《中国三大城市群经济空间重心轨迹特征比较》，《城市规划学刊》2009 年第 3 期。
② 曹晓丽、雷敏、侯志华、赵志卿、苏彤：《基于 RS 与 GIS 的太原市城市扩展特征及驱动因素研究》，《西北大学学报》（自然科学版）2018 年第 5 期。
③ 张旺锋、方晨、耿莎莎、张瑞霞：《基于 GIS 的西部三大经济区经济空间重心轨迹研究》，《西北师范大学学报》（自然科学版）2012 年第 4 期。
④ Lefever D. W.，Measuring Geographic Concentration by Means of the Standard Deviational Ellipse. *The American Journal of Sociology*，1926（1）：88－94.
⑤ Mitchell，Andy. *The ESRI Guide to GIS Analysis*，Volume 2. ESRI Press，2005.

4. 驱动因子分析

（1）地理探测器。

地理探测器是王劲峰等①提出的一种探测空间分异性，以及揭示其背后驱动力的一组统计学方法。包括4个探测器：分异及因子探测、交互作用探测、风险区探测和生态探测，其中分异及因子探测包含探测 Y 的空间分异性，以及探测某因子 X 多大程度上解释了属性 Y 的空间分异，用 q 值度量，计算公式如下：

$$q = 1 - \frac{1}{N\sigma^2} \sum_{i=1}^{n} N_i \cdot \sigma_i^2 \qquad （公式7）$$

式中，$i = 1$，$2\cdots$，n 表示 X 的分区；N_i 和 N 分别表示区 i 和全区的单元数，σ_i^2 和 σ^2 表示区 i 和全区 Y 值的方差。q 的值域为 $[0，1]$，值越大说明 X 对 Y 的解释能力越强，反之越弱。

把地理探测器引入城乡建设用地空间分异的决定力 q，探测分析各因素对城乡建设用地的影响度。本文选择高程、坡度、河流、公路、铁路等 5 个因素，用于城乡建设用地的空间分异驱动机制研究。

（2）线性回归模型。

线性回归用于讨论因变量与自变量的统计学关系，本文分析了 1990~2020 年城乡建设用地的扩张量与年末常住人口、地区生产总值、社会消费品零售总额、城镇固定资产投资和地方财政预算等因子的相关性，探测影响城乡建设用地扩张的核心驱动因素。利用多项式拟合方法，构建株洲市城乡建设用地扩张的最优线性回归模型。

三　结果分析

（一）城乡建设用地时间扩张特征

1. 城乡建设用地扩张的整体特征

由表 2、表 3 可知，1990~2020 年株洲市城乡建设用地持续增加，从 1990 年的 192.32km² 增加到 2020 年的 340.10km²，扩张了 147.78km²，年均扩张面积为

---

① 王劲峰、徐成东：《地理探测器：原理与展望》，《地理学报》2017 年第 1 期。

4.9km^2。其中，1990~2000年，株洲市城乡建设用地面积从192.32km^{2}增加到248.95km^2，净增长56.63km^2；2000~2010年，株洲市城乡建设用地面积从248.95km^{2}增加到275.52km^2，净增长26.57km^2；2010~2020年，株洲市城乡建设用地面积净增长64.58km^2，是城乡建设用地面积扩张最快的时段，扩张强度0.34%。

表2 1990、2000、2010、2020年株洲市城乡建设用地面积

单位：km^2

地区	土地总面积	建设用地面积			
		1990年	2000年	2010年	2020年
荷塘区	150.40	27.88	32.73	36.74	45.25
石峰区	165.75	38.56	53.42	55.92	66.37
天元区	325.77	40.82	54.45	64.84	89.90
芦淞区	220.33	18.17	26.09	29.62	40.23
渌口区	1055.83	66.89	82.26	88.40	98.36
株洲市	1918.08	192.32	248.95	275.52	340.10

表3 1990~2020年株洲市城乡建设用地增长情况

地区	扩张面积（km^2）			扩张速率（%）			扩张强度（%）			扩张贡献率（%）		
	T1	T2	T3	T1	T2	T3	T1	T2	T3	T1	T2	T3
荷塘区	4.85	4.01	8.51	1.74	1.23	1.88	0.32	0.26	0.55	8.57	15.1	13.18
石峰区	14.86	2.51	10.45	3.85	0.47	1.57	0.90	0.15	0.63	26.23	9.44	16.17
天元区	13.63	10.39	25.06	3.34	1.91	2.79	0.42	0.32	0.77	24.07	39.09	38.81
芦淞区	7.92	3.53	10.60	4.36	1.35	2.64	0.36	0.16	0.48	13.99	13.28	16.42
渌口区	15.37	6.13	9.96	2.30	0.75	1.01	0.15	0.06	0.09	27.15	23.08	15.42
株洲市	56.62	26.57	64.58	2.94	1.07	1.90	0.29	0.14	0.34	100	100	100

注：表中T1、T2、T3分别表示1990~2000年、2000~2010年、2010~2020年三个时段。

2. 城乡建设用地扩张的地区差异

由表3、图2可知，1990~2020年株洲市各辖区城乡建设用地扩张差异明显。天元区城乡建设用地一直大面积扩张，扩张总面积达49.08km^2，三个时段分别扩张了13.63km^2、10.39km^{2}和25.06km^2；其次是渌口区和石峰区，城乡建设用地扩张总面积分别为31.47km^2、27.81km^2；荷塘区、芦淞区城乡建设用地扩张相对较缓，年均扩张面积分别为0.58km^2、0.74km^2。

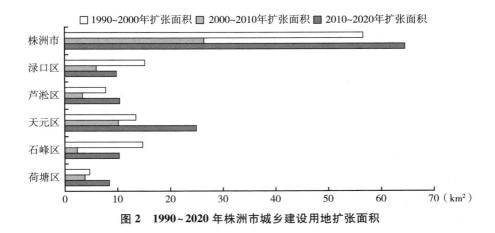

图2 1990~2020年株洲市城乡建设用地扩张面积

3. 城乡建设用地扩张的指标分析

随着城市化进程加快,株洲市及其辖区城乡建设用地扩张速率、扩张强度和扩张贡献率均处于较高水平,但出于市政府发展规划及土地利用等原因,各辖区城乡建设用地扩张特征差异明显。

(1)扩张速率分析。这30年,株洲市城乡建设用地扩张速率呈现先下降后上升的趋势(见图3),1990~2000年扩张速率为2.94%,是株洲市建设用地扩张的高速期,之后扩张速率下降至2000~2010年的1.07%,2010~2020年扩张速率又缓慢上升,达到1.90%。这表明受集约节约用地等政策的影响,近年来建设用地的扩张得到了一定程度的遏制,城市无序蔓延得到治理。

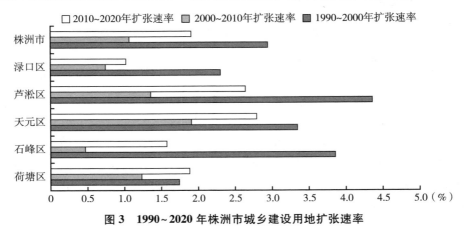

图3 1990~2020年株洲市城乡建设用地扩张速率

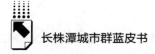

（2）扩张强度分析。通过研究扩张强度，可比较分析株洲市城乡建设用地时空扩张的强弱。由图4可知，株洲市城乡建设用地扩张强度呈现明显的阶段性特征，表现为强－弱－强的趋势，且各辖区扩张强度差异明显，石峰区扩张强度最大，渌口区扩张强度最小。1990~2000年，是株洲市城乡建设用地扩张强度次强阶段，扩张强度最大的辖区是石峰区，为0.9%，其次为天元区、芦淞区和荷塘区，分别为0.42%、0.36%、0.32%，都高于株洲市，而渌口区低于株洲市。2000~2010年，是株洲市城乡建设用地扩张强度较弱阶段，扩张强度最大的辖区是天元区，为0.32%，其次是荷塘区、芦淞区和石峰区，均高于株洲市，而仅渌口区低于株洲市，为0.06%。2010~2020年，是株洲市城乡建设用地扩张强度最强阶段，扩张强度最大的辖区是天元区，达0.77%，其次为石峰区、荷塘区和芦淞区，都高于株洲市，仅渌口区低于株洲市，为0.09%。这表明这一阶段天元区是株洲市经济发展较快、土地利用强度不断增大的辖区；而渌口区在2018年前属于株洲市所属县，距离主城区较远，人口以迁出为主，城乡建设用地扩张较慢。

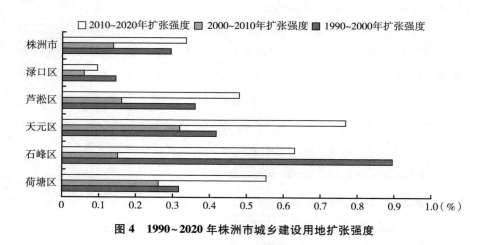

图4 1990~2020年株洲市城乡建设用地扩张强度

（3）扩张贡献率分析。由图5可知，这30年株洲市城乡建设用地扩张的区域贡献率差异明显，扩张贡献率从大到小依次为天元区、渌口区、石峰区、芦淞区和荷塘区，且天元区年均扩张贡献率约为11%。1990~2000年，株洲市城乡建设用地扩张贡献率最大的是渌口区，为27.15%，石峰区次之，为

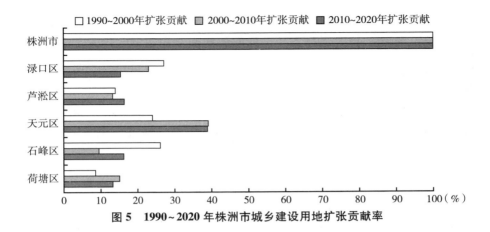

图 5　1990~2020 年株洲市城乡建设用地扩张贡献率

26.23%，荷塘区扩张贡献率最小，仅为 8.57%；2000~2010 年，株洲市城乡建设用地扩张贡献率最大的为天元区，贡献率达 39.09%，较上一阶段上升了 15个百分点，而石峰区扩张贡献率最小，仅为 9.44%，较上一阶段下降了约 17 个百分点，其他地区扩张贡献率差异较小且与上一阶段扩张贡献率基本持平；2010~2020 年，株洲市城乡建设用地扩张贡献率最大的仍然是天元区，贡献率与上一阶段基本持平，石峰区、芦淞区扩张贡献率均有所上升，均为 16% 左右，而渌口区和荷塘区扩张贡献率有所下降，分别为 15.42% 和 13.18%。

（二）城乡建设用地空间扩张特征

1. 城乡建设用地方向扩张特征

利用标准差椭圆方法，借助 ArcGIS10.6 分别获得 1990 年、2000 年、2010年和 2020 年株洲市城乡建设用标准差椭圆参数（见表 4）及示意图，进一步研究株洲市城乡建设用地在地理空间上的分布特征及变化方向。

表 4　1990、2000、2010、2020 年株洲市城乡建设用地变化标准差椭圆参数

年份	中心点 X 坐标/km	中心点 Y 坐标/km	椭圆 X 轴长度/km	椭圆 Y 轴长度/km	椭圆旋转角/°	椭圆面积/km²	椭圆长度/km
1990	709.44	3062.14	9.89	29.66	8.39	921.24	132.12
2000	709.67	3060.66	10.99	30.93	9.37	956.87	139.24
2010	709.63	3055.52	9.84	31.79	7.94	982.19	140.03
2020	710.29	3059.20	10.88	30.42	10.85	1039.84	137.13

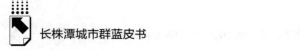

（1）覆盖范围：通过观察标准差椭圆的面积可以发现标准差椭圆在1990～2020年处于持续增加态势，标准差椭圆面积由921.24km²扩张到了1039.84km²，面积增加118.6km²，覆盖范围越来越广，进一步表明株洲市城乡建设用地面积不断扩张，并且空间分布格局趋于分散。

（2）扩张方向：1990～2020年标准差椭圆长轴呈东北-西南方向延伸，短轴呈西北-东南方向延伸，说明株洲市城乡建设用地扩张方向以东北-西南为主，以西北-东南方向为辅，再结合标准差椭圆旋转角度来看，旋转角度变化不大且均小于11°，表明城乡建设用地变化密集程度分布特征在东北-西南方向较为明显，并且变化幅度较小。此外，标准差椭圆的长轴扩张0.76km，但短轴由9.89km扩张到了10.88km，短轴长度增加了0.99km，表明城乡建设用地分布离心效应越来越强。

总体而言，1990～2020年株洲市城乡建设用地呈现东北-西南方向不断扩张的态势，并且空间分布离心效应越来越强，城乡建设用地呈分散化特征。

2. 城乡建设用地重心转移特征

基于重心模型，利用ArcGIS10.6分别计算株洲市1990年、2000年、2010年和2020年的建设用地重心坐标，并衡量其空间轨迹变化情况。计算得到4个年份建设用地重心坐标及其轨迹转移变化图（见图6）。

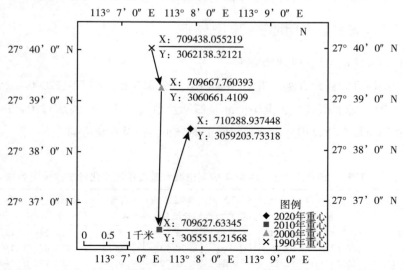

图6 1990、2000、2010、2020年株洲市城乡建设用地重心转移变化

　　1990~2020 年，株洲市城乡建设用地重心的空间位置发生较为显著的变化，其总体偏移方向为先向西南再向东北方向，重心偏移距离达 10.39km。这30 年的城乡建设用地重心偏移过程中，经历了北-东南-西南-东北的多方向变化，其中 1990~2000 年和 2000~2010 年，建设用地的偏移方向均为向南，偏移距离分别为 1.49km 和 5.15km；2010~2020 年，建设用地重心的偏移方向发生变化，转至东北方向，偏移距离为 3.75km。从地理区位及政府政策分析，株洲市主城区早期集中在株洲火车站及湘江东岸的荷塘区、芦淞区和石峰区等区域，城市主要以填充式发展为主，城乡建设用地重心偏北。随着人口增加、经济发展，老城区土地资源消耗较多，而西部天元区、南部渌口区和石峰区北部等地区土地资源储备丰富，城市开始向西、南、北的城市外围扩张，因此城乡建设用地重心出现由北向东南、西南再向东北的转移趋势。

（三）城乡建设用地扩张驱动机制

1. 自然地理因素

　　利用 ArcGIS 平台，利用欧氏距离工具分别生成到主要公路、主要铁路、主要河流的距离图，再利用重分类工具中的自然断点法将各影响因子分为 5类，各因子水平分布如图 7 所示。

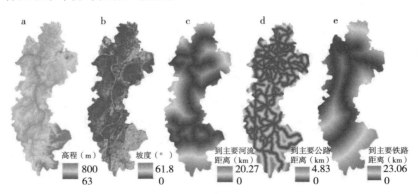

图 7　株洲市城乡建设用地空间驱动因子水平分布

　　分别以 1990~2000 年、2000~2010 年和 2010~2020 年 3 个时间段城乡建设用地扩张面积作为因变量，利用地理探测器探测高程、坡度、河流、公路和铁路的影响力大小，结果如图 8 所示。

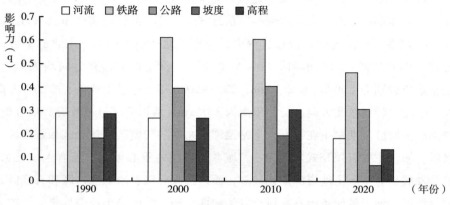

图8 株洲市城乡建设用地空间驱动因子探测结果

通过探测结果可知,自然地理因子对株洲市城乡建设用地的扩张均产生了影响,但不同阶段各因子影响强度有所差别。首先,铁路的影响力最大,尤其是2010~2020年,影响力达0.61。由于株洲市早期因京广线、浙赣线、湘黔线的修建和开通,发展成为铁路枢纽,具有"火车拉来的城市"之称,铁路带动了城市的发展,建设用地沿着铁路沿线扩张。而2010~2020年,武(汉)广(州)高铁开通运营,给株洲河西发展带来了新的活力,建设用地不断向株洲高铁站沿线方向扩张。其次,河流和公路。湘江穿城而过,既为城市发展提供了水源,也发挥着重要的运输作用,特别是在城市发展早期,而公路等交通条件的改善,加快了人口和产业的集中,城乡建设用地规模,呈现沿着湘江、主要道路两侧辐射增加的态势;此外,地形地貌也是建设用地开发的重要限制因素,直接影响到建设用地扩张的方向和空间结构。株洲市高程沿着湘江两侧往东、西方向递增,且整体上西北低东南高,使得建设用地开发多集中在北部湘江东西两侧地区,东南部山区开发规模较小。特别是2010~2020年城市扩张地区距离湘江沿岸越来越远,地形以丘岗山地为主,高程和坡度也相对增大。

2. 社会经济因素

城乡建设用地的扩张与人口、经济发展和地方财政收入等社会经济因素密切相关。本文选取年末常住人口、地区生产总值、社会消费品零售总额、城镇固定资产投资和地方财政预算收入 5 个因子，分别与 1990、2000、2010、2020 年 4 个时期城乡建设用地面积进行线性、对数、指数和多项式拟合。结果发现：城乡建设用地面积和年末常住人口、地区生产总值、社会消费品零售总额、城镇固定资产投资和地方财政预算收入的二次多项式拟合效果最优，其中 R^2 分别为 0.9685、0.957、0.9754、0.9988 和 0.9833 （见图 9）。

由图 9 可知，株洲市城乡建设用地面积增加与人口、地区生产总值、社会消费品零售总额、城镇固定资产投资和地方财政预算收入增长均呈正相关关系，尤其是 2000 年以后，相关关系特别明显。因此，人口、地区生产总值、社会消费品零售总额、城镇固定资产投资和地方财政预算收入对城乡建设用地时间演变有显著的解释能力。

（1）常住人口：1990～2020 年，株洲市区人口一直处于快速增长状态，从 1990 年的 107.18 万人增长到 2020 年的 173.46 万人，年均增长率 2.06%，反映出城乡建设用地扩张的动力来源于人口的快速增长使得住房、基础设施和交通等需求增加，城市空间随之相应扩张。

（2）地区生产总值：这衡量经济发展的重要指标，地区生产总值增长时，城市化进程加快，建设用地规模也不断扩大，进而带来产业聚集、生产规模扩大，促使经济发展。株洲是新中国成立后首批重点建设的八个工业城市之一，是中国老工业基地，经济实力不断增长。1990～2020 年，株洲市区 GDP 从 1990 年的 9.26 亿元增长到 2020 年的 1634.85 亿元。

（3）社会消费品零售总额：社会消费品零售总额是城乡居民用于生活消费和社会集团用于公共消费的商品总额，是反映地区消费需求的最直接数据。随着经济的快速发展，株洲市城乡居民消费水平显著提高，有效带动了地区的经济发展。1990、2000、2010、2020 年株洲市区社会消费品零售总额分别为 4.3 亿元、49.9 亿元、247.63 亿元、571.4 亿元。

（4）城镇固定资产投资：城镇固定资产投资是社会固定资产再生产的主要手段，其投资越大，越能带动城乡基础设施的建设，促使城镇建设用地面积增加。1990、2000、2010、2020 年株洲市区城镇固定资产投资分别为 0.82 亿元、6.36 亿元、433.95 亿元、2079.88 亿元。

（5）地方财政预算收入：地方财政收入是区域发展的重要保障，财政收入越高，政府对城市道路等基础设施的投入就会越大，进而促进建设用地规模

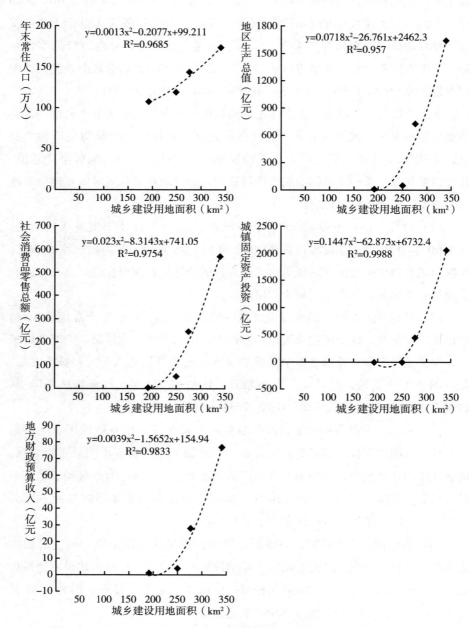

图9 社会经济因素与城乡建设用地面积的相关性

的增长。1990~2020 年，株洲市地方财政预算收入由 1990 年的 0.741 亿元增加到 2020 年的 77.4 亿元，增长了 103.5 倍。

3. 政策导向因素

国家和省市政策对城市发展产生重要导向作用。1990~2000 年，湖南省政府提出了"长株潭经济一体化"发展战略，但是这个时期城市向外围扩张不明显，仍沿着湘江、京广铁路沿线扩张；2000~2010 年，湘江生态经济带、长沙生态动物园、株洲大道等重大工程建设和长-株-潭城际铁路建设等，一定程度上促进了"长株潭城市群"的融城发展，株洲市向北、向西扩张；2010~2020 年，武（汉）广（州）高铁株洲西站启用以及株洲县划归市辖区，使得城市不断向西、南扩张。此外，《株洲市城市总体规划（2006~2020）》明确提出城市用地发展方向，向西依托株洲大道、西环路形成河西新区，向北沿长（沙）株（洲）高速公路等形成田心新区，向东沿东环北路形成大丰、桂花新区，向南沿枫溪路和南环路形成枫溪新区。株洲市"十四五"发展规划提出，构建"一主三极"空间结构，做大做强主城区，加快发展以云龙大道为轴的北向增长极、以东城大道为轴的东向增长极、以湘江为轴的南向增长极，拓展城市发展空间，提升城市承载能力和人口集聚能力。因此，株洲市城市发展向着西、北、南、东 4 个方向扩张。

四 结论

本文以湖南省株洲市为例，利用扩张速率、扩张强度、扩张贡献率和重心模型、标准差椭圆及地理探测器等方法，分析城乡建设用地 30 年时空扩张特征及其驱动因素。主要结论如下。

首先，株洲市城乡建设用地持续增加，30 年间增加了 147.78km²，年均增加 4.9km²；各辖区城乡建设用地扩张差异明显，天元区扩张总面积最大，为 49.08km²；渌口区和石峰区次之，扩张总面积分别为 31.47km²、27.81km²；荷塘区、芦淞区扩张相对较缓，年均扩张面积分别为 0.58km²、0.74km²。

其次，株洲市城乡建设用地扩张速率呈现先下降后上升的趋势，三个研究时段扩张速率分别为 2.94%、1.07% 和 1.90%；扩张强度呈现明显的阶段性特征，表现为强-弱-强的趋势，且各辖区扩张强度差异明显，石峰区扩张强度

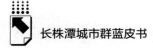

最大，渌口区扩张强度最小；城乡建设用地扩张区域贡献率差异明显，扩张贡献率从大到小依次为天元区、渌口区、石峰区、芦淞区和荷塘区，扩张贡献率最大的天元区年均扩张贡献率约为11%。

再次，株洲市城乡建设用地变化格局发展态势呈现分散化特征，总体沿东北-西南方向扩张，并且空间分布离心效应越来越强；株洲市城乡建设用地重心的空间位置发生较为显著的变化，其总体偏移方向为先向西南再向东北方向，重心偏移距离达10.39km。

最后，基于探测器的空间分异因子探测表明，到铁路和公路的距离是株洲市城乡建设用地空间扩张的主导驱动因子，而坡度因素的决定力最小；从城乡建设用地扩张的时间驱动机制来看，株洲市城乡建设用地的扩张受到常住人口、地区生产总值、社会消费品零售总额、城镇固定资产投资和地方财政预算收入以及政策的共同作用，其中人口是城乡建设用地扩张的初始动力，地区生产总值等经济指标是城乡建设用地扩张的决定因素，而政策导向是重要的支持因素。

随着湖南省委省政府"强省会"战略、推进"长株潭都市圈"建设等重大战略的实施，株洲市城乡建设用地将进入新的增长阶段，但建设用地扩张空间和范围有限。合理高效地开发利用城乡建设用地，需要政府管理部门长远规划。本文基于遥感影像解译的城乡建设用地受早期影像空间分辨率的制约，导致乡镇及居民点建设用地精度不高，一定程度影响了乡村建设用地的空间分布和数量特征的准确性。同时，本文选取常住人口、地区生产总值、社会消费品零售总额、城镇固定资产投资和地方财政预算收入等因子探讨社会经济因素，采用多项式拟合的方法探讨其对城乡建设用地扩张的驱动作用，具有一定的解释意义，但是因子选择还不全面，研究方法需进一步完善。

产业发展篇

Industrial Development Chapter

B.8
长株潭都市圈产业园区
合作模式的调查研究[*]

高立龙 刘敏[**]

摘 要: 合作共建产业园区是地方政府开展跨区域产业合作的重要抓手,经过多年探索与实践,国内已形成多种跨区域产业合作模式,为产业园区跨区域合作提供了有益经验。本文以长株潭都市圈产业园区为研究对象,在深入调查研究的基础上,总结归纳了国内先进地区产业园区合作的主要模式与经验启示,分析了当前长株潭都市圈产业园区合作的现状与主要问题,从高位统筹推进、加快模式创新、强化政策支持和优化软硬环境四个方面提出未来加强长株潭都市圈产业园区合作的对策建议。

关键词: 长株潭都市圈 产业园区合作 跨区域合作

---

[*] 基金项目:2019年度湖南省重点领域研发计划项目(2019SK2101);国土资源评价与利用湖南省重点实验室开放课题(SYS-MT-202001)。

[**] 高立龙,湖南省社会科学院区域经济与绿色发展研究所助理研究员,研究室主任,研究方向:区域经济学;刘敏,博士,湖南省社会科学院区域经济与绿色发展研究所副所长,研究员,研究方向:消费经济学。

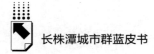

当前随着区域间经济交流合作的不断拓展深化，合作共建产业园区作为一种园区发展模式备受重视，已经成为地方政府开展跨区域经济合作的重要抓手。2021年5月17日，湖南省省长毛伟明主持召开省政府常务会议，研究部署"五好"园区创建工作，并强调"要坚持规划引领找好定位，畅通要素循环建好平台，突出精准招商抓好项目，推动体制创新带好队伍，持续优化环境树好形象"。长株潭都市圈作为湖南省核心区域增长极，更是"五好"园区建设的主战场。加快推进长株潭都市圈产业园区合作，将更有利于要素资源在都市圈内园区间的自由流动，有利于促进都市圈内产业的优化布局，并通过产业链延伸辐射带动其他区域园区发展，最终"推动发展向园区聚焦、产业向园区集中、要素向园区倾斜"。

为真实了解长株潭都市圈产业园区合作的基本情况、面临的主要困难，把握园区企业的利益诉求，2021年9月中旬民建长沙市委会课题组分别对长沙市工信局、长沙市发改委、长沙市经开区、长沙雨花经开区、湘潭（雨花）韶山工业园、金霞经济开发区等园区开展广泛而深入的实地调研。同时，10月初课题组远赴广东省广州市、中山市、清远市、佛山市、东莞市等市进行调研，学习借鉴其在产业园区合作上的成功经验。

一 长株潭都市圈产业园区合作现状

（一）长株潭都市圈产业园区构成省域经济增长核心区

1. 区域范围

依据《长株潭城市群国土空间规划（2020~2035）》，长株潭都市圈范围包括长株潭三市中心城区以及周边联系紧密区域，北至湘阴县城，南至湘潭县、株洲渌口区，西至益阳东部新城、宁乡及韶山全域、湘乡市区，东至浏阳市、醴陵市区，总面积1.89万平方公里。其中，都市区范围包括长株潭三市中心城区以及长沙县南部、湘潭县东北部、渌口区北部的区域，总面积5449平方公里。

2. 园区基本概况

目前，长株潭地区共有省级及以上园区33家，其中国家级园区10家，省级园区 23 家；经济技术开发区和经济开发区共 16 家，高新技术产业开发区 11 家，工业集中区 3 家，综合保税区 2 家，临空产业集聚区 1 家。33 个园区中，长沙有 17 家，株洲和湘潭分别为 8 家；国家级园区中，长沙、株洲和湘潭分别有 6 家、1 家和 3 家，省级园区中，长沙、株洲和湘潭分别有 11 家、7 家和 5 家；经济技术开发区和经济开发区中，长沙、株洲和湘潭分别有 8 家、4 家和 4 家；高新技术产业开发区中，长沙、株洲和湘潭分别有 6 家、2 家和 3 家（见表 1）。

表 1　长株潭都市圈省级及以上产业园区名单

序号	名称	归属地	级别
1	长沙经济技术开发区	长沙	国家级
2	长沙高新技术产业开发区	长沙	国家级
3	望城经济技术开发区	长沙	国家级
4	宁乡经济技术开发区	长沙	国家级
5	浏阳经济技术开发区	长沙	国家级
6	长沙黄花综合保税区	长沙	国家级
7	长沙天心经济开发区	长沙	省级
8	湖南长沙暮云经济开发区	长沙	省级
9	长沙金霞经济开发区	长沙	省级
10	长沙雨花经济开发区	长沙	省级
11	长沙临空产业集聚区	长沙	省级
12	岳麓高新技术产业开发区	长沙	省级
13	开福高新技术产业开发区	长沙	省级
14	望城高新技术产业开发区	长沙	省级
15	宁乡高新技术产业园区	长沙	省级
16	浏阳高新技术产业开发区	长沙	省级
17	望城工业集中区	长沙	省级
18	株洲高新技术产业开发区	株洲	国家级
19	株洲经济开发区	株洲	省级
20	湖南株洲渌口经济开发区	株洲	省级
21	湖南茶陵经济开发区	株洲	省级
22	湖南醴陵经济开发区	株洲	省级
23	攸县高新技术产业开发区	株洲	省级
24	荷塘工业集中区	株洲	省级
25	炎陵工业集中区	株洲	省级

序号	名称	归属地	级别
26	湘潭经济技术开发区	湘潭	国家级
27	湘潭高新技术产业开发区	湘潭	国家级
28	湘潭综合保税区	湘潭	国家级
29	湖南湘潭岳塘经济开发区	湘潭	省级
30	湖南湘潭天易经济开发区	湘潭	省级
31	湖南湘乡经济开发区	湘潭	省级
32	雨湖高新技术产业开发区	湘潭	省级
33	韶山高新技术产业开发区	湘潭	省级

资料来源：《湖南统计年鉴（2021）》，湖南省发展和改革委员会网站。

3. 产业发展情况

2020 年，长沙产业园区规模工业企业共计 1621 个，完成规模工业总产值 7369.99 亿元，规模工业增加值增速达 7.2%，高于全市平均增速 2.1 个百分点，园区规模工业增加值占全市比重达到 71.5%，全年共引进投资过亿元项目 124 个，其中 50 亿元以上项目 8 个、100 亿元以上项目 2 个，成功创建 6 个国家新型工业化产业示范基地、4 个国家绿色园区。2020 年，株洲产业园区共完成技工贸总收入 3908 亿元，同比增长 11.4%；完成固定资产投资 1273 亿元，同比增长 9.7%；完成规模工业增加值 672.7 亿元，同比增长 5.2%，规模工业占比达 77.8%；三一株洲基地等近 360 个项目实现开工，"两机"重大专项主体工程等 200 多个项目顺利竣工，完成重点项目投资超 1100 亿元。2020 年，湘潭省级及以上产业园区工业增加值同比增长 3.2%，高新技术产业增加值突破 846.2 亿元，全年引进亿元以上签约项目 142 个，引进"三类 500 强"企业 18 家，到位内资 605.8 亿元，利用外资 18 亿美元，同比分别增长 26% 和 16.7%。

（二）长株潭都市圈产业园区合作已具备一定基础

当前，长株潭都市圈产业园区合作尚处于初步探索期，在合作平台搭建、"飞地"园区建设、园区"联盟"组建等方面开展了一些行动，积累了一定经验，为之后深入推进产业园区合作奠定了基础。

1. 合作平台搭建

近年来，长株潭三市以合作共享平台建设为重点，推动三地园区在产业链和产业集群建设、科技创新、招商引资等方面的深度合作。三市以 10 条工业新兴优势产业链为抓手，协同打造世界级、国家级产业集群，目前已形成工程机械、汽车及零部件、生物医药等七大千亿级产业集群。协力做强园区平台，探索建立园区合作共建、利益共享机制，以省级以上园区为主阵地，合力培育千亿级园区、打造五千亿级园区，并将湘潭九华片区纳入湘江新区一体开发建设。合力建设科创平台，依托长株潭国家自主创新示范区、国家创新型城市建设，加快区域协同创新体系建设，以打造具有核心竞争力的科技创新高地为引领，共同建设国家区域科技创新中心；深度对接岳麓山国家大学科技城，联合争取国家大科学装置、国家重点实验室、院士工作站布局长株潭，推进重大科研平台和大型试验设施开放共享，联合开展关键核心技术攻关。协同共建招商平台，充分利用"湖南招商云平台"发布推介重点招商项目，加强与粤港澳大湾区、长三角等地区的交流合作，围绕工程机械、汽车及零部件等优势产业，以及节能环保、移动互联网等战略性新兴产业，引进优质产业项目，构建三市特色鲜明、优势互补、错位发展的招商引资新格局。携手打造开放平台，以自贸区长沙片区建设为载体，大力推进长株潭开放平台、招商引资、营商环境一体化，有效破除地域分割、市场壁垒和行业垄断；推动湘潭综合保税区服务对接自贸区长沙片区建设，加强长沙、湘潭跨境电商综合试验联动，提升对外开放水平。

2. "飞地园区"建设

2014 年，长沙经开区与汨罗市人民政府合作成立了长沙经开区汨罗飞地产业园，是湖南省首个跨市州合作正式实施的"飞地经济"试点，长沙经开区在产业输出、管理输出、资本输出等方面给予园区全力支持，长沙经开集团与汨罗市产经投公司按照 6∶4 的股比成立普乐公司进行管理运营。同时，双方建立了主要领导定期会晤会商机制，定期就园区发展的重大事项进行讨论协商。2016 年 10 月，宁乡县人民政府与芙蓉区人民政府"飞地产业园"战略合作项目签约。双方建立了产业发展协作机制，按照各自产业定位，错位发展、联手合作。其中隆平高科园主要发挥人才、信息等优势，发展以研发、销售、服务为主的总部经济，金玉工业集中区主要发挥土地、空间、劳动力等优势，发展先进制造业。2019 年 10 月，长沙雨花经开区与韶山高新技术产业开发区签订《长沙雨花经开区（韶山）智能制造产业园入园合同》，双方采取园区推

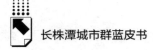

动与市场引导相结合、产业承接与产业培育相结合、龙头示范与全面铺排相结合等方式发展"飞地经济"，重点承接雨花经开区主特产业与其他战略性新兴产业及配套服务产业。同时，双方还创造性地探索建立了税收分享机制，明确本地留存部分原则上由韶山高新区与开发公司按照 6：4 的比例进行利益分享，利益分享期 15 年，真正实现了互利共赢。

3. "园区联盟"组建

2021 年 4 月，岳麓高新区、雨湖高新区、株洲金山科技工业园三方签订了长株潭区域一体化园区先行战略合作框架协议，成立了横跨三地的全省首个"园区联盟"。三个园区布局"规划、产业和服务三位一体"和"产销互供、招培互补、人才互动"的"一体三互"战略举措，力求以体制机制的创新，合力打造产业共建、园区共享样板。三方共同推动产业空间规划共谋并进、产业链上下游互配互补、打通产业链互补循环圈、建立企业产销对接机制、提供综合性配套供需服务、打造产教融合新示范、营造人才流动良性循环、助推科研成果快转化、推动政务服务跨市通办等任务逐渐落地，推动研发设计、生产制造等产品价值链各环节在三地范围内的优化分配。

二 国内先进地区产业园区合作模式与经验借鉴

（一）国内先进地区产业园区合作的主要模式

产业园区跨区域合作的产生和发展主要基于区域分工、梯度转移等理论。近年来，上海、江苏、广东等先进地区在产业园区合作方面进行了大量探索和实践，已经形成多种类型和模式。

1. 基于不同合作主体的合作模式

合作双方由于合作主体不同所形成的模式，包括政府+政府模式、政府+园区模式、政府+企业模式、园区+园区模式、园区+企业模式等。如苏州工业园属于典型的政府+政府模式，园区由中国和新加坡两国政府主导共建，成立了由两国副总理担任主席的中新联合协调理事会，园区的行政管理由中方全权负责，中新双方财团合资的中新苏州工业园区开发股份有限公司负责基础设施开发、招商引资、项目管理、咨询服务等事务。上海外高桥集团和启东市政府

2008 年共同开发建设的外高桥集团（启东）产业园则属于"政府+企业"模式。

2. 基于不同管理主体的合作模式

合作双方由于管理主体不同所形成的模式，主要包括"飞地经济"模式、托管模式、开放型模式等。"飞地经济"模式即一方政府或园区在其区域范围内划出一定的可开发土地，交由另一方独立开发运营，双方共同约定产业发展方向、经营管理期限、权利义务等，园区经营期限内飞出地政府或园区行使相关经济管理权，享有园区开发经营收益，到期后园区转交当地政府经营。该模式适合于与飞出地发展有一定经济落差的地区，如广东的顺德与英德共建以顺德为主导的产业园区，园区地方税收等收益五五分成，合作期限为 25 年，25年后完全交由英德接管。托管模式，即委托方在开发区内划出一块园区，托管给具有管理、资金和产业基础等优势的受托方，全权委托其操作，包括园区产业选择、招商引资、基础和公共设施建设等，适合欠发达地区与资金实力雄厚、园区开发经验丰富、亟须拓展发展新空间的发达地区政府或园区、大企业之间的合作。典型案例有铜陵市开发区与横天集团合作共建的铜陵纺织服装工业城。开放型模式即在具体合作模式上，打破园区原有的四至限制，将产业园完全放开，不强求合作方项目落户在固定区域，年终通过报表统计核算共建合作成果。如浦东祝桥启东产业园对于上海产业转移企业不强求迁入固定区域，实现了园区产业快速集聚，打造资源互补、协调发展的区域发展新模式。

3. 基于不同受益方的合作模式

合作双方基于不同的利益诉求所形成的合作模式，主要包括援建模式、股份合作模式等。援建模式主要是由发达地区支持欠发达地区产业发展所形成的模式，非经济性明显，典型案例有苏州工业园区和宿迁经济开发区合作共建的苏宿工业园，由宿迁经开区提供土地，苏州工业园提供资金、人才、信息、资源、经验等，由江苏省苏宿工业园区开发有限公司（主要由江苏省和苏州市投资）负责开发运营。股份合作模式即合作双方按一定出资比例成立股份公司，公司负责园区规划、投资开发、招商引资和经营管理等工作，收益按照双方股本比例分成。如外高桥（启东）产业园上海、启东方各占股本 60% 和40%，其税收等收益按照 6∶4 分成。上海、江苏等地的合作共建园区多数采用股份合作模式，这种运营模式可充分调动双方合作积极性，提高园区开发运营效率，是一种高效运营模式。

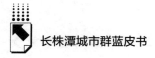

4. 基于产业链的合作模式

合作双方基于自身所处产业链上下游不同环节所形成的模式，主要包括研发设计+生产制造模式、龙头企业+配套模式、总部+加工基地模式、研发平台+项目孵化模式等。如广州和清远的产业园区合作探索形成了"广州总部+清远基地""广州创造+清远制造""广州孵化+清远加速""广州整车+清远配件"等合作共建模式。上海杨浦（海安）工业园属于典型的"总部经济、异地生产"模式，入驻园区的上海企业作为独立投资主体，独立进行建设、生产，形成企业的总部或研发、销售部门留在杨浦，生产性活动外移到上海杨浦（海安）工业园的"两头在内、中间在外"的产业布局。

5. 基于不同合作程度的合作模式

合作双方由于合作程度不同所形成的模式，包括品牌输出模式、产业招商模式、资本合作模式等。苏滁现代产业园属于典型的品牌输出模式，借鉴新加坡和国际先进城市规划以及苏州工业园区的成功经验，园区合作方中新集团苏滁分公司以中新集团品牌招引项目入户园区，根据项目体量收取一定的招商代理费，并按比例对土地出让金进行分成，并不实际参与园区的具体运作。产业招商模式即在现有开发区内划出一块区内园，全权委托给第三方对特定区域或特定产业开展招商。委托方将到位投资的一定比例作为奖金给予受托方，或将招商项目产生的地方税收的一定比例给予受托方；受托方则按照园区的总体规划及产业规划要求，负责招商引资工作。这种模式适合欠发达地区与产业集群成熟的特定地区开展合作，委托方在承接相关产业转移方面能够收到事半功倍之效。

表2　国内先进地区产业园区合作的主要模式

考察角度	具体模式
合作主体不同	政府+政府模式、政府+园区模式、政府+企业模式、园区+园区模式、园区+企业模式等
管理主体不同	"飞地经济"模式、托管模式、开放型模式等
受益方不同	援建模式、股份合作模式等
所处产业链各环节不同	研发设计+生产制造模式、龙头企业+配套模式、总部+加工基地模式、研发平台+项目孵化模式等
合作程度不同	品牌输出模式、产业招商模式、资本合作模式等

(二) 国内先进地区产业园区合作的经验启示

在赴外省先进地区的调研中,我们发现不同地区的产业园区合作都有其独特性,且都经历了一个较长的发展过程,也都或多或少存在一些教训,但有一些共同的经验仍然值得学习和借鉴。

1. 合作双方必须高度重视

在长三角、珠三角等地的园区合作共建中,合作双方均高度重视,双方政府领导一般担任合作共建园区发展领导小组组长,协调处理合作过程中的重大事项,共促合作共建园区的快速可持续发展。如深汕(尾)特别合作区在产业园区合作中形成了省级统筹协调、市政府高层领导小组决策、合作区管委会管理的三层管理架构,省级层面由省领导直接分管,省推进合作区建设协调小组负责省级层面的协调工作;市级层面实行深汕两市高层联席会议制度;合作区层面在初创探索期实行党政联席会议制度,区内重大事项由党工委和管委会共同决策,在转型试验探索期时重大事项主要由管委会决策。再如长三角产业转移合作中,安徽省除省级层面出台相关支持政策外,更是积极争取国家发改委出台《皖江城市带承接产业转移示范区规划》,从国家层面对安徽承接产业转移示范区给予政策支持。

2. 合作模式必须充分明确

契合双方发展实际的合作模式是产业园区合作高效率开展的基础,双方应通过详细调研了解两地的资源优势、产业基础等,遵循互利共赢原则,合理选择并议定合作方式、管委会组建方式、开发建设、运营管理、招商等事宜,并以合同方式约定下来,确有需要改变合作模式的,可通过会商方式解决。同时,要建立良好的沟通机制,两个不同区域、不同园区之间合作,因经济发展程度、思维观念、地域文化等不同,肯定会产生矛盾和问题,因此要建立包括双方高层定期沟通机制、问题协调机构、工作退出机制等在内的会晤会商机制。

3. 权责利关系必须全面理清

合作双方要有明确的合作目标和利益需求点,双方应明确合作共建园区的发展定位、主导产业、总体目标和阶段性目标等,并在充分协商的基础上予以约定。合作双方要明确各自职责,双方权责分明能够有效避免相互推诿、管

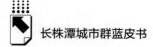

理漏洞等问题。如苏州宿迁工业园区苏州方面主要负责"产业、资本、管理、品牌"的输出，宿迁方面主要负责园区的具体管理和运营。要建立合理的利益分享机制，合作共建园区的发展成果由双方共享是园区合作成功的前提，因此，合作共建园区需要探索研究税收分成和跨区域合作政府绩效考核办法，明确引进项目投产后新增的增值税、所得税地方留成部分，约定双方按一定比例分成，实现互利共赢。如深汕（尾）特别合作区的财政体制执行"省直管"模式，2011～2015年，省财政源自合作区的一般预算收入中除2009年技术部分继续保留外，其余全部返还补助合作区，合作区财税扣除省获益部分后，由深圳、汕尾、合作区按25%、25%、50%比例分成。

4. 市场机制必须切实执行

产业园区合作共建短期靠政策，长期靠市场，无论何种开发模式，都必须按市场规则办事。要以提升工作效率为宗旨，进一步构建完善的运行机制，对合作共赢发展机制进行有效探索，使园区的管理建设水平得到进一步提升，尤其是在重点工作环节要以发达地区为主导，充分调动发达地区开展合作的积极性。如深汕（尾）特别合作区原有模式下，深圳只有经济管理权限，社会管理仍按照"属地化"原则，深圳方的作用没有充分发挥。2017年，广东省委省政府调整深圳、汕尾分工，合作区由深圳全面负责建设管理，实现了经济建设和社会事务管理相统一，特别是明确了深、汕两市在GDP、财税、土地收益等方面的利益分成，充分调动了深圳的积极性。同时，产业园区合作中双方要切实履行合作协议规定的相关内容，破除行政干预，坚持园区的市场化运营和管理，避免造成双方责权利严重不对等情况发生。

5. 发展环境必须综合保障

良好的环境是吸引投资兴业的关键，产业园区合作双方要秉持"高标准规划、高起点建设、高质量发展"的原则，着力创造良好的"软环境"和"硬环境"。要加快园区内外交通基础设施建设，推进市政和商业配套设施建设，加快教育医疗等公共服务配套设施建设，让优质项目和人才"引得来""留得住"。如苏州宿迁工业园区在开发建设中，严格遵循"先规划后建设、先地下后地上、先工业后商住"的"三先三后"建设程序，建成了高标准"九通一平"的配套基础设施。要转变园区管委会职能，打造服务型政府，优化园区管理服务，对园区行政审批制度等进行深入改革，进一步优化行政审批流程，使企业办理各种手续时更加便捷、效率更高。如苏州宿迁工业园区实行"一站式"服务，投资者在管委会就可办完从立项到注册、从规划到土地、从招标到招聘的全部手续，并可享受从项目进驻直至投产和销售等全过程跟踪服务。

三　长株潭都市圈产业园区合作面临的主要困难

随着 2021 年初长株潭都市圈建设被写入我国"十四五"规划，湖南省委、省政府高位推进长株潭一体化，长株潭都市圈产业园区合作也有了实质性的突破。但由于一些主客观因素的制约，长株潭都市圈产业园区合作仍面临诸多困难，主要表现在以下三个方面。

（一）产业园区合作的客观条件不完善

1. 城市群的辐射效应有待加强

从区域经济理论看，都市圈建设中跨区域产业园区合作首先要基于中心城市群的辐射效应。我国上海大都市圈、广佛肇、深莞惠的产业园区合作案例就充分证明了这一点。长株潭城市群作为湖南省初具规模的核心增长极，以约 20% 的人口创造了全省 40% 多的 GDP。但从长株潭都市圈的产业园区合作看，长沙作为中心城市，仍处于"虹吸效应"大于"辐射效应"的发展阶段、"抢人""抢资金""抢项目"的集聚发展时期，三市之间的竞争关系大于合作关系。这点从第七次全国人口普查公报中可以看到，长沙近十年人口增速为 42.64%，而株洲为 1.22%，湘潭为 -0.81%。三市之间的经济发展差距也较大，2020 年长沙实现地区生产总值 1.2 万亿元，占湖南 GDP 比重为 29%，株洲、湘潭的 GDP 分别为 3106 亿元、2343 亿元，分别为长沙 GDP 的 26%、19%。三市内部之间的发展不均衡与内耗式竞争极大降低了长株潭三市整体辐射能力，影响了其在长株潭都市圈中的经济辐射效果。

2. 产业链的空间外溢效应不明显

产业链是各个产业部门之间基于一定的技术经济关联，并依据特定的逻

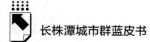

辑关系和时空布局关系客观形成的链条式关联关系形态。都市圈内产业园区合作如以全产业链为引领，充分发挥产业链的空间外溢效应，将更有益于提升合作的紧密度和效率。如我国上海大都市圈作为长三角城市群的"强核"，基本是以"研发在沪，生产在外"的模式进行产业园区合作。目前，长株潭三市重点打造 10 条产业链①，并以此作为产业协同发展的重要突破口，但在总体上看产业链对接层次不高，完整性不强，未形成整体上下游产业链条式的发展，以致产业园区合作缺乏产业转移整体上的布局谋划，更多是企业受园区土地资源不足的影响而产生的零散式转移。长株潭都市圈更多缺乏像三一重工这样全产业链成型、产业集群向全球价值链中高端迈进的龙头企业，难以普遍形成"总部+基地""研发+生产""智慧+运用"等产业链整合模式，产业链的空间外溢效应不显著，以致产业园区合作水平和效率难以较快提升。

3. 园区产业同质化明显分工协作有限

从产业协同看，在区域价值和成本差异的引导下，都市圈一般呈现"三二一"逆序化的产业分布规律，即依赖于高精尖人才与面对面沟通的金融、商贸、总部经济等高附加值产业，将重点分布在中心城市核心区；制造业依照对核心区的依赖度与对土地空间的需求度，从内而外按产业附加值由高到低梯度布局。很显然，长株潭都市圈并没有形成"三二一"逆序化的产业空间结构，长株潭三市尚未建立起结构性的分工合作关系，重点产业趋同（见表3），产业链配套程度还有待提升。例如，长株潭工程机械产业集群 70% 以上的主机产品关键核心零部件外协件、外购件采自省外或国外，长沙市汽车产业链上企业本地配套率多处于 10% ~ 30%，整车配套率仅 25% 左右，远低于上海、武汉等水平。即便是在一个城市内部不同园区之间产业发展定位的不明确也会导致园区之间招商引资上的内耗式竞争，合作式竞争则较少。

---

① 工程机械智能制造产业、轨道交通产业、先进电传动及风电装备（电机电磁驱动）产业、生物医药产业（含高端医疗装备）、航空航天产业、食品及农产品加工产业、汽车及零部件产业、先进储能材料产业、电子信息产业、新材料产业 10 个重点产业链。

表3　长株潭三市的优势产业与未来重点产业

城市	优势产业	"十四五"重点发展产业
长沙市	工程机械、汽车及零部件、新材料、电子信息、家用电器、中成药及生物医药产业	工程机械、新材料、智能网联汽车和新能源汽车、智能终端、功率芯片、生物医药
株洲市	轨道交通装备、汽车及零部件、航空装备	轨道交通、航空航天、新能源汽车、新一代信息技术、新材料、新能源与节能环保、生物医药与大健康、新型功能玻璃
湘潭市	智能装备制造、汽车及零部件、新材料	智能装备制造、新材料、汽车及零部件、新一代信息技术

（二）产业园区合作的管理模式不够成熟

1. 园区合作的组织架构仍不完备

目前，长株潭都市圈内产业园区合作仍处于起步阶段。从2014年长沙经开区与汨罗工业园的飞地合作，到2021年长沙雨花经开区与湘潭韶山高新区携手打造长沙雨花经开区（韶山）智能制造产业园，这些飞地园区在合作组织架构上都面临搭架构、调编制的现实问题，需进一步明确合作区机构名称、主要职责、机构设置，以及地方政府在园区合作上的经济及行政管理权限、人事管理权限、土地管理权限、财政职能划分等。而在已建立的某飞地园区，由于当地政府的严重干预，园区合作组织架构形同虚设，如某市政府以政治效益为主，决策脱离园区实际情况，不顾园区发展利益，将大部分本地干部安插到园区开发公司担任高管，工资年薪均从七八万元调到20余万元，人岗严重不匹配，由此产生了严重的组织管理冲突。

2. 园区合作的利益共享机制仍有欠缺

产业园区合作的发展动力来自合作双方利益共享，而长株潭都市圈内现有园区发展水平参差不齐，最大障碍就是利益共享机制仍有欠缺，即便明确通过税收分成共享收益，但在比例上还待完善。由于产业园区合作的利益共享不是规范性运作，并没有成文规定，即使有了成文规定也不一定适用全部园区，因此需要每一个园区的合作方就利益分成、税收分享、土地等各方面进行磨合。而事实上由于园区合作双方各自利益诉求差距较大，以及缺乏有力的利益协调机构，利益共享机制不能完全明确下来，这也使得多数的园区合作只能停留在

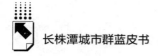

战略层面，有些甚至最终只是成为形式上的政绩工程。

3. 园区合作的权责利关系不够明确

在异地产业园区合作过程中，通常情况下迁出地负责经济事务管理，迁入地负责社会综合事务管理，但这两项职责并不是完全独立的，存在一定交叉，容易出现权责不明、职责不清的现象，交叉式管理易使合作冲突激化。同时，由于专门的管理机构的复杂性和具体管理规则的不完善，产业园在管理过程中出现管理的职能交叉、权责不明晰现象，也容易引起管理冲突。此外，由于异地产业园合作双方主动合作意识薄弱，地方保护主义色彩太强，且受行政区划的影响，双方政府的横向联系、协商途径也较少，双方的发展需求很难对接准。这也是调研过程中已有产业合作的园区或想要开展产业合作的园区反映较多的一个现实问题或未来需要重点解决的问题。

4. 园区合作中政府与市场的关系处理有欠缺

跨地区产业园区合作除了产业园区对口援助这种方式外，一般都是以"市场主导+政府引领"的方式开展，尤其是在合作园区的经营管理开发建设等方面，需遵循市场经济客观规律，政府行政干预不能太多。然而在实际调研中我们发现，有些合作园区的开发管理机构，由于迁入地政府的行政干预过多，日常经营已经远远背离合作的初衷。如 2014 年长沙经开区与某地开展产业园区合作，按照合作协议，成立普乐公司负责园区开发及运营事务，但在实际操作中，某地市政府成立了由市委常委、副市长任第一书记的管理中心，行政权力严重干预普乐公司运营，损害了合资公司普乐公司的发展利益。截至目前，长沙经开区投资 10 多亿元，国有资产保值增值任务很重，经开区管委会面临两难局面。

（三）产业园区合作的外部环境有待改善

1. 产业园区合作的社会氛围不浓

目前，为了落实国务院关于"加快长株潭都市圈建设"的战略规划和湖南省长株潭一体化发展的重要部署要求，长株潭三市政府开展了一系列产业园区合作推进工作，如签订《长株潭城市群一体化保产业链供应链稳定战略合作框架协议》，签署《全面推进长株潭产业（先进制造业）协同发展合作协议》和《协同发展实施方案》等，有些园区也开展了实质性的合作。但是这些框架协议、实施方案等由于缺乏成熟的合作管理模式、某些法律政策的难以突破以及缺乏省级层面的高位统筹推进，园区企业以及管委会的合作意识并不强，有着各种各样的担心和忧虑，各地方政府的利益诉求难以达成一致，大多数园区企业、管理机构以及政府有关部门领导对于产业园区合作前景并不看好，持悲观态度的较多。

2. 产业园区合作的政策环境不优

产业园区合作中政府的主要作用在于创新政策环境，为园区合作提供行政上的强大动力。然而，从长株潭都市圈产业园区合作的实际调研看，无论是从省级层面还是从市级层面，到目前为止，真正意义上的产业园区合作（除了援建新疆的产业园区）在行政方面仍然缺少支持和鼓励的实质性政策，跨市的合作共建园区如飞地园区的相关政策相对较少，针对不同类型的产业园区合作更缺乏政策的分类指导。在调研中我们发现，合作园区和企业的政策需求主要集中在人才、土地和税收政策等方面，如迁入地园区的企业不能享受迁出地园区企业的税收优惠政策以及高端人才享受优质教育的政策、合作园区经济绩效统计和考核机制难以突破等，严重影响了园区合作双方的积极性和主动性。

3. 产业园区合作的配套服务不足

合作园区的相关配套服务包括能满足园区企业员工生活需求的商业中心和交通出行、医疗、教育服务，以及为企业经营活动提供政务、金融服务的政府机构和金融机构等。园区配套服务体系越完善，服务质量越高，就越能留住企业以及企业所需的人才。目前长株潭都市圈中的产业园区合作的配套服务仍很不足，以长株潭交通一体化为例，尽管这些年三市大力"推进交通共建"，连接三市的综合立体交通体系已初步形成，但是园区之间的交通仍十分不方便，如长株潭城际铁路只是将三个城市初步连接起来，很多站点的设计规划没有综合考虑兼顾园区配套交通服务，以致很多长沙的园区企业员工不愿意到异地的合作园区工作。调研中我们了解到长沙雨花经开区与韶山工业园的合作、金霞经济开发区与湘阴某园区的合作就面临这种交通不便的现实难题。

四 加快推进长株潭都市圈产业园区合作的对策建议

随着长株潭一体化不断加快，长株潭都市圈建设已进入能级放大、速率提升、质效升级的新时期，其作为湖南省核心区域增长极的辐射带动作用将日益凸显，都市圈产业园区合作将成为必然趋势。

（一）省级层面统筹谋划高位推进产业园区合作

一是设立长株潭都市圈产业园区合作专项工作组。借鉴长三角和珠三角经验，建议由湖南省长株潭一体化发展领导小组办公室专门设立产业园区合作专项工作组，由省工信厅统筹、三市工信局主要领导轮流担任组长，形成产业园区合作专项领导小组，负责合作园区的合作招商、合作模式指导、行政事务协调、政策联动与创新等重大事项决策。完善都市圈产业园区合作联席会议制度，会议可由省工信厅牵头，三市以及有合作关系的园区所在地的工信部门领导参加，轮值召开会议，共同研讨产业园区合作过程中的共性和关键问题，并及时上报省委省政府。

二是建立都市圈合作园区的数据共享服务平台。建议从省级层面利用BIM、3DGIS、CIM 时空信息云平台、物联网等新技术，推动建设都市圈产业园区合作的数据共享服务平台，建立包括产业定位、企业投资需求、园区土地资源利用、园区招商政策等在内的数据库系统。建立"招商大脑"，针对重点产业、重点区域、重点企业开展投资信息收集工作，建立招商引资项目库，紧盯目标企业投资动向，构建企业画像与分析平台，强化投资项目统计分析，将项目线索自动分拨到对应的产业园区，实现园区协同招商。同时，通过"产业数据匹配，协同服务，B2B 需求对接"的特色服务，整合园区的企业、服务机构的投融资人才、技术、载体等资源，帮助不同园区的企业、服务机构和高层次人才等进行线上交流、线下对接，切实提高供需对接效率。

三是不断优化长株潭产业园区生态圈。重视发挥长株潭产业园区的核心辐射作用，以产业链为逻辑、特色化园区发展为核心促进产业分工协作。重点聚焦产业链研发、生产、销售"三环节"的核心优势资源，深度分析三市产业链基础，更加突出因城施策、因城设园，探索建立环节跨市分置的园区生态圈，以长沙为核心布局研发和销售特色园区、以株洲和湘潭为核心布局生产制造特色园区，打造更多专业型、精致型、效益型特色园区。同时强化都市圈园区产业规划的硬约束，为避免产业园区之间的内耗竞争，建议推行园区规划联审或规划合一，由省级层面站在"第四方"的中立视角明晰产业发展方向、设置产业集聚平台，并加强产业规划的监督落实，真正实现都市圈内不同层级产业园区的错位、互补发展。

（二）大力推进产业园区合作模式创新

一是学习与借鉴省外产业园区合作模式。探索建设"飞地园区"：按照"政府主导、市场运作、飞地招商、合作共建"的原则，发挥长株潭三市各自产业和空间优势，实施园区和引入地政府"双主体"管理机制，支持鼓励符合条件的长沙城区工业园区在株洲、湘潭、湘阴等市县探索建设"飞地园区"。探索"总部+基地"合作模式：聚焦本土骨干企业，通过区域并购重组等方式，鼓励引导三市企业将生产、研发、销售、管理等环节在都市圈范围内合理布局。实施"总部+基地"模式的企业，均同时享受长株潭三地相关优惠政策和待遇。探索建立一系列"伙伴园区"：鼓励主导产业相近的园区加强品牌联合，打造相关产业创新集群；鼓励缺土地的主城高新区与缺配套的远郊高新区进行合作，实现资源优势互补；鼓励以工业为主的园区与以生产性服务业为主的园区开展招商引资项目跨区域落地、存续企业跨区域转型、先进制造业总部企业跨区域基地建设等。

二是找准产业园区合作的重点领域。探索在园区托管、招商协作、园区平台三个领域开展长株潭都市圈产业园区合作。园区托管方面，发挥长株潭核心园区在产业基础、开发管理等方面的优势，探索开展园区托管建设，辐射提升都市圈内园区管理水平。项目招商合作方面，建立产业链项目招商协作机制，推动都市圈各市在相关产业领域共同开展项目招商，根据产业基础、准入条件、配套要求等，在都市圈范围内优化项目布局。鼓励链主企业[①]基于供应链、产业链完整性引进新项目落户，形成龙头企业引领的优势产业集聚。园区平台公司协作方面，借鉴"全域统筹、片区先行、产城融合"等合作模式，采取重点项目相互持股、共同投资片区开发等方式，实现产业投资开发合力。

三是优化产业园区合作的体制机制。合作园区在签订框架协议时一定要明确以下内容：首先，要建立科学的合作管理体制。建立清晰的管理层级包括高

[①] 系统集成能力强、市场占有率高、产业链拉动作用大、年产值不少于100亿元的制造业企业。

层协调机构、园区管理机构、行政管理机构，明确双方的经济、行政、人事、土地等管理权限和相应职责。其次，要协商建立利益共享分配机制。要在有利于双方合作的前提下，按照预期成本与预期利益初次确定分配机制，建立一套利益成本核算机制以及一套完整的纠纷化解机制。再次，要创新园区绩效考核管理方式。为了降低园区合作中转出地政府担心大规模的产业转移会造成本地GDP指标大幅下降，进而影响到的经济发展绩效，应专门研究制定GDP指标分解和跨区域合作政府的绩效考核办法。最后，要加强合作区内部管理团队建设。建立以公务员为主的管理团队和以行政事务员为主的运营团队；合作园区的各级政府要在机构设置、编制职数、财政资金等方面给予大力支持，实行"充分授权、封闭运行"。

（三）强化对产业园区合作的政策支持

一是完善飞地产业园区的经济政策。建议修改完善2014年湖南省《关于推动"飞地经济"试点工作的指导意见》，进一步将建设用地、项目审批、社会保障、投资融、环保等方面的优惠政策具体化。使"飞地经济"项目与合作园区所有工业项目同等享受国家和省以及所在工业园区的各项优惠政策，包括项目税费减免、人才政策一体化、建设用地优先保障、银行贷款优惠、风险补偿基金优先支持、园区财政相对独立等。以宁乡金玉工业区、雨花（韶山）工业园、湘潭九华经开区等重点飞地园区进行试点，总结经验和教训，不断完善省级层面的飞地经济政策。

二是强化财税政策的激励作用。合作园区除享受各级政府的财税优惠政策外，建议参照湖南省"135工程"①对异地产业园项目给予一定的资金补贴，本地政府要赋予园区财政局独立行使财政收入征管权限、预算外资金征收使用权限和会计管理权限，独立执行国家、省、市有关财经制度、财税政策和优惠政策。省级层面则需健全财税、基金收入共享机制，除上缴国、省比例外，全力争取长株潭三市地方留成部分留在园区，充实园区财力，实现滚动发展。加大政策统筹和财政支持力度，科学布局一批一体化产业政策承接平台，推进湖

---

① 2020年3月，湖南省财政厅出台《"135"工程升级版奖补资金管理办法》，加力提效支持全省产业园区发展。本轮财政奖补全面升级，补助范围更广、标准更高、条件更严，更多园区企业可以享受到更加实惠的政策红利。

南自贸区、中非经贸、科创服务等平台共享，使更多国家级区域政策惠及都市圈的"三市三金"①，实现长株潭都市圈内产业政策的协同性和平衡性。

三是优化调整合作园区土地开发政策。建立合作园区用地保障机制。新增建设用地指标优先向合作园区倾斜，确保园区发展用地需求。都市圈各市县区在分解下达土地利用年度计划时，可对合作园区计划实行单列。列入省重点工程的园区重大工业项目用地，由省国土资源厅在分解下达土地利用年度计划时予以统筹考虑。鼓励链主企业对产业空间进行统一规划管理，在保持用地性质、用途不变的前提下，允许其将一定比例的自有建设用地使用权及建筑物转让给核心配套企业。支持长株潭国家级园区主动腾笼换鸟，出台企业搬迁奖励政策，鼓励企业外迁以利于土地资源二次开发；加快盘活闲置和低效工业用地，建立低效工业用地退出机制，适当降低迁入地园区土地开发标准和土地单位面积投资强度的门槛。在工业用地二次开发中建立土地增值收益分享政策，合作园区的国土出让收入扣除政策性刚性支出和土地征收投入后，全额返还合作园区。

（四）优化产业园区合作的软硬环境

一是转变观念，凝聚共识，共促发展。长株潭三市要树立合作共赢理念，竞争与合作虽然是矛盾的，但矛盾关系的正向转变就可以实现共赢。三市只有建立合作式竞争关系，才能真正"抱成团"，成为湖南省核心的区域增长极。各个园区则要站在"讲政治"、实现"战略目标"的高度，本着优势互补、取长补短的原则，只要是对本地园区没有太多损失，又对双方园区有利，就可鼓励园区内的项目或企业与邻近的企业合作，或者落入飞地园区。同时随着湖南省"五好园区"② 建设的不断加快，以及长株潭经济体量的不断扩大，都市圈内国家级、省级园区都将面临土地的二次再开发、产业的提质升级。由此，通过不同产业园区合作模式实现园区"腾笼换鸟"，以高品质园区建设实现"筑巢引凤"。而在此过程中，长沙作为省会城市，更需树立大局意识，站在全省的战略高度，担当更多的责任，站得更高，走得更远。

---

① 长沙、株洲、湘潭、宁乡金洲新区、浏阳金阳新区、湘阴金龙新区。
② 规划定位好、创新平台好、产业项目好、体制机制好、发展形象好。

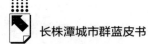

二是完善园区合作配套服务体系。目前，长株潭都市圈合作园区的企业对配套服务需求较多的是交通出行、教育医疗和商业服务。为此，在交通方面，利用长株潭城铁将脱离国家铁路系统、成为长株潭轨道交通系统的契机，加快推进长株潭轨道交通"地铁化"运营，并扩展延伸至湘阴、浏阳、宁乡、益阳，适当增加重点园区直达地铁、城铁的公交线路，推动建立长株潭都市圈综合交通新格局，加快形成"半小时"生活圈。在教育医疗方面，大力推动教育医疗设施建设。鼓励株洲、湘潭、宁乡等市积极引进长沙、北京等市的优质教育、医疗资源，深度开展教育医疗资源合作共享。针对飞地园区，建立教育、医疗等公共服务共享机制。在商业服务方面，大力改善合作园区所在城区的城市功能，加大对餐饮休闲娱乐等基础设施的投入，促进产城人融合发展。

三是推进都市圈营商环境一体化发展。进一步全面推进《优化营商环境条例》《长株潭一体化发展优化营商环境合作协议》的落地实施，加快推进长株潭都市圈营商环境一体化攻坚行动。借鉴苏州、上海、广州等市在产业园区合作上的先进经验，纵深推进"放管服"改革。园区所在的地方政府要充分授权，赋予园区"第二公章"，直接行使发改、商务、规划等当地政府本级权限，减少行政干预。可构建"市（县）长帮办"长效机制，地方政府主要领导对合作园区开发建设过程中反映的问题亲自会办、协调解决，为园区发展保驾护航。认真落实湖南省《关于创建"五好"园区 推动新发展阶段园区高质量发展的若干政策》，使合作园区能真正享受到 20 条具体化、可操作、企业获得感强的政策①。

参考文献

余晓钟、刘利：《"一带一路"倡议下国际能源产业园区合作模式构建——以中亚地

---

① "20 条"政策重点支持四个方面：对产业集聚、税收贡献、项目引进、科技创新能力提升快的园区或企业，给予政策支持、要素倾斜；重点支持第三方招商、供应链产业链招商，支持龙头企业招商；采取减缓征收行政事业性收费、建安增值税奖励、"135"工程升级版资金奖补、用地计划指标倾斜、产权分割转让等措施，支持产业综合体发展；加大对园区创新平台支持力度，对创新产品给予"首购首用"、政府采购支持。

区为例》,《经济问题探索》2020 年第 2 期。

苏文松、方创琳：《京津冀城市群高科技园区协同发展动力机制与合作共建模式——以中关村科技园为例》,《地理科学进展》2017 年第 6 期。

张京祥、耿磊、殷洁、罗小龙：《基于区域空间生产视角的区域合作治理——以江阴经济开发区靖江园区为例》,《人文地理》2011 年第 1 期。

沈正平、简晓彬、赵洁：《"一带一路"沿线中国境外合作产业园区建设模式研究》,《国际城市规划》2018 年第 2 期。

杨凌凡、罗小龙、唐蜜、丁子尧：《城际合作园区转型的制度空间重构机制——以锡沂高新区为例》,《地理科学》2022 年第 7 期。

B.9
长株潭都市圈制造业单项冠军的
培育策略研究*

熊曦　焦妍　华静文　王译萱　赵又婧　刘华欣**

摘　要： 培育制造业单项冠军对助推地区经济高质量发展具有重要意义。作为国家自主创新示范区，长株潭都市圈正在助推湖南打造国家重要先进制造业高地，并采取了一系列行动举措来激发制造业市场主体活力，推动制造业价值链向中高端化发展，涌现了一批单项冠军企业和产品，但与发达地区相比还存有差距。对此，本文提出要从培育具有竞争力的单项冠军企业、加强相关领域政策的针对性、优化单项冠军的区域战略布局、促进单项冠军企业从量变到质变的飞跃等多个方面采取相应切实可行的措施，以推动长株潭都市圈制造业单项冠军持续增量且做大做强，从而推动制造业高质量发展，并为其他都市圈或城市群制造业高质量发展提供经验借鉴。

关键词： 长株潭都市圈　制造业　单项冠军企业

---

* 基金项目：湖南省自然科学基金面上项目：双循环发展新格局下湖南制造业高质量发展的动力机制及实现路径（2021JJ31170）。

** 熊曦，中南林业科技大学商学院国际商务系教授、硕士研究生导师，工商管理博士，主要研究方向：工业化与城镇化、国际商务；焦妍，中南林业科技大学商学院硕士研究生，研究方向：涉农企业管理；华静文，中南林业科技大学商学院硕士研究生，研究方向：涉农企业管理；王译萱，中南林业科技大学商学院硕士研究生，主要研究方向：区域管理；赵又婧，中南林业科技大学班戈学院本科生，研究方向：金融学；刘华欣，中南大学商学院本科生，研究方向：工商管理。

引　言

制造业作为地区经济发展的动力源，是国民经济的命脉所系，是国家富强、民族振兴的坚强保障，纵观世界强国的崛起，都以强大的制造业为支撑。加快培育一批"专精特新"企业和制造业单项冠军也是做大做强做优我国实体经济的重要举措。培育制造业单项冠军不仅可为我国制造业高质量发展提供重要支撑，还是加速我国打造制造业强国的必要条件和重要手段。近年来，工信部联合多个部门就制造业单项冠军培育出台了一系列举措，如工信部等六部门出台了《关于加快培育发展制造业优质企业的指导意见》，提出要在 2025 年打造千家单项冠军企业的目标，同时，就制造业单项冠军培育提出了一些具体的指导意见，为地区推动制造业单项冠军企业培育提供了指导。2022 年 4 月 19 日，中共湖南省委在长沙召开实施"强省会"战略暨长株潭都市圈建设推进会，指出推进长株潭都市圈建设是事关全省发展的大事，为在新起点上推动长株潭都市圈建设再次击鼓催征；同时指出，要深化区域分工协作，共筑现代产业体系，培育具强竞争优势的企业与产业，推动长株潭都市圈制造业的高质量发展，而培育具有强竞争优势的单项冠军企业又是引领打造先进制造业高地、推动长株潭都市圈建设的重要举措。

到底该如何培育制造业单项冠军？现有关于单项冠军的相关研究已经有了一些基础，如王旭①、许晓凤②、熊梦③、石章强④相继认为培育制造业单项冠军有利于促进区域经济平稳健康发展、有利于促进制造业创业创新、有利于增强区域综合实力和竞争力、有利于推动地区制造业高质量发展等；刘诚达⑤、

① 王旭：《镇江市"单项冠军"企业培育发展建议》，《河北企业》2019 年第 10 期。
② 许晓凤：《"专精特新"小巨人、制造业单项冠军、隐形冠军的比较研究》，《中国质量监管》2020 年第 7 期。
③ 熊梦：《培育制造业单项冠军　打造"中国制造"强品牌》，《中国工业和信息化》2021 年第 4 期。
④ 石章强：《"专精特新"企业应重视品牌塑造》，《企业家日报》2022 年 2 月 13 日。
⑤ 刘诚达：《制造业单项冠军企业研发投入对企业绩效的影响研究——基于企业规模的异质门槛效应》，《研究与发展管理》2019 年第 1 期。

雷李楠和谭子雁①、马心悦等②相继研究了影响制造业单项冠军培育的一些因素，认为研发投入强度、企业创新生态环境、质量管理能力和品牌管理能力与外部市场环境对制造业单项冠军的形成产生重要影响；王旭③、邬爱其等④、向颖羿⑤、戴虹⑥相继研究了镇江市、浙江省、贵州省、湖南省等地培育制造业单项冠军的一些策略和建议，认为要培育单项冠军需要做精做大做强具有优势的一些企业和产品、要形成创新创业浓厚氛围、要深耕培育能够在全省具有引领性的特色产业，要建立梯度培育、技术攻坚、产品转化以及补链强链等多项机制。这些研究为打造和培育一批行业地位突出、专业技术领先的制造业单项冠军提供了有力的研究基础支撑。但对城市群或都市圈这类区域性的地区培育制造业单项冠军的相关研究还十分缺乏，事实上，打造单项冠军，更应该发挥一些大城市群的联动发展优势，精准定位，抱团出力，为助力培育单项冠军提供支撑。长株潭都市圈具有得天独厚的优势，从地理位置上看，长株潭三市呈"品"字形分布，空间联系紧密；从历史和现实看，长株潭都市圈是湖南省发展最具活力、最有基础、最有优势的地区；从产业基础看，长株潭都市圈整体产业布局具有一定的互补性和共同性。因此，从经济高质量发展和长株潭都市圈建设的要求来看，推动长株潭都市圈制造业单项冠军培育是落实国家战略、参与区域竞争、增强内生动力的现实需要。鉴于此，有必要根据长株潭都市圈单项冠军发展的现状，从国家、省的战略高度，有针对性地分析当前长株潭都市圈制造业单项冠军培育发展过程所遇到的具体困难和瓶颈，抓住长株潭都市圈奋力建设全国重要先进制造业高地的战略机遇与基础优势，为培育更多制造业单项冠军提出一些可供参考的发展策略，为促进长株潭都市圈制造业高质量发展乃至湖南经济社会高质量提供科学建议。

---

① 雷李楠、谭子雁：《"单项冠军+小巨人"：关键核心技术突破的互补力量》，《清华管理评论》2021 年第 12 期。
② 马心悦、夏维力、赵乾航：《制造业单项冠军企业的品牌指标体系构建》，《科技和产业》2022 年第 3 期。
③ 王旭：《镇江市"单项冠军"企业培育发展建议》，《河北企业》2019 年第 10 期。
④ 邬爱其、许斌、史煜筠：《浙江缘何能成为"单项冠军之省"》，《浙江经济》2021 年第 1 期。
⑤ 向颖羿：《培育"单项冠军"建立县域优势经济》，《当代贵州》2021 年第 1 期。
⑥ 戴虹：《湖南省建立四项机制培育制造业单项冠军》，《半月谈》2021 年第 9 期。

一 制造业单项冠军企业（产品）的概述与情况分析

（一）概念界定与特征

2016 年 3 月，工业和信息化部印发的《制造业单项冠军企业培育提升专项行动实施方案》（工信部产业〔2016〕105 号）对制造业单项冠军进行了明确定义和条件限定，指出制造业单项冠军企业是指长期专注于制造业某些特定细分产品市场，生产技术或工艺国际领先，单项产品市场占有率位居全球前列的企业；并从九个方面明确规定了申请单项冠军企业的具体条件（见表 1），同时，要求企业还应在各相关产业细分市场领域竞争中均拥有全球冠军级的市场地位和技术实力。

表 1　申请单项冠军示范企业及培育企业的具体条件

条件	示范企业	培育企业
目标市场	主要从事制造业 1~2 个特定细分产品市场。细分产品销售收入占 70% 以上	主要从事制造业 1~2 个特定细分产品市场。细分产品销售收入占 50% 以上
市场占有率	单项产品市场占有率居全球前 3 位	单项产品市场占有率居全球前 5 位或国内前 2 位
关键性能指标	企业持续创新能力强，拥有核心自主知识产权，主导或参与制定相关业务领域技术标准	企业创新能力较强，拥有自主知识产权
企业经营	业绩优秀，利润率超过同期同行业企业的总体水平	业绩良好，利润水平高于同期一般制造企业的水平
主营产品	从事相关业务领域的时间达到 10 年或以上，或从事新产品生产经营的时间达到 3 年或以上	从事相关业务领域的时间达到 3 年或以上
系统化品牌培育	建立完善的品牌培育管理体系并取得良好绩效，公告为工信部工业品牌建设和培育示范的企业优先考虑	取得良好绩效，公告为工信部工业品牌建设和培育的企业优先考虑
发展方向	从事细分产品市场属于制造业关键基础材料、核心零部件、专用高端产品，以及属于《中国制造 2025》重点领域技术路线图中有关产品的企业，予以优先考虑	
环境违法	近三年无环境违法记录，产品能耗达到能耗限额标准先进值	
管理制度	具有独立法人资格，具有健全的财务、知识产权、技术标准和质量保证等	

资料来源：中华人民共和国工业和信息化部网站（https://www.miit.gov.cn/），作者加工整理。

（二）单项冠军企业主体和产品分布

国家工信部已先后遴选并成功筛选出了多批次制造业单项冠军企业，2016
年的第一批入选企业共有 60 家（复核后 53 家），2017 年的第二批入选企业共
有 71 家（复核后 65 家），2018 年的第三批入选企业共有 68 家（复核后 65
家），2019 年的第四批入选企业共有 64 家，2020 年第五批入选企业共有 90
家，五年内共遴选出 353 家（复核后 337 家）单项冠军示范企业，257 项（复
核后 252 家）单项冠军产品，90 家培育企业，如图 1 所示。

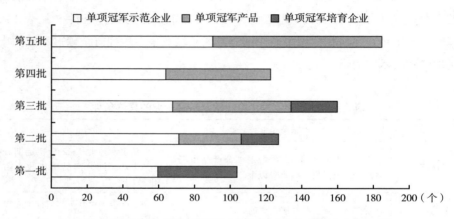

图 1　前五批制造业单项冠军示范企业、产品和培育企业数量

资料来源：中华人民共和国工业和信息化部网站（https://www.miit.gov.cn/）公布的
第一至第五批制造业单项冠军企业（产品）名单，并经作者加工整理。

其中，为探讨制造业的单项冠军企业、产品分布领域，分析第五批制造业
单项冠军企业地域分布情况以及主营产品分布如表 2 所示。

总的来说，从行业分布情况来看，不同行业的单项冠军企业在空间分布上
大致呈现连绵成片、核心集聚、散点分布三种类型。根据中国工业经济联合会
发布的《中国制造业单项冠军研究报告》，2016~2020 年遴选的制造业单项冠
军，主要集中于计算机、通信和其他电子设备制造业等 23 个制造业大类。这
些单项冠军企业从事主营产品领域的平均年限达到 24 年，机械行业的企业数
最多并且一直是产生制造业单项冠军的领先行业，占制造业单项冠军企业总

表2　2020年制造业单项冠军企业地域与主营细分领域产品分布

单位：个

省份	企业数	主营产品
山东	25	金属成形机床、逆变式弧焊机、风电法兰锻件、工业机器人智能包装码垛成套装备、不锈钢薄壁容器、机动车制动摩擦片、电力动车组/城市轨道车辆、酚醛树脂、L-天门冬氨酸、氧氯化锆、聚醚多元醇、水处理剂、AE-活性酯、羟丙基甲基纤维素、醇酸树脂涂料、预应力钢绞线、船舶用表面处理金属磨料、合成纤维纺制绳/缆、威尔顿地毯/挂毯、腈纶纱、化纤棉绒浆粕、葡萄糖酸钠、家用储水式电热水器、酒精节能蒸馏装置、餐饮用耐热玻璃器皿
浙江	21	工业汽轮机、桥梁伸缩装置、光学显微镜、内燃平衡重式叉车、大排量（400cc及以上）摩托车、商用车转向助力泵、自行走剪叉高空作业平台、汽车制动软管接头系列、中轻型商用车变速器总成、液压挺柱滚轮摇臂总成、智能多媒体显示人体工学工作站、应变式传感器、含氟制冷剂、活性染料和分散染料、卤代丁基橡胶、有机膨润土、光伏玻璃、色纺纱、纺织数码喷墨印花机、环保塑料餐具、电动自行车用铅酸蓄电池
江苏	9	大吨位模块化生活垃圾焚烧炉、机械压力机、谐波减速器、介质波导滤波器、组合式副产蒸汽石墨氯化氢合成炉、研磨机用研磨钢球、预应力混凝土管桩、染色化学纤维布、吸尘器清洁电器及吸尘器电机
广东	6	光学影像产品、打印机通用硒鼓/墨盒、计轴系统、MEMS麦克风、功能改性塑料颗粒、分体式房间空气调节器
北京	5	膜生物反应器组器、小型精密加工中心、轨道交通控制成套系统装备、轨道交通控制系统全套设备的研发与集成、长丝卷装作业智能物流系统
辽宁	4	特高压直流换流变压器用电磁线、汽车减振器活塞杆、蓝光视盘机、大型清洁高效系列焦炉技术服务
福建	3	网络电话机（IP电话机）、tps智能机模组（LTPS TFT-LCD）、LED显示屏
上海	2	DDR系列内存接口芯片、Wi-Fi MCU物联网通信芯片及模组
四川	2	环槽铆钉及铆接装备、陆地石油钻机
安徽	2	内燃叉车、光伏逆变器
湖南	2	汽车用柴油发动机零件（机油泵）、手机视窗及防护屏
云南	2	主动式OLED微型显示器、橡胶减震制品/消能阻尼器
新疆	1	1,4-丁二醇
天津	1	光引发剂
陕西	1	航空用钛合金棒材
山西	1	棉纺细纱机
湖北	1	PERC太阳能电池片激光掺杂和消融设备
河北	1	光伏组件
河南	1	商用车传动轴总成

　　资料来源：中华人民共和国工业和信息化部网站（https://www.miit.gov.cn/）公布的第一至第五批制造业单项冠军企业（产品）名单，并经作者加工整理。

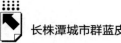

数的 35.6%；其次为电子信息行业和石化行业占比分别为 17.3%、15.8%。但在先进制造细分领域，单项冠军企业数量一直较少，其主要产品多是传统制造产品，而技术含量高、涉及先进制造关键领域的单项冠军还较少，特别是一些前沿技术产品，也从侧面反映出我国在先进制造领域存有差距。而行业细分领域的领头者单项冠军企业则是推动制造业企业高质量发展的重要条件。加大力度培育发展中国制造业"单项冠军之省"已成为一些地区的发展战略目标，单项冠军成为推动全国制造业高质量发展的"金名片"。以浙江省为例，2020年工信部先进制造业集群初赛（评标）结果显示，在全国 20 个入选集群中，浙江就有 5 个入选，数量居全国第一。浙江通过资源约束促使企业聚焦化发展，加快产业集群转型升级，打造发达的产业集群，成为"单项冠军之省"。

（三）制造业单项冠军区域分布情况

一方面，从省域分布来看，根据国家工信部、中国工业经济联合会联合公布的单项冠军企业名单，五批共 610 个制造业单项冠军，其中单项冠军示范企业 353 家、单项冠军产品 257 项。五批制造业单项冠军覆盖了 28 个省市。从省份排名来看，中国制造业单项冠军主要集中分布在山东、浙江、江苏以及广东这四大省份。浙、鲁、苏三省的单项冠军企业数量最多且集中了半数以上的制造业单项冠军，遥遥领先于其他省。东部沿海地区不仅具有良好的经济发展基础，还积极扩大对外开放，促进了单项冠军企业的产生和成长。同时，单项冠军也正在发挥龙头带动作用，引领各地形成聚焦细分行业领域的产业集群。这反映了区域经济发展程度与培育单项冠军是互相促进的关系。从现有的相关研究与数据资料对比中得知，制造业单项冠军大多集中在全国经济相对比较发达的省份，浙江省作为"单项冠军产品之省"，通过资源约束促使企业聚焦化发展，加快产业集群转型升级，打造发达的产业集群。山东的制造业实力十分雄厚，单项冠军企业数量位于全国第一，拥有潍柴、歌尔、中国重汽、海尔等知名企业，在全球细分市场上占据绝对份额，同时产业配套能力强，核心节点优势明显。

另一方面，从大区域分布来看，东部地区占比 74.8%，占比最大；中部地区占比 14.1%；西部地区占比 7.9%；东北地区占比 3.2%，占比最少。制造业单项冠军主要集中在环渤海、长三角、珠三角、长江经济带，这类地区归类为东部沿海地区，是经济较为发达的地区，区域位置独特，含有丰富的资源。山东、浙江以及江苏拥有的第五批单项冠军企业共有 54 家，占第五批单项冠军企业总数的一半以上，这反映出了东部沿海地区的制造业较为先进，但同时也反映出中国制造业单项冠军企业区域分布不均衡。中国 30 多个省份，仅有 19 个省份的制造业企业上榜。西北部地区单项冠军企业上榜的省份屈指可数，由此可以看出，经济发展较为落后的地区制造业发展与经济发达地区相比存有一定的差距。

此外，从制造业单项冠军所在的城市来看，一般分布在经济发达度和制造业成熟度、高质量人才集中度等较高的城市。如北、上、广、深等特大型城市拥有整体实力较强的制造业。同时，上海等城市是极具经济活力的资源配置中心、现代服务业和先进制造业中心，南京和杭州是我国制造业的传统优势地区。还有一些制造业优势城市涌现出来，如宁波被评为"单项冠军之城"，单项冠军企业数量共达到 51 家，居全国首位，该市主导产品市场占有率全球第一的企业占比为 28.65%，市场占有率全国第一的企业占比为 68.23%，且大多数企业是细分领域的冠军。

（四）城市群单项冠军发展情况

由于本研究的对象是长株潭都市圈，属于省内的城市群，它无法与跨省的区域城市群比较，本研究选取与长株潭都市圈规模类似的城市群进行比较。截至 2020 年，根据工信部的名单统计，珠三角城市群主要包括"广佛肇""深莞惠""珠中江"等三个新型都市区，拥有 25 家单项冠军示范企业；武汉都市圈是湖北经济发展的核心区域，有 6 家单项冠军示范企业；中原城市群以河南郑州为中心，有 5 家单项冠军示范企业；成渝城市群以成都和重庆为中心，共有 4 家单项冠军示范企业；长株潭都市圈和环鄱阳湖城市群各有 4 家单项冠军示范企业。从以上数据可以看出，珠三角城市群的单项冠军企业数量排名第一，其次是武汉都市圈排名第二，再次是中原城市群紧跟其后，然后是成渝城市群、长株潭都市圈以及环鄱阳湖城市群，这三个城市群单项冠军企业较少且占比偏低。除珠三角城市群全国单项冠军企业数量占比超过 10% 外，其他各城市群、都市圈单项冠军企业数量在全国的占比不足 5%。总体来看，各城市群、都市圈的单项冠军企业占比较低。特别是对湖南来说，长株潭都市圈的发展要壮大制造产业集群，培育新兴产业，必定要发展先进制造业，加快培育"专精特新"企业的发展，推动单项冠军企业成为制造业发展的基石并提供源源不断的内生动力。因此，要加大力度培育制造业单项冠军。

二 长株潭城市圈制造业单项冠军企业发展现状

本研究充分考虑了长株潭都市圈现有制造业单项冠军的总体情况和发展趋势，从制造业单项冠军企业、制造业单项冠军产品以及制造业单项冠军创新能力等多个方面来分析长株潭都市圈制造业单项冠军发展现状。

（一）制造业单项冠军企业总体保持增长趋势

自工信部 2016 年颁发《制造业单项冠军企业培育提升专项行动实施方案》以来，长株潭都市圈在各个优势产业领域迅速发展的同时，积极申报单项冠军企业，截至 2021 年 9 月，在工信部公示的单项冠军企业（产品）名单中，长株潭都市圈已有制造业单项冠军企业共 4 家（见表 3）。

表 3　长株潭都市圈制造业单项冠军企业以及主营产品（第一至第五批）

	企业名称	主营产品	地区
第一批	湖南省长宁炭素股份有限公司	电池炭棒	长沙
第二批	株洲硬质合金集团有限公司	硬质合金	株洲
第三批	湖南杉杉能源科技股份有限公司	锂离子电池正极材料	长沙
第四批	无	无	无
第五批	蓝思科技股份有限公司	手机视窗及防护屏	长沙

资料来源：中华人民共和国工业和信息化部网站。（http：//www.miit.gov.cn）公布的第一至第五批制造业单项冠军企业（产品）名单中湖南部分的情况。

这 4 家单项冠军企业各具特色，它们的市场优势和技术优势十分明显，湖南省长宁炭素股份有限公司行业产量已位居全球同行业产量第一；株洲硬质合金集团有限公司被誉为"我国硬质合金工业的摇篮"；湖南杉杉能源科技股份有限公司所制造的锂离子电池正极材料在全球技术发展步伐最快、在全球市场中产销规模最大，它作为龙头标杆企业，连续五年排在行业竞争力品牌榜第一位；蓝思科技股份有限公司拥有一套国内外公认的最先进且自动化程度达到最高等级的精密生产加工与产品质量检测的设备生产线及整套成熟有效的产品加工检验工艺，生产经营的各种产品不仅成功打破了部分国外企业技术专利垄断，而且一些技术指标甚至超过国际先进水平。这4家公司的优势如表4所示。

表4　长株潭都市圈单项冠军企业的市场和技术优势

企业名称	优势
湖南省长宁炭素股份有限公司	拥有专利27项，电池炭棒综合理化指标居于国际领先水平，其中防渗性指标达到100%无渗；抗折强度比国际先进企业高20%；导电性能比国际先进企业高10%；每年有40%以上的炭棒出口。年产销电池用炭棒超过3万吨，连续六年居世界第一
株洲硬质合金集团有限公司	"钻石牌"商标价值达9.92亿元，位列全国硬质合金行业第一名，硬质合金产销量全国居首。有效专利731项，其中发明专利297项，国外授权专利5项。建有国内行业独有的国家重点实验室、研发中心等，科研装备达到世界先进水平
湖南杉杉能源科技股份有限公司	全球仅此一家4.45伏高电压钴酸锂，市场占有率100%。蝉联6年锂电正极竞争力排行榜第一名，每年将营业收入的3.2%直接用于研发，建成杉杉能源研究院；设立多个科研创新平台；从2014年起持续保持新能源锂电正极材料行业全球第一的产销规模
蓝思科技股份有限公司	玻璃、蓝宝石、陶瓷等材料的核心技术领先，具有最先进且自动化程度达到最高等级的设备生产线，专利数量居行业首位，具有成熟的技术人才培养机制及持续稳定的研发投入。发展"蓝思+"工业智联战略，建立了蓝思云工业互联网平台

资料来源：来源于相关企业的网站信息，并经作者加工整理。

（二）制造业单项冠军产品覆盖面广

长株潭都市圈制造业发展基础较好，拥有门类齐全的制造业体系，随着传统优势产业链核心竞争力不断提高，产业链中巨大的发展潜力也同样得到进一步的开发。如今的长株潭都市圈以打造全国重要先进制造业基地为重点抓手，推动先进制造业高质量发展，整体产业规模稳步快速扩大，传统制造业产业实现转型，技术大幅度创新，产业生态环境不断优化，单项冠军产品数量逐渐增多。目前，长株潭都市圈已有制造业单项冠军产品共13个（见表5）。

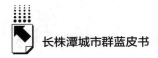

表5 长株潭都市圈制造业单项冠军产品以及生产企业（第一至第五批）

批次	单项冠军产品名称	生产企业
第一批	无	无
第二批	气象气球	中国化工株洲橡胶研究设计院有限公司
第三批	全断面隧道掘进机	中国铁建重工集团有限公司
	无菌制剂机器人自动化生产线	楚天科技股份有限公司
第四批	旋挖钻机	三一重工股份有限公司
	塔式起重机	中联重科股份有限公司
	液压静力压桩机	山河智能装备股份有限公司
	溴化锂吸收式冷（温）水机组	远大空调有限公司
	三相电子式电能表	威胜集团有限公司
第五批	混凝土泵车	三一汽车制造有限公司
	履带起重机	湖南中联重科履带起重机有限公司
	清洁车辆	长沙中联重科环境产业有限公司
	风电叶片预埋螺套	湖南飞沃新能源科技股份有限公司
	HVDC 晶闸管器件	株洲中车时代半导体有限公司

资料来源：中华人民共和国工业和信息化部网站（http://www.miit.gov.cn）公布的第一至第五批制造业单项冠军企业（产品）名单中湖南部分的情况。

（三）制造业单项冠军成长的创新基础较好和潜力较大

创新是制造业发展的活力源泉。近年来，长株潭都市圈为深入实施"三高四新"和制造强省战略，紧紧围绕《湖南省制造业创新能力提升三年行动计划（2021~2023）》。以制造业创新中心、企业创新中心（企业技术中心）和产业技术基础平台为重点，扎实推进创新平台体系的建设，并取得了一系列突破性成果。继获批先进轨道交通装备创新中心后，长株潭都市圈正积极创建工程机械国家制造业创新中心，目前已建成10家省级制造业创新中心、326家企业技术中心。与此同时，长株潭都市圈集聚了湖南60%以上的创业平台、70%以上的高新技术企业、80%以上的高校科研机构、85%以上的科研成果，托起了轨道交通、装备制造两大国家先进制造集群，形成了以超级杂交水稻、"天河"超级计算机等为代表的重大科技成果。长株潭都市圈以打造全国重要先进制造业高地战略为引领，紧扣"3+3+2"产业集群打造的具体思路，以园区为载体，打造一批产业规模大、创新能力强、市场竞争力强的产品和企业，为单项冠军的成长提供源源不断的动力。

三　长株潭都市圈制造业单项冠军发展的薄弱环节及其成因

（一）单项冠军企业数量有待进一步增加

长株潭都市圈单项冠军企业在整个制造业单项冠军企业中的占比仍然较低，带头作用还不明显。2016～2020年，共5批单项冠军企业名单中珠三角城市群和武汉都市圈分别拥有单项冠军企业25家和6家。而长株潭都市圈单项冠军企业总数仅为4家。而且在有些年份长株潭都市圈没有企业入选单项冠军企业，亟待通过各种举措培育一批具有湖湘竞争优势的单项冠军企业。

（二）单项冠军企业成长的潜在压力也较为突出

随着制造业的高质量发展，单项冠军企业竞争进入白热化阶段，长株潭都市圈单项冠军企业培育也面临一定的挑战。由于长株潭都市圈的大部分企业还是中小企业，还处于模仿追随阶段，创新活力不足，难以真正培育出自己的核心技术能力，市场竞争力也不足，以至于在激烈的市场竞争中，会遇到许多有形和无形的障碍，而且规模经济和市场容量的限制也制约了其成长为单项冠军企业。加上目前具有优势的一些行业企业，受到市场、融资、成本等方面的要素约束，充分发挥其特有优势也受到了一定的影响，这在一定程度上弱化了其成长为单项冠军企业的潜力。

（三）单项冠军的扶持政策有待进一步完善

长株潭都市圈对于制造业单项冠军企业制定的相关政策有待进一步完善。一方面是缺乏相应的引才聚才政策，单项冠军企业的成长离不开创新的土壤，创新则离不开人才，因此，制定制造业引才聚才政策十分必要，有利于吸引或者留住更多的人才，支撑企业不断打造核心竞争力，进而为入选单项冠军企业提供支撑；另一方面缺乏相关的金融财政政策，一些贴近制造业单项冠军企的专门支持文件还比较少。从表6可见，武汉、广州以及郑州等大城市在人才、金融和财政这三个方面分别出台了一些配套完备成熟的地方政策措施，相比于长株潭都市圈，这些城市的政策为制造业单项冠军企业的健康成长发展营造了更加良好的制度环境，而长株潭都市圈在紧密结合自身的区域特征提出具有较强针对性的政策方面还得做一些完善。

表6　武汉、广州和郑州三大城市制造业企业培育与发展相关政策

地区	人才政策	金融政策	财政政策
武汉	每年组织培训中高层管理人员	设立企业融资应急资金	对单项冠军企业给予200万元奖励，对单项冠军产品给予150万元奖励
广州	实施先进制造业及金融、航运、高铁、航空等领域重点企业及重点项目单位紧缺人才入户计划	鼓励和引导银行业金融机构对专精特新企业发放信用贷款，对于实际发生的利息支出给予补助	不同区域给予的奖励有所差别，但广州黄埔区、开发区对单项冠军一次性奖励500万元
郑州	对新培养技师、高级技师和高级技师提升培训分别给予支持	原则上将"专精特新"企业纳入"白名单"，适当简化融资程序，提高审批效率，推出专业化信贷，给予优惠利率	对单项冠军一次性奖励500万元

资料来源：各地政府及工信部门门户网站。

（四）单项冠军的要素约束和辐射带动作用有待进一步突破、提升

一方面是单项冠军企业全球领导地位不高的问题有待解决，亟须增强单项冠军企业的品牌和核心技术，推动制造业单项冠军企业提升国内市场占有率以及国际市场竞争力。

另一方面，单项冠军企业集聚在省会长沙，株洲和湘潭的企业少，呈现区域分布不均衡的态势，因而，要发挥株洲、湘潭等区域的核心企业竞争优势，为培育具有单项冠军潜力的企业提供支撑。

此外，单项冠军企业带动潜力未释，现代产业集群支撑不足，要进一步推动制造业单项冠军企业聚焦主业发展，提升带动能力。

四　长株潭都市圈制造业单项冠军培育策略探讨

新形势下，长株潭都市圈培育发展制造业单项冠军应立足于制造业关键优势重点领域，促进制造业迈向产业链中高端，应扩大制造业单项冠军群体数量，提高政策扶持的精准性，不断围绕核心竞争突破创新，促进单项冠军从量变到质变的飞跃。

（一）培育更多具有竞争力的单项冠军企业

发挥长株潭都市圈产业集群较为完善发达的优势，构建支持单项冠军发展的产业创新生态。一方面，要立足可能成长为单项冠军的企业培育，找准制约这类优质企业发展的瓶颈问题，赋能企业高质量发展。另一方面，要带动长株潭都市圈各优势制造企业加速成长，提升其产品品质和品牌，促其发展成为制造业单项冠军；此外，要引导各优势企业持续提升细分产品市场占有率，重视其国内外市场的巩固和提升，使其能够成为名副其实的单项冠军企业。

（二）加强相关领域政策的针对性

一是要贯彻落实《湖南省制造业创新能力提升三年行动计划（2021～2023）》的部署，着实从自主创新能力、创新平台体系建设、关键核心技术突破以及湖南制造品牌提升等方面发力，为培育一批单项冠军提供坚强的保障。

二是建设汇聚人才的用人环境。积极引进产业链高端人才、海外高层次人才以及创新型管理团队等，为制造业单项冠军培育提供源源不断的人才支撑。

三是加大对单项冠军培育企业的创新政策投入，以创新引领单项冠军企业培育，将重心放在这类企业的"卡脖子"技术突破上，制定攻克单项冠军培育企业关键核心技术的计划清单，真正帮助企业解决市场、技术等要素难题，为单项冠军培育提供各项支撑。同时，对获得单项冠军的企业和产品应给予更多的要素支持。

（三）优化单项冠军的区域战略布局

需要全面发力，统筹长株潭都市圈区域协调发展，优化长株潭都市圈制造业空间布局，引导各市优势产业竞相发展、协同发展，关注重点领域空间布局优化，实现相关行业企业抱团发展、做大做强。如长沙市可重点聚焦工业机械、轨道交通装备、新能源与节能设备、其他高端设备、新材料、电子信息等行业企业发展，湘潭市可重点聚焦智能装备、汽车及零部件、精品钢材及深加工、电子信息等行业企业发展，株洲市可重点聚焦轨道交通装备、航空动力、新能源装备、新材料、先进陶瓷、电子信息等行业企业发展。在具体发展策略上，着力推动长株潭三地产业园区深度合作，探索建立区域产业转移、园区合作共建、利益共享机制，加强长株潭产业链供应链一体化布局。

（四）促进单项冠军企业从量变到质变的飞跃

一是要长期专注细分市场领域。龙头企业要持续专注于细分市场的产品发展，培育出在细分行业领域具备核心竞争力的单项冠军。

二是加大全球市场力度。加强海内外市场需求预判，拓展全球市场业务，并进行资源整合配置，进一步扩大企业品牌影响力和社会知名度。

三是为实施强链补链、培育优势产业链提供更多的政策支持。扩大产业链企业规模，增加单项冠军数量，制定重点细分领域产业链培育计划，加强单项冠军产业链培育。不断推进区域上下游企业本地化的协调联动，推动优势产业链向价值链中高端迈进。同时，积极引导龙头企业发挥领头作用，不断推动单项冠军企业从量变到质变的飞跃。

参考文献

王译萱、熊曦、刘欣婷：《湖南制造业畅通"双循环"的基础与路径》，《湖南行政学院学报》2022年第2期。

盘和林：《发挥制造业单项冠军的行业引领作用》，《智慧中国》2022年第1期。

王凌：《单项冠军企业可持续发展路径选择及其政策优化——基于宁波的调研》，《理论观察》2022年第1期。

颜芳芳、张明、贾冬艳、李英薇:《我国独角兽企业分析及对河北省的启示》,《北方经贸》2022年第1期。

李晓沛、郑春蕊:《中部地区制造业高质量发展与创新路径研究》,《区域经济评论》2022年第1期。

邬爱其、林福鑫:《单项冠军企业高质量发展的双内驱:创新+效率》,《浙江经济》2021年第8期。

袁宝龙、王欢、李琛:《湖南省制造业绿色全要素生产率评价及影响因素研究》,《中南林业科技大学学报》(社会科学版)2018年第5期。

许科敏:《〈制造业单项冠军企业培育提升专项行动实施方案〉及〈关于引导企业创新管理提质增效的指导意见〉解读》,《机械工业标准化与质量》2017年第1期。

熊梦:《培育制造业单项冠军 打造"中国制造"强品牌》,《中国工业和信息化》2021年第4期。

《深度解读!中国制造的单项冠军区域分布、产业分布、规模分布、时间特点等!》,https://new.qq.com/omn/20220302/20220302A06CFY00.html,最后检索时间:2022年8月30日。

工信部发布《制造业单项冠军示范(培育)企业名单(第一批)公示》,https://wap.miit.gov.cn/zwgk/wjgs/art/2020/art_83640efa9dfd45bdac719f0f8bcd47bc.html,最后检索时间:2022年8月30日。

《打造中国版产业"隐形冠军"》,https://m.thepaper.cn/baijiahao_14896709,最后检索时间:2022年8月30日。

B.10
长沙打造国家重要先进制造业高地研究

郑谢彬*

摘　要： 近年来，长沙坚持以智能制造为统领，以产业链建设为抓手，以"三智一芯"为主攻方向，奋力推进先进制造业高质量发展，在着力打造国家重要先进制造业高地的新征程中彰显了省会担当、贡献了省会力量。本文分析了长沙打造国家重要先进制造业高地的现实基础和挑战，提出了创新协作、智能应用、绿色制造、全球合作、集群培育、要素支撑、优化环境7个方面的政策建议。

关键词： 先进制造业高地　智能制造　长沙市

一　现实基础

（一）"三量"齐升，支撑能力增强

"十三五"以来，长沙市制造业总量、均量和质量都有了较大幅度的提升。园区示范作用更加彰显。园区规模以上工业增加值占全市的比重达71.5%。长沙高新区国家网络安全产业园区正式揭牌；长沙经开区获评国家新型工业化五星级产业示范基地；宁乡经开区国内首家智能家电产业小镇全面启航；浏阳经开区获评国家新型工业化产业示范基地；望城经开区园区综合评价位居全省第一；金霞经开区获评全国优秀物流园区；隆平高科技园成功创建国家现代农业产业园；雨花经开区获批国家绿色工业园区；宁乡高新区获评全国

---

　* 郑谢彬，湖南省社会科学院产业经济所助理研究员，主要从事产业创新与布局优化、财政等领域研究。

电池产业集群示范区；岳麓高新区获批国家技术标准创新基地。智能制造加速推进，聚焦智能网联汽车、工业互联网等"八大应用场景"，围绕"三智一自主"精准发力，国家新一代人工智能创新发展试验区创建稳步推进，获批国家海外人才离岸创新创业基地、国家新型国防科研基地。目前，长沙市成为全国北斗卫星导航应用三大示范区之一，工程机械智能数字化工厂数量居全国第一，智能制造装备产业集群获批国家首批战略性新兴产业集群，智能制造成为长沙市"闪亮名片"。

（二）"三链"融合，创新动能充沛

围绕产业链部署创新链，围绕创新链布局产业链，围绕创新链壮大人才链。目前，长沙创新能力在国家创新型城市中排名前8，跻身第一方阵。2020年，全社会研发投入340亿元，投入强度达到2.8%，完成技术合同成交额336.7亿元，拥有高新技术企业总数4142家、各级研发平台达1502家（国家级67家）、科技企业孵化器和众创空间220家（国家级46家），新增木本油料资源利用等国家重点实验室（工程研究中心、企业技术中心）6个，国家新一代人工智能创新发展试验区创建稳步推进，获批国家海外人才离岸创新创业基地、国家新型国防科研基地。科技创新与应用取得积极成果，实现了如高性能嵌入式GPU芯片、航空发动机耐高温压力传感器、挖掘机分布式智能液压阀控系统、高端重卡控制器等一批核心关键技术的突破，实现了凌云系列泵车、国产销轴、新型千米级水平取芯钻机、国产液压传感器等一批核心整机与零部件的本土量产。科创载体进一步发展，湖南湘江新区签约智能网联汽车头部企业22家，岳麓山大学科技城获批国家首批科技成果转化和技术转移示范基地，新增树图区块链创新中心等新型研发机构10家、京东智联云等标志性企业35家，湘江科创基地（一期）投入运营。

（三）"多点"支撑，打造优势集群

先进制造业集群不断发展壮大，整体竞争力显著增强。智能装备、智能汽车、智能终端和信息安全及自主可控等"三智一自主"领域布局基本完成，依托中联重科智慧产业城、三一智能装备制造项目、湘江鲲鹏生态软硬件建设项目、格力冰洗基地等一批具有"代表性、带动性、标志性"的重点项目，带动 22 条工业新兴及优势产业链快速发展，浏阳经开区形成了以蓝思科技、惠科、欧智通、豪恩声学等先进企业为中心的显示功能器件产业集群。宁乡高新区形成了以邦普循环、中锂新材料、中科星城、博信等行业领先企业为中心的新材料产业集群。隆平高科技园形成了以隆平高科、华智生物等领先企业为中心的现代种业产业集群，望城经开区形成了以华为、比亚迪电子、德赛电池、TDK 新视电子、证通电子等为代表的电子信息产业集群，唱响"长沙制造"品牌。2019 年，专用设备制造业、计算机及其他电子设备制造业、汽车制造业三大产业营业收入占全市制造业营业收入的40.2%，利润占全市制造业利润的38.5%，其中，专用设备制造业一枝独秀，2019 年资产总计达到3290.9 亿元，是合肥市（378.7 亿元）的 8.7 倍、武汉市（498.5 亿元）的 6.6 倍，尤其是工程机械产业链总产值首破 2000 亿元，已成为中国最大的工程机械生产基地，进一步增强了长沙打造国家先进制造业高地的底气。

（四）"梯度"培育，占领价值高端

大中小企业全面发展，形成良好的竞争与合作局面。龙头制造企业竞争力持续加强。三一重工、中联重科、铁建重工和山河智能四家主机企业稳居全球工程机械制造商 50 强，三一重工排名由第 7 跃升至第 5，中联重科和山河智能排名均上升了 4 位。湘江鲲鹏、百度微算互联、CSDN 等知名软件企业先后落户，A 股上市公司总数达到 70 家，在中部六省中排行第一，荣获了"2020 上市竞争力领先城市"奖。国企改革纵深推进，城发集团实现一级重组、二级重组，湘江集团市场化改革成效明显，水业集团完成上市公司收购，湘船重工等混改有序推进，市属国企总资产突破 1.3 万亿元，全市盘活"三资"307.28 亿元。民营经济持续繁荣，2020 年新注册市场主体 23 万户，贡献全市约 55%的税收、65%的 GDP、75%的投资、89%的就业、95%的企业数量和科技创新成果。小微企业发展亮眼，2019 年长沙市工业小微企业实现营业收入 3769.16 亿元，是合肥市小微企业营业收入的 2.2 倍、比武汉市高出 53 亿元；实现利润 263.78 亿元，是合肥市中小微企业利润的 3.1 倍，比武汉市高出 62.4 亿元。

二　面临的挑战

（一）产业链条仍待完善

目前，长沙市制造业集群大多是生产同类产品企业的简单集聚，基本上属于横向联系的产业集群，上下游产业链不完善，集群效益发挥不够。除工程机械外，制造业集群内核心产业和核心企业不明显，生产环节衔接不紧密，产业链过短，缺乏主导企业和有影响力品牌。少量企业在一定区域内聚集，但企业间信息沟通不够，企业间"信任网络"不健全，缺乏分工协作，没有形成有利于集群发展的专业化分工协作体系和竞争合作机制，集群内各企业间的竞争多于合作。比如，2019 年大型企业仅有 40 家，占规上企业比重仅为 1.34%；大中型企业合计 280 家，占比仅为 9.41%。同时，长沙市人工智能、生命科技、航空航天等具备持续高成长性、高技术性、高颠覆性的未来产业仍存在较大发展空间。2019 年，长沙市航空航天和其他运输设备、计算机及其他电子设备、医药 3 个制造业合计营业收入占全部制造业营业收入的比重仅为14.95%，合计营业利润占全部制造业营业利润的比重仅为 13.26%。对比其他行业，仅烟草制品业营业收入就占全部制造业营业收入的 11.13%、营业利润占全部制造业营业利润的 11.23%，1 个烟草制造业几乎与上述 3 个体量相当。对比其他城市，合肥市计算机及其他电子设备制造业营业收入占全部制造业营业收入的 27.62%，武汉市计算机及其他电子设备制造业营业收入占全部制造业营业收入的 13.69%。这说明，未来产业尚未成为长沙市主导产业。

（二）创新能力仍待提升

制造业的竞争优势关键在于其自主创新能力。然而，长沙市制造业很大一部分是以低成本为基础的简单"扎堆"，而不是以创新为基础，制造集群缺乏创新力，整体仍处于全球产业价值链中低端，装备制造仍是短板，尤其是机器人和高端控制系统、高档数控机床、高档数控系统等"工业母机"的核心技术和市场份额仍被省内外产品占领，液压油缸、新型元器件、人工智能算法等关键技术和关键零部件仍依赖进口。比如 2019 年全市规模工业企业专利申请数为 13013 件，与武汉市 16403 件和合肥市 16491 件相比，单位经费产出较低，其中，计算机和其他电子设备制造业 2019 年专利申请有 1295 件、拥有发明专利数 1384 件；而武汉市 2019 年专利申请 8229 件，合肥市 2019 年专利申请 3185 件、拥有发明专利 3081 件。造成长沙市自主创新能力不足的主要原因是创新人才和创新意识缺乏，自主创新投入不足。2019 年，长沙市有 R&D 活动的规模工业企业有 1575 家，R&D 人员有 49870 人，平均每家企业有 R&D 人员 32 人，相比之下，武汉市每家企业有 R&D 人员 63 人、合肥市每家企业有 R&D 人员 66 人，远远高于长沙市。计算机及其他电子设备制造业 2019 年 R&D 经费内部支出 13.75 亿元，远低于武汉市 92.85 亿元和合肥市 53.46 亿元；医药制造业 2019 年 R&D 经费内部支出 4.84 亿元，低于武汉市 6.25 亿元和合肥市 5.41 亿元。

（三）扶持政策仍待优化

集群内企业的分工合作存在"群系统失灵"，这就需要政府的产业集群政策予以引导和克服失灵，但长沙市目前集群政策普遍未针对"群系统失灵"，未有效引导企业之间的相互协作，没有跟踪加强服务，没有把服务企业的职责任务明确化、制度化。加之部分政策过于宏观，规划性、纲领性政策较多，行业性、项目性政策较少，忽视需求面和环境面政策作用，导致政策能效不高，影响企业的再投资与再生产。"十三五"时期，长沙市针对制造业的固定资产投资动力明显不足。对比合肥市和武汉市制造业固定资产投资增速可以看出，2017~2019 年，长沙市分别是 8.8%、17.3% 和 6.7%，而合肥市分别为 12%、22.2% 和 12.1%，武汉市分别为 10.9%、12.3% 和 15.1%。同时，长沙市在创新型人才普遍重视的科学技术和教育两个领域的公共投入也相对不足，2019 年长沙市科学技术领域的财政支出占财政支出的比重仅为 3.4%，教育领域的财政支出占财政支出的比重为 14.8%。合肥市这两个领域的财政支出占比分别为 11.6% 和 17.3%；武汉市这两个领域的财政支出占比分别为 7% 和 13.5%。

三 打造长沙成为国家重要先进制造业
高地的对策建议

（一）构建开放式创新体系，增强创新协作

围绕长沙市战略性新兴产业和新兴优势产业链，在引领产业发展潜力强的技术领域布局建设若干企业创新平台，面向参与产业竞争的细分关键技术领域，加强关键核心技术攻关，为行业内企业特别是科技型中小企业提供技术创新与成果转化服务，提升重点产业领域创新能力与核心竞争力。在工程机械、轨道交通、电动汽车等行业集中度高的领域，主要由三一重工、中联重科、中国中车、山河智能、比亚迪等龙头企业牵头建设，产业链有关企业、高校、科研院所等参与，加快建设工程机械制造业创新中心、机械基础零部件创新中心等平台。在电子信息、行业集中度较低的领域，可以由多家行业骨干企业联合相关高校、科研院所，通过组建平台型公司或产业技术创新战略联盟等方式，共同投资建设。在自动驾驶、区块链、智能机器人、物联网、量子通信等主要由技术研发牵引推动、市场还未培育成熟的领域，可以由具有技术优势的企业牵头，有关高校、科研院所作为重要的主体参与建设。

要加快布局国家大科学装置。强化院省合作，加大基础学科和交叉学科的前沿研究。发挥新材料优势，在第三代半导体材料、碳基材料、有色金属材料等领域强化与中科院合作，争取中科院新材料领域优势创新资源尤其是大科学装置布局湖南。聚焦现代农业芯片，围绕世界级"种业硅谷"建设，推动湖南种业研发优势与中科院的学科优势、人才优势、科研优势更好地对接起来，进一步释放中科院种业研发溢出效应，积极争取布局种业大科学装置。围绕操作系统、5G网络、长株潭大数据中心、北斗导航、量子通信、车联网、自动驾驶等信息技术应用创新产业链，积极谋划量子计算等信创领域基础大科学装置布局。强化与中国商飞合作，加快在长沙建设落地一套国家技术领先的飞机地面动力学实验平台，开展飞机以及起落架、刹车、轮胎、道面等方面的相关研究与验证，逐步打造成地面动力学国家大科学装置。组建工业互联网产业联盟湖南分联盟、湖南省智能制造创新发展联盟等产业技术创新联盟，积极牵头

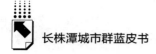

组织制定国际大科学计划和大科学工程方案，支持举办智能制造、工程机械等行业高峰论坛等科技交流活动，实现协同创新，打造国家级智能制造公共服务平台。

要继续建设好长株潭国家自主创新示范区、岳麓山国家大学科技城、国家新一代人工智能创新发展试验区、岳麓山种业创新中心、国家第三代半导体技术创新中心（湖南）等公共创新平台。加大公共创新平台建设政府投入，围绕基础创新需求和开放创新需求，以政府持续性和稳定性投入为主，建立多元化、开放式投资渠道，引入投融资激励机制，鼓励公共平台吸引多方投资资源，形成以公共创新平台为主体的"创新策源地"模式，重点建设机械工程、材料科学与工程、控制科学与工程、电子科学与技术等多学科融合、多技术集成的高端制造装备共性技术研发平台。

（二）构建智能化应用机制，深化智能制造

围绕工厂、企业、产业链、供应链构建智能制造系统，开展多场景、全链条、多层次应用示范，培育推广智能制造新模式新业态。引导"链主"企业建设供应链协同平台，带动上下游企业同步实施智能化升级。发挥三一重工、中联重科、山河智能等国家级智能制造示范企业的示范引领作用，开展智能场景、智能车间、智能工厂、智慧供应链等智能制造示范工厂建设，应用自动控制、智能感知等技术对现有生产设备及其他装置进行数字化改造或配置智能设备，完善工业网络及信息安全建设，实现高效稳定的产品生产，培育推广流程型智能制造、网络协同制造、大规模个性化定制、远程运维服务等新模式新业态，推动产业技术变革和优化升级，推动制造业产业模式和企业形态根本性转变。

将点对点的政策支持转变为点面结合的政策支持。例如可以将仅仅对智能制造试点示范车间、示范项目、示范企业的支持，转变为鼓励与支持所有有条件、有能力、有系统性地推进方案的企业。更多关注智能制造基础研究、平台建设、系统集成、关键技术研发的政策支持。重点支持高端机床、数控机床、机器人、先进传感器、工业软件、系统设计、系统解决方案等薄弱领域的技术攻关与开发。重点支持与培育公共研发平台、检测平台、体验中心、场景、系统集成商、系统服务供应商。通过财税相关政策制定，对智能制造企业给予财

政资金扶持及税收减免等优惠政策，充分发挥财税政策在智能制造企业发展中的助力作用。

提升信息基础设施效能。高水平建设 5G 和固网"双千兆"宽带网络，扩大 5G 建站规模，实现全市城乡 5G 连续覆盖，重点城区、产业园区的深度覆盖，用户体验和垂直应用场景形成规模效应。统筹全省卫星导航定位基站建设与应用，提升卫星导航定位服务能力，强化北斗地基增强系统建设，创建航空航天遥感应用示范省。打造一流人工智能算力设施，提升算力使用效率和算法原始创新能力，升级国家超级计算长沙中心。统筹推进工业互联网内网和工业企业外网建设，鼓励龙头企业搭建工业互联网平台，推进无人工厂、无人生产线、无人车间的建设。深入实施"5G+工业互联网"工程。对交通、水利、能源、市政等传统基础设施进行智慧化改造，实施新型智慧"交通网""能源网"建设工程。

（三）构建绿色化生产机制，强化绿色制造

突出产业生态补链。坚持源头减量、过程控制、末端再生的理念，以绿色发展为路径和目标，推进企业绿色管理、绿色技术、绿色产品、绿色排放、绿色营销，对重点行业、重点企业、重点项目以及重点工艺流程进行技术改造，提高资源生产效率，控制污染物和温室气体排放。加大节能关键和共性技术、装备与部件研发和攻关力度。支持企业强化技术创新和管理，增强绿色精益制造能力，提高全流程绿色发展水平。支持引领性的企业实施供应链绿色化，以带动整个行业的供应链绿色化。进一步严格招商准入绿色门槛。把好招商引资关，坚持低碳理念，设置节能低碳准入门槛，园区招商部门围绕园区低碳发展目标和产业发展规划，对新进企业项目严格实施能评与碳评，从源头上切断高能耗、高污染、高碳排放项目和企业进入园区。推动园区产业结构转型升级，从源头筑起高碳排放项目的"绿色屏障"。

推动实现"绿色治理"。建立健全节能与绿色制造的激励、扶持、保障和考核制度，实现园区从 GDP 考核向"绿色治理"的转变。完善节能降耗、清洁生产等的奖励方案、园区环境管理制度、企业环境污染责任险和企业环境监督员制度，以此增强企业开展节能降耗、治污减排、清洁生产的积极性和主动性，并形成制度化、标准化管理。强化市场对企业绿色发展的正向激励机制。

通过完善税收、招商、土地、工商注册等政策，严格把好入园企业关口，鼓励节能环保型企业投资、落户园区，积极引导企业将清洁生产、废物资源化等技术贯穿到企业生产的各个环节，提高资源和能源利用效率，努力实现污染排放的最小化，并为其节能降耗、清洁生产等行为提供各种有利条件，让企业在环保方面拥有的声誉、信任等社会资本转化为实际经济收益。建立健全园区绿色发展考评体系。加快绿色化改造和绿色园区建设，推动制造过程清洁化、资源能源利用高效化，构建绿色制造体系。

（四）构建全方位开放机制，参与全球竞争

进一步拓展对外开放的力度、广度和深度，持续加大改革开放力度，充分利用内外两个市场、两种资源，创造包容性外商投资环境，全要素参与全球制造业竞争，"三引进、三输出"同时发力。加大制造业出口信保承保支持力度，加快打通优势制造业产品"一带一路"物流通道。高标准对标世界银行的营商环境评估标准，全面优化国际化营商环境，持续提升自身服务水平。坚决执行《外商投资法》和《优化营商环境条例》，开展专项攻关行动，持续发力，不断深化各项审批制度改革，压缩各项目审批时间，加强信用体系建设，为先进制造业的高质量发展提供优质的规范化、制度化、国际化营商环境。

利用中国（湖南）自由贸易试验区政策先机，瞄准非洲市场日益扩大的工程机械、消费电子、矿产精深加工、汽车、电网等领域，支持以中非易货贸易为重点进行差异化探索创新。重点在管理体制、开放路径、促进机制、政策体系、监管制度、发展模式等方面先行先试。支持在自贸区内试行中非跨境服务贸易负面清单制度，放宽跨境交付、境外消费、自然人移动等模式下的服务贸易市场准入限制，给予境外服务提供者国民待遇。实施与跨境服务贸易配套的资金支付与转移制度。探索促进投资自由化便利化政策。制定出台放宽市场准入负面清单、外商投资准入负面清单。建立健全国家安全审查、产业准入环境标准和社会信用体系等制度，全面推行"极简审批"制度。深化"证照分离"改革。建立健全以信用监管为基础、与负面清单管理方式相适应的过程监管体系。支持湖南省放宽前沿技术领域的外商投资准入限制。积极开展先进制造业、现代服务业企业投资项目"区域评估+标准地+承诺制+政府配套服务"改革。支持符合长沙市战略定位的央企总部及其从事投资理财、财务结

算等的子公司、分公司在长沙发展。

对接全球创新资源，建立境外科技创新成果转移转化机制，开展"互联网+"新型协同创新合作，打造国际协同创新创业合作平台。推动建设京湘、沪湘、粤湘常态化创新合作平台，共建一批技术转移中心和科技服务中心。探索知识产权运用和保护新机制。推动知识产权创造和运用，探索提升知识产权创造能力、加速知识产权市场化运营、培育知识产权金融服务市场的有益经验。进行强化知识产权保护的体制机制改革，构建科学合理的知识产权保护体系，健全知识产权维权服务机制，完善知识产权纠纷多元化解决机制。

（五）构建差异化激励机制，培育超级集群

打造工程机械世界级先进制造业集群。重点依托三一集团、中联重科、铁建重工、山河智能等龙头企业，明确关键核心技术攻关方向。编制重点产业核心基础零部件（元器件）、关键基础材料、先进基础工艺、产业技术基础清单，建设项目储备库。着力突破工程机械用超高强钢、高端底盘、大马力发动机、大口径精密轴承、高压大流量多路阀、高压柱塞泵、工程机械轻量化模块化设计技术、高可靠液压传动技术、人机交互技术等基础零部件、基础材料与基础技术。深度融合新一代信息技术。加快产品智能化、无人化、新能源化转型。鼓励企业加快智能制造升级，打造智慧工厂，推动生产模式全面升级，提升大型、超大型工程机械产品竞争力，积极发展特种工程机械，推动主导优势产品迈入世界一流行列。做强做优产业，做大规模。

培育国家级信创产业集群。聚焦基础硬件、基础软件、整机终端及系统集成、安全应用及服务四大发展重点，突出做大做强"两芯一生态"、推进信创工程实施、提升自主创新能力、培育壮大市场主体、高标准建设国家网络安全产业园区（长沙）和拓展对外合作交流。深入研究上下游关联产业，深化产业链招商，实现产业集群化发展。采取一系列措施调动企业原始创新和自主创新的积极性，探索创新配套政策，细化惠企政策配套细则，建立执行协调商议机制，针对企业合理的具体需求，经过既定的程序认定后，即可享受相应优惠政策，破解好政策被"卡壳"问题。

打造一流先进材料产业集群。以打造全链条式世界级新材料产业为目的，聚焦先进储能材料、先进非金属和复合材料、石墨新材料等长沙优势领域，着

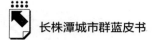

力突破一批关键核心技术与卡脖子技术，推动新材料的原始创新和关键技术的突破。深度把脉新材料战略布局，构建政府与市场、科学家与企业、产业集群间、区域间全产业链互联互通"新材料+平台"，构建命运与共的新材料发展共同体，实现全方位发展、深层次突破。

打造世界"种业硅谷"。面向国家确保粮食安全重大需求、面向世界种业科技前沿、面向种业发展主战场，围绕国家现代农业产业园和岳麓山种业创新中心建设，以生物育种为主导，聚焦农作物、畜禽水产、林果花草、微生物、种业服务业五大重点领域，打造"种业硅谷"的创新核心极、打造生物种业"中国芯"，建设集种业科技创新中心、检验检测中心、信息发布中心、孵化创业中心、展览展示中心、文化创意中心、引进种质资源和种子中转中心、综合服务中心等八大中心于一体的全球领跑的生物种业高峰，打造世界级种业创新高地和国家现代种业产业集群。

超前布局发展未来产业集群。针对新业态、新模式、新产品、新技术所产生的巨大需求，加速布局"未来"产业。突出项目牵引作用，树立世界眼光和战略思维，立足湖南产业基础科学制定项目规划。围绕未来网络、量子信息、氢能与储能、深海空天开发等前沿科技和产业变革领域，以及新一代信息技术、集成电路、高端材料、人工智能等战略性产业领域，布局一批前瞻性、先导性产业项目，打造一批未来技术应用场景，推动以需求牵引供给、以供给创造需求。

（六）构建全要素支撑机制，增强发展动力

加快建设智能制造湘江湾，探索土地利用新模式，建设集先进制造业研发、创新创业、展示、体验、服务于一体的全周期智能化服务集聚区，以研发来带动创新，推动先进制造产业的孵化。加强工业用地用途管制，保障工业项目用地需求。实行规划与土地"双锁定"，规划上锁定产业基地内的先进制造业用地，新增产业项目锁定在产业基地和产业社区内。在制造业用地的供应上采取多元变通的方法，以租赁长期、租让灵活、先租后买等灵活和弹性的土地供应方式支持工业发展。用好用活城乡建设用地增减挂钩政策，大力盘活存量土地资源。鼓励企业通过技术改造、内部整合、厂房升级等方式提高土地的利用效率。在用地审批方面，开辟审批服务"绿色通道"，做到即报即审、快审

快批，提升审批效率。全面推行"一件事一次办"，做到减事项、减时限、减环节、减材料、减次数，推动相关项目及时落地建设。

综合运用财税政策工具，整合现有政策和资源，聚焦聚力支持重大项目建设，支持新兴优势产业链、"专精特新"企业、高技术人才队伍、创新与成果转化、品质品牌建设、发展环境优化。综合运用"资金改基金""拨改投""拨改贷""拨改转"等方式，发挥财政"四两拨千斤"的杠杆作用，撬动社会资本、产业资本和金融资本向实体经济集聚，推进实现产业、金融、民间各类资本的融合，更有效地激发市场主体与社会力量的创新创业活力。创新政银合作融资支持政策，综合运用风险补偿、融资增信等多种支持方式，鼓励引导金融机构加大对实体经济的信贷投放力度。支持优质企业加快进入多层次资本市场发展，提高直接融资比重。发挥政府采购积极作用，明确设立优先购买国货的法规，扭转目前只注重购买外国技术和装备而忽略购买本地技术和装备的不正常现象，保证省内、市内一些具有自主创新能力的企业有稳定的市场需求，拉动各创新主体自主研发、自主创新。对具有自主知识产权的重要高新技术装备和产品，政府在认定后可进行首先采购和重点扶持，帮助企业尽快收回前期投资。

实行人才新政，培育领军人才，刺激制造业人才聚集。参考江苏、广东等人才政策，探索建立先进制造业领军人才的引进和孵化机制，绘制行业领军人才地图。建立绿色通道，为高水平高层次制造业人才引进打通通道，为先进制造业的高质量发展引才聚才，引进一批世界水平的科技专家，为先进制造业的核心技术攻关提供最有力的智力支撑。鼓励高水平技术团队和专家来湘创业创新。鼓励"工匠精神"，培养一批技术过硬的产业技术专家和技能大师。制定专门的产业技能大师培育工作方法和计划，培育先进制造业实用型人才队伍。鼓励高校创新教学模式，在实用型人才培养上创新方法，创新办学模式。加强与企业的合作，探索构建"产教结合""产教互补""产教相长"的产教融合机制，校企联合促进实用型人才培养的常态化和高质量发展。

支持长沙打造成为全国重要信息枢纽之一，加快培育数据要素市场，建立促进数据流通交易的规则体系，加快数据开放共享、产业化开发利用，深化大数据在打造先进制造业集群中的应用。推进政务服务网络化建设，紧跟时代潮流，实现部门大数据互联共享，提高工作效率和信息透明程度。强化工业大数据技术产品的开发，充分发挥企业创新的主体作用，整合产、学、研整体优势，开展工业大数据、服务支撑体系的攻关。提升工业大数据的应用，引导工业互联网平台强化数据能力，发挥平台数据应用支撑，重点打造新上云企业和工业互联网的标杆企业。优化工业大数据应用中心，培育应用大数据技术提质增效模式。

（七）构建服务型管理机制，优化发展环境

打造市场化法治化环境。"破""立"共进，加强事中事后监管，夯实地方主体责任，遏制盲目上马制造业项目等乱象。全面发挥自贸区建设的探索性、创新性和引领性，着眼解决深层次矛盾和结构性问题，充分发挥市场机制作用，支持优势企业兼并重组、做大做强，进一步提高产业集中度。深入实施国家知识产权战略，鼓励科研人员开发先进制造业领域高价值核心知识产权成果。

加强法治环境建设。充分发挥市场在资源配置中的决定性作用，更好发挥政府作用，推动有效市场和有为政府更好结合，营造稳定公平透明、可预期的法治环境。加快法治政府建设，领导干部要运用法治思维和法治方式开展工作、解决问题、推动发展。依法保护市场主体合法权益，严厉打击破坏市场经济秩序违法犯罪，维护企业家人身权、财产权、人格权。畅通问题反映渠道，认真听取企业和企业家意见，解决合理合法诉求。开展"第三方"评估，请服务对象、企业家评判法治环境。

推动"放管服"改革向纵深发展。参照自贸区建设的"负面清单、商事登记、证照分离"等制度创新成果，大大提升对资本的吸引力，进一步放宽市场准入，实施包容审慎监管，促进制造业新业态、新模式、新技术健康有序发展。继续推动"放管服"改革向纵深发展，继续简政放权，加大力度清理和规范化涉审中介。省部一级部门不再审批相关制造业允许类投资项目。对于有益于先进制造业发展的企业，无论是外资还是内资都应采取相同的政策，各个领域和行业都应制定监管政策和办法，应当强化法律所赋予的各项监管责任，调控产业政策，对服务事项都应当实现有效监管。对先进制造业企业重点项目应当在招投标和融资等各个环节予以大力支持。

加强信用环境建设。构建亲清政商关系，建立规范化机制化政企沟通渠

道，各级党员领导干部要真心诚意、积极主动服务企业。加强项目投资、政府采购、招标投标等重点领域政务诚信建设，持续推进政府部门和国有企业拖欠民营企业中小企业账款清理并形成长效机制，加强诚信教育与诚信文化建设，完善社会诚信体系，建设诚信政府。

参考文献

熊运霞、李彩红、王小琳：《郑州市建成国内一流先进制造业高地的制约因素与对策研究》，《黄河科技学院学报》2022年第9期。

戴翔、杨双至：《数字赋能、数字投入来源与制造业绿色化转型》，《中国工业经济》2022年第9期。

侯彦全、张兆泽：《国家级先进制造业集群发展促进组织的理论基础、主体选择与实践探析》，《产业经济评论》2022年第5期。

徐伟：《工业互联网赋能先进制造业企业转型影响因素——基于山东省先进制造业企业的研究》，《济南大学学报》（社会科学版）2022年第5期。

张立：《先进制造业十大趋势》，《中国工业和信息化》2022年第9期。

李玲玲：《面向安徽制造业高质量发展的创新人才培养研究》，《黑龙江工业学院学报》（综合版）2021年第10期。

黄先海、诸竹君：《生产性服务业推动制造业高质量发展的作用机制与路径选择》，《改革》2021年第6期。

李婧瑗：《以创新驱动制造业高质量发展路径》，《创新科技》2019年第8期。

李文震：《新形势下加快构建制造业协同创新体系研究》，《投资与创业》2020年第19期。

B.11
国际经验对长株潭城市群打造
国家重要先进制造业高地的启示

陈若涵　阳欣怡　宋婷婷　蔡珍贵*

摘　要： 以美、日、德、英四国为代表的发达国家制造业发展具有发展历史悠久、工业基础体系良好、工业创新支撑技术先进的特点，对全球制造业发展起着主导作用。我国制造业面临如何实现制造业全球价值链地位从加工组装等低端环节向研发、设计、品牌建设等中高端环节攀升，改变制造业"大而不强"状况的现实难题。湖南制造业具有总量规模较大、骨干地位突出的优势，推进长株潭城市群制造业高质量发展是湖南打造先进制造业高地的重要战略。本文通过分析美、日、德、英四大制造业强国发展历程并提炼共同经验，提出其对长株潭城市群下一步高质量打造国家重要先进制造业高地的启示，以期为长株潭城市群乃至湖南成功打造国家重要先进制造业高地建言献策。

关键词： 长株潭城市群　制造业　先进制造业高地

一　引言

以美、日、德、英四国为代表的发达国家制造业发展具有发展历史悠久、

---

* 陈若涵，中南林业科技大学商学院硕士研究生，主要研究方向：农产品营销；阳欣怡，中南林业科技大学商学院硕士研究生，主要研究方向：农业技术经济与管理；宋婷婷，中南林业科技大学商学院硕士研究生，主要研究方向：企业组织和战略管理；蔡珍贵，教授，中南林业科技大学商学院副院长、硕士研究生导师，主要研究方向：国际贸易与投资、国际贸易壁垒。

工业基础体系良好、工业创新支撑技术先进的特点，对全球制造业发展起着主导作用。伴随全球化驱动的产业分工的时代背景形成，美、日、德、英四国的传统制造业受生产要素驱动和经济环境效应影响，通过技术变革、梯度转移，在国民经济和制造业中的比重缓慢下降并趋于稳定。以中国、印度为代表的发展中国家在发达国家产业转移的过程中，制造业发展水平得到显著提升，制造业大国的地位逐渐凸显。但受制造业关键核心技术水平不高以及发达国家加大核心技术封锁力度的限制，如何实现制造业全球价值链地位从加工组装等低端环节向研发、设计、品牌建设等中高端环节攀升，改变制造业"大而不强"现状，是我国制造业发展中亟须解决的问题。为加快建设制造业强国，2015年5月，中央提出分三步走，用十年的时间使中国跻身世界制造业强国的行列。湖南制造业具有总量规模较大、骨干地位突出的特点，并且已经形成覆盖31个制造业行业大类、较为完整的产业体系，在我国制造业行业中处于领先地位。2020年习近平总书记来湘考察，勉励湖南打造三个"高地"、践行"四新使命"，为湖南制造强省建设赋予了新内涵、提出了新要求、指明了新方向，2021年7月中共中央、国务院出台《关于新时代推动中部地区高质量发展的意见》，提出支持中部做大做强先进制造业，由此湖南先进制造业集群发展进入国家发展战略层面。长株潭城市群是湖南省的中心力量，省内多家重点制造业企业集中于长株潭城市群内，因此以长株潭城市群为代表打造先进制造业高地具有重要战略意义，不仅能够深入落实"三高四新"战略，还可以充分发挥长株潭城市群的引领作用，带动省内其余城市奋力支持全省先进制造业高地建设。因此，本文通过分析美、日、德、英四大制造业强国发展历程并提炼其共同经验，为长株潭城市群下一步高质量打造国家重要先进制造业高地提供启示，以期为长株潭城市群乃至湖南成功打造国家重要先进制造业高地建言献策。

二 美、日、德、英四国制造业的演进历程和发展现状

（一）美、日、德、英四国制造业的演进历程

美国的制造业主要从18世纪开始起步，借助第二次工业革命和第三次科技革命的历史机遇，通过实施支持制造业发展、建设制造业交通联系网络、打

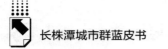

造制造业支持体系等一系列措施，不断提升制造业整体实力，并逐渐在汽车、飞机、钢铁等重工制造领域保持绝对优势竞争地位，同时凭借国内先进的科技创新实力稳居制造业强国行列。

第二次世界大战不仅使日本经济陷入严重萧条，更使其制造业遭受了毁灭性打击，数据显示，1946 年日本制造业生产能力不到战前最高水平（1934～1936 年平均水准）的 40%，工业设备的绝对大部分都遭到破坏。但到 20 世纪 70 年代，日本一跃成为世界第二大经济强国，经过短短二三十年的时间，日本经济就出现颠覆性的转变，这主要是基于其制造业的飞速发展。二战后日本以美国为榜样，充分利用自身的"后发优势"来吸收美国制造业的先进技术与创意，同时大力引进先进技术，积极谋求重化工领域的设施更新，有力地推动了国民经济的复苏与发展。之后日本又实施"科技立国"战略，尤其注重培育自身制造业的科学技术创新力，将发展中心向知识密集型产业倾斜，这使得日本在纳米技术、生物制药、电子信息等高精尖领域得到了长足发展，日本也由此进入制造业强国之列。

19 世纪前期的德国民族工业脆弱，俾斯麦出台一系列政策和法律，通过改革军事、完成国家统一、建立最早的社会福利体系，为德国工业发展开辟了道路。后德国经过了 19 世纪中末期、20 世纪初期的全民创业大潮，蒂森克虏伯、西门子、博世、汉高、拜耳、阿迪达斯、奔驰、宝马等著名的企业和品牌相继崛起，支撑起了德国工业的天空。而且德国在百年培育与积淀的工匠精神、双轨制教育体系、政府协会企业紧密配合的科技创新体系、标准化和质量认证体系的促进下，成为制造业强国。

英国是世界上工业化发展最早的国家，在第一次工业革命的推动下，18 世纪英国工业稳居世界第一，成为世界制造中心。后来随着第二次工业革命和第三次科技革命的进行，其他国家工业化发展程度逐渐提高，英国的世界制造中心优势地位逐渐动摇，但制造业的优良发展基础，依然为英国经济带来了较长时间的繁荣。概括而言，英国的制造业经过了将汽车等许多传统产业转移到劳动力及生产成本相对低廉的发展中国家，集中精力发展金融、数字创意等高端服务业，到将生产业务逐步转移回国内的发展转变历程。高品质是英国制造业产品的代名词，依靠悠久的制造业发展历史以及先进的制造技术，英国依然位于制造业强国行列。美、日、德、英四国具体的制造业发展演进历程如表 1 所示。

表1　美、日、德、英四国制造业的演进历程

阶段	国家			
	美国	日本	德国	英国
第一阶段	缓慢成长期（1791~1870 年）	战后恢复期（1945~1955 年）	重点转变期（1834~1870 年）	垄断发展期（1776~1914 年）
	汉密尔顿提出《制造业报告》	实施"倾斜生产方式"，将有限资源集中使用，以煤炭、钢铁、电力等产业发展带动经济复苏	德意志关税同盟成立，由农业转向工业为主，先以纺织为代表，随后转向铁路、煤炭等重工业，促使德国成为世界工业强国	开启第一次工业革命，瓦特蒸汽机的发明和使用，带动钢铁、煤炭的需求增长，使冶金和煤炭行业成为支柱行业，英国成为"世界制造中心"
第二阶段	黄金时代期（1870~1900 年）	高速发展期（1956~1972 年）	产业崛起期（1870~1945 年）	战后恢复期（1914~1945 年）
	第二次工业革命推动制造业快速发展，取代英国跃升世界第一大工业国	日本政府加大对重化工业的支持力度，给予财政倾斜，成为重工业产品的生产大国	西门子制成发电机，德国电气产业迅猛发展，在世界电气工业中占比34.90%，成为电气产业巨头	两次世界大战沉重打击了英国经济，使其制造业份额回落
第三阶段	颠覆时期（1900~1970 年）	转型升级期（1973~1990 年）	战后恢复期（1945~1972 年）	黄金时代期（1950~2008 年）
	二战后军事订单和技术创新激增，在汽车、飞机、钢铁等领域保持着绝对的优势，从制造业大国成为制造业强国	石油危机爆发，日本调整能源结构，利用可再生能源开发节能环保技术，淘汰消耗型重化工业，培育低能耗、技术密集型产业	德国制造业在二战中遭受毁灭性打击，经马歇尔计划援助，逐渐恢复至战前水平	20世纪50年代英国从事制造业人数占当时总人口的1/5，制造业对GDP的直接贡献达1/3，工业产品出口贸易占全球1/4，但由于工业制造使生态环境严重受损，80年代，英国开始实施"去工业化"
第四阶段	战略调整期（1970 年至今）	战略调整期（1991 年至今）	战略调整期（1972 年至今）	战略调整期（1983 年至今）
	"去工业化"转向金融服务业，制造业出现"空心化"，后将制造业转回国内，制造业发展进入战略调整期	进入20世纪以来，日本一直在通过进一步完善规制体制、提高信息化程度、培育创新和技能型人才等措施来着力构筑制造业竞争新优势，以期促进制造业发展迈入新阶段	石油危机爆发迫使德国从劳动密集型向技术密集型产业转型。面临能源短缺，选择绿色制造，淘汰高能耗产业，培育新能源产业	金融危机再次打击英国经济，英国将制造业迁回国内，以制造业重振辉煌，并实施制造业人才培养、制造基地建设、启动战略研究项目等促进制造业重新发展的一系列举措

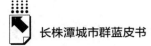

由表 1 可知，美、日、德、英制造业发展都曾相继经历衰落或是停滞，其主要原因可归结为在产业结构转型升级过程中，过于将发展重心转向金融服务业，以至于制造业在产业结构中占比越来越小，从而导致经济发展泡沫化程度升高，动摇了社会经济的根基。但美、日、德、英四国制造业均已进入了战略调整期，逐渐将制造业引回本国，引导形成新的制造业发展新格局。

（二）美、日、德、英四国制造业的发展现状

在全球价值链分工的驱动下，美、日、德、英等发达国家纷纷将传统产业中非核心技术生产部门转移到劳动力及生产成本相对低廉的发展中国家，后又将制造业逐渐引回国内，以此来完成国内制造业的产业结构转型升级。为复兴制造业，在金融危机后美国奥巴马政府开始推行"再工业化"政策，大力强调制造业的重要性，以保持其在全球经济中的领先竞争能力，截至 2021 年美国制造业产值上涨至 2.34 万亿美元，并呈现加快回归趋势。日本现代制造业摆脱了以往的"模仿创新"，依靠"自主创新"以及对"工匠精神"的推崇，逐步推动制造业发展。2008 年金融危机后，德国是少数保持增长并存在贸易盈余的国家，这归功于德国双轨制的教育体系带来的高质量劳动力、完善的社会市场经济制度以及鼓励创新的产业政策使得德国制造业长盛不衰，但近年来受新冠肺炎疫情的影响，德国供应链紧张、物价上涨，这给其制造业带来极大挑战，截至 2021 年德国制造业产值下落至 0.68 亿万美元。英国一直在为重振制造业努力，在 2008 年推出了"高价值制造"，2016 年又推出了"英国工业2050 战略"，尽管英国在工业规模上较美、日、德有较大落差，但在钢铁、制药、航天航空、生物育种等产业拥有世界顶尖公司，处于世界一流之列。美、日、德、英制造业的发展现状如表 2 所示。

表 2　美、日、德、英制造业发展现状

国家	2021 年制造业产值（万亿美元）	重点制造业行业领先领域	知名企业
美国	2.34	工程机械、医疗、汽车、航空航天、半导体	宝洁、通用、陶氏杜邦、埃克森美孚、美敦力、辉瑞、默沙东、强生等
日本	1.03	精密仪器、智能机器人、机床、半导体、汽车等	松下、SONY、丰田、本田、三菱化学、尼康、发那科、安川、东芝等

国家	2021 年制造业产值（万亿美元）	重点制造业行业领先领域	知名企业
德国	0.68	钢铁、化工、机械、电气、安防、光伏等	宝马、大众、保时捷、巴斯夫、西门子、拜耳、万佳安等
英国	0.23	钢铁、生物、航空航天、汽车、化工、电子等	JCB 公司、劳斯莱斯、空中客车、葛兰素史克、阿斯利康制药等

资料来源：聚汇数据。

由此可看出，尽管当前我国制造业含金量持续提升，在很多高端领域研发正有序推进，但仍不能忽视美、日、德、英等发达国家制造业发展已有基础，并且要清楚认识到：我国制造业高端领域与美国等制造业强国相比依旧存在差距。

三　美、日、德、英四国制造业高质量发展的共同经验

在全球化驱动的产业分工大背景中，传统制造业受生产要素驱动和经济环境效应影响，通过技术变革、梯度转移，在国民经济和制造业中的比重缓慢下降并趋于稳定。并且传统制造业中价值链低端的产业基本向发展中国家转移，位于两端的高端制造业则没有向国外转移，而是稳步发展，这使得美、日、德、英等发达国家制造业一直处于微笑价值曲线的两端。美、日、德、英在科技创新、人才教育、营商环境、绿色制造、小巨人企业和产业升级六个方面持续发力，驱动高端先进制造业迭代升级，长期保持着高端制造业优势。总结美、日、德、英四国在各方面促进制造业高质量发展的共同经验，对于长株潭城市群促进制造业高质量发展以及打造先进制造业高地具有极为重要的借鉴意义。美、日、德、英四国制造业高质量发展的共同经验如表 3 所示。

（一）科技创新

科技创新是一个国家（地区）繁荣昌盛的不竭泉源，而原始创新是最具根本性的创新，是目前全球范围内科技领域竞争的制高点。美、日、德、英历

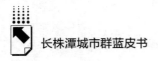

表3 美、日、德、英四国制造业高质量发展的共同经验

方面	共同经验
科技创新	(1)重视技术创新体系的顶层设计,强化战略指导; (2)发挥企业创新主体作用,科研成果的产业化、市场化由企业实现,创新的成果和利益由企业共享; (3)创新教育渗透人才培养各个阶段,着力于激发学生的创造创新潜能
人才教育	(1)构建多层次发展的职业教育模式,产业技能培训贯穿教育的各个阶段; (2)建立灵活多样的职业技术教育体系
营商环境	(1)建立完备的法律政策体系; (2)提供税收优惠政策; (3)构建开放透明的市场环境
绿色制造	(1)强化战略布局的指导作用; (2)成立绿色发展基金,鼓励和支持私营领域绿色技术研发和投资; (3)加大使用清洁能源力度
小巨人企业	(1)建立中小企业行政机构,加强指导; (2)建立专门的金融服务体系,积极扶持中小企业发展; (3)积极为中小企业培养技术和管理人才,扶持中小企业技术创新
产业升级	(1)把要素基础变化作为推动产业升级演进的内生性动力; (2)注重产业链上下游企业之间的有序分工、协作与竞合; (3)将科技革命作为引发产业变革和升级的重要驱动力; (4)将先进制造业作为当前引领全球产业升级的主要方向

来重视科学技术和原始创新的发展,不断探索原始创新能力的提升路径,积累了丰富的经验。

美国成为科技强国有着历史发展基础,它尤其注重基础学科的研究。从根本来说,美国科技创新的关键在于:一是自由开放、鼓励创新、包容失败、多元化的创新创业文化;二是政府、大学、企业等紧密合作、相互促进、面向市场竞争的产学研用一体化生态体系;三是政府在鼓励创新、知识产权保护、立法、税收、移民、以采购支持基础研发甚至打压国际竞争对手等方面具有相对完备有效的顶层体制。美国依靠成熟的支持科技发展创新的法制体系,有效促进了先进技术的"孵化",并围绕科技成果转化形成了一个遍布美国的制造业创新网络,助推了美国制造业竞争力的不断升级。二战后,日本凭借系统的科技创新体系,迅速跻身世界发达经济体,其系统科技创新体系的建设主要通过以下步骤实现:一是实行科技创新立法，完善科技战略规划；二是改革科技管理体制，成立专门研究机构；三是产学官角色分明，各创新单元良性互动，从而构建起以政府为主导者、以民间企业为科技研发体系主体、重视产学官合作的科技创新机制。

德国工业制造业体系的强大，与分层运作、多网融合的全国创新体系密不可分。首先，德国创新治理体系呈现联邦和各州统分结合、政府集中调控、要素市场主导的格局；其次，德国的大型科研组织、高校、科研机构、企业通过市场机制互联互通，创新链贯通基础研究与应用研发，形成了集群的创新网络，技术要素源源不断输入产业界；再次，德国的科技服务机构既为供给侧提供重要市场渠道，又为企业调集资源和落地服务；最后，通过第三方服务机构或直接与科研部门合作，德国企业研发部门与公共科研机构结成创新联合体，使得自主创新能够深入持续，由此以政策推动和市场拉动两个动力机制来激活科技创新不断向高水平发展。英国居于世界创新型国家第一梯队，且创新指数排名攀升较快，与其持续推进构建的科技创新体制有密切关系。首先，英国相继出台系列政策对科学研究、技术开发、企业创新、科研基础设施、新兴产业发展等进行战略布局；其次，整合国家级科研管理部门，推进重点领域创新；再次，加强科研创新监督与评估；最后，注重营造优良的科技创新环境，鼓励企业在科技创新中发挥主体作用，进而逐步建立起强大的科技创新体系。美、日、德、英科技创新的核心经验如表4所示。

表4　美、日、德、英科技创新的核心经验

国家	科技创新的核心经验	重点领域
美国	(1)重视技术创新体系的顶层设计，强化战略指导，制定"美国创新战略" (2)鼓励支持创建共享平台，重视科技资源的共享 (3)发挥企业创新主体作用，科研成果的产业化、市场化由企业实现，创新的成果和利益由企业共享 (4)营造自由活跃的文化环境，形成技术创新的助燃剂 (5)创新教育渗透人才培养各个阶段，着力于激发学生的创造创新潜能	机器人、数字化制造和设计、先进聚合物复合材料、集成光电子、智能制造、生物制药、半导体、网络安全
日本	(1)中小企业是创新的主体，吸引高端技术型研究人才 (2)注重科技素养的培养，注重激发学生的创造创新潜能 (3)深化"产学官"合作模式，有效促进创新成果的顺利转移 (4)构筑完整的科技评价体系，并注意挖掘创新型人才	人工智能、生物技术、量子技术、材料、环境能源、健康医疗、空间、农林水产

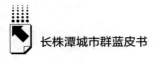
国家	科技创新的核心经验	重点领域
德国	（1）制定和主导实施宏观战略计划和科技行动计划 （2）对科研创新活动提供持续大量的资金扶持 （3）搭建各类基础性研究平台和公共服务平台 （4）营造鼓励创新的市场经济环境，鼓励企业成为技术创新的主体	健康和护理、可持续及气候保护和能源、零排放智能化交通、网络安全、数据保护、智能产品、移动设备、云计算
英国	（1）出台系列政策，进行战略布局，发挥政策导向对制造业发展的驱动作用 （2）设立专项基金，推动产学研合作和支持重点领域 （3）以优惠的财政政策支持科创企业发展 （4）改革研究与创新管理体系，提高科研资助效率 （5）建设世界一流的科研基础设施，力保科研强国地位 （6）强调构建全球开放创新网络	制药、发动机、汽车、人工智能、金融科技、材料

（二）人才教育

全面提高发展质量和核心竞争力，加速制造业转型升级是关键，而产业的转型升级必然带来人才资源的竞争。在世界工业发达国家中，美国、日本、德国、英国等国的职业教育一直处于领先水平，其职业教育历史悠久、经验丰富、办学优势明显、办学特色突出、人才培养结构多元，已经形成较为成熟的职业教育发展模式，并且凭借职业教育的经验和特色，能够不断为制造业高质量发展提供有力的人才和智力支持。

美国的社区教育在19世纪初进入产业革命时期时就已经萌芽，发展至今，已成为美国高等教育重要的组成部分。社区学院在美国担负着职业教育的职能，也担负着劳动力的培养和在职职工、失业工人的培训和再就业的职能。社区学院以社区为中心，以开放的招生政策、多元的课程体系、小班的教学模式、亲民的学费为特点，推动了美国高等教育由精英阶段向大众化阶段的普及。美国社区学院以服务社区为宗旨，强调职业技能的培养，并通过社区学院与企业的合作，大幅提高了美国工人的劳动技能。日本的产学合作制使得其初中、高中、大学和高等专科学校各个阶段的学生均需要学习掌握农业、工业、商业、水产业和其他产业所必需的知识、技能和态度，教育精准对接了产业界的劳动力需求，为日本制造业产业发展培养出了一大批高素质技能人才。

德国"双元制"教育是目前比较成熟的职教办学模式之一，它将学校理论学习与企业工作实践相结合，以此作为职业教育人才培养的主要形式。依托该模式德国培养出一大批高水平技术技能劳动者，也使得德国成为专业技术能力过硬，产品制作水平与制作工艺、制作质量俱佳的国家，为形成制造业竞争优势奠定了良好基础。英国涵盖多工种、多行业、多层级的现代学徒制强调以职业资格证书为主导的考核方式，有效保障了学徒制的成效，能够真正培养出技能素质优异的人才，为英国制造业高质量发展有效输送了符合企业发展需求的高素质技能人才。美、日、德、英发展人才教育的重点举措如表5所示。

表5　美、日、德、英发展人才教育的重点举措

国家	培养模式	重点举措
美国	社区教育	(1)吸引和壮大未来制造业劳动力队伍； (2)更新和拓展职业技术教育途径； (3)推进学徒制和行业认可证书的获得； (4)提高技术劳动力与行业能力需求的技能匹配
日本	产学合作制	(1)构建多层次发展的职业教育模式,产业技能培训贯穿教育的各个阶段； (2)建立灵活多样的职业技术教育体系(因需而训、能力导向、引导创新、中小企业专项、年轻人专项等五种培训方式)
德国	"双元制"教育	(1)理论教育和生产实践紧密结合； (2)普通教育和职业培训相结合； (3)政府出资和企业广泛参与相结合； (4)专业培训和严格考核相结合
英国	现代学徒制	(1)构建自下而上、梯度升级衔接的学徒教育体系； (2)多元主体参与的经费保障机制； (3)兼具"准员工"与学生双重身份的教育形式

（三）营商环境

制造业的发展壮大、创新创业的活跃，良好的营商环境是关键。良好的营商环境意味着拥有规范的制度环境、良好的法治环境、完善的融资环境和良好的税负环境，能够为全球价值链分工奠定良好基础。美国为改善制造业营商环

境部署了诸多举措,如签署《关于对国内制造业简化许可和减少管理负担的总统备忘录》,要求对制造业放松管制,减少国内制造业监管负担;发布《设立贸易和制造政策办公室的总统行政令》,宣布设立贸易和制造政策办公室(OTMP),保护和服务美国的工人和国内制造业,提出加强美国制造业和国防工业基地的政策建议。日本则通过出台如《商法》《禁止垄断法》《工业标准化法》《劳动标准法》《外汇法》《中小企业基本法》等一系列法律来为制造业企业公平竞争和生产经营提供保障,确保营商环境的健康。德国创造良好营商环境的关键在于拥有健全的监管体制和强大的客户群体,而且它并不直接干预企业的运营,而是依靠行业协会来协调行业内相关企业之间的矛盾与冲突,塑造良好的营商环境。英国从两个方面为制造业企业创造良好的营商环境,一是创立"创新英国"支持计划,为创新型企业提供资金、人员培训等服务;二是成立高价值制造业创业加速中心(HVM),为创新型企业提供技术支持。美、日、德、英创造良好营商环境的关键举措如表6所示。

表6　美、日、德、英创造良好营商环境的关键举措

国家	关键举措
美国	(1)完善相关法律法规,加强指导;(2)制定一系列融资和税负优惠政策; (3)设立专门机构,保障市场公平运转;(4)畅通信息、物流等服务网络建设
日本	(1)构建完备的法律支持体系;(2)建立专门行政机构监督指导; (3)改善人才招聘环境;(4)采取一系列筹资优惠政策,降低企业开设成本
德国	(1)建立完备的法律政策体系;(2)一系列税收优惠政策; (3)充分发挥各类商会协会作用,建立全面的社会化服务体系
英国	(1)出台各种法律政策保障;(2)构建开放透明的市场环境; (3)金融服务向国际化方向高度发展;(4)提供税收优惠政策

(四)绿色制造

当前资源和环境问题对实现全球可持续发展的约束日益凸显,各国都在寻求绿色、低碳、可持续发展之路。绿色制造不仅是工业转型升级的必由之路,更是推动经济发展提质增效升级的主战场。加快改变高投入、高消耗、高排放的传统发展模式,构筑绿色制造体系,对于长株潭城市群打造先进制造业、形

成绿色竞争力尤为重要。

美、日、德、英四国为促进绿色制造发展，积极研发绿色制造新技术，关注其发展模式，关注绿色产品开发，推进产业结构与生产制造模式变革。美国在世界金融危机后，为创造新的经济增长点，在重振制造业、发展新能源方面做出了积极的政策引导，为未来绿色制造业发展奠定了良好基础。通过出台《重振美国制造业框架》《美国创新战略》等一系列政策文件，强调要以财政支持、引导投资、税收减免、提高劳动者素质等方式，支持制造业尤其是先进制造业发展，同时强调要优先发展清洁能源、生物技术、纳米技术、先进制造业技术和空间技术，并将开发绿色制造技术作为国家技术创新的重要内容，同时强调要通过绿色技术研发和投资改变对能源的使用和生产，大力发展青年能源设备制造业。日本从 1991 年开始就推出"绿色行业计划"，强调在绿色发展的基础上重振日本制造业，并于 2020 年 12 月制定绿色增长战略，分别在 14 个重要领域提出技术创新执行计划，力争在 2050 年前实现碳中和目标。日本主要通过创立绿色创新基金，面向碳中和研究开发税制，在供应链整体范围加强碳中和，鼓励金融机构引进绿色金融等方式发展绿色制造。

德国是传统工业强国，其可持续经济的发展一直处于世界前沿。早在 2000 年，德国就颁布了《可再生能源法》（EEG），为德国大力发展可再生能源提供了法律保障；2011 年做出"能源转向"的重大决定，退出核电并逐步将能源供应由石油、煤、天然气和核能转向可再生能源；2020 年底，强调到 2050 年所有电力行业和用电终端实现碳中和，并设定了可再生能源 2030 年的发展目标。德国主要通过合理对接经济政策与气候政策以促进全面的绿色复苏，重视战略行动框架顶层设计的科学性、合理性及可操作性，建立健全重大战略或治理政策的执行评估与调整机制，建立健全各种利益关系的协调与合作机制等措施来大力推进制造业绿色化转型，目前"绿色技术德国制造"已在全球市场上展现出卓越的竞争力。英国制造业在清洁技术、能源效率、生态设计和新型可持续商业模式等方面，处于全球领先水平，其绿色制造不仅关注生产产品或生产方式，还关注生产者及其生产空间、地区的生态系统，注重从构建绿色制造商业模式、打造绿色制造市场、协调绿色制造利益相关主体方面发展循环经济。美、日、德、英实施绿色制造的关键举措如表 7 所示。

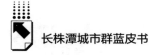

表7 美、日、德、英实施绿色制造的关键举措

国家	关键举措
美国	(1)强化战略布局的指导作用;(2)加大使用清洁氢气力度;(3)启动"清洁产品"采购计划;(4)利用贸易政策激励清洁制造业发展;(5)有效推进"碳捕捉、利用和封存"技术
日本	(1)强化战略布局的指导作用;(2)成立绿色发展基金,鼓励和支持私营领域绿色技术研发和投资;(3)强调最大限度使用核能、氢、氨等清洁能源;(4)建设绿色低碳城市,提高城市能源与资源的使用效率
德国	(1)强化战略布局的指导作用;(2)高度重视产学研合作,注重提升绿色技术创新策源能力;(3)建立绿色技术长期跟踪统计监测体系;(4)为中小企业提供更多支持,构建和完善绿色技术产业创新生态系统
英国	(1)强化战略布局的指导作用;(2)投资建设绿色制造研究中心;(3)强调使用海上风能、氢能、核能等清洁能源;(4)将骑行和步行打造成更受欢迎的出行方式,推动铁路实现电气化;(5)发展绿色清洁、保暖和节能的住宅和公共建筑;(6)推进"碳捕捉、利用和封存"技术;(7)发展绿色金融和创新技术

（五）小巨人企业

扶持中小企业发展是各国市场经济充分发展、市场竞争的必然结果,同时也是各国经济发展的必然要求。美、日、德、英等发达国家为扶持中小企业发展出台了一系列政策,建立完整的法律法规政策体系,对中小企业实行宽松的融资政策,同时给予中小企业财政税收政策支持,鼓励中小企业技术创新等,这是其中小企业蓬勃发展主要的成功经验,也是其成功打造小巨人企业的关键。

具体来说,美国主要从技术和融资两个方面开展对中小企业的扶持。一是创建于1988年的美国制造业拓展伙伴计划（MEP）,依托全国58个制造业拓展伙伴中心,运用美国制造协会和美国制造创新研究院的技术和资源,通过派驻员工、共享科研项目等方式来为中小企业提供技术支持。二是在1958年成立美国联邦小企业管理局（SBA）向全美中小企业提供贷款,给予资金上的帮助。中小企业是日本经济的基础,日本的支柱产业主要依托中小企业完成零部件生产。日本主要以为中小企业提供税收优惠、财政补助、金融支援等方式为中小企业发展提供咨询、财务支持等。中小企业是德国经济保持世界领先的重要基础。德国尤其强调通过政策支持,发挥政府资金的杠杆作用,充分调动社会力量参与中小企业成长等措施来扶持中小企业的发展，同时还尤其注重中小企业创新能力的培养，并将创新能力和研发水平作为获得政府资助的衡量标准之一。英国20世纪90年代就开始注重对存活企业尤其是中小企业的扶持，并在多方面采取扶持措施，如在国内打造创业文化、促进形成更有活力的创业市场、解决中小企业融资难的问题、完善相关的法律和政策等，通过政府干预，有效扶持了部分中小企业的发展。美、日、德、英打造小巨人企业的关键举措如表8所示。

表8 美、日、德、英打造小巨人企业的关键举措

国家	关键举措
美国	(1)设置专门机构和立法,为中小企业营造良好的外部发展环境; (2)采取一系列金融扶持政策,解决中小企业的资金困难问题; (3)推出技术扶持政策,为中小企业发展提供技术支援; (4)加强信息、物流服务网络建设,帮助中小企业开拓市场
日本	(1)建立中小企业行政机构,加强指导; (2)建立专门的金融服务体系,积极扶持中小企业; (3)构建完备的法律支持体系; (4)制定优惠财政政策; (5)积极为中小企业培养技术和管理人才,扶持中小企业技术创新; (6)不断加强中小企业的情报工作,使中小企业能够及时掌握市场发展前沿信息
德国	(1)健全完备的支持中小企业发展的法律政策体系; (2)设立专门的财政资金项目,资助中小企业开展生产经营活动; (3)制定中小企业技术扶持政策; (4)加强中小企业技术人才培训; (5)充分发挥各类商会协会作用,建立中小企业全面的社会化服务体系
英国	(1)设立各种扶持中小企业发展的专门机构以扶持中小企业的发展; (2)颁布系列法律保护中小企业的利益; (3)提升对中小企业管理的透明度; (4)施行政府采购以促进中小企业的发展; (5)施行税收优惠; (6)为中小企业提供企业间联合、职工培训等方面的优惠条件

（六）产业升级

综合美、日、德、英等发达国家主导产业成长的历程，其产业升级成

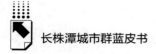

长一般经历国内培育、充分一体化外向和一体化产业分解三个阶段。在国内培育阶段，主要是完成促使该产业诞生和扶持其发展的两项任务，通过国内培育，最终目标是使该产业的产品能够替代进口；在充分一体化外向阶段，使该产业逐渐参与国际竞争合作，开始构建在世界范围的超越领先优势；在一体化产业的分解和转移阶段，部分劳动密集型、资本密集型产业的低端生产和经营及其功能逐步转移到劳动力等生产要素成本较低的发展中国家和地区，相对发达的国家和地区则集中力量在研究与开发、市场营销、质量控制和品牌建设与维护等高端功能上，从而使某些产业能够走到全球产业价值链的高端环节，建立起在国际分工中的优势地位，达到完全"自立"。

　　具体来说，美、日、德、英在促进产业升级过程中的基本经验为：一是要素基础变化是推动产业升级演进的内生性动力。伴随工业化的发展程度不断向更高阶段迈进，原有的以自然资源、劳动力为比较优势的基础竞争力将逐渐弱化，基于知识创新、模式创新的比较优势逐渐强化。因此需要通过自主创新实现功能升级，占据价值链的高端环节，获得全球价值链的治理能力，促进产业体系逐渐向现代产业体系转型。二是产业链上下游企业之间的有序分工、协作与竞合是推动产业发展的关键。如何通过研发投入、人力资本投入、专业化分工和经济规制与反垄断政策等，控制产业链上游的关键环节，这是实现技术升级、产品升级和企业升级进而实现产业链升级的重点。三是跨国公司通过产业链上下游企业并购整合占据制高点。总部设在发达国家的跨国公司，以其核心技术和品牌为基础，对其产业链中上下游企业的活动进行整合和协调，迅速成为全球产业链和价值链中的系统整合者。四是将科技革命作为引发产业变革和升级的重要驱动力。通过抓住实施科技革命机遇，率先实现在某些领域科技的突破，从而引发若干领域的群体性和系统性突破，进而强有力地推动新的产业变革，加速生产制造模式、组织方式和产业发展形态的深刻变革。五是将先进制造业作为当前引领全球产业升级的主要方向。依靠各国制造业的先进经验以及固有优势，以重点发展物联网、能源、特色新农业、移动互联网、智能医疗等先进制造业来引领产业转型升级。美、日、德、英促进产业升级的战略或举措如表9所示。

表9　美、日、德、英促进产业升级的发展战略

国家	发展战略
美国	在 2018 年 10 月 5 日发布的《美国先进制造领先战略》中明确提出 5 个战略目标和 15 个重点方向,其中包括了基础材料、人工智能、半导体等高新产业
日本	2016 年日本政府成立"第四次产业革命官民会议",下设人工智能技术战略会、第四次产业革命人才培养促进会等机构,大力发展以人工智能为代表的高新产业
德国	2013 年的汉诺威工业博览会提出"工业 4.0"概念,后演变为《思想·创新·增长——德国 2020 高技术战略》的十大未来项目之一,欲打造"智能工厂"、"智能生产"、"智能物流",以全面提升德国制造业智能化水平
英国	在 2017 年 1 月 23 日正式提出"现代工业战略",提出英国政府将积极培育生命科学、核工业、工业数字化等先行产业,使英国成为全球工业最具竞争力的国家

四　对长株潭城市群打造国家重要先进
制造业高地的启示

美、日、德、英四国在科技创新、人才教育、营商环境、绿色制造、小巨人企业和产业升级六个方面促进制造业发展的经验,给长株潭城市群促进制造业高质量发展以及打造国家重要先进制造业高地的启示如下。

(一)注重科技创新体系建设,打造制造业先进产业生态

自国务院批复国内首个以城市群为单位的长株潭自主创新示范区以来,长株潭城市群一体化进程加快,并逐步形成了"长沙·麓谷创新谷""株洲·中国动力谷""湘潭·智造谷"的创新引领与区域协调局面。为更好发挥创新示范区模范带头作用,长株潭城市群制造业在科技创新方面可采取以下措施:一是着力建设长株潭城市群科技创新平台,提升区域创新综合承载能力。长株潭城市群应以创新驱动作为制造业高质量发展的根本动力,围绕新兴产业和"3+3+2"产业集群布局一批高端创新平台、成果转化基地和产业孵化基地,加快各类创新资源、要素整合,从研发和产业两端发力,构建"政产学研用金"深度融合的协同创新体系。同时注重拓展制造业企业的支持基金,例如天使基金、种子基金、创新基金等,以及上市融资、信贷融资等金融服务,

以此为科研人才、企业家、创新创业团队等高质量人才搭建创新平台。二是抓好产业项目，构建现代产业生态。基于长株潭城市群制造业本身优势，瞄准"高端产业"和"产业高端"，加快传统产业的改造升级、新兴产业的延伸配套以及未来产业的抢先布局，着力推动产业高端化、智能化、绿色化融合发展，并通过产城、产教、产金的跨界融合，打造研发、生产、服务一体化的产业综合体。三是建立健全科技创新体制机制，激发创业活力。聚焦"3+3+2"产业领域，重点引进产业链、价值链上的高端项目，精准开展产业链定向招商，以此引进一批独角兽企业、高科技上市企业以及制造业单项冠军等优质企业，带领区域众制造业企业共同发展，助力长株潭城市群抢占未来制造业高地。

（二）多层面构建人才培养和引进机制，打造先进制造业人才队伍

促进长株潭城市群制造业高质量发展，需要在打造制造业人才队伍上重点发力。长株潭城市群在制造业人才建设上有以下途径：一是加强企业家队伍建设。建立企业家沟通联系与意见处理反馈机制，开放企业家意见的诉求通道，及时了解企业家思想动态、企业经营状况和困难，帮助企业解决融资贷款、人才引进、宣传推广、招商引资等"急难愁盼"问题。同时在涉企政策酝酿出台过程中充分发挥企业家作用，增强政策制定的科学性、规范性和协同性。为提高企业家积极性，可在区域范围内开展"优秀企业家"评选活动，增强企业家荣誉感、自豪感和社会责任感，并予以相应资金鼓励和人才政策，从而激发企业家创业、创新、创造动能。二是加强技术管理团队建设。坚持人才培养与引进并举，针对长株潭城市群制造业重点领域，重点引进和培养一批能够实现核心技术产业化的技术管理人才。应围绕"3+3+2"产业集群发展需要，针对性地开展企业经营管理人才培训，培育高素质企业经营管理人才队伍，推进企业经营管理人才职业化、市场化、专业化和国际化，对为城市群内制造业高地打造做出重大贡献的经营管理人才和团队给予政策支持和奖励。三是加强技能人才队伍建设。要大力推崇劳模精神、工匠精神，加强制造业工人技能培训、技能提升和职业教育培训体系的完善，形成城市群内政府统筹，部门协同，行业、企业、高校、社会力量共同参与的职业教育和培训工作格局，为培育制造业技能人才提供支持。具体可通过开展技能竞赛、技能比武等活动选拔

高技能人才，支持引导长株潭城市群区域内制造业企业与当地高校，例如国防科大、中南大学和湖南大学等高校深入开展产教融合、校企合作，精准对接紧缺人才需求，"订单式"培养输送知识型、技能型、创新型的复合型人才，以期实现产业链和人才链的同频共振和深度融合，以高质量产业人才推动长株潭城市群制造业高质量发展。

（三）全方位支持制造业企业发展，做优长株潭城市群营商环境

良好的营商环境是制造业企业得以发展的土壤，营造制造业企业发展的良好营商环境，长株潭城市群可从以下方面着手：一是政策环境方面。长株潭城市群应主动规划制造业发展布局，出台一系列类似《湖南省先进制造业促进条例》等的支持先进制造业发展的政策，为城市群内各大制造业企业发展提供方向，同时引导城市群内产业围绕"3+3+2"产业集群建设进行集中选址，形成产业集聚效应。二是法治环境方面。长株潭城市群应着力完善关于市场准入的行政审批体系和事中事后监管体系，严格市场监管、质量监管，同时加强区域信用体系建设，全面推行信用告知承诺制，健全公共信用综合评价体系，确保各大企业基本权益，实现企业间的公平竞争。三是要素环境方面，长株潭城市群在产业用地方面应完善土地管理制度，推进产业用地市场化配置改革；在劳动力方面应完善技术技能评价制度，引导劳动力畅通有序流动；在金融服务供给方面应完善城市群内制造业投融资体系，构建金融有效支持制造业的体制机制，促进产金融合。通过积极有序发展股权融资，拓展多元化、互补型股权融资渠道，提高直接融资比重，加大险资入城市群工作力度，引导保险资金支持制造业发展。多渠道扩大制造业信贷规模，打造一批服务中小制造业企业的地方金融企业，从而加大对制造业重大项目的融资支持。当前，湖南自贸区长沙片区经开区开始实行"融资租赁+工程机械设备出口"试点，以山河智能装备股份有限公司和融资租赁改革试点单位联手合作为示范，赋能工程机械设备产品出口，拓展企业境外融资渠道，快速提升企业回款率，服务企业拓展国际市场。以此案例的成功落地为契机，形成可复制可推广经验，帮助城市群内制造业企业解决资金问题，抢占全球市场。

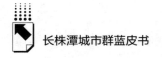

（四）分步骤加快工业节能降耗减碳步伐，持续推进绿色制造体系建设

面对资源环境对经济社会发展约束性逐渐增强的困境，长株潭城市群应以新发展理念为引领，继续在"绿"上采取行动，不断打造绿色制造体系，增强城市群内制造业绿色竞争优势。为此，一是要持续推进绿色制造体系建设，以工业碳达峰相关要求为核心，以构建绿色制造体系为主线，推动长株潭城市群区域内制造业绿色改造、绿色制造、绿色制造和绿色服务融合互动，促进制造业绿色转型升级。在推进绿色制造体系建设过程中，首先要在长株潭城市群内多企业入选2021年湖南省绿色制造体系示范单位名单的基础上（见表10），继续组织开展绿色工厂、绿色园区、绿色供应链示范创建工作，积极引导企业实施和推行产品全生命周期绿色管理，开发绿色设计产品，引领社会绿色低碳消费。其次要不断推广绿色制造工艺技术，减少能源消耗和污染物排放，同时采用先进高效环保技术装备，进一步削减污染物和碳排放，推进生产过程清洁化。最后要发展综合能源专业投资开发基金和机构，为制造业企业配套投资开发建设清洁能源与可再生能源替代、高效公共基础设施、节能技术改造等项目提供有力支撑，从而提高清洁能源利用比重和资源循环利用水平。二是要努力提高资源利用效率。以长株潭城市群轨道交通、航天航空和工程机械制造等为重点领域，打造再制造专业产业园区。以工业固体废弃物为重点，制定相关标准，不断推进工业固体废物利用技术升级，通过开发、推广废弃物和再造资源综合利用先进适用技术装备和高附加值产品，积极发展再制造产业，构建区域高效、安全、绿色、循环的工业固体废物资源综合利用体系和再制造体系，形成多层次、多途径、高附加值的综合利用发展新格局。三是要加快推进工业节能降耗减碳。围绕"碳达峰、碳中和"积极推广低碳能源，推广能源梯级利用、清洁能源替代行动，优化工业用能结构，强化用能管理，完善节能服务机制，加快实施节能降碳技术改造，全面实现工业能效提升。此外，还可围绕企业节能降本需求，提供节能诊断公共服务，为企业找准高耗能因素，提出技术解决方案。从而实现长株潭城市群制造业与生态的协调发展，才能够为城市群内制造业的发展提供质量保证。

表 10   2021 年度长株潭城市群绿色制造体系示范单位名单

地区	项目名称	企业名称
长沙	绿色工厂	金驰能源材料有限公司 蓝思科技股份有限公司 圣湘生物科技股份有限公司 长沙中联重科环境产业有限公司 湖南湘船重工有限公司等 30 家
	绿色设计产品	湖南泵阀制造有限公司 湖南易净环保科技有限公司 湖南博世环保科技有限公司 湖南蒙达新能源材料有限公司 长沙新麓机床制造有限公司等 11 家
	绿色设计示范企业	远大空调有限公司 航天凯天环保科技股份有限公司 湖南柯林瀚特环保科技有限公司 长沙中联重科环境产业有限公司 湖南湘投金天钛金属股份有限公司等 17 家
株洲	绿色工厂	中车株洲电力机车研究所有限公司 株洲中车时代半导体有限公司 汉德车桥（株洲）齿轮有限公司 株洲时代工程塑料科技有限责任公司 众普森科技（株洲）有限公司等 16 家
	绿色设计产品	株洲飞鹿高新材料技术股份有限公司 株洲德鑫新型墙体材料有限责任公司
	绿色设计示范企业	株洲九方装备股份有限公司 湖南立方新能源科技有限责任公司 株洲硬质合金集团有限公司
湘潭	绿色工厂	湖南湘钢瑞泰科技有限公司 湖南吉利汽车部件有限公司 威胜电气有限公司 金杯电工电磁线有限公司 中冶京诚（湘潭）重工设备有限公司 中材湘潭水泥有限责任公司 特变电工湖南电气有限公司

（五）积极培育城市群内小巨人企业，推动中小企业专精特新发展

长株潭城市群围绕"三高四新"战略，奋力打造国家制造业高地，提升

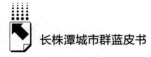
产业基础能力和产业现代化水平，关键在于坚持做大做强中小企业，引导和支持中小企业提升专业能力和水平，推动中小企业专精特新发展。因此，要提高长株潭城市群内中小制造业企业发展质量，一是要重点面向制造业中小企业，培育新一代信息技术、生物技术、新能源、新材料、高端装备等战略性新兴产业，"3+3+2"产业集群、工业"五基"创新、"新基建"等领域的优质中小企业。二是要引导城市群内各中小企业对标"小巨人"企业标准苦练内功，坚持聚焦主业、打造优势，做到规范经营、勇于创新、以质取胜，坚持走"专精特新"发展道路，在补短板、强链条上发挥重要支撑作用。三是要梯度培育一批专精特新"小巨人"企业成长为制造业单项冠军企业，到 2021年长株潭城市群已经形成一批专精特新"小巨人"企业，其中长沙共认定132 家，株洲共认定 27 家，湘潭认定 28 家（如表 11 所示）。目前长沙已形成国家、省、市三级联动的梯级体系，并为各级小巨人企业发放财政资金补贴，株洲和湘潭应加快步伐完善梯级培育系统，支持专精特新"小巨人"企业成长为上市企业，引领带动城市群内制造业中小企业高质量发展。2021 年长株潭"专精特新"小巨人企业融合发展联盟成立，并定期开展中小企业"专精特新"大讲堂，这也为小巨人企业成长为制造业单项冠军企业提供了更多的可能。总之，要通过整合安排奖补资金、财政专项支持、融资"直通车"、上市培育扶持等措施，培育一批掌握独门绝技的"小巨人"和"单项冠军"。

表 11 　2021 年长株潭城市群专精特新"小巨人"企业认定名单

地区	小巨人企业	单项冠军企业
长沙	长沙景嘉微电子股份有限公司 长沙豆芽文化科技有限公司 湖南琴海数码股份有限公司 湖南国天电子科技有限公司 湖南特瑞精密医疗器械有限公司 湖南普菲克生物科技有限公司 长沙市雅高彩印有限公司 长沙筑友智造科技有限公司 湖南长重机器股份有限公司 湖南把兄弟新材料股份有限公司等132 家	湖南中冶长天重工科技有限公司 （烧结成套设备） 湖南长高高压开关有限公司 （隔离开关接地开关类产品） 中联重科 （混凝土泵车）

续表

地区	小巨人企业	单项冠军企业
株洲	株洲晶彩电子科技有限公司 株洲长远智造股份有限公司 株洲中车机电科技有限公司 醴陵旗滨电子玻璃有限公司 醴陵市三塘瓷业有限公司 湖南恒茂高科股份有限公司 湖南神通光电科技有限责任公司 湖南南方通用航空发动机有限公司 湖南汉能科技有限公司 株洲时代电气绝缘有限责任公司等 27 家	湖南中车时代通信信号有限公司 （列车运行记录装置） 中车株洲电力机车有限公司 （电力机车） 醴陵华鑫电瓷科技股份有限公司 （空心瓷绝缘子）
湘潭	中韶电气股份有限公司 湖南邦泽科技有限公司 湖南杰萃生物技术有限公司 湘潭市特种线缆股份有限公司 湖南飞山奇建筑科技有限公司 湖南宝峰炉料有限公司 湖南傲派自动化设备有限公司 湖南巨强再生资源科技发展有限公司 湖南深思电工实业有限公司 湖南湘钢金属材料科技有限公司等 28 家	恒欣实业有限公司 （智能矿用架空乘人装置）

（六）多举措提升制造业企业核心竞争力，推动产业结构平稳转型升级

长株潭城市群正处于制造业产业结构转型升级、制造业服务化程度提升的关键时期。产业要向价值链曲线两端爬升，就需要不断增加产业链附加值，促使制造业产业结构不断转型升级。为此，一要加快培育链主企业，引进新兴优势产业链龙头骨干企业。围绕长株潭城市群优势制造业——工程机械、轨道交通、航天航空和智能制造等产业，积极培育一批具有全球核心竞争力、产业控制能力强的主链企业，强化链主话语权和供应链地位以及对上下游资源整合能力，引导产业链主动补链延链，形成全产业链优势，从而达到提高盈利能力和稳定经营抗风险能力的目的。二要推动服务业与制造业深度融合。当前"制造业服务化、服务业制造化"趋势越来越明显。以中车株机为例，近年来，

该企业由制造商向服务提供商转型，创造了制造服务的国际品牌，为马来西亚轨道交通装备市场提供了占 80% 以上份额的产品和服务。因此借助服务业和制造业的一体化融合，不仅可以提升生产和服务的效率，还可以更好地对接需求。三要弥补产业链短板，在长株潭城市群制造业重点领域产业链的"卡链处""断链处"，有针对性地实施一批强链、补链项目，集中力量攻克"卡脖子"关键技术，增强重点产业链的自主可控能力。此外，要推进产业链就近配套，优化区域产业链分工协作体系，积极引进国内外重要供应商在长株潭城市群内建立生产基地，同时鼓励有条件的企业自主研发，积极发挥产业转型升级中的核心企业领导作用。四要提升产业链供应链安全水平。强化产业链供应链风险点分析研判，构建产业链供应链安全预警指标体系，建设供应链大数据监测平台，定期评估分析重点产业、企业和项目保障情况，全面摸底断供缺供风险隐患，及时制定替代备选方案，帮助企业有效规避和应对全球供应链风险，实现长株潭城市群产业链和供应体系以及产业结构的平稳升级。

参考文献

李志坚：《解密自主创新长株潭新现象》，《新湘评论》2022 年第 4 期。

马雪：《美国制造业的"假衰落"和"真困境"》，《美国问题研究》2021 年第 2 期。

闫丽霞、韩盼盼：《先进制造业与现代服务业融合模式的国外经验借鉴》，《市场论坛》2021 年第 4 期。

尹向东、黄永忠：《奋力打造国家重要先进制造业高地》，《新湘评论》2020 年第 24 期。

吴敏洁：《低碳背景下中国制造业发展研究——基于生产率视角》，东南大学博士学位论文，2019。

陈春明、张洪金：《国外制造业转型升级比较与变革借鉴》，《国外社会科学》2017 年第 5 期。

仲实：《湖南：擦亮长株潭"智造"名片》，《中国品牌》2017 年第 7 期。

周明生、陈文翔：《生产性服务业与制造业协同集聚的增长效应研究——以长株潭城市群为例》，《现代经济探讨》2018 年第 6 期。

李海燕：《转方式调结构 加速长株潭传统制造业的"两型"化》，《中国城市经济》2010 年第 11 期。

熊曦：《工业转型与绿色低碳发展》，中国矿业大学出版社，2018。

徐梅：《日本制造业强大的原因及镜鉴》，《人民论坛》2021 年第 Z1 期。

林珏：《美国制造业"重振"战略实施效果考察：成效与难点》，《重庆工商大学学报》（社会科学版）2020 年第 1 期。

李金华：《中国高新技术企业、产业集群、企业孵化器的发展及政策思考》，《经济与管理研究》2019 年第 7 期。

绿色发展篇

Green Development Chapter

B.12
环长株潭城市群创新网络结构
对绿色创新效率的影响[*]

王露　叶文忠　刘俞希[**]

摘　要：　城市群绿色创新是城市群内城市由高校、企业和研发机构等所构
成的创新网络协同创新的结果。为推动环长株潭城市群"两型社
会"建设和实施湖南"三高四新"战略，研究基于创新网络结
构视角，运用非期望产出的 SBM 模型测度 2012~2018 年环长株
潭城市群 8 个地级城市的绿色创新效率；通过面板 Tobit 回归模
型对绿色创新效率的影响因素进行了回归分析。研究结果表明：
环长株潭城市群绿色创新效率在考察期内有缓慢波动下滑趋势；
城市绿色创新效率不均衡，长沙绿色创新效率位居第一，湘潭和
娄底排名靠后；企业、高校、创新网络结构洞对绿色创新效率产

---

　*　基金项目：湖南省社会科学成果评审委员会重点研究项目"湖南经济高质量发展研究——基
于城市群创新网络的长株潭城市群高质量发展"（XSP19ZDI022）。
**　王露，湖南科技大学商学院硕士研究生，研究方向：区域经济；叶文忠，湖南科技大学商学
院教授、博士生导师，博士，研究方向：产业集群、技术创新与区域经济；刘俞希，湖南科
技大学商学院博士研究生，研究方向：区域经济。

生正向影响，研发机构、创新网络开放度和政府支持力度为负向影响，创新网络中心度相关假设没有得到验证。

关键词： 环长株潭城市群　绿色创新效率　创新网络　非期望 SBM 模型

引　言

党的十九届五中全会提出推动绿色发展，促进人与自然和谐共生的新目标。转变经济发展模式，以绿色创新作为经济发展的原动力，实现经济可持续增长，是经济社会发展的现实要求。《湖南省国民经济和社会发展第十四个五年规划和二〇三五年远景目标纲要》提出要形成绿色发展方式、持续改善环境质量、加强生态系统保护和修复、完善生态环境治理体系。长株潭城市群是湖南省经济发展的增长极，是我国两型社会建设示范区，在绿色创新发展中具有引领和示范作用。由于城市间具有异质性，地理位置及其资源要素差异影响城市群的绿色创新效率。长株潭城市群县域存在生态安全不均衡①、区域网络联动效应较差②等问题，且较少文献在评价绿色创新效率的基础上对其影响因素进行分析③，同时，绿色创新发展需要区域间的协同推进，城市群创新网络是区域协同创新发展和创新资源整合的新范式。基于这一背景下，本研究在对环长株潭城市群绿色创新效率测度的基础上探析其影响因素，对于提升环长株潭区域绿色创新能力和推动高质量发展具有重要意义。

一　文献综述

现有文献中，对于绿色创新效率的研究主要集中在研究方法和影响因素

---

① 赵文力、刘湘辉、鲍丙飞、向平安：《长株潭城市群县域生态安全评估研究》，《经济地理》2019 年第 8 期。
② 魏国恩、朱翔、贺清云：《环长株潭城市群空间联系演变特征与对策研究》，《长江流域资源与环境》2018 年第 9 期。
③ 吕承超、邵长花、崔悦：《中国绿色创新效率的时空演进规律及影响因素研究》，《财经问题研究》2020 年第 12 期。

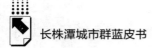

上。从研究方法来看，效率测度大体包含参数和非参数两种方法①。由于参数法随机前沿分析需要事先假定，模型本身存在诸多局限性，因此大多数学者采用非参数法测度效率。为克服传统模型未考虑松弛变量的问题②，有学者提出采用非角度、非径向的 DEA-SBM 模型，被广泛使用。滕堂伟等③在 Super-SBM 模型基础上结合 GML 指数构建 26 个地级城市绿色创新效率模型，并验证了长三角各城市间绿色创新发展的空间关联；从影响因素来看，主要表现为创新活动所处环境④、市场份额和成本因素⑤、环境规制⑥⑦⑧和影子经济⑨等对绿色创新效率的影响。

关于城市群创新网络结构与绿色创新效率的研究，相关文献较少。任胜钢等⑩从网络规模、网络结构洞、网络开放性以及网络链接四方面刻画区域创新网络结构特征，研究了对区域创新能力的影响。于明洁等⑪在创新网络结构的基础上考虑了环境因素对创新效率的影响。周灿等⑫通过专利申请数据构建创

---

① 吕承超、邵长花、崔悦：《中国绿色创新效率的时空演进规律及影响因素研究》，《财经问题研究》2020 年第 12 期。

② Kaoru Tone. A Slacks-based Measure of Efficiency in Data Envelopment Analysis ［J］. *European Journal of Operational Research*，2001，130（3）.

③ 滕堂伟、瞿丛艺、胡森林、曾刚：《长三角城市群绿色创新效率格局分异及空间关联特征》，《华东师范大学学报》（哲学社会科学版）2019 年第 5 期。

④ 付帼、卢小丽、武春友：《中国省域绿色创新空间格局演化研究》，《中国软科学》2016 年第 7 期。

⑤ Angela Triguero，Lourdes Moreno-Mondéjar，María A. Davia. Drivers of Different Types of Eco-innovation in European SMEs ［J］. *Ecological Economics*，2013，92.

⑥ 张娟、耿弘、徐功文、陈健：《环境规制对绿色技术创新的影响研究》，《中国人口·资源与环境》2019 年第 1 期。

⑦ 郭进：《环境规制对绿色技术创新的影响——"波特效应"的中国证据》，《财贸经济》2019 年第 3 期。

⑧ 斯丽娟：《环境规制对绿色技术创新的影响——基于黄河流域城市面板数据的实证分析》，《财经问题研究》2020 年第 7 期。

⑨ 邝嫦娥、文泽宙、彭文斌：《影子经济影响绿色创新效率的门槛效应》，《经济地理》2019 年第 7 期。

⑩ 任胜钢、胡春燕、王龙伟：《我国区域创新网络结构特征对区域创新能力影响的实证研究》，《系统工程》2011 年第 2 期。

⑪ 于明洁、郭鹏、张果：《区域创新网络结构对区域创新效率的影响研究》，《科学学与科学技术管理》2013 年第 8 期。

⑫ 周灿、曾刚、曹贤忠：《中国城市创新网络结构与创新能力研究》，《地理研究》2017 年第 7 期。

新合作网络，并运用社会网络分析其中心性、结构洞、平均路径长度和群集系数来表征创新网络结构，探讨了城市创新网络结构与创新能力之间的关系。唐建荣等①使用突变级数法测度城市创新能力，并采用社会网络分析其网络密度、网络中心度和块模型等 3 个结构特征，分析城市创新网络相关主体间联系。盛彦文等②以京津冀、长三角、珠三角城市群为例选取中心性、结构洞和聚类系数刻画创新联系网络结构特征，探析了城市群创新网络结构特征与城市创新效率之间的关系。

关于环长株潭城市群的研究，较多学者往往聚焦于对长株潭城市群及其两型社会建设的探究，对环长株潭城市群及绿色创新的文献较为少见。如：对长株潭城市群生态系统的安全进行评价③、对绿心生态保护与发展和绿心生态的构建④，以及探究"两型社会"综改区建设与地区绿色发展的关系⑤。

上述相关文献能为城市群创新网络结构对绿色创新效率影响研究提供重要的理论基础，但多数学者从创新网络结构与创新效率或是从创新能力方面来探讨，而针对城市群创新网络结构与绿色创新效率的研究较少，尤其较少以环长株潭城市群为研究对象。城市群是经济社会发展的重要载体，关系我国经济社会的高质量发展。为此，本文基于环长株潭城市群 8 个地级城市的 2012~2018 年面板数据为样本，运用非期望产出的 SBM 模型测度绿色创新效率，采用面板 Tobit 回归模型验证创新网络结构洞、创新网络规模及其相关环境等因素对绿色创新效率产生的影响。

---

① 唐建荣、李晨瑞、倪攀：《长三角城市群创新网络结构及其驱动因素研究》，《上海经济研究》2018 年第 11 期。
② 盛彦文、苟倩、宋金平：《城市群创新联系网络结构与创新效率研究——以京津冀、长三角、珠三角城市群为例》，《地理科学》2020 年第 11 期。
③ 杨立国：《基于生态足迹的城市群生态系统安全评价——以长株潭城市群为例》，《世界地理研究》2009 年第 1 期。
④ 顾朝林、马婷、袁晓辉、张晓明、王旭：《长株潭城市群绿心生态保护与发展探讨》，《长江流域资源与环境》2010 年第 10 期。
⑤ 李卫兵、李翠：《"两型社会"综改区能促进绿色发展吗?》，《财经研究》2018 年第 10 期。

二 环长株潭创新网络结构对绿色创新
效率影响的机制构建

"创新网络"是 Freeman[①] 首先正式提出，是应对系统性创新的一种基本制度安排。谢伟伟等[②]认为绿色发展角度下的创新网络是区域内企业、大学、科研机构作为创新主体，通过主体间的交流合作形成的绿色发展与创新的共赢局面。本文认为，城市群创新网络是城市间的创新主体基于各种知识流、技术流和资源流等所形成的系统性创新的新型合作模式，是绿色创新效率的重要作用机制。

（一）城市群创新网络结构与绿色创新效率机制模型构建

城市群创新网络的相关研究主要包括创新网络的构建、创新网络结构特征的剖析、创新网络的主体、创新网络的空间格局、创新网络的演化过程，以及城市群创新网络效应等，城市群创新网络的演进和创新主体间的互动，提升了绿色创新效率。

1. 城市群创新网络结构

当今，城市间创新格局逐渐由等级化向网络化演变[③]。城市群创新网络是以城市作为创新主体构建城市与城市间的创新联系，归根结底是城市创新主体间的创新联系。社会网络分析理论从个体和整体的角度考察城市群创新网络结构，本文将城市作为创新网络上的一个节点，分析城市间创新主体在创新合作过程中，形成的创新合作关系及其互动演进规律，主要从网络结构的整体性特征探析其对绿色创新效率的影响机制。创新网络的主体主要包括两个方面：一是具有创新能力的部门，如企业、高等院校和科研机构；二是创新环境优化部

---

① Freeman C.. Networks of Innovators: A Synthesis of Research Issues [J]. *North-Holland*, 1991, 20 (5): 499–514.
② 谢伟伟、邓宏兵、刘欢：《绿色发展视角下长三角城市群城市创新网络结构特征研究》，《科技进步与对策》2017 年第 17 期。
③ 鲜果、曾刚、曹贤忠：《中国城市间创新网络结构及其邻近性机理》，《世界地理研究》2018 年第 5 期。

门，主要特指政府部门。对城市群创新网络结构的刻画主要包括：（1）网络整体性，包括网络整体大小和密度①；（2）网络开放性②；（3）网络结构洞；（4）网络中心度。

2. 城市群创新网络结构与绿色创新效率的关系

城市群创新网络是实现绿色创新的重要载体与基础，是影响绿色创新效率的重要因素，而城市群创新网络结构是反映与影响城市群创新网络的重要因素。研究利用"网络—行为—效率"分析范式，选取城市群创新网络结构指标及其环境影响因素作为城市群绿色创新效率的影响因素。借鉴唐建荣等③模型思想，构建城市群创新网络结构与绿色创新效率之间的理论框架（见图1）。人才、信息、知识、技术等创新要素的集聚促成了创新网络的形成④。待具备高素质的人才以及相关创新信息作为创新投入，经过城市创新群主体间的一系

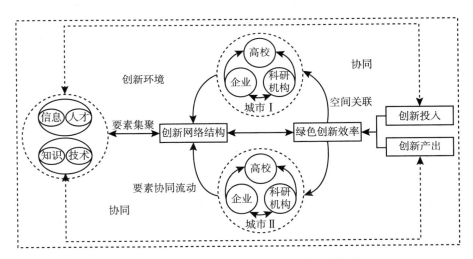

图1　创新网络结构与绿色创新效率的理论框架

---

① 吴中超：《基于随机前沿的区域创新绩效研究：创新网络结构视角》，《技术经济》2020年第4期。

② 于明洁、郭鹏、张果：《区域创新网络结构对区域创新效率的影响研究》，《科学学与科学技术管理》2013年第8期。

③ 唐建荣、李晨瑞、倪攀：《长三角城市群创新网络结构及其驱动因素研究》，《上海经济研究》2018年第11期。

④ 袁宇：《城市创新网络化：创新型城市研究的新视角》，《中州学刊》2014年第4期。

列创新活动将知识专利、技术发明等作为创新产出。城市群创新主体正是利用创新要素集聚、交织作用下的创新网络,实现知识扩散和获得创新产出成果的同时,又能反向吸引高技术人才。城市群创新主体在创新发展、知识沉淀过程中,离不开创新环境。最终,由创新投入和创新产出共同决定了绿色创新效率。

(二)城市群创新网络结构对绿色创新效率的影响

城市群创新网络的度量可以从网络个体特点及网络整体性特征等两个方面进行。相关文献大多采用社会网络分析方法,主要用中心度、网络密度、网络结构洞、群集系数等结构特征刻画城市群创新网络。目前,有关创新网络结构特征的测度,一般包括网络规模、网络密度、网络中心势、网络中心度、网络开放性、网络结构洞和网络连接(网络强联系和弱联系)、网络集中度等维度①。本文在结合环长株潭城市群绿色创新现状、借鉴区域创新网络结构相关文献基础上,对比社会网络分析方法针对城市群创新网络的刻度,基于系统性、重要性、可比性和数据可获得性等原则,从创新网络规模、创新网络开放度、创新网络结构洞和创新网络中心度等指标考察创新网络结构。创新环境的优化主体为政府,本文将创新环境明确为政府支持力度。

1. 创新网络规模

网络规模作为创新网络结构中最基本的特征,反映了创新主体数量和创新网络各点之间的基本组成情况。网络规模的扩大,会增加创新网络内的资源,扩大主体间的创新联系,提高学习机会和增加知识信息获取量,并获得异质性的资源,反映的是各主体间联系的紧密程度。城市群创新网络是城市群内创新的重要资源,群内企业的集聚,可以增强成员间的信任与合作,降低交易成本和创新风险,大大加快群内创新主体间知识流动和知识溢出的速度,缩短学习时间和学习过程。同时,城市群创新网络规模越大,越有利于知识和技术的转化,同时,也减少创新的盲目性,提高针对性。社会网络分析中网络密度定义为节点间实际拥有的关系数同理论拥有最大关系数的比值。创新主体在区域内的聚集是主体间知识流动和知识溢出的过程,城市群创新网络规模指该城市包

---

① 吴中超:《基于随机前沿的区域创新绩效研究:创新网络结构视角》,《技术经济》2020年第4期。

含创新网络节点的数量的多少。本文根据区域创新系统的定义，网络节点选取包括企业、研究机构、高等学校3个主要的创新主体。不同主体交互越频繁，交互强度越强，越利于提高创新绩效，从而使区域创新效率提高①。因此，我们可以假定，H1：城市群创新网络规模越大，主体间交互作用越强，创新效率越得以提升。

2. 创新网络开放性

在全球分工背景下，城市和城市群是全球创新体系中的一个节点。城市群创新网络具有组织性，同时又是一个开放的系统。创新主体嵌入全球价值链，融入本地创新链，形成一个专业化、多中心的网络化创新体系。相关主体可以从本地创新网络外部获取异质性和互补性技术知识资源，并可在本地创新网络内自由流动。创新网络的开放性能促使创新主体从外部汲取异质性知识要素，实现优势互补和提升创新能力。崔晓露②认为开放性的网络、创新主体间的知识流动存在于创新网络内部以及外部获取到的创新合作资源，并且随着全球化趋势、跨国交流合作的频繁，能有效实现资源配置，加快创新网络内部创新步伐。因此，我们可以假定，H2：城市群创新网络开放程度越高，越容易从外部汲取新的知识和信息，越增强创新能力，使创新效率得以提升。

3. 创新网络结构洞

Burt③最早提出结构洞概念，指出结构洞是行动者间非冗余关系。至少存在有3个以上的行动者发生联系，两节点并非直接联系，而是通过另外一个节点进行连接，当起到桥梁中介作用时，那么该节点占据了结构洞的位置。结构洞描述了创新网络中创新主体间机会的大小，创新网络包含了组织合作网络、成员合作网络、知识融合网络3种，从知识要素角度分析，知识融合网络结构洞是描述知识要素的非冗余关系，知识融合网络结构洞特征越显著，说明主体所拥有的大量与技术领域相关的知识具有越强的异质性④。

---

① 陈关聚、张慧：《创新网络交互度对区域创新的影响及地区差异研究》，《工业技术经济》2018年第37（12）期。
② 崔晓露：《高新区创新网络与区域创新》，上海人民出版社，2017，第34~35页。
③ Burt R. S. *Structure Holes*：*The Social Structure of Competition*［M］. Boston：Harvard University Press，1992.
④ 王崇锋、崔运周、尚哲：《多层创新网络结构洞特征对组织创新绩效的影响——来自新能源汽车领域的实证分析》，《科技进步与对策》2020年第12期。

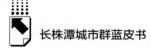
在不断创新的过程中，利用这种技术领域相近但从未组合的知识要素优势，采取组合式创新模式，能有效提升创新绩效①②。因此，我们可以假定，H3：城市群创新网络结构洞特征越显著，异质性知识流动越通畅，越利于创新效率的提升。

4. 创新网络中心度

网络中心度是个体权利量化的结果，主要包括点度中心度、中间中心度、接近中心度3种③。处在中心位置的城市拥有获取更多创新资源的权利，能够具备影响其他周边城市的能力。城市群创新网络的形成依赖某些中心城市的空间集聚，合作网络在一定程度上表现为向中心城市集中，包括知识、技术、信息等相关要素不断向中心城市聚集，从而使得整个城市群创新合作达到稳定的状态，良好的创新合作关系促使绿色创新效率得到提升。因此，我们可以假定，H4：城市群创新网络中心度特征越显著，创新合作关系越紧密，越利于创新效率的提升。

5. 政府支持强度

政府支持强度是政府对于区域创新活动的支持力度，对于创新活动的影响具有不确定性。政府作为区域创新主体之一，能通过制定相关政策为区域创新提供一个良好的创新环境。政府提供地区财政支持的同时，过度的干预会降低高等学校等科研机构与企业开展创新活动的积极性，扭曲了市场机制，所以政府支持强度具有"双刃剑"的作用④。同时，由于城市间行政体系分割，地方政府间开展"GDP锦标赛"，只关注增强本地的经济发展，而从城市群整体考虑经济社会发展不够。一般讲，政府过度干预创新活动的开展会降低创新效率。因此，我们可以假定，H5：政府支持力度越强，越会降低绿色创新效率。

---

① 王莉、程学旗：《在线社会网络的动态社区发现及演化》，《计算机学报》2015年第2期。
② Dong-Jae Kim, Bruce Kogut. "Technological Platforms and Diversification" [J]. *Organization Science*, 1996, 7 (3).
③ 胡悦、马静、李雪燕：《京津冀城市群创新网络结构演化及驱动机制研究》，《科技进步与对策》2020年第13期。
④ 吴中超：《基于随机前沿的区域创新绩效研究：创新网络结构视角》，《技术经济》2020年第4期。

三　环长株潭城市群城市的绿色创新效率的测度

（一）研究方法和数据来源

1.研究方法

为研究城市群创新网络结构对绿色创新效率的影响，以及不同城市间的异质性，本文采用非期望产出的 SBM 模型对环长株潭城市群城市的绿色创新效率进行评价。传统的 DEA 模型假设的产出为期望产出，不考虑松弛变量的影响会使得测算出来的效率值偏高，而实际生产过程中使用的指标会产生效率降低的情况。另外，使用非径向、非角度的 SBM 模型能有效避免传统径向的、角度的 DEA 所导致的测算偏差。因此构建绿色创新效率评价模型如下：

$$
Min\ \rho = \frac{1 - \dfrac{1}{m}\displaystyle\sum_{i=1}^{m}\dfrac{s_i^-}{x_{ik}}}{1 - \dfrac{1}{q_1+q_2}\left(\displaystyle\sum_{r=1}^{q_1}\dfrac{s_r^+}{y_{rk}} + \displaystyle\sum_{t=1}^{q_2}\dfrac{s_t^{z^-}}{z_{rk}}\right)}
$$

$$
s.t\begin{cases}\displaystyle\sum_{\substack{j=1\\j\neq k}}^{n}x_{ij}\lambda_j - s_i^- \leqslant x_{ik}\\[2mm]\displaystyle\sum_{\substack{j=1\\j\neq k}}^{n}y_{ij}\lambda_j - s_r^+ \leqslant y_{rk}\\[2mm]\displaystyle\sum_{\substack{j=1\\j\neq k}}^{n}z_{ij}\lambda_j - s_t^{z^-} \leqslant z_{rk}\lambda, s^-, s^+ \geqslant 0\end{cases}\tag{1}
$$

假设有 n 个决策单元 DUM，m 种投入，q_1 种期望产出，q_2 种非期望产出，λ 为 DUM 的权重，s^-、s^+、s^z 分别表示投入、期望产出和非期望产出的松弛变量，v_i、μ_r、μ_t 分别为投入、期望产出、非期望产出的权数，表示 DUM 的效率值。通过 SBM 模型获得有效 DUM。

2.数据来源

本文以 2012~2018 年环长株潭城市群为研究区域，包括长沙、株洲、湘潭、衡阳、岳阳、常德、益阳、娄底 8 个地级市。本文各项指标原始数据主要

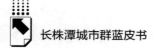

来源于历年《湖南统计年鉴》《中国城市统计年鉴》。部分缺失数值采用线性插值法补齐。

（二）绿色创新效率测算

1. 指标选取

根据环长株潭城市群绿色创新现状和创新网络特征，以及考虑数据的可获得性，构建绿色创新效率评价指标体系。对于环长株潭城市群城市的绿色创新效率的度量，不仅是创新效率测算的过程，还应该体现"绿色"这一主题。本文从投入产出要素角度加入绿色理念，全面考虑能源利用和环境污染情况。参考肖仁桥等[①]的做法，在绿色创新投入方面选取 R&D 人员全时当量和 R&D 内部经费支出作为城市群绿色创新效率人力和财力的投入指标。R&D 内部经费和全社会固定资本采用国际上通用的永续盘存法估算，估算公式为 $K_{it} = (1-\delta_{it}) K_{i(t-1)} + I_{it}$，R&D 经费使用研发价格指数进行平减，研发价格指数由消费价格指数和固定资产价格指数加权平均可得，消费价格指数权重为 0.55，固定资产价格指数权重为 0.45[②]。资本存量采用固定资产价格指数进行平减，资本折旧率取值 9.6%[③]，R&D 经费折旧率为 15%[④]。能源投入借鉴卢丽文等[⑤]的做法选取全社会用电量来衡量。产出指标可分为期望产出和非期望产出，专利数据能较为全面地反映城市的创新产出成果情况，因此选用专利申请数来表征。参考李金滟等[⑥]指标选取，考虑到高新技术产业是技术、知识密集型产业，涵盖了诸多创新产出成果，因此选取高新技术产业产值，用专利申请数和高新技术产业产值 2 个指标衡量经济效益情况；非期望产出一般采用环境综合

---

① 肖仁桥、沈路、钱丽：《"一带一路"沿线省份工业企业绿色创新效率及其影响因素研究》，《软科学》2020 年第 8 期。

② 朱平芳、徐伟民：《政府的科技激励政策对大中型工业企业 R&D 投入及其专利产出的影响——上海市的实证研究》，《经济研究》2003 年第 6 期。

③ 张军、吴桂英、张吉鹏：《中国省际物质资本存量估算：1952～2000》，《经济研究》2004 年第 10 期。

④ 吴延兵：《R&D 存量、知识函数与生产效率》，《经济学（季刊）》2006 年第 3 期。

⑤ 卢丽文、宋德勇、黄璨：《长江经济带城市绿色全要素生产率测度——以长江经济带的 108 个城市为例》，《城市问题》2017 年第 1 期。

⑥ 李金滟、李超、李泽宇：《城市绿色创新效率评价及其影响因素分析》，《统计与决策》2017 年第 20 期。

指数来表征环境效益产出，环境污染综合指数由工业三废综合测算即工业废水排放量、工业二氧化硫排放量、工业烟尘排放量三项指标使用熵权法计算得出。指标选取如表 1 所示。

表 1　环长株潭城市群绿色创新效率指标

一级指标	二级指标		三级指标
投入指标	创新投入	人力投入	R&D 人员全时当量
		财力投入	R&D 内部经费支出
		资本投入	全社会固定资本
		能源投入	全社会用电量
产出指标	期望产出	经济效益产出	专利申请数
			高新技术产业产值
	非期望产出	环境效益产出	环境污染综合指数

2. 测算结果及分析

运用非期望产出的 SBM-DEA 模型测算 2012~2018 年环长株潭城市群城市的绿色创新效率，计算结果如表 2 所示。效率值的高低能够反映环长株潭城市群绿色创新效率水平。（1）从时间序列整体情况来看，环长株潭城市群2012~2018 年绿色创新效率均值分别为 0.9441、0.9504、0.8767、0.9169、0.8640、0.8608、0.8285，绿色创新效率整体均值处在中高水平且有波动缓慢下降趋势。近几年，湖南省较多注重长株潭城市群核心区两型社会建设，而忽略了环长株潭城市群整体绿色发展的建设，同时，在交通网络、高校和科研机构等协作方面，推进力度不够。另外从宏观来看，受国际环境影响，近年来中国经济放缓，下行压力较大，环长株潭城市群把技术创新成果转化为现实生产力不够，且创新资源合理分配利用方面也有所欠缺。由此可见，城市群绿色创新发展离不开良好的创新环境。（2）从单个城市层面来看，本文长沙位于环长株潭城市群 8 个城市绿色创新效率的首位，在测算年度内的绿色创新效率均值为 1，长沙在创新人员和经费、创新资源方面的投入量大，绿色创新效率一直处在领先位置，这与长沙作为省会城市在创新网络中处在创新活动中心位置有着不可分割的联系。株洲、益阳绿色创新效率排名分居

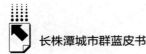
二、三位，说明这两个城市积极对接长沙市，在创新主体方面进行了整合与协同，实现了创新要素有效配置和创新资源的合理利用，因此绿色创新效率排名靠前，促进了城市创新发展。湘潭市和娄底市绿色创新效率排名最后两位，主要原因可能是与环长株潭城市群相关城市协同不够，没有形成有效的创新网络体系，从而绿色创新效率较低。（3）从区域分布情况来看，本文选取 2012 年、2015 年、2018 年 3 个时间节点，运用 ArcGIS 软件的自然断裂法，将绿色创新效率划分为低有效区、中有效区和高有效区 3 种类型。环长株潭城市群绿色创新效率在空间上分布不均。总体来看，从 2012~2018 年处在高有效区的城市数量有所减少，只有长沙和株洲两个城市一直保持在高绿色创新有效区，说明这两个城市在经济发展过程中形成了较好的创新网络特征，在城市群网络体系中，处在结构洞的位置，注重绿色生态发展问题。相反，娄底市在 2012~2016 年绿色创新效率一直处在低有效区，说明娄底在经济发展过程中，高校和研发机构偏少，没有形成较好的创新网络，与城市群内相关城市也没有融入完善的创新网络系统。衡阳、岳阳、常德、益阳 4 个城市的绿色创新效率随年份推移有不同程度的下降。湘潭绿色创新效率趋于平稳。处在中绿色创新有效区的城市数量较少，城市绿色创新效率不均衡分布较为明显。

表 2　环长株潭城市群城市的绿色创新效率

地区	2012 年	2013 年	2014 年	2015 年	2016 年	2017 年	2018 年	均值	排名
长沙市	1	1	1	1	1	1	1	1	1
株洲市	1	1	0.9504	1	1	1	1	0.9929	2
湘潭市	0.7992	0.8036	0.7223	0.8677	0.8048	0.7953	0.8045	0.7996	8
衡阳市	1	1	0.8704	0.9315	0.8169	0.7805	0.7235	0.8748	5
岳阳市	1	1	0.7617	0.7643	0.7521	0.7611	0.7617	0.8287	6
常德市	1	1	0.9475	1	0.7806	0.7803	0.7289	0.8910	4
益阳市	1	1	1	1	1	0.7693	0.7655	0.9334	3
娄底市	0.7538	0.7998	0.7617	0.7719	0.7577	1	0.8441	0.8127	7
均值	0.9441	0.9504	0.8767	0.9169	0.8640	0.8608	0.8285	—	

四 环长株潭城市群绿色创新效率影响因素 分析及假设检验

（一）计量模型设定

在完成环长株潭城市群绿色创新效率测算的基础上，本文采用 Tobit 模型分析绿色创新效率的影响因素。由于绿色创新效率值 GIE 在 0~1 的取值范围内，若采用普通最小二乘估计的结果有偏差，因此使用因变量受限模型。具体回归模型如下：

$$\begin{cases} Y_{it}^* = \alpha_0 + X_{it}\beta + \varepsilon_i \\ Y_{it} = Y_{it} \ if \quad 1 \geqslant Y_{it}^* \geqslant 0 \\ Y_{it} = 0 \ if \quad Y_{it}^* \leqslant 0 \\ Y_{it} = 1 \ if \quad Y_{it} \geqslant 1 \end{cases} \tag{2}$$

通过分析城市群绿色创新效率影响机制，选取绿色创新效率作为被解释变量；以创新网络规模企业（ENT）、高校（COL）、研究机构（RES）、创新网络开放度（FDI）、创新网络结构洞（STR）、创新网络中心度（CEN）、政府支持力度（GOV）为解释变量，变量定义见表 3；α_0 是常数项；β_k 为变量系数；ε_{it} 为扰动项。考虑到降低模型多重共线性的问题，对各变量取对数处理，构建面板 Tobit 回归模型的公式如下：

$$\begin{aligned} GIE = {} & \alpha_0 + \beta_1 \ln ENT_{it} + \beta_2 \ln COL_{it} + \beta_3 \ln RES_{it} + \beta_4 \ln FDI_{it} + \\ & \beta_5 \ln STR_{it} + \beta_6 \ln CEN_{it} + \beta_7 \ln GOV_{it} + \varepsilon_{it} \end{aligned} \tag{3}$$

（二）变量说明

根据城市群绿色创新效率影响机制，从创新网络规模、创新网络结构洞、创新网络开放度、创新网络中心度、政府支持力度 5 个方面进行分析。故选取以下解释变量，参考于明洁等[1]、吴中超[2]指标选取。变量选取如表 3 所示。

---

[1] 于明洁、郭鹏、张果：《区域创新网络结构对区域创新效率的影响研究》，《科学学与科学技术管理》2013 年第 8 期。

[2] 吴中超：《基于随机前沿的区域创新绩效研究：创新网络结构视角》，《技术经济》2020 年第 4 期。

表3　绿色创新效率影响因素及变量说明

影响因素	变量	变量简称	变量定义及说明
创新网络规模	企业个数	ENT	规模以上企业数目
	高校个数	COL	高等学校数目
	研究机构个数	RES	研究机构数目
创新网络开放度	网络开放度	FDI	外商直接投资占 GDP 比重
创新网络结构洞	网络结构洞	STR	技术市场交易金额
创新网络中心度	网络中心度	CEN	大中型企业科技机构数占规模以上企业科技机构数比重
政府支持力度	政府支持力度	GOV	财政科技支出占财政支出的比重

（1）创新网络规模。城市创新网络主体包括企业、研究机构、高等学校三大主要的创新主体，分别选取规模以上企业数目、研究机构数目、高等学校数目来表征。

（2）创新网络开放度。一般而言，创新网络开放程度越高，越能激发创新效率。选取外商直接投资占 GDP 的比重来测度城市群吸收外界知识、信息的能力。

（3）创新网络结构洞。选取各城市技术市场交易金额作为创新网络中创新主体间知识流动、技术合作的中间媒介。

（4）创新网络中心度。选取大中型企业科研机构数占规模以上企业科研机构数的比重来表征，相比以往研究该指标的选取是本研究的创新指标。

（5）政府支持力度。选取财政科技支出占财政支出的比重的数据来表示政府对创新活动的投入强度。

（三）实证结果

本文对环长株潭城市群绿色创新效率的影响因素进行实证检验，根据影响机制分析，从创新网络结构特征和创新网络外部环境两方面出发，利用面板Tobit 模型，基于 2012~2018 年环长株潭城市群 8 个城市的绿色创新面板数据，由 LR 检验结果判断是使用混合 Tobit 回归还是随机 Tobit 回归，Stata15.0 软件结果表明是使用混合 Tobit 回归，得出城市群创新网络结构对绿色创新效率的回归结果，具体见表4。

表 4　面板 Tobit 模型回归结果

GIE	Coef.	Std. Err	t	P>|t|	[95% Conf. Interval]	
lnENT	0. 2890 ***	0. 0453	6. 16	0. 000	0. 1880	0. 3699
lnCOL	0. 2020 ***	0. 0448	4. 51	0. 000	0. 1121	0. 2918
lnRES	− 0. 2030 ***	0. 0221	− 9. 20	0. 000	− 0. 2473	− 0. 1587
lnFDI	− 0. 1645 ***	0. 0450	− 3. 65	0. 001	− 0. 2547	− 0. 0741
lnSTR	0. 0148 ***	0. 0125	4. 25	0. 000	0. 0078	0. 0218
lnCEN	0. 0826	0. 0423	1. 95	0. 057	− 0. 0023	0. 1675
lnGOV	− 0. 0702 ***	0. 0107	− 6. 56	0. 000	− 0. 0917	− 0. 0487

注：＊代表在 10% 水平下的显著性，＊＊代表在 5% 水平下的显著性，＊＊＊代表在 1% 水平下的显著性。

（1）创新网络规模的 3 个变量，企业和高校对绿色创新效率在 1% 的水平下都具有显著正向的影响，说明企业和高校数目对于绿色创新效率的提高具有显著的促进作用。实证结果能验证创新网络规模越大，绿色创新效率越高，这与研究该因素影响假设结果相一致。研究机构对绿色创新效率在 1% 的水平下具有显著负向的影响，说明现实情况下科研机构数目的增加不但不能提高绿色创新效率反而降低了绿色创新效率，这可能由于研究机构在创新运作过程中占用大量创新资源造成了浪费降低了创新效率。

（2）创新网络开放度回归结果表明与绿色创新效率的关系表现为负显著性，对绿色创新效率的影响系数为 − 0. 1645，且在 1% 的水平下通过显著性检验。说明目前的对外开放程度对于环长株潭城市群绿色创新效率的提升没有明显的促进作用，这可能由于环长株潭城市群整体的创新水平正处在一个初级阶段，对外开放对于城市创新带来新的人才和技术的同时，也带来环境的污染等较多的负面影响，对此这和李健等[1]学者的研究结论类似。

（3）创新网络结构洞对绿色创新效率的影响为正，并在 1% 的水平下通过了显著性检验，其影响系数为 0. 0148。这表明，知识融合创新网络结构洞充当异质性知识获取的中介，能创新性地组合知识要素，从而显著提升城市的绿色创新效率。进一步验证了网络结构洞在高等学校、企业与研究机构之间发挥

---

① 李健、马晓芳：《京津冀城市绿色创新效率时空差异及影响因素分析》，《系统工程》2019 年第 5 期。

中介作用能明显提升创新效率的研究结果①。

（4）创新网络中心度对绿色创新效率的影响为正，但没有通过显著性检验。其可能的原因为：长沙作为省会城市在创新方面一直处在领先位置，同周边城市株洲、湘潭以及环长株潭其他城市拉开较大差距，没能较好协调与其他城市间的创新联系。另外，长沙与株洲、湘潭2个城市由于地理位置邻近，因此形成了长株潭创新活动开展中心，但长沙作为创新网络"权利"中心同环长株潭其他城市缺乏良好的创新互动，导致无法实现整体环长株潭城市群的绿色创新效率的提升。

（5）政府支持力度对绿色创新效率的影响为负，且在1%的水平下通过了显著性检验，其影响系数为-0.0702。实证结果表明，政府对于创新活动过分的干预会导致市场机制不能自由运转，资源无法得到有效配置，致使绿色创新效率降低，进一步验证研究假设。

五　结论与建议

研究认为，城市群创新网络可以看作一个具有"投入—产出"性质的知识创新系统，利用"网络—行为—效率"分析范式，构建了城市群创新网络结构下绿色创新效率的一个理论分析模型。基于异质性创新网络结构的视角，通过构建包含研发投入的非期望SBM模型，对于环长株潭城市群8个城市在2012~2018年的绿色创新效率进行测度分析，在此基础上使用面板Tobit模型分析绿色创新效率影响因素，为加快环长株潭城市群创新发展、实现节能减排提供可行性建议，得出以下结论。

第一，环长株潭城市群绿色创新效率整体均值处在0.8~0.95，效率值整体处在中高水平并呈现波动缓慢下降趋势，绿色创新效率有一定的上升空间。具体到城市来说，长沙和株洲绿色创新效率一直处在高有效区，娄底绿色创新效率整体偏低。湘潭绿色创新效率趋于平稳，衡阳、岳阳、常德、益阳4个城市的绿色创新效率有下降趋势。第二，创新网络规模中企业和高校、创新网络

---

① 盛亚、范栋梁：《结构洞分类理论及其在创新网络中的应用》，《科学学研究》2009年第9期。

结构洞对环长株潭城市群绿色创新效率有显著的正向影响，政府支持力度、创新网络对外开放度对绿色创新效率有着显著的负向关系，而创新网络中心度的影响不显著。

根据实证结果分析，本文提出以下几点建议。

一是湖南省高质量发展，必须推动区域的协同创新和绿色发展，湖南省实施"三高四新"战略，要充分发挥长株潭城市群核心区的辐射作用，链接环长株潭城市群相关城市。对于长沙、株洲绿色发展较好的城市，应当扩大绿色创新辐射范围，起到绿色创新带动作用。对于常德、益阳这类绿色发展基础较好的城市，应继续保持环境优势，坚定绿色发展理念。对于湘潭、娄底绿色创新发展能力不足的城市，应当积极借鉴长沙、株洲城市的绿色发展经验。二是形成以企业为核心，包含高等学校、研究机构等多个创新主体的创新网络系统，扩大创新网络规模，加强创新主体间的创新联系，进一步增强自主创新积极性和主动性的同时有效实现绿色创新效率的提高。三是积极完善中介机构服务建设。创新科技中介中心作为拉动创新效率的服务中介，为不同创新主体以及创新主体和市场间提供创新活动所需的咨询优化服务，便于创新主体间的知识技术流动，有效降低创新活动过程中由于知识转移、成果转化受限所带来的成本，加强了创新主体间的合作，促进了绿色创新技术的发展。四是以技术创新为主拉动经济发展，加快技术创新研发，转变过去粗放型经济发展模式，以节约资源、保护环境为目标，注重绿色创新效率提升，积极借鉴发达区域的绿色创新发展经验，实现绿色创新资源优化配置，有效扭转绿色创新效率下降的趋势。

当然，本研究由于模型构建、实证方法和指标选取、数据可得性的问题，同时，大多采用整体性指标，仅仅通过验证本文假设所得出的环长株潭城市群创新效率的结论还具有一定的局限性，未来的研究需要对研究假设和指标进一步细化，并借助其他分析方法进行对比分析，城市群创新网络内部结构等相关机理还需要深入探讨。

B.13
长株潭城市群生态系统服务
供需时空关系研究*

王学栋　朱佩娟　王　楠　谢雨欣**

摘　要： 生态系统服务供需关系研究是自然资源开发和生态环境保护空间差异化管控的重要依据，对构建生态安全格局、促进区域经济可持续发展具有重要意义。以长株潭城市群为研究区域，以生态系统服务供需关系为切入点构建湖南省生态系统服务供需评估指数，运用生态系统服务供需指数、耦合协调度模型、耦合 Markov-FLUS 模型等方法，分析 2000~2018 年长株潭城市群生态系统服务供需关系，并预测未来 2026 年的时空演变特征。研究结果表明：2000~2018 年，长株潭城市群生态系统服务总供给及单项指标呈现减少趋势，生态系统服务总需求及单项指标呈现持续增长的趋势，并且供给与需求均呈现显著的空间差异性；生态系统服务供需关系一直保持供过于求的状态，且整体的供需指数呈下降的趋势；2026 年自然发展情景相较于自然保护情景的建设用地面积扩张极其明显，导致整体的生态系统服务供给锐减；长株潭城市群的供给稀缺与不足地区，应加强生态空间的修复与重构，完善绿色基础设施建设，严控增量、优化存量，实现经济发展与生态保护的"双赢"。供给盈余与富足地区，要以综合保护为主，加大生态保护与生态管控力度，保护长株潭地区生态屏障，在保持生态系统

---

* 基金项目：2019 年度湖南省重点领域研发计划项目（2019SK2101）；国土资源评价与利用湖南省重点实验室开放课题（SYS-MT-202001）。

** 王学栋，湖南师范大学地理科学学院硕士研究生，研究方向：生态系统服务与生态保护；朱佩娟，博士，湖南师范大学地理科学学院教授，博士生导师，研究方向：人文地理与国土空间规划；王楠，湖南师范大学地理科学学院硕士研究生；谢雨欣，湖南师范大学地理科学学院硕士研究生。

服务功能的同时加大扶贫力度。供给良好地区，则以保持生态系统服务供给与需求稳步增加为主，在实施生态环境保护措施过程中，适当增加生态补偿，充分调动居民保护和恢复生态环境的积极性，促进调节服务与支持服务的改善。

关键词： 生态系统服务　FLUS 模型　供需关系　时空变化　长株潭城市群

　　生态系统服务是人类直接或间接从生态系统中获得的各种惠益，从生态系统服务生产与使用的角度可以分为生态系统服务供给和需求两个方面，正确认识生态系统服务供需关系有助于提升区域福祉①。生态系统服务供需关系研究是进行自然资源开发和生态环境保护空间差异化管控的重要依据，可为生态保护与管理、国土空间规划等提供科学依据，对生态安全格局构建、区域经济可持续发展具有重要的支撑作用②。

　　生态系统服务供需理论与案例研究源于欧美国家，国内起步较晚，仍处于起步阶段③④。研究前期主要侧重于生态系统服务的供给视角，伴随着更加关注生态系统服务对人类福祉的影响，生态系统服务供需研究成果日益增多，已成为生态系统服务研究领域的重要方向⑤⑥。当前有关生态系统服务供需关系的研究主要集中于三个方面：一是生态系统服务供需理论研究，集聚在生态系

① 管青春、郝晋珉、许月卿等：《基于生态系统服务供需关系的农业生态管理分区》，《资源科学》2019 年第 7 期。
② 景永才、陈利顶、孙然好：《基于生态系统服务供需的城市群生态安全格局构建框架》，《生态学报》2018 年第 12 期。
③ 郭朝琼、徐昔保、舒强：《生态系统服务供需评估方法研究进展》，《生态学杂志》2020 年第 6 期。
④ 邓楚雄、刘俊宇、李忠武等：《近 20 年国内外生态系统服务研究回顾与解析》，《生态环境学报》2019 年第 10 期。
⑤ 郭朝琼、徐昔保、舒强：《生态系统服务供需评估方法研究进展》，《生态学杂志》2020 年第 6 期。
⑥ 白杨、王敏、李晖等：《生态系统服务供给与需求的理论与管理方法》，《生态学报》2017 年第 17 期。

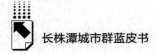

统服务供需评估理论①②、形成机制与成本效应③④、供需制图表现⑤等方面；二是包括全球⑥、国家⑦、城市群⑧⑨⑩等不同尺度的生态系统服务供需关系的时空特征研究⑪⑫⑬⑭；三是生态系统服务供需研究在生态管理的现实启示方面，集中于生态修复空间分区管理⑮、农业生态管理分区⑯、生态补偿方法制定⑰⑱、

① 郭朝琼、徐昔保、舒强：《生态系统服务供需评估方法研究进展》，《生态学杂志》2020 年第 6 期。
② 白杨、王敏、李晖等：《生态系统服务供给与需求的理论与管理方法》，《生态学报》2017 年第 17 期。
③ 肖玉、谢高地、鲁春霞等：《基于供需关系的生态系统服务空间流动研究进展》，《生态学报》2016 年第 10 期。
④ 刘慧敏、范玉龙、丁圣彦：《生态系统服务流研究进展》，《应用生态学报》2016 年第 7 期。
⑤ 张立伟、傅伯杰：《生态系统服务制图研究进展》，《生态学报》2014 年第 2 期。
⑥ Serna-Chavez H M, Schulp C, Bodegom P V, et al. "A Quantitative Framework for Assessing Spatial Flows of Ecosystem Services" [J]. *Ecological Indicators*, 4 (2014): pp. 21-33.
⑦ Wang J, Zhai T, Lin Y, et al. "Spatial Imbalance and Changes in Supply and Demand of Ecosystem Services in China" [J]. *Science of The Total Environment*, 657 (2019): pp. 781-791.
⑧ 翟天林、王静、金志丰等：《长江经济带生态系统服务供需格局变化与关联性分析》，《生态学报》2019 年第 15 期。
⑨ 欧维新、王宏宁、陶宇：《基于土地利用与土地覆被的长三角生态系统服务供需空间格局及热点区变化》，《生态学报》2018 年第 17 期。
⑩ 武爱彬、赵艳霞、沈会涛等：《京津冀区域生态系统服务供需格局时空演变研究》，《生态与农村环境学报》2018 年第 11 期。
⑪ 董潇楠、谢苗苗、张覃雅：《承灾脆弱性视角下的生态系统服务需求评估及供需空间匹配》，《生态学报》2018 年第 18 期。
⑫ 石忆邵、史东辉：《洞庭湖生态经济区生态服务供需平衡研究》，《地理研究》2018 年第 9 期。
⑬ 顾康康、杨倩倩、程帆等：《基于生态系统服务供需关系的安徽省空间分异研究》，《生态与农村环境学报》2018 年第 7 期。
⑭ 钟晓青、张万明、李萌萌：《基于生态容量的广东省资源环境基尼系数计算与分析——与张音波等商榷》，《生态学报》2008 年第 9 期。
⑮ 谢余初、张素欣、林冰等：《基于生态系统服务供需关系的广西县域国土生态修复空间分区》，《自然资源学报》2020 年第 1 期。
⑯ 管青春、郝晋珉、许月卿等：《基于生态系统服务供需关系的农业生态管理分区》，《资源科学》2019 年第 7 期。
⑰ 王雯雯、叶菁、张利国：《主体功能区视角下的生态补偿研究——以湖北省为例》，《生态学报》2020 年第 21 期。
⑱ 仲俊涛、米文宝：《基于生态系统服务价值的宁夏区域生态补偿研究》，《干旱区资源与环境》2013 年第 10 期。

城市绿地规划管理[①②]等方面；研究方法多元，包括参与法[③]、价值法[④⑤]、经验统计模型法[⑥⑦]和生态模型法[⑧]等。总体而言，系统研究生态系统服务供需空间关系对国土空间开发利用具有重要价值，但已有研究多以单一年份或宏观区域作为评估对象，较少基于情景模拟分析未来生态系统服务供需关系，较少以多时段和小尺度为基础对生态系统服务供需空间关系的时空变化进行探讨[⑨]。

城市群是高度发达的空间一体化的城市形态，人口、经济密度大，是国家工业化、城镇化进入高级阶段的产物，正在成为国家参与国际分工与全球竞争的全新地理单元[⑩]，但其城镇用地的快速扩张侵占生态用地的现象严峻，产生了例如水资源利用紧张、城市环境污染加剧、水土流失严重、生态系统脆弱、景观破碎化等"城市群病"问题[⑪]，严重破坏了生态系统的结构与功能，直接

---

① 刘颂、杨莹：《生态系统服务供需平衡视角下的城市绿地系统规划策略探讨》，《中国城市林业》2018 年第 2 期。

② 朱佩娟、马林志：《基于复合生态系统理论的长沙湘江滨水区景观资源评价与优化》，《长江流域资源与环境》2010 年第 1 期。

③ Quintas-Soriano C，García-Llorente M，Norstrm A，et al. "Integrating Supply and Demand in Ecosystem Service Bundles Characterization across Mediterranean Transformed Landscapes" [J]. *Landscape Ecology*, 34（2019）：pp. 1619-1633.

④ 王萌辉、白中科、董潇楠：《基于生态系统服务供需的陕西省土地整治空间分区》，《中国土地科学》2018 年第 11 期。

⑤ 李梦桃、周忠学：《西安市城市景观的正负生态系统服务测算及空间格局》，《地理学报》2016 年第 7 期。

⑥ Chen J，Jiang B，Bai Y，et al. "Quantifying Ecosystem Services Supply and Demand Shortfalls and Mismatches for Management Optimisation" [J]. *Science of The Total Environment*, 650（2019）：pp. 1426-1439.

⑦ Morri，Pruscini，Scolozzi，et al. "A Forest Ecosystem Services Evaluation at the River Basin Scale：Supply and Demand between Coastal Areas and Upstream Lands（Italy）" [J]. *Ecological Indicators* 37（2014）：pp. 210-219.

⑧ 马桥、刘康、高艳等：《基于 SolVES 模型的西安浐灞国家湿地公园生态系统服务社会价值评估》，《湿地科学》2018 年第 1 期。

⑨ 马琳、刘浩、彭建等：《生态系统服务供给和需求研究进展》，《地理学报》2017 年第 7 期。

⑩ Fang C，Yu D. "Urban agglomeration：An Evolving Concept of An Emerging Pheno-menon" [J]. *Landscape and Urban Planning*, 162（2017）：pp. 126-136.

⑪ Li J.，Han X.，Li X.，et al. "Spatiotemporal Patterns of Ground Monitored PM2. 5 Concentrations in China in Recent Years" [J]. *International Journal of Environmental Research & Public Health*, 15（2018）：pp. 114.

影响了生态系统为人类发展提供资源和供给服务的能力。近些年，长株潭城市群社会经济快速发展，城镇化率逐渐提高，土地开发利用程度加剧，导致生态空间与资源环境的侵占加剧，生态系统服务功能被损害和削弱的风险加大。在此现实背景下，协调好生态系统服务供需关系将是促进长株潭城市群可持续、高质量发展的重要举措。

鉴于此，本文构建了生态系统服务供需关系理论分析框架，以长株潭城市群为例，采用遥感解译方法获取土地利用类型遥感影像图，分析长株潭城市群 2000~2018 年土地利用格局差异；利用粮食生产、原材料生产、气候调节、气体调节、废物处理、水源涵养、土壤形成与保护、生物多样性保护、娱乐休闲的生态系统服务价值表征生态系统服务供给，进行生态系统服务单项与综合供给的时空演化分析；采用土地利用开发程度、人口密度、经济密度综合表征人类生态系统服务需求，进行生态系统服务单项与综合需求的时空演化分析；利用生态供需指数分析生态系统服务供需时空关系特征；应用耦合 Markov-FLUS 模型预测 2026 年在自然发展与自然保护情景下生态系统服务供给，根据 2000~2018 年的年均增长率预测 2026 年生态系统服务需求，预测并分析 2026 年双情景下的生态系统服务供需关系的空间差异，结合生态供需关系特征分区为长株潭城市群生态优化、环境保护与国土空间规划提供参考性建议。

一　研究区概况

长株潭城市群由长沙、株洲以及湘潭三个城市组成，呈"品"字形分布，共包含 13 个区 10 个县市。土地面积为 2.8 万 km^2，占湖南省总面积的 13.22%，是典型的南方丘陵地形，三面环山地势高峻，中部相对缓平，形似马鞍状，湘江自南向北斜贯长株潭三市市区。长株潭城市群的气候属亚热带季风气候，雨热同期，森林资源丰富，拥有良好的生态屏障，森林覆盖率达 54.7%。长株潭城市群位于中国湖南省中东部，为长江中游城市群的重要组成部分，是湖南省的政治、经济、文化中心。根据第七次全国人口普查数据，长株潭城市群人口数量为 1667.7 万人，占到湖南省总人口的 25.1%，相较于 2010 年增长了 302.8 万人，人口增长速度较快，人口密度高；2020 年经济总量高达 17591.47 亿元，占湖南省的 41.7%，经济密度大。近些年，随着城市化、工业化的快速发展，长株潭城市群建设用地快速扩张，生态系统的结构与功能遭到损害，人地矛盾愈加尖锐。2022 年 2 月，长株潭都市圈被获批成为我国中部地区首个"国家级都市圈"，将成为我国新一轮城镇化的重点发展方向，未来合理协调开发与保护关系将更具挑战性。因此，以长株潭城市群为研究区域，以区县为基本研究单元展开生态系统服务供需关系研究具有代表性与现实意义。

二　研究框架、方法与数据来源

（一）研究框架

从生态系统特征及生态系统服务概念出发，根据生态系统服务级联框架对生态系统服务供需关系的界定①②，在综合其他学者研究成果的基础上③④、结合人地地域系统理论与地理学综合研究范式，以人地关系为研究核心，以"格局—关系—过程"为研究脉络，构建生态系统服务供需关系的研究理论框架（见图 1）。

生态系统服务是满足人类发展需求的前提和保证，人类发展需求不断提升无形中会对生态系统产生干扰与压力，二者形成彼此交互影响的关系。首先对生态系统服务供给与需求进行评估，然后运用生态供需指数、耦合协调模型、Markov-FLUS 情景模拟等方法研究生态系统服务供给与需求之间"格局—关系—过程"的特征。

---

① Daily G, Postel S, Bawa K S, et al. "Nature's Services Societ Dependence Natura Ecosystems" [J]. *Pacific Conservation Biology*, 2（1997）: pp. 220-221.
② Cairns J. "Protecting the Delivery of Ecosystem Services" [J]. *Ecosystem Health*, 3（1997）: pp. 185-194.
③ 李双成、王珏、朱文博等：《基于空间与区域视角的生态系统服务地理学框架》，《地理学报》2014 年第 11 期。
④ 邱坚坚、刘毅华、袁利等：《人地系统耦合下生态系统服务与人类福祉关系研究进展与展望》，《地理科学进展》2021 年第 6 期。

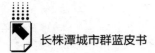

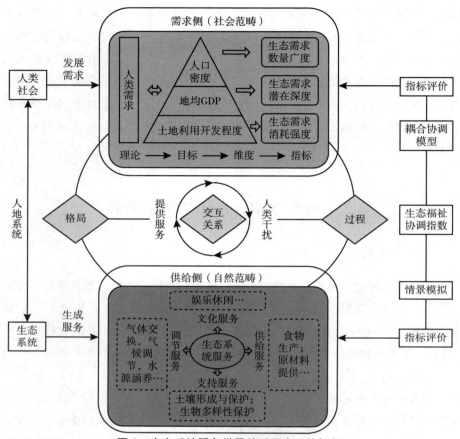

图1　生态系统服务供需关系研究理论框架

（二）研究方法

1. 生态系统服务供给估算方法

生态系统服务供给指标参照已有相关研究①②③及长株潭城市群实际情况，

① 张平、朱翔、贺清云等：《长江经济带生态系统服务供需时空分异与平衡格局分析》，《生态科学》2020年第6期。
② 欧阳晓、贺清云、朱翔：《多情景下模拟城市群土地利用变化对生态系统服务价值的影响——以长株潭城市群为例》，《经济地理》2020年第1期。
③ 欧阳晓、朱翔、贺清云：《城市化与生态系统服务的空间交互关系研究——以长株潭城市群为例》，《生态学报》2019年第20期。

构建包含气候调节、气体调节、水源涵养、土壤形成与保护、废物处理、生物多样性保护、粮食生产、原材料生产、娱乐休闲在内的指标体系。

本研究采用谢高地等[①]学者制定的生态系统服务单位面积当量，考虑到区域间具有差异性，参照湖南省区域的实际情况修正参数[②][③]，制定出长株潭城市群不同地类单位面积的单项 ESV 系数（见表1）。当量因子价值量计算公式如下：

$$VC_K = \frac{1}{7} \times P \times \frac{1}{n} \sum_{i=1}^{n} Q_i \qquad (1)$$

式中：VC_K 为 ESV 当量因子的价值量（元·hm^{-2}·a^{-1}）；P 为全国平均粮食价格（元·kg^{-1}）；Q 为研究区平均粮食产量（kg·hm^{-2}）；n 为年份数。生态系统服务价值计算公式如下：

$$ESV = \sum A_K \times VC_K \qquad (2)$$

式中：ESV 为生态系统服务价值；A_K 是第 k 类土地利用类型的面积（hm^2）；VC_K 为 ESV 当量因子的价值量（元·hm^{-2}·a^{-1}）。

表1　土地利用类型面积生态系统服务价值系数

单位：元/hm^2

生态系统服务	耕地	林地	草地	水域	建设用地	未利用地
气体交换	2773.58	16641.50	5778.30	1964.62	0	231.13
气候调节	3736.63	15678.45	6009.43	7935.53	0	500.79
水源涵养	2966.19	15755.50	5855.34	72305.78	0	269.65
土壤形成与保护	5662.73	15485.84	8628.93	1579.40	0	654.87
废物处理	5354.56	6625.78	5084.90	57205.16	0	1001.57

① 谢高地、张彩霞、张雷明等：《基于单位面积价值当量因子的生态系统服务价值化方法改进》，《自然资源学报》2015 年第 8 期。

② 景永才、陈利顶、孙然好：《基于生态系统服务供需的城市群生态安全格局构建框架》，《生态学报》2018 年第 12 期。

③ 卢远、莫建飞、韦亮英：《生态约束性城市扩展模型构建与应用分析——以南宁市区为例》，《地球信息科学》2008 年第 6 期。

生态系统服务	耕地	林地	草地	水域	建设用地	未利用地
生物多样性保护	3929.24	17373.42	7203.61	13213.04	0	1540.88
食物生产	3852.20	1271.23	1656.45	3041.67	0	77.04
原材料	1502.36	11479.55	1386.79	1348.27	0	154.09
娱乐休闲	654.87	8012.57	3351.41	17103.77	0	924.53

2. 生态系统服务需求估算方法

生态系统服务需求借鉴彭健等[1]、张平等[2]学者的研究结果，构建生态系统服务需求指数，用于综合表征生态系统服务需求水平：土地利用开发程度反映人类对生态系统服务的消耗强度；人口密度反映生态系统服务需求的数量广度；经济密度间接反映人类对生态系统服务的偏好与潜在深度。

$$HW_i = Con_i \times \lg(Pop_i) \times \lg(Gdp_i) \tag{3}$$

式中：HW_i 表示生态系统服务需求指数，Con_i 表示建设用地比例，Pop_i 表示人口密度，Gdp_i 表示经济密度。

3. 生态系统服务供需指数法

生态供需指数（EHW）：生态系统提供的各项服务功能是促进可持续发展的基础，可成为表征区域持续发展的一项综合指标，可有效分析生态系统服务供给与需求的协调状态与空间差异性。计算公式如下：

$$EHW = \frac{ESV_{pr}}{HW_{pr}} \tag{4}$$

$$ESV_{pr} = \frac{ESV_i}{ESV_s} \tag{5}$$

$$HW_{pr} = \frac{HW_i}{HW_s} \tag{6}$$

---

① 彭建、杨旸、谢盼等：《基于生态系统服务供需的广东省绿地生态网络建设分区》，《生态学报》2017年第13期。

② 张平、朱翔、贺清云等：《长江经济带生态系统服务供需时空分异与平衡格局分析》，《生态科学》2020年第6期。

式中，EHW 为生态系统服务供需指数，$ESVi$ 表示研究区内第 i 个研究单元的生态系统服务价值，$ESVs$ 表示生态系统服务总价值；HWi 表示研究区内第 i 个研究单元生态系统服务需求值，HWs 为研究区生态系统服务需求整体水平。

4. 耦合协调度测度方法

耦合协调度模型：设 $X1$，$X2$，…，Xt 为描述生态系统服务特征的 t 个指标，建立生态系统服务评价函数 $f(x)$，设 $Y1$，$Y2$，…，Ys 为描述生态系统服务需求的 s 个指标，建立生态需求评价函数 $g(y)$。

$$f(x) = \sum_{i=1}^{t} a_i x_i \tag{7}$$

$$g(y) = \sum_{j=1}^{s} b_j y_j \tag{8}$$

式中，i 和 j 表征生态系统服务供给与需求的指标个数，ai、bj 表征各类特征指数的未知权重值，且 $\sum_{i=1}^{t} a_i = 1$，$\sum_{j=1}^{s} b_j = 1$。在本研究计算过程中，各项生态系统服务供给与需求指标均具有同等权重。$f(x)$ 与 $g(y)$ 数值越大说明生态系统服务供给与需求越高；反之则相反。

耦合度可表征生态系统服务供需之间的相互影响程度。公式如下：

$$C = \left\{ \frac{4f(x) \times g(y)}{[f(x) + g(y)]^2} \right\}^k \tag{9}$$

公式中：C 为耦合度，位于【0，1】区间；k 为调节系数，参考已有研究[1]本文 k 取 2。C 接近 1 系统处于健康有序状态，生态系统服务供需之间的耦合程度较好；C 接近 0 系统处于无序发展状态，生态系统服务供需之间的耦合程度较差。结合已有研究[2]，将耦合度划分为 6 个区间如表 2 所示。

---

① 徐纳、杨海娟、罗佳丽：《陕西省城市人居环境质量的时空差异》，《水土保持通报》2017 年第 1 期。
② 李伯华、刘艳、刘沛林等：《湖南省人居环境系统耦合度的时空演化研究》，《统计与决策》2016 年第 18 期。

表2　生态系统服务供给—需求耦合度分类及耦合等级

耦合度	耦合阶段	耦合特征
$C = 0$	最小耦合	生态需求与生态系统服务之间无关联且无序发展
$0 < C \leqslant 0.3$	低水平耦合	生态需求较低,生态系统服务水平较高
$0.3 < C \leqslant 0.5$	拮抗阶段	生态需求不断提高,与生态系统服务的矛盾不断尖锐
$0.5 < C \leqslant 0.8$	磨合阶段	生态需求与生态系统服务之间开始良性耦合
$0.8 < C < 1$	高水平耦合	生态需求与生态系统服务之间相互促进、协同发展
$C = 1$	最大耦合	系统环境变好,趋向新的有序结构

耦合度只能表明生态系统服务供需之间的相互影响程度,无法反映生态系统服务供需之间协调发展的水平。为进一步反映不同时期生态系统服务供给与需求的耦合协调程度,引入了耦合协调度模型。计算公式如下:

$$S = \sqrt{C \times P} \tag{10}$$

$$P = af(x) + bg(y) \tag{11}$$

式中,S 为耦合协调度;P 为生态系统服务供需的综合调和指数;a、b 为待定权数,且假设二者在系统中重要程度相同,即 $a = b = 0.5$,则:

$$P = [f(x) + g(y)]/2 \tag{12}$$

S 在【0,1】之间,S 值越高表明生态系统服务供需关系越协调,反之则相反。运用中值分段法将耦合协调度划分为6个区间(见表3)。

表3　生态系统服务供给—需求耦合协调度分类及耦合协调特征

耦合度	协调等级	耦合特征
$S = 0$	不协调	两个子系统整体呈衰退趋势
$0 < S \leqslant 0.3$	中度协调	一子系统发展水平较快,另一个子系统发展滞后
$0.3 < S \leqslant 0.5$	轻度协调	一个子系统快速发展,另一子系统发展需要改善
$0.5 < S \leqslant 0.8$	初级协调	两个子系统基本协调发展
$0.8 < S < 1$	中级协调	两个子系统接近均衡发展
$S = 1$	良好协调	两个子系统相互促进、协调发展

5. 耦合 Markov-FLUS 模型方法

（1）Markov 模型介绍：Markov 模型主要适用于预测土地利用在数量上变化的随机模型，利用 Markov 模型预测未来研究区土地利用类型数量的变化趋势①。其数学表达式如下所示：

$$S_{(t+1)} = P_{ij}S_{(t)} \tag{13}$$

公式中：$S_{(t)}$ 表示土地利用类型在当前 t 年份的状态；$S_{(t+1)}$ 表示土地利用类型在未来年份 $t+1$ 的状态；P_{ij} 代表土地利用类型转移概率矩阵。

本研究通过改变 Markov 模型数学表达式中的地类转换概率矩阵（P_{ij}）设置自然发展与自然保护双情景，参考已有研究②③④⑤，结合长株潭城市群特点对概率矩阵进行调试，设置情景如表 4 所示。

表 4　长株潭城市群土地利用规模预测模拟情景设置

情景类型	转移概率变化
自然发展情景	同原始转移矩阵
自然保护情景	耕地–建设用地减少 15%；林地–建设用地减少 10%；水域–建设用地减少 10%

（2）FLUS 模型介绍：FLUS 模型集成系统动力学（SD）和元胞自动机（CA）模型的优势，并加入人工神经网络（ANN）模型和为轮盘赌选择机制而构建的模型⑥，模型能够根据自然、社会、经济等因素高精度地进行土地利

---

① 许智慧：《马尔可夫状态转移概率矩阵的求解方法研究》，东北农业大学硕士学位论文，2013。

② 刘甲红、胡潭高、潘骁骏等：《基于 Markov-CLUES 耦合模型的杭州湾湿地多情景模拟研究》，《生态环境学报》2018 年第 7 期。

③ 马利邦、牛叔文、杨丽娜：《基于 Markov 和 CLUE-S 模型的敦煌市土地利用/覆盖格局情景模拟》，《生态学杂志》2012 年第 7 期。

④ 陆汝成、黄贤金、左天惠等：《基于 CLUE-S 和 Markov 复合模型的土地利用情景模拟研究——以江苏省环太湖地区为例》，《地理科学》2009 年第 4 期。

⑤ 何丹、金凤君、周璟：《基于 Logistic-CA-Markov 的土地利用景观格局变化——以京津冀都市圈为例》，《地理科学》2011 年第 8 期。

⑥ 吴欣昕、刘小平、梁迅等：《FLUS-UGB 多情景模拟的珠江三角洲城市增长边界划定》，《地球信息科学学报》2018 年第 4 期。

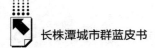

用变化模拟①。FLUS模型包含两个模块：一是基于神经网络的适宜性概率计算模块（ANN），通过ANN模型可以"自下而上"地计算各地类的像元在研究区内出现的适宜性概率；二是基于自适应惯性机制的元胞自动机模块（CA），把马尔可夫模型预测的土地利用变化的目标值输入CA模型中，设置限制发展因素，通过轮盘赌机制对未来土地利用变化进行模拟。

（3）模拟过程：首先利用Markov模型对2026年城市群在两种情景下土地利用变化目标值进行预测。然后，运用ANN模型，结合地形、可达性以及社会经济方面选取的高程、坡度、人口密度、GDP密度、到城市中心的距离、到不同道路的距离等10项驱动因素②③④，计算各类土地利用数据在研究区内单位像元的出现概率，得到适宜性概率文件。然后，在CA模块中输入SD模型确定的各类土地利用变化的目标值、不同情景的限制扩张区域以及模拟参数（迭代次数、邻域值、成本矩阵等），得到2026年不同情景下土地利用变化的模拟结果。最后，利用FLUS模型中的精度验证模块进行检验。

（4）邻域权重参数设定。领域因子代表的是土地利用类型扩张能力的强弱，其参数范围为【0，1】，越接近1表明该种土地利用类型的扩张能力越强。根据长株潭城市群土地利用特征以及已有的相关研究经验⑤⑥⑦⑧，并通过领域因子的反复调整与验证，提高模拟结果精度，最终得到各土地利用类型的领域因子，如表5所示。

① 李进涛、刘彦随、杨园园等：《1985~2015年京津冀地区城市建设用地时空演变特征及驱动因素研究》，《地理研究》2018年第1期。
② 王保盛、廖江福、祝薇等：《基于历史情景的FLUS模型邻域权重设置——以闽三角城市群2030年土地利用模拟为例》，《生态学报》2019年第12期。
③ 李孝永、匡文慧：《京津冀1980~2015年城市土地利用变化时空轨迹及未来情景模拟》，《经济地理》2019年第3期。
④ 程雨薇：《基于改进FLUS模型的杭州市土地利用格局模拟》，浙江大学硕士学位论文，2019。
⑤ 欧阳晓、贺清云、朱翔：《多情景下模拟城市群土地利用变化对生态系统服务价值的影响——以长株潭城市群为例》，《经济地理》2020年第1期。
⑥ 卢远、莫建飞、韦亮英：《生态约束性城市扩展模型构建与应用分析——以南宁市区为例》，《地球信息科学》2008年第6期。
⑦ 李孝永、匡文慧：《京津冀1980~2015年城市土地利用变化时空轨迹及未来情景模拟》，《经济地理》2019年第3期。
⑧ 李国珍：《基于FLUS模型的深圳市土地利用变化与模拟研究》，武汉大学硕士学位论文，2018。

表5　土地利用类型邻域因子

土地利用类型	耕地	林地	草地	水域	建设用地	未利用地
领域因子	0.1	0.1	0.4	0.5	1	0

（5）成本矩阵与限制扩张区域的设定。转换成本是指各种土地利用类型之间转化的难易程度，取值范围为【0，1】，1代表土地利用类型的转换成本最低，转换最容易；0代表土地利用类型转换成本最高，转换最难。本研究在2010~2018年长株潭城市群土地利用类型转换的实际情况以及相关研究①②③④⑤的基础上，设置研究区转换成本矩阵。自然发展情景是城市群设置成本转移矩阵：建设用地不能转换为其他类型用地，林地、耕地、草地、水域与未利用地均可转换为建设用地，未涉及政府和市场干预的影响（见表6）。自然保护情景以各用地类型的生态价值高低依次排序：水域、林地、草地、耕地、未利用地及其他，低生态价值地类可实现向高价值地类的转换（见表7）。

表6　研究区自然发展情景转换成本矩阵

土地利用类型	草地	耕地	建设用地	林地	水域	未利用地
草地	1	1	1	1	1	1
耕地	1	1	1	1	1	1
建设用地	0	0	1	0	0	0
林地	1	1	1	1	1	1
水域	1	1	1	1	1	1
未利用地	1	1	1	1	1	1

---

① 欧阳晓、贺清云、朱翔：《多情景下模拟城市群土地利用变化对生态系统服务价值的影响——以长株潭城市群为例》，《经济地理》2020年第1期。

② 卢远、莫建飞、韦亮英：《生态约束性城市扩展模型构建与应用分析——以南宁市区为例》，《地球信息科学》2008年第6期。

③ 李国珍：《基于FLUS模型的深圳市土地利用变化与模拟研究》，武汉大学硕士学位论文，2018。

④ 胡赛：《基于土地利用变化的生态系统服务价值及生态补偿标准研究》，中国矿业大学博士学位论文，2020。

⑤ 彭云飞：《面向生态安全的城市土地利用优化模拟》，武汉大学博士学位论文，2018。

表7　研究区自然保护情景转换成本矩阵

土地利用类型	草地	耕地	建设用地	林地	水域	未利用地
草地	1	0	0	1	1	0
耕地	1	1	0	1	1	0
建设用地	0	0	1	0	0	0
林地	0	0	0	1	1	0
水域	0	0	0	0	1	0
未利用地	1	1	0	1	1	1

（6）精度验证。采用 Kappa 系数来检测土地利用类型空间上的一致性。Kappa 值越大，模拟精度越高，模拟结果越接近实际的土地分布状况。2018年，土地利用类型模拟图像与实际图像运用 Kappa 系数进行一致性分析，得到 Kappa 指数为 0.76，大于 0.75，总体精度为 85.57%，Fom 值为 0.29，具有较高的可信度和较强的解释能力，可使用该模型和相关参数进一步对城市群2026年土地利用空间格局进行模拟预测。

（三）数据来源及处理

本研究采用的数据主要包括：（1）长株潭城市群土地利用数据，来源于2000年、2005年、2010年、2015年和2018年五期 Land TM 和 Landsat-8 遥感影像数据经图像几何校正及配准，辐射校正，波段选择及波段融合等解译所得，根据实际的研究需要参照国家土地利用现状分类标准，将土地利用类型划分为耕地、林地、草地、水域、建设用地和未利用地6个大类。（2）社会经济统计数据服务于生态系统服务需求体系中各项指标的核算，数据均源自《湖南统计年鉴》（2001~2019年）以及各区县的统计年鉴、国民经济与社会发展统计数据及其相关政府工作文件。（3）2010年与2018年的空间驱动数据，包含自然影响因子、交通影响因子、社会经济影响因子三大类，其中自然影响因子高程数据来源于地理空间数据云，坡度与坡向利用 ArcGIS 中的欧式距离模块计算得到；交通影响因子中路网数据来源于 Open Street Map 网站，距城镇及市中心距离数据利用 ArcGIS 中的欧式距离模块计算得到；社会经济数据主要人口与经济网格，源自资源环境数据云平台。将以上空间驱动数据转化为栅格数据文件，并且为了符合 FLUS 模型建立要求，统一 TIFF 格式行列数为 231×285。

三 结果分析

（一）城市群土地利用变化对生态系统服务供给的影响

1. 城市群土地利用变化时空特征

土地利用类型变化情况直接影响到区域生态系统服务供给情况。长株潭城市群的土地利用类型以林地为主，其次是耕地和建设用地，水域、草地与未利用土地面积占比较小。2000～2018 年，耕地、林地均在减少，降幅依次为 5.59%、2.95%，减少面积分别为 472 平方千米、522 平方千米，建设用地显著增加，增加面积为 937 平方千米。在 2010 年之后降幅增加，耕地与林地面积分别减少了 397 平方千米与 371 平方千米；建设用地显著增长，增加了 740 平方千米，表明 2010 年之后城镇建设用地快速扩张，严重侵占林地与耕地等生态用地。

在空间分布上建设用地主要集中分布在长沙、湘潭、株洲的中心城区，其中长沙市建设用地面积最大，林地与耕地主要分布在主城区的外围区域。2000～2010 年建设用地扩张相对缓和，增长变化情况较为明显，2010～2018 年建设用地在长株潭主城区范围内呈集中爆发式增长，外围建设用地范围也均显著扩张。城镇开发范围扩大，严重侵占周边的耕地与林地。长株潭主城区结合处的城市绿心面临萎缩压力，将影响到生态绿心的生态屏障功能与生态服务功能。

2. 城市群生态系统服务供给时序变化特征

2000～2018 年，城市群各单项生态系统服务价值整体均呈下降的趋势（见图 2）。其中土壤形成与保护价值减少量最大，从 330.11 亿元下降到 320.09 亿元，减少了 10.02 亿元，降幅为 3.04%；食物生产的降幅率最大，高达 3.93%，价值量由 57.22 亿元下降到 54.97 亿元，减少了 2.25 亿元。如图 2，可以发现各类单项生态系统服务在 2010 年之后下降幅度增大，2018 年达到最低。

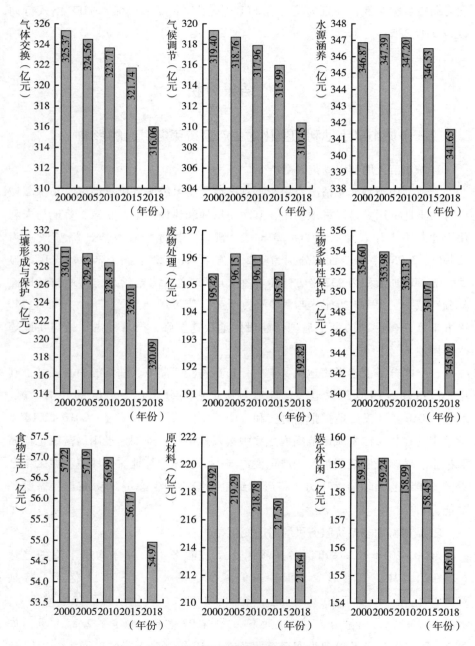

图2 单项生态系统服务供给价值时序变化情况

通过对各项生态系统服务价值求和计算出长株潭城市群在 2000～2018 年生态系统服务供给总价值（见图 3）。长株潭城市群生态系统服务总供给价值呈现下降的趋势，由 2000 年的 2308.21 亿元下降到 2018 年的 2250.7 亿元，减少量为 57.51 亿元，降幅为 2.49%。2010 年之前生态系统服务供给价值变化较小，2010 年之后生态系统服务供给价值减少幅度增大，表明长株潭城市群生态系统服务总供给价值在 2010 年之后伴随着长株潭城镇化的快速发展，城镇用地快速扩展侵占生态用地，导致生态系统服务供给价值下降。

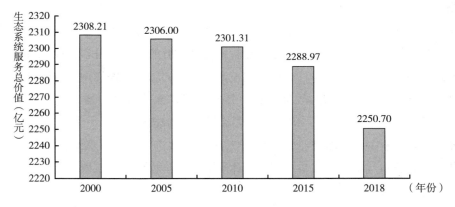

图 3　长株潭城市群总体生态系统服务供给价值时序变化

3. 城市群生态系统服务供给空间变化特征

从各单项生态系统服务价值变化值空间分布来看，2000～2018 年各单项生态系统服务价值变化的空间分布具有显著差异。在气体交换与气候调节方面，长株潭主城区范围内以减少为主，表现较差；外围区县以增长为主，表现良好。在水源涵养与废物处理方面，从整体范围来看变化不大，建设用地外扩覆盖的范围是水源涵养价值下降的集中区域，在长株潭主城区范围表现较差；在外围区县表现较好。在土壤形成与保护、生物多样性保护方面，长株潭主城区及其周边建设用地外扩区域表现较差，以建设为主，外围区县由于林地占比较高，土壤形成与保护和生物多样性保护价值以增长为主。在食物生产与原材料提供价值方面，长株潭主城区及其周边区域下降幅度较大，建设用地的扩张导致耕地面积减少，降低了食物生产和原材料提供的价值。在娱乐休闲价值方面，外围区县表现良好，以增长为主，由于林地、草地、水体等半自然与自然

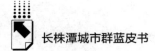

栖息地占比较高，生态廊道连通性与生境完整性优越于主城开发区；长株潭主城区及其周边区域的生态娱乐休闲价值较差，呈现下降的趋势。

从生态系统服务总价值变化量空间分布来看，负向变化值集中分布在长株潭城市群的北部区县，负向变化较大的区域主要包括宁乡市、望城区、长沙县、岳麓区等区县，主要是由于在长株潭一体化背景下，发挥长沙经济增长极的辐射强度作用，不断优化交通线路设计，大力建设经济开发区，城镇建设用地面积增大导致生态系统服务总价值大幅下降；在长株潭城市群南部的炎陵、茶陵、攸县等区县生态系统服务总价值呈正向增长，并且生态系统服务总价值正向增长区县主要集中在株洲市域，在长沙与湘潭市域内大多数区县呈负向增长态势，主要是由于长沙市主城区是长株潭城市群的重要经济增长极，对周边临近区域的城镇化发展与社会经济建设产生巨大的辐射影响作用，株洲市南部区域离长沙市主城区相对较远，受到其经济辐射能力较弱，建设开发强度较低，其中炎陵、茶陵县在 2012 年《湖南省主体功能区规划》中被认定为长株潭城市群仅有的两个重要生态功能区。直至 2018 年，炎陵、茶陵县的生态系统服务总价值均呈增长态势，表明主体功能区对于长株潭城市群的生态保护产生重要的积极影响。

（二）城市群生态系统服务需求变化的时空特征

1. 城市群生态系统服务需求时序变化特征

对长株潭城市群人口密度、地均 GDP、土地利用开发程度进行测算并利用自然对数法综合表征生态系统服务总需求①②③。

根据图 4 可知，2000~2018 年长株潭城市群整体的人口密度、地均 GDP、土地利用开发程度均呈现持续增长的趋势，其中地均 GDP 的增幅最大，高达 1299%，在 2010 年之后增长速度骤增；其次是土地利用开发程度的增幅高达

① 景永才、陈利顶、孙然好：《基于生态系统服务供需的城市群生态安全格局构建框架》，《生态学报》2018 年第 12 期。
② 张平、朱翔、贺清云等：《长江经济带生态系统服务供需时空分异与平衡格局分析》，《生态科学》2020 年第 6 期。
③ 彭建、杨旸、谢盼等：《基于生态系统服务供需的广东省绿地生态网络建设分区》，《生态学报》2017 年第 13 期。

141.9%，在2010年之后增长速度加快，与地均GDP增长态势同步；人口密度自2000到2018年呈稳步增长态势，增幅为22.1%。总体而言，长株潭城市群生态系统服务总需求整体持续增长，2000~2018年增长1.27，增幅为24.1%。

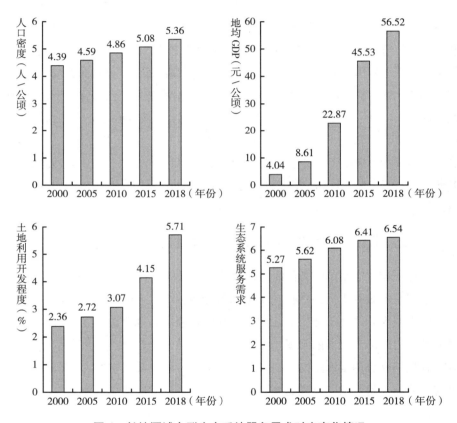

图4　长株潭城市群生态系统服务需求时序变化情况

2. 城市群生态系统服务需求空间时序变化特征

2000年、2010年、2018年三个年度的地均GDP、人口密度、土地利用开发程度均总体呈现中部高、四周低的分布特征。地均GDP变化值最高的仅有芙蓉区，该区位于长沙市主城区，面积较小、经济产值高，是长沙市的经济发展中心，生态系统服务需求潜在深度最大，整体上呈现以芙蓉区为核心，向周边区县递减的分布特征。人口密度变化值最高的是芙蓉区，该区位于长沙市老城区，面积较小、人口密集，生态系统服务需求数量广度最大；长株潭城市群外围大多数区县人口密度增长缓慢，总体呈现城市群主城区及其临近周边增长变化量最高、外围区县增长变化量较低的空间分布特征。土地利用开发程度变化值最高的同样是芙蓉区，位于长沙市主城区的经济核心，伴随着城镇化快速发展，开发建设强度加大，生态系统服务消耗强度持续增强；城市群外围区县土地利用开发程度变化值低，大多属于农产品主产区与重要生态功能区，土地利用开发受到政策限制，土地利用开发程度变化值总体上呈现北高南低的空间分布格局。

2000~2018年生态系统服务需求变化值空间分布特征上：总体呈现北高南低的空间分布特征，长沙市主城区北部临近区县的生态系统服务需求量增加最多，南部湘潭市与株洲市外围区县的需求量增加较少，主要由于长株潭一体化发展，省会城市长沙形成核心经济增长极，虹吸效应使得资金、人口流入长沙主城区及其北部经济开发区，从而导致长沙市主城区北部临近区县的生态系统服务需求量增加较多，南部湘潭市与株洲市外围区县的需求量增加较少。

（三）城市群生态系统服务供需关系变化的时空特征

1. 城市群生态系统服务供需关系时序变化特征

生态系统服务供需指数反映生态系统服务供需之间的匹配状态与差异性，耦合度表明生态系统服务供需之间的相互影响程度，耦合协调度反映生态系统服务供需之间协调发展的水平。通过对长株潭城市群各区县的生态系统服务供需指数与耦合协调度取均值，得到长沙、株洲、湘潭及城市群的生态系统服务供需指数综合值，以分析生态系统服务供需关系的时序变化特征。

长株潭城市群整体的供需指数呈下降的趋势（见图5），一直保持在供过于求（>1.00）的状态，2000~2010年的供需指数由1.2007下降至1.1915，且在2010~2018年城市群供需指数由1.1915总体上升到1.1981。长沙市生态系统服务供需指数2000~2018年总体呈现持续下降趋势，由1.2308下降到1.1779，一直保持在供过于求（>1.00）的状态，主要是由于两个时间段内供给量下降与需求量迅速增加导致供需指数下降。株洲市生态系统服务供需指数整体呈上升的趋势，一直保持在供过于求（>1.00）的状态。湘潭市生态系统服务供需指数整体呈小幅上升的趋势，一直保持在供需均衡（1.00左右）的状态。

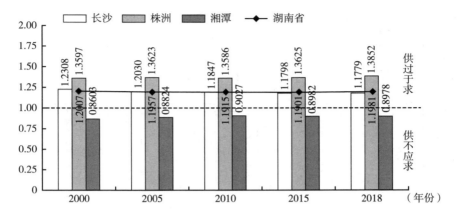

图5　2000~2018年长株潭城市群生态系统服务生态供需指数时序变化

根据 2000~2018 年生态系统服务供需耦合协调度（见图6），2000~2018 年间的 5 个年份，生态系统服务供需耦合度均处于拮抗阶段（0.3<C<0.5），表明伴随着生态系统服务需求的不断提升，与生态系统服务供给之间的矛盾开始突出，并且耦合度自 2005 年以来逐渐降低，表明生态系统服务耦合水平降低，供需关联性与相互影响程度降低。2000~2018 年间的 5 个年份，生态系统服务供需耦合协调度均属于中度失调类型（0<C<0.3），表明生态系统服务供需双系统，一个子系统发展水平较快，另一个子系统发展亟须改善。基于对生态系统服务供给与需求的时空分析，生态系统服务需求量持续增长，发展较快，生态系统服务供给量持续减少，亟须改善。并且 2000~2018 年的耦合协调度不断下降，表明生态系统服务供需反向发展，耦合协调水平不断降低。

2. 城市群生态系统服务供需关系空间变化特征

以 2000 年的供需指数测算结果为基础，通过自然断裂法将生态系统服务供需关系划分为供给稀缺（EHW<0.42）、供给不足（0.43<EHW<0.99）、供给良好（1<EHW<2.01）、供给盈余（2.02<EHW<3.17）、供给富足（EHW<3.18）。长株潭城市群在 2000~2010 年供需指数空间格局变化较小，2010~2018 年的供需指数空间格局趋于稳定。2000~2018 年生态系统服务供需指数总体呈现长株潭主城区及周边部分区县处于供给稀缺与供给不足类型，供不应求，生态系统服务供给量少、需求量大；长株潭城市群外围大多数区县属于供

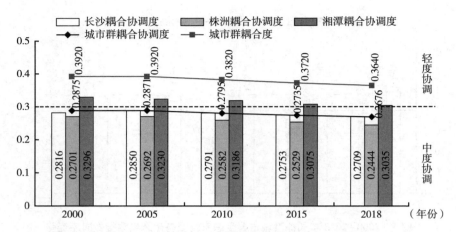

图6　2000~2018年生态系统服务供需耦合度与耦合协调度时序变化

给良好、供给盈余、供给富足类型，处于供过于求的状态，生态系统服务供给量较大、需求量较小。2000~2018年，总体来看大多数区县属于供给稀缺类，集中分布在长株潭主城区；浏阳市是仅有的供给富足类，生态系统服务供应较强。2000年，供给稀缺、供给不足、供给良好、供给盈余、供给富足五类区县占比依次是：52.17%、8.70%、17.39%、17.39%、4.35%；2010年与2018年各类型区县占比一致，供给稀缺、供给不足、供给良好、供给盈余、供给富足五类区县占比依次是：52.17%、4.35%、17.39%、21.74%、4.35%。

长株潭城市群在2000~2010年耦合协调度空间格局变化较小，2010~2018年的耦合协调度空间格局趋于稳定状态。2000~2018年生态系统服务供需耦合协调度总体呈现长株潭主城区及炎陵县处于中度协调，表明供需关系一个子系统发展较快，另一个子系统发展滞后；长株潭主城区外围大多数临近区县处于初级协调，表明供需两个子系统基本协调发展；长株潭城市群周边零星分布轻度协调的区县，表明供需关系一个子系统快速发展，另一个子系统发展需要改善。2000~2018年总体来看大多数区县属于中度协调型，2010年攸县由初级协调型转变为轻度协调型，2010~2018年各类型区县数量保持稳定。在2000年，中度协调、轻度协调、初级协调三类区县占比依次是：56.52%、17.39%、26.09%；在2010年与2018年各类型区县占比一致，中度协调、轻度协调、初级协调占比依次是：56.52%、21.74%、21.74%（见图7）。

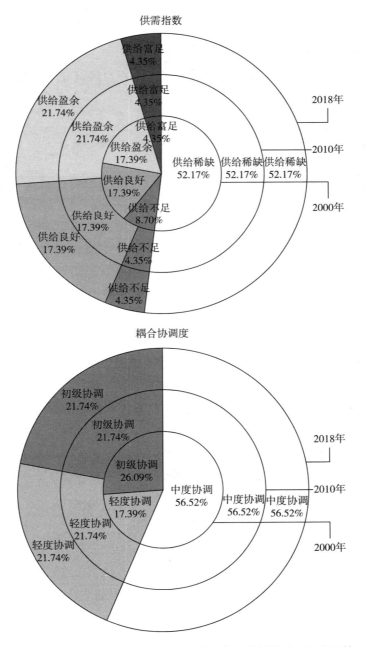

图7 2000~2018年生态系统服务供需指数与耦合协调度区县占比情况

（四）双情景下的土地利用变化模拟和生态系统服务供需变化特征

1. 双情景下的城市群土地利用变化模拟

通过 Markov-FLUS 模型预测模拟出 2026 年在自然保护与自然发展情景下土地利用类型分布情况。

表 8　土地利用类型 1KM×1KM 栅格需求数量

单位：个

土地利用类型	耕地	林地	草地	水域	建设用地	未利用地
2018 年实际用地量	7969	17182	370	549	1600	7
2026 年自然发展情景	7914	16862	364	576	1953	8
2026 年自然保护情景	7974	16936	365	581	1813	8

从表 8 可知，2026 年自然保护情景的建设用地面积比自然发展情景小，在空间上两种情景下的建设用地均集中分布在长沙、湘潭、株洲的中心城区，其中长沙市建设用地面积最大。2026 年，自然保护情景的林地面积与耕地面积比自然发展情景的林地与耕地大，在空间上两种情景下的林地与耕地主要分布在城市群南部与东部区域、城市群主城区的外围区域。自然发展情景下的土地利用类型变化相较于 2018 年较为明显，主要集中在城市群主城区，建设用地扩张较为迅速，对其周边的耕地与林地的侵占较多；自然保护情景下的土地利用类型，建设用地扩张相较于自然发展情景相对缓和，耕地与水域面积增加，林地面积小幅度减少，表明严格控制建设用地无序蔓延扩张，对生态用地转换进行严格管控将会有效控制土地用地类型变化的稳定性。

2. 双情景下的城市群生态系统服务供给模拟

基于自然发展与自然保护情景下的土地利用类型分布情况，通过生态系统服务价值法测算生态系统服务价值空间分布情况。从生态系统服务总价值数量变化情况来看，2026 年长株潭城市群在自然发展情景下生态系统服务总供给价值相较于 2018 年大幅度减少，由 2018 年的 2250.7 亿元下降到 2196.2 亿元，减少量为 54.5 亿元，降幅为 2.42%。2026 年长株潭城市群在自然保护情景下生态系统服务总供给价值相较于 2018 年变化较小，由 2018 年的 2250.7 亿元增加到 2251.1 亿元，增加了 0.4 亿元。自然发展情景下生态系统服务总供给价值相较于自然保护情景下生态系统服务总供给价值将减少 54.9 亿元。

从生态系统服务总价值空间对比情况来看，基于网格尺度单元分布情况，2026 年两种情景下的生态系统服务价值空间分布均呈现低值区域集中分布在长株潭主城区地区；高值区域集中分布在长株潭城镇群外围区域。相较于2018 年，自然发展情景下的生态系统服务总价值低值分布范围在主城区及其周边蔓延扩大，自然保护情景下的生态系统服务总价值总体分布情况较为稳定，变化不大。自然发展情景相较于自然保护情景，生态系统服务供应低值范围在城市群主城区扩张蔓延，形成明显的面积差异，并且外围城镇分布区低值区面积也有明显增大，表明在生态空间管控的条件下，建设用地的扩张蔓延将被限制，保障区域的生态安全。基于区县尺度单元分布情况，自然发展情景相较于自然保护情景主城区周边的区县生态系统服务总价值出现明显减少降级情况，长沙县、岳麓区与醴陵市的总 ESV 呈现明显的减少降级，这些区县生态系统服务总价值明显下降，主要由于在自然发展情景下建设用地面积侵占生态用地，导致生态系统服务供应能力减弱。

3. 城市群生态系统服务需求预测值分析

根据 2000~2018 年生态系统服务总需求年均增长率预测 2026 年生态系统服务需求在各区县的情况。长株潭城市群总体的生态系统服务总需求相较于2018 年明显增加，由 2018 年的 6.54 增加到 2026 年的 7.22。在生态系统服务需求空间分布特征上：到 2026 年生态系统服务需求量最低的第Ⅰ、Ⅱ级区县消失，大多数区县为第Ⅳ、Ⅴ级，各个区县的生态系统服务需求均呈现明显增长的趋势，空间分布上呈现北高南低的态势，经济开发与人口在长株潭主城区北部区域扩散，城市群南部生态系统服务需求相对低于北部区域。生态系统服务需求变化值空间分布总体呈现北高南低的特征，长沙市主城区北部临近区县的生态系统服务需求量增加最多，南部湘潭市与株洲市外围区县的需求量增加较小。

4. 双情景下的城市群生态系统服务供需关系模拟

在长株潭城市群生态系统服务供需关系空间分布上来看，耦合协调度与供需指数在空间分布上相较于 2018 年较为稳定。结合数据测算结果及区域实际情况，将耦合协调度划分为中度协调（0<S≤0.3）、轻度协调（0.3<S≤0.5）、

初级协调（0.5<S≤0.8）三类。长株潭城市群在两种情景下的空间分布整体变化不大，总体呈现主城区低外围高的特征，在区县变化上，自然保护情景相较于自然发展情景长沙县由轻度协调提升到初级协调，望城区由中度协调提升为轻度协调，大多数区县为中度协调，少部分区县为初级协调。

长株潭城市群在两种情景下的供需指数空间分布整体变化较小，总体呈现南高北低的特征，临近长株潭主城区的周边区县生态系统服务供不应求，生态系统服务供给量少、需求量大；南部远离主城区的区县生态系统服务供过于求，生态系统服务供给量较大、需求量较小。在区县变化上，自然发展情景相较于自然保护情景长沙县由供需良好转变为供给不足，望城区由供给不足转变为供给稀缺，湘潭县由供给盈余转变为供需良好，且大多数区县供不应求，少部分区县供过于求。

四　结论、对策与讨论

（一）结论

本文以长株潭城市群为研究区域，基于已有研究成果①②③及其研究区的实际情况，提出生态系统服务供需关系的分析框架，构建生态系统服务供给与需求的评价指标体系。通过收集研究区 2000~2018 年相关土地利用和社会经济数据资料，运用数学模型、FLUS 模型等方法进行生态系统服务价值、人类生态系统服务需求及其二者关系的时空分析，得出以下结论。

（1）2000~2018 年生态系统服务总供给及单项指标呈现减少趋势，变化值呈现显著的空间差异性。长株潭城市群土地利用类型建设用地面积持续扩张，在 2000~2010 年增长较缓，2010 年之后建设用地面积快速扩张，严重侵

---

① 景永才、陈利顶、孙然好：《基于生态系统服务供需的城市群生态安全格局构建框架》，《生态学报》2018 年第 12 期。
② 张平、朱翔、贺清云等：《长江经济带生态系统服务供需时空分异与平衡格局分析》，《生态科学》2020 年第 6 期。
③ 彭建、杨旸、谢盼等：《基于生态系统服务供需的广东省绿地生态网络建设分区》，《生态学报》2017 年第 13 期。

占林地与耕地等生态用地，由此导致生态系统服务供给总体呈现减少趋势。生态系统服务供给变化值整体呈现北负南正的分布特征。由于北部经济区开发，建设用地扩张占用周边林地与耕地导致生态系统服务价值下降；在城市群南部建设用地扩张较慢，林地、耕地、草地等生态用地占比较高，生态系统服务价值变化较小，表现良好。

（2）2000~2018 年生态系统服务总需求及单项指标呈现持续增长的趋势，并且呈现显著的空间差异性。2000~2018 年伴随着城镇化的快速发展，长株潭城市群整体的生态系统服务总需求及其各单项指标均呈现持续增长的趋势，并且在空间上具有明显的异质性，2000~2018 年长株潭城市群的生态系统服务总需求及其各单项指标的高值均分布城市群主城区及其周边，高值范围扩大，低值分布在城市群外围区域，低值范围缩小。

（3）2000~2018 年长株潭城市群生态系统服务供需关系一直保持供过于求的状态，且整体的供需指数呈下降的趋势；供需耦合度整体处于拮抗阶段且呈下降趋势；供需耦合协调度整体处于中度失调类型且呈不断下降趋势，并且在空间上均呈现显著的空间差异性。基于时序分析：供需指数呈下降的趋势主要是由于在研究时段内供给量下降与需求量迅速增加；供需耦合度整体均处于拮抗阶段并呈现下降趋势，表明伴随着生态系统服务需求的不断提高，与生态系统服务供给之间的矛盾愈加突出；供需耦合协调度整体均属于中度失调类型并呈下降趋势，表明生态系统服务供需双系统，一个子系统发展水平较快，另一个子系统发展亟须改善，耦合协调性逐年下降。基于空间分析：2000~2018 年生态系统服务供需指数总体呈现长株潭主城区及周边部分区县处于供给稀缺与供给不足类型，供不应求；在长株潭城市群外围大多数区县属于供给良好、盈余、富足类型，供过于求；长株潭城市群 2000~2018 年生态系统服务供需耦合协调度总体呈现长株潭主城区及炎陵县处于中度协调，表明供需关系中一个子系统发展滞后，另一个子系统发展较快；长株潭主城区外围大多数临近区县处于初级协调，表明供需两个子系统基本协调发展；城市群周边零星分布轻度协调的区县，表明供需关系中一个子系统快速发展，另一个子系统发展需要改善。

（4）2026 年自然发展情景相较于自然保护情景的建设用地面积扩张极其明显，导致整体的生态系统服务供给锐减，伴随着生态系统服务需求量的不断

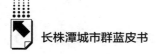

增加，自然发展情景相较于自然保护情景的供需矛盾更为尖锐。2026 年，双情景下的生态系统服务供需耦合度均属于拮抗阶段，相较于 2018 年自然发展情景耦合度降低，自然保护情景耦合度增高，供需耦合协调度均处于中度协调且相较于 2018 年均降低，但自然发展情景的减少值高于自然保护情景。双情景下的耦合协调度与供需指数在空间分布上均呈现主城区低外围高的特征，且自然保护情景相较于自然发展情景的部分区县的耦合协调度与供需指数正向提升。

（二）对策与建议

结合供需关系划分生态安全格局，差异化提出生态保护与管控建议与对策。

根据生态系统服务供需耦合协调度划分区县：（1）中度协调区：生态系统服务需求远高于供给的主城区县需加强生态修复与保护，严控增量，优化存量，加强城市公园绿地建设，完善绿色基础设施建设，生态系统服务供给远高于需求的炎陵县，要在保障生态系统服务供给不降低的情况下提高经济建设，发展绿色产业；（2）轻度协调区：要严格管控生态系统服务供给情况，保持生态系统服务供给与需求稳步增加；（3）初级协调区：优化生态保护与经济发展政策，保障生态系统服务供需持续协调发展。

根据生态系统服务供需指数划分区县：（1）长株潭城市群的供给稀缺与不足地区：加强生态空间的修复与重构，完善绿色基础设施建设，严控增量、优化存量，实现经济发展与生态保护的"双赢"。坚持绿色发展理念，注重人与环境的协调发展，首先在促进可持续发展的过程中，减少经济发展对生态的破坏，同时加大对生态用地的治理与生态恢复，增加林草覆盖率，重点改善水文调节服务，逐步将粗放发展模式转变为集约经营方式，提高资源利用率，在恢复和保护生态环境的同时，注重提升区域景观美学文化功能和休闲娱乐服务；（2）供给盈余与富足地区，要以综合保护为主，加大生态保护与生态管控力度，保护长株潭地区生态屏障，在保持生态系统服务功能的同时加大扶贫力度。在经济发展方面，要在国家生态转移支付政策的基础上不断完善有效且多元的生态补偿机制，另外，生态产品价格能够反映其包含的生态价值，应不断激发内生发展动力，调整产业结构，推进经济快速发展。因地制宜发展生态农牧业，着重发展第三产业，特别是以生态涵养为依托的相关产业，达到在保护生态的条件下促进经济不断增长的目标；（3）供给良好地区，则以保持生态系统服务供给与需求稳步增加为主，在实施生态环境保护措施过程中，适当增加生态补偿，充分调动居民保护和恢复生态环境的积极性，促进调节服务与支持服务的改善。

（三）讨论

本研究分析了生态系统服务供给、需求、供需关系的时空关系，可为长株潭城市群生态管理与规划发展提供可行性建议，但由于生态系统本身极具复杂，本研究仍然存在很多不足之处。

（1）受限于研究数据及模型精度，评估结果仍需进一步精准化。在评估方法上需要高度重视生态系统服务供给与需求的内涵一致性，但目前尚未引入较为成熟的空间计量化模型，难以将生态系统服务供给、需求化规至统一计量单位，以统一量化值比较分析。统一单位量化生态系统服务供给与需求的计量评估模型开发与研究可成为未来重要的研究方向。

（2）生态供需分区还有待进一步探究，生态分区与规划是一项亟须长期探讨的复杂工程，本研究基于的生态系统服务供需关系的生态协调耦合度与供需指数分区虽然有一定理论依据，但分区结果仍较为粗略，未能从生态系统服务流动的视角充分考虑，因此今后的研究可从区域生态系统供需服务流的动态视角切入，统筹考虑区域内外部生态关系，开展更为精确的生态安全格局划分。

（3）本研究仅对未来自然保护与自然发展情景模拟分析生态系统服务供需关系，且未考虑各区域规划、制度政策等影响因素，将会导致未来土地利用变化的方向具有不确定性，未来可以结合地区间的实际差异，进行多种土地利用变化情景的模拟分析，为土地可持续利用提供更全面的决策依据。

B.14
环长株潭城市群绿色发展效率
评价与策略研究

徐子淇　朱佩娟*

摘　要： 经济水平提升发展和资源保护相互平衡，有利于促进环长株潭城
市群经济、社会、生态持续向好发展。研究通过采用环长株潭城
市群2015~2019年各城市面板数据，建立衡量环长株潭城市群
绿色发展效率的投入产出指标体系，并通过非期望Super-SBM
模型来计算得出环长株潭城市绿色发展效率及其时空演变特征。
得出如下结论：环长株潭城市群综合发展效率高，在时序演进上
呈"U"形趋势。城市群内部各城市发展效率存在一定差异。热
点区稳定在长沙市，具有一定的空间溢出效应。未来环长株潭城
市群发展应重视产业结构转型升级，强化发展效率上升趋势。推
动各城市间差异不断缩小，进一步协调发展。发挥长沙辐射带动
作用，树立生态文明典范形象。

关键词： 环长株潭城市群　绿色发展　SBM模型

　　当今中国正面临大气污染、水污染、垃圾处理不当等一系列迫在眉睫的自
然环境风险，为更好应对此类风险，在发展道路上应坚定不移地选择绿色发展
道路①。党的十九大报告指出"我国经济已由高速增长阶段转向高质量发展阶

---

* 徐子淇，湖南师范大学地理科学学院硕士研究生，研究方向：人文地理与儿童友好；朱佩娟，博
士，湖南师范大学地理科学学院教授，博士生导师，研究方向：人文地理与国土空间规划。
① 胡鞍钢、周绍杰：《绿色发展：功能界定、机制分析与发展战略》，《中国人口·资源与环
境》2014年第1期。

段"，兼顾经济增长和环境保护的绿色发展理念在高质量发展的大背景下被赋予更为丰富的内涵[1]。以对环境友好、减少资源浪费、追求质量提升和效率提高的发展方式取代高污染、高能耗、高碳排的"三高"发展方式即绿色发展。以往研究更多聚焦于使用经济效率水平进行测度，而绿色发展效率考虑了资源和环境因素，因此能将研究地的经济可持续发展程度更好地体现出来[2]。在当前强调"绿水青山就是金山银山"，要将生态文明理念全面融入发展以及提高绿色发展能力的背景下，量化资源要素利用效率、协调经济发展与生态环境间的关系，既是服务于党和国家重大战略需求的切实需要，也是使区域经济社会与资源环境协调高效发展的现实需求。

学界对某一地域绿色发展效率及影响因素研究成果颇丰。如郭付友等[3]基于黄河流域 60 余个城市 2005~2017 年的数据，构建了投入产出指标体系，并运用多种计量方法研究了黄河流域绿色发展效率时空格局特征与驱动因素。同时也有研究关注环境规制、政府竞争等外部因素对区域绿色发展效率的影响。赵领娣等[4]在厘清人力资本、产业结构变动对绿色发展效率的影响模式后，运用非期望产出 SBM 模型将我国 1997~2003 年绿色发展效率进行计算。从而得出绿色发展效率中人力资本、产业结构变动及其相互关联的影响程度大小。从测度方法来看，学者们更多地基于投入产出效率理论，运用 DEA 及其衍生模型开展研究。如周亮等[5]采用 SBM-Undesirable 模型结合泰尔指数和空间马尔科夫链等方法，进行 2005~2015 年中国城市绿色发展效率时空分异特征、演变过程及影响机制研究。杨志江等[6]计算中国各个省份 1999~2012 年绿色发展

① 方恺、黄伊佳、何坚坚等：《基于生态效率的城市绿色高质量发展评价研究》，《西安交通大学学报》（社会科学版）2021 年第 3 期。

② A Hailu. "Non-parametric Productivity Analysis with Undesirable Outputs: An Application to the Canadian Pulp and Ppaper Industry" [J], *American Journal of Agricultural Economics*. 85 (2003): pp. 1075-1077.

③ 郭付友、高思齐、佟连军等：《黄河流域绿色发展效率的时空演变特征与影响因素》，《地理研究》2022 年第 1 期。

④ 赵领娣、张磊、徐乐等：《人力资本、产业结构调整与绿色发展效率的作用机制》，《中国人口·资源与环境》2016 年第 11 期。

⑤ 周亮、车磊、周成虎：《中国城市绿色发展效率时空演变特征及影响因素》，《地理学报》2019 年第 10 期。

⑥ 杨志江、文超祥：《中国绿色发展效率的评价与区域差异》，《经济地理》2017 年第 3 期。

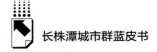
效率中使用了跨期生成前沿的 Slacks－Based Measure－Data envelopment analysis 方法。岳立等①在研究黄河流域绿色发展效率影响因素时运用超效率 SBM 模型、Tobit 模型对区域 2005～2017 年绿色发展效率进行计算分析。从研究对象看，主要集中于全国以及省区层面，或者只是针对个别大城市②。总的来看，研究较为丰富的领域集中在对全国、区域、城市等不同范围及工业等不同部门的绿色发展效率的研究与测度。从地理学空间视角，对于中部地区城市群绿色发展效率研究有待加强。

城市群的出现代表城市发展进入成熟期，综合体现了经济和城市化两个方面的发展，同时也是"一带一路"建设的主战场和国家参与全球竞争与国际分工的全新地域单元，对于国家新型城镇化和经济社会发展有着举足轻重的主宰与主导地位③。如今，由城市演化为城市群是中国今后城市化发展的必然趋势，加快推进城市群形成也是我国发展的重要方针④。但如今城市群发展力提升受到资源与环境的双重压力，调和经济发展与资源环境的问题迫在眉睫。

我国在促成两型社会、促进创新协调发展的行动中，长株潭城市群发挥着中流砥柱作用，同时也是我国中西部城市群研究的重要样本⑤。2007 年，国家批准长株潭城市群建设"两型社会"综合配套改革试验区，指导其围绕建设"资源节约型、环境友好型"社会的主题加快新型工业化进程。要加快建成长株潭"两型"社会，全面提高湖南省吸引力，从而推动中部崛起，必须要提升城市群绿色发展效率，促进环长株潭城市群经济社会和资源环境之间的相互协调。因此，本文在构建绿色发展效率评价指标体系的基础上，利用 2015～2019 年环长株潭城市群社会经济数据构建评价投入产出指标体系，通过非期望超效率 SBM 模型对时期内环长株潭城市群绿色发展效率进行分析，并给出

---

① 岳立、薛丹：《黄河流域沿线城市绿色发展效率时空演变及其影响因素》，《资源科学》2020 年第 12 期。

② 车磊、白永平、周亮等：《中国绿色发展效率的空间特征及溢出分析》，《地理科学》2018 年第 11 期。

③ 王婧、杜广杰：《中国城市绿色发展效率的空间分异及驱动因素》，《经济与管理研究》2020 年第 12 期。

④ 曾伟平、朱佩娟、罗鹏等：《中国城市群的识别与发育格局判定分析》，《华东经济管理》2017 年第 3 期。

⑤ 周国华、陈炉、唐承丽等：《长株潭城市群研究进展与展望》，《经济地理》2018 年第 6 期。

对应发展策略建议，以期丰富区域绿色发展模式及经济发展转型相关理论，为环长株潭城市群调整要素投入规模与结构、提升绿色发展效率及水平提供决策参考。

一　研究对象、数据与研究方法

（一）研究对象与数据来源

环长株潭城市群是长江中游城市群中核心一环，也是中部崛起战略中重要地域，位于湖南省中东部，由岳阳、娄底、常德、益阳、衡阳5个城市包围着长沙、湘潭、株洲三个核心地级市所组成。总面积9.96万平方公里，2019年人口数4328万，地区生产总值（GDP）31646.86亿元，分别占全省45.6%、61%、79%，是湖南省经济发展与城市化的核心地区。区内生态环境优美，拥有作为"生态文明样板区"的长株潭城市群生态绿心地区；交通条件发达，作为京广干道中游地区，连接长江经济带及珠三角。同时也是全国资源节约型和环境友好型社会建设的示范区，现代半导体、先进储能材料、移动互联网、智能网联汽车和北斗+等战略性新兴产业基地。环长株潭城市群近年来发展势头迅猛，给区域内生态环境带来一定挑战，因此需进一步加强绿色发展研究。

本文选取了环长株潭城市群共8个城市在2015~2019年的统计年鉴数据，皆来自2016~2020年《中国城市统计年鉴》以及《湖南统计年鉴》。使用到的数据包括劳动力投入、资本投入、资源投入及期望产出和非期望产出。劳动力投入即就业人数；资本投入为各市的固定资产投资总额；资源投入使用供水总量、电力消耗总量、煤气消耗总量，表示社会供水保障能力、社会供电保障能力、社会供能保障能力。

对于产出方面，GDP指标计算上，参考郭付友等学者，本文做法如下：以2015年为基准年，将往后每年生产总值运用平减指数进行调整计算，得到各年可比GDP值。8个地级市未有公开平减指数，则使用湖南省地区生产总值平减指数替代；在非期望产出内容选择上，考虑到研究可靠性与便利性，采用废水、废气、固体废弃物三类工业排放物为指标，即全市工业废水排放量、工业二氧化硫排放量、工业烟（粉）尘排放量作为非期望产出（见表1）。

表 1 环长株潭城市群绿色发展效率测度数据及来源

数据	来源
就业人员数 固定资产投资 供水总量 电力消耗总量 煤气消耗总量 地区 GDP 社会消费品零售总额 绿地面积 工业二氧化硫排放量 工业废水排放量 工业烟（粉）尘排放量	2016~2020 年《中国城市统计年鉴》《湖南统计年鉴》 （其中地区 GDP 为以各市区 2015 年不变价格换算成的实际地区生产总值）

（二）研究方法

1. 基于绿色发展效率内涵的投入产出指标体系

通过绿色发展经济、发展减量减排产业、实现能源无污染，提升绿色发展效率，带动经济、环境、能源的协同运转、优化组合，使得地区经济发展不再依赖于高污染、高能耗的环境破坏。在测度绿色发展效率的过程中，体现了经济系统、社会系统、生态系统三者之间的良性互动，也体现了要素的优化投入产出对于社会经济的作用，更体现了生态环境的消耗投入情况。本文依据绿色发展效率内容要素，同时参考郭付友及聂玉立等学者研究综合构建了绿色发展效率的投入产出指标体系（见表 2）。

表 2 环长株潭城市群绿色发展效率测度指标体系

类型	要素	指标	含义
投入	劳动力	就业人员数（人）	表示劳动力投入要素
	资本	固定资产投资（万元）	表示固定资本存量要素
	资源	供水总量（万吨）	表示社会供水保障能力
		电力消耗总量（万千瓦时）	表示社会供电保障能力
		煤气消耗总量（万立方米）	表示社会供能保障能力

类型	要素	指标	含义
产出	期望产出	地区 GDP（万元）	表示经济产出效益
		社会消费品零售总额（万元）	表示社会产出效益
		绿地面积（公顷）	表示环境产出效益
	非期望产出	工业二氧化硫排放量（吨）	表示环境污染排放产出
		工业废水排放量（万吨）	
		工业烟（粉）尘排放量（吨）	

计算绿色经济效率通常需要采用四类指标：非资源投入要素（劳动力、资本存量）、资源投入要素（能源消耗）、期望产出（地区生产总值）和非期望产出（工业"三废"）。劳动力投入使用当年就业人数；资本投入为各市的固定资产投资总额；资源投入使用供水总量、电力消耗总量、煤气消耗总量，表示社会供水保障能力、社会供电保障能力、社会供能保障能力。

对于产出方面，GDP 指标计算上，参考郭付友等[①]做法，本文以 2015 年为基准年，将往后每年生产总值运用平减指数进行调整计算，得到各年可比 GDP 值。8 个地级市未有公开平减指数，则使用湖南省地区生产总值平减指数替代；在非期望产出内容选择上，考虑到研究可靠性与便利性，采用废水、废气、固体废弃物三类工业排放物为指标，即全市工业废水排放量、工业二氧化硫排放量、工业烟（粉）尘排放量作为非期望产出。

2. 包含非期望产出的超效率 SBM 模型

学界对于绿色发展效率的研究较为丰富，大多是考虑投入产出比最大，即资本、资源等投入最小，地区生产总值达到最大，且尽可能较少地带来非期望产出[②]。所使用的方法包括但不限于随机前沿分析法（Stochastic Frontier Analysis，SFA）和数据包络分析法（Data Envelopment Analysis，DEA）。且此类方法随着计算技术进步也在不断改良。在 Tone 的研究中提出了非径向、非导向性基于松弛变量的 SBM（Slack Based Model）数据包络分析模型，在计算发展

---

① 郭付友、高思齐、佟连军等：《黄河流域绿色发展效率的时空演变特征与影响因素》，《地理研究》2022 年第 1 期。

② 聂玉立、温湖炜：《中国地级以上城市绿色经济效率实证研究》，《中国人口·资源与环境》2015 年第 S1 期。

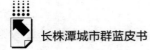

效率时考虑了非零松弛，传统 DEA 方法中存在的径向性问题得以改善，结果的准确度得以提高。随后，Tone 又进一步改善了该方法，做法为在非径向、非角度的 SBM 模型中加入非期望产出，同时将方向距离函数与之融合。之后又在 SBM 模型的基础上提出了 Super-SBM 模型，Super-SBM 模型允许有效决策单元（Decision-Making Units，DMUs）的效率值≥1，对有效 DMUs 进行了进一步区分，避免了有效 DMUs 无法比较的问题①②。本研究借鉴学者做法，在测度绿色发展效率时使用非期望产出的超效率 SBM-Undesirable 模型。

假定有 N 个 DMUs，M 种投入要素，Q 种期望产出，w 种非期望产出，$x \in R$，$y^g \in R$，$y^b \in R$。定义向量 $X = [x_1, \dots, x_n] \in R$，$Y^g = [y^g, \dots, y^g] \in R_{q \times n}$，$Y^b = [y^b, \dots, y^b] \in R_{w \times n}$，则不包括 DMUs (x_o, y_o^g, y_o^b) 的生产性可能集为：

$$p(x_o, y_o^g, y_o^b) = \left\{ (\bar{x}, \bar{y}^g, \bar{y}^b) \middle| \begin{array}{l} \bar{x} \geq \sum_{j=1}^n \lambda_j x_j, \\[2mm] \bar{y}^g \leq \sum_{j=1}^n \lambda_j y_j^g, \\[2mm] \bar{y}^b \geq \sum_{j=1}^n \lambda_j y_j^b, \lambda \geq 0 \end{array} \right\}$$

包含非期望产出的 Super-SBM 模型的线性规划式为：

$$\rho^* = \min \frac{\dfrac{1}{m} \times \sum_{i=1}^m \dfrac{\bar{x_i}}{x_{io}}}{\dfrac{1}{q+w} \left(\sum_{r=1}^q \dfrac{\bar{y_r^g}}{y_{ro}^g} + \sum_{u=1}^w \dfrac{\bar{y_u^b}}{y_{uo}^b} \right)}$$

$$\text{s. t.} \begin{cases} \bar{x} \geq \sum_{j=1, \neq 0}^n \lambda_j x_j, \ j=1, \cdots, m \\[2mm] \bar{y} \leq \sum_{j=1, \neq 0}^n \lambda_j y_j^g, \ r=1, \cdots, q \\[2mm] \bar{y}^b \geq \sum_{j=1, \neq 0}^n \lambda_j y_j^b, \ u=1, \cdots, w \\[2mm] \bar{x} \geq x_0, \bar{y}^g \leq y_o^g, \bar{y} \geq y_o^b \\[2mm] \lambda \geq 0, \sum_{j=1, \neq 0}^n \lambda_j = 1 \end{cases}$$

① K. Tone. "A Slacks-based Measure of Efficiency in Data Envelopment Analysis" [J], *European Journal of Operational Research*, 3（2003）：pp. 498-509.

② K. Tone. "A Slacks-based Measure of Super-efficiency in Data Envelopment Analysis" [J]. *European Journal of Operational Research*, 3（2003）：pp. 498-509.

式中：ρ^* 表示效率值；x 为投入向量，y^g 为期望产出向量，y^b 为非期望产出向量；s^-、s^g、s^b 分别表示投入、期望产出和非期望产出的松弛向量，λ 为权重向量，字母上方加横线代表在模型中对应投入和产出的投影值，下标 o 表示被评价决策单元。$\rho^* > 0$，ρ^* 值越大，代表效率水平越高。

二　环长株潭"3+5"城市群绿色发展效率时空演变特征

（一）综合发展效率高，在时序演进上呈"U"形趋势

本文首先用 DEAP2.11 测度环长株潭城市群的绿色发展效率水平，但由于软件数值的局限性，不能得出发展效率大于 1 的结果，从而也不能很好地比较 8 个城市之间的绿色发展效率的高低。因此，为了进一步分析上述效率值为 1 的地区，采用投入导向的超效率 DEA 模型对各地区重新研究。基于 SBM - Undesirable 模型，根据超效率 SBM 模型，使用 MaxDEA 对环长株潭城市群的 8 个城市进行分析测度（见表 3），其均值变化趋势如图 1 所示，并将各年份绿色发展效率利用 Arcgis10.2 进行空间可视化分析。

表 3　2015~2019 年环长株潭城市群超效率值

绿色发展效率值	2015 年	2016 年	2017 年	2018 年	2019 年	城市均值	排序
长沙	1.726	1.791	1.787	1.672	1.523	1.700	1
株洲	1.053	1.039	1.010	1.011	1.063	1.035	6
湘潭	0.377	0.352	0.504	0.524	1.028	0.557	8
衡阳	1.037	1.001	1.056	1.048	1.000	1.028	7
岳阳	1.124	1.062	1.023	1.035	1.059	1.061	5
常德	1.130	1.081	1.013	1.080	1.391	1.139	3
益阳	1.221	1.279	1.162	1.104	1.055	1.164	2
娄底	1.175	1.158	1.099	1.089	1.083	1.121	4
年均值	1.105	1.095	1.082	1.070	1.150	—	—

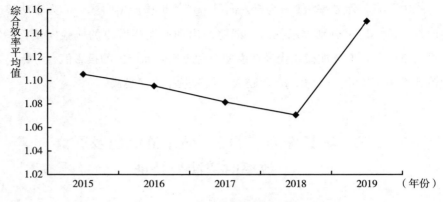

图1　2015~2019年环长株潭绿色发展综合效率

从表3可知，从横截面数据分析，2015~2019年环长株潭城市群绿色发展效率水平值在1.07及以上，得益于长株潭城市群"两型"社会的强力推动。2015年以来，绿色发展、节能减排发展速率不断提升，环长株潭也成为建设核心。环长株潭城市群绿色发展效率提升离不开不断跟进的以节能减排为抓手、以资源节约与环境友好为目标、以经济社会生态协调为路径的绿色低碳发展建设①。

从时间序列数据分析，2015~2019年整个环长株潭城市群的绿色发展效率为1.105、1.095、1.082、1.070、1.150，城市群综合效率平均值整体呈"U"形趋势。中西部城市群在发展过程中，会在相当程度上依靠资源和资金的高投入②，而在环长株潭城市群2015~2017年缓慢下降，正说明在这一时期内，城市群发展与资源消耗尚未完全脱钩，地区重化工业为主要产业，如机械、汽车、食品等，对环境带来一定影响。但在2018年开始呈上升趋势，原因是这一时期环长株潭城市群一二三产业比重持续变化，环长株潭城市群既有改进传统工业技术的措施，也有大力发展战略性新兴产业的做法，推进信息化、网络化办公，促使此类产业进一步进行组合成长，

---

① 付丽娜、陈晓红、冷智花：《基于超效率DEA模型的城市群生态效率研究——以长株潭"3+5"城市群为例》，《中国人口·资源与环境》2013年第4期。

② 朱佩娟、刘湘云：《长株潭绿心地区空间冲突与空间协调研究》，《城市时代，协同规划——2013中国城市规划年会论文集（10-区域规划与城市经济）》，2013。

集群发展。这些措施都促进了环长株潭城市群产业结构不断优化，绿色发展效率持续提高①。

（二）城市群内部各城市发展效率存在一定差异

2015～2019年，城市群内部城市之间绿色发展效率水平存在较大差异。绿色发展综合效率最高的城市是长沙（1.700），绿色发展综合效率最低的城市是湘潭（0.557）。其中，长沙、常德、益阳、娄底几个城市的绿色发展效率均大于1.1，长沙尤为突出，达到1.7。株洲、衡阳、岳阳几个城市的绿色发展效率值则大于1，而湘潭的绿色发展效率值最低，为0.557。就其绿色发展效率值来说，各城市大致呈现三种特点：高等绿色效率地区（长沙、常德、益阳、娄底，绿色发展效率值均大于1.1）；中等绿色发展效率地区（株洲、衡阳、岳阳，绿色发展指效率值处于1～1.1）；相对低绿色发展效率地区（湘潭，小于1）。

第一类城市以长沙为突出代表，呈现与现实契合的特点：长沙市的发展水平遥遥领先。作为湖南省中心城市，长沙在长株潭城市群"两型"社会创建中发挥着排头兵的作用，致力于创建经济、社会、生态"三生"系统协调运转的典范。对于不符合绿色发展方式的企业，长沙市也对其进行了一系列关停措施，推动了产业结构向绿色化、高级化调整。与此同时，生态旅游、生物医药、动漫文化、软件开发等一系列战略性新兴产业蓬勃发展。长沙市在诸如此类措施下，绿色发展效率保持领先地位。②

第二类城市为株洲、衡阳、岳阳，绿色发展效率处于中游水平。株洲市受制于其钢铁化工等支柱产业，在绿色发展方面先天条件较为普通，经济发展对资源的消耗量大，对环境污染程度高。近年来，在株洲调整其发展路径及方法后，经济发展的绿色效益备受瞩目，结构调整转型，污染源转移，导致株洲生态环境大幅度改善，绿色发展效率处于平稳趋势。

第三类城市为湘潭，近年来绿色发展效率水平从0.377上升至1.028，呈

① 付丽娜、彭真善、张爱群：《新型城镇化与产业结构的交互影响——以环长株潭城市群为例》，《经济地理》2020年第11期。
② 付丽娜、彭真善、张爱群：《新型城镇化与产业结构的交互影响——以环长株潭城市群为例》，《经济地理》2020年第11期。

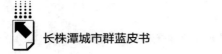

现低开高走的趋势。这说明湘潭在绿色发展转型道路中，重点关注了源头及过程，强化清洁生产、节能减排。同时对于各产业比重调整有较为有力的措施，重点扶持绿色清洁产业，加快技术含量高、能源消耗低、污染物排放量低的产业发展速度，减少了污染的产生。

（三）热点区稳定在长沙市，具有一定的空间溢出效应

本文使用局部空间关联 Getis-Ord Gi * 指数对研究起始年份及结束年份时间点进行对比分析，从而得出环长株潭城市群绿色发展效率在空间上呈现的特点。在划分等级操作上采用自然断裂法，对研究区冷热点进行划分，划分为热点区、次热点区、其他、次冷点区、冷点区。

总的来说，长沙的核心地位突出，在空间上呈现较明显的热点情况。与实际情况相符合，长沙作为环长株潭城市群核心城市，具有经济、科技等方面领先地位，因此绿色发展效率水平在 2015 年和 2019 年都呈现热点特征。

同时，热点区与冷点区空间集聚格局发生了一定的变化。环长株潭城市群中，2015 年长沙市为次热点区，在 2019 年长沙市则为热点区；而 2015 年湘潭市为冷点区，2019 年则无冷点区。由此反映出，热点区具有稳定且逐渐强化的特征，且长沙作为省会城市和环长株潭城市群的中心城市，对周围地区绿色发展效率具有辐射拉动的作用，能够拉动周边城市的发展，呈现一定的空间溢出效应。

三 环长株潭城市群绿色发展策略

（一）促进产业结构转型升级，强化发展效率上升趋势

由于环长株潭城市群绿色发展效率正处于逐渐上升阶段，各地方政府要抓住上升趋势，加大发展过程中的能源循环利用，树立绿色发展的最终目标，不断贴合城市群低碳绿色的要求，节能减排、减少污染。对于能源在经济增长的作用要不断引导降低，提高产能过剩及高污染行业的准入门槛，促使企业自发调整发展模式，降低污染、排放及能耗。环长株潭城市群绿色发展效率提高可

以得益于经济水平提高及产业结构调整，调整产业结构，促使其升级，是当今时代背景下应采取的明智之策。延长资源企业产业链，在环长株潭城市群因地制宜有序布局新材料、电子信息技术等新兴产业。第一，整合产业链，将区域内支柱产业与其他产业进行有机融合；减少能耗，发展与现有产业相关的清洁生产产业，促进产业绿色化、低碳化。第二，改造传统生产工艺，针对高污染高耗能工业园区，应加大投入，置换新型工业设备，创新清洁生产技术；实现资源循环再利用，延长产业链，进一步减少污染物排放和能源利用浪费。第三，循环经济改造，重点放在传统产业，促进工业模式向循环、低碳模式发展，打造从资源的利用到产品生产、再到循环再生为新的资源这一"闭环"工业生产模式。加快技术更新，实行清洁生产，使得环长株潭城市群绿色发展水平在科技投入加大中不断加快。

（二）缩小城市群内部差异，加强区域协同一体化

由于环长株潭城市群各个城市间差异较大，因此要同时兼顾环长株潭城市群作为整体的协同发展，加强在系统、整体上协同生态环境规制。对城市群中第一类水平较高城市而言，可将升级产业与调整产业结构作为路径，将区域战略合作作为目标，激发绿色发展势头，将污染行业向污染减少、降低方向引导，推动绿色行业的发展壮大。对城市群中第三类水平较低的城市而言，政策应大力支持，力求解决发展过程中遇到的关键问题与提升难点，抓住绿色发展效率水平不高的病灶，并针对性帮助其向绿色低碳加快发展。同时，对于绿色发展效率较高的地区，其余城市也可以学习其先进经验，吸纳为与自身城市相融合的发展途径，不断提高自身绿色发展效率，与高水平地区逐渐减小差距。在经济生态格局方面，依据"中心—外围"模式，推动长沙和周边城市高效协同，引导工业体系向低碳化转型，在全面提升环长株潭城市群绿色发展水平的同时坚实推进区域协同一体化。

（三）发挥长沙辐射带动作用，树立生态文明典范形象

由于长沙在环长株潭城市群中绿色发展效率具有绝对领先优势，其地位与作用应更加明晰，应充分发挥湖南省中心城市及"两型"城市建设排头兵作用，树立环长株潭城市群生态化进程中的典型城市和模范带动形象。长沙应带

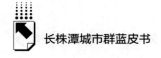

头进一步调整产业结构，进一步关停并转高污染、高耗能、高排放企业，发展战略性新兴产业，以自身发展带动周边绿色发展效率的提高。

四　结论与讨论

国际与国内在绿色发展水平的测度方面主要采用的方法为计算绿色发展效率，绿色效率水平与绿色发展水平呈正相关关系。对环长株潭城市群进行绿色发展效率研究，从而针对性提出推动绿色发展策略，是破解区域协调发展难点的战略举措与实现高质量发展的关键所在。鉴于此，研究加入非期望产出，在指标上体现为"三废"排放量，并利用 Super-SBM 模型进行计算，使用环长株潭城市群的社会经济数据，对其绿色发展效率进行测度与分析。得出了如下结论。

（1）从现状看：①环长株潭城市群绿色综合发展效率高，在时序演进上呈"U"形趋势。其中 2015～2017 年呈现缓慢下降趋势，自 2018 年后开始上升。由于政策对于城市群内绿色发展效率水平的影响大，因此其水平提升重点在于采取契合其发展情况的政策。②城市群内 8 个城市之间的发展效率存在差异。各城市因其起步、定位不同而绿色发展效率差距较大，大致分为三个梯度。③热点区稳定在长沙市，邻城市间绿色发展效率受到彼此相互影响，对于紧邻的湘潭市具有明显的带动作用。

（2）从未来发展看：①要促进产业结构转型升级，强化发展效率上升趋势。环长株潭城市群在"两型社会"战略引导下，积极调整自身产业结构，绿色发展效率有强劲的提升势头。为此，环长株潭城市群应抓住机遇，强化其不断上升的趋势。②要缩小城市群内部差异，加强区域协同一体化。城市群内部差异正逐渐缩小，要以"共享、共赢、互惠"作为指导思想，8 个城市之间应加快彼此之间学习、借鉴与合作。综合因地制宜与因时制宜采取多样化的发展方式，在加强中心城市绿色发展的同时兼顾整个城市群的绿色发展，最终促使区域走向协同化、一体化绿色发展。③应进一步发挥长沙市环长株潭及湖南省绿色发展"排头兵"的作用，不断提高其绿色发展效率，更好地辐射和带动周边城市乃至全省范围绿色发展效率提升。

本文梳理了以往学者关于绿色发展相关文献，运用投入产出理论分析环长株潭城市群的绿色发展效率的时空演变特征，并提出有关建议。环长株潭城市群在中部地区为经济、环境示范区，各方面要素及其相互影响共同作用于其时空演变规律。时空格局形成背后作用机制及其相互作用可作为下一步研究重点，通过对其进行深入探讨，能更科学地识别绿色发展的演化规律和制约因素，更好地为当今社会发展提供理论支撑与措施借鉴。

参考文献

付丽娜、贺灵、邱建华：《基于生态视角的长株潭城市群创新系统协调性分析》，《湖南科技大学学报》（社会科学版）2013 年第 3 期。

黄磊、吴传清：《长江经济带城市工业绿色发展效率及其空间驱动机制研究》，《中国人口·资源与环境》2019 年第 8 期。

刘杨、杨建梁、梁媛：《中国城市群绿色发展效率评价及均衡特征》，《经济地理》2019 年第 2 期。

方创琳、毛其智、倪鹏飞：《中国城市群科学选择与分级发展的争鸣及探索》，《地理学报》2015 年第 4 期。

B.15
株洲市应对气候变化发展报告

湖南工业大学课题组*

摘　要：　本报告以株洲市行政辖区为研究对象，对株洲市应对气候变化面临的问题和机遇做了总结和分析，提出了总体要求和目标，最后以《株洲市国民经济和社会发展第十四个五年规划和二〇三五年远景目标纲要》与《株洲市"十四五"生态环境保护规划》为重要依据，对 2021~2025 年株洲市应对气候变化作了总体设计和系统安排，提出了有效控制温室气体排放、提高气候变化适应能力等五大主要任务，以期成为"十四五"时期指导株洲市应对气候变化的纲领性文件、实施应对气候变化项目的重要依据，并为株洲市高质量发展和建设现代化经济体系提供坚实支撑。

关键词：　气候变化　株洲市　温室气体

　　2021 年 10 月 31 日至 11 月 12 日举行的《联合国气候变化框架公约》第 26 次缔约方大会（COP26）的重点是讨论《巴黎协定》签署后的相关进展和挑战，并提振各国大幅减少温室气体排放的雄心。中国一直是全球气候治理进程重要的推动者和践行者。在第 75 届联合国大会上，习近平总书记宣布中国的 CO_2 排放力争于 2030 年前达峰，努力争取 2060 年前实现碳中和。在气候雄心峰会上，习近平总书记宣布一系列提高国家自主贡献力度的新举措，为推进

---

　*　项目主持人：张旺，博士，湖南工业大学城市与环境学院副教授，硕士生导师，主要从事城乡规划与发展研究。项目成员：胡光伟，博士，湖南工业大学城市与环境学院讲师，硕士生导师；刘晶蕊，湖南省联创低碳经济发展中心高级工程师；刘玉安，湖南工业大学城市与环境学院讲师；韩媛媛，湖南省联创低碳经济发展中心工程师；李岩，湖南工业大学城市与环境学院硕士研究生。

全球气候治理提供中国方案。这是党中央经过深思熟虑作出的重大战略决策，事关中华民族永续发展和构建人类命运共同体，对维护我国经济安全、能源安全、生态安全、粮食安全以及人民生命财产安全至关重要。

"十四五"是株洲主动扛起"三高四新"株洲责任，与时俱进、持之以恒加快推进"一谷三区"建设，加快建成发展强劲的动力株洲、美丽宜居的生态株洲、文化浓郁的人文株洲的关键时期。市委市政府高度重视绿色低碳城市建设，把"双碳"作为践行"两个维护"的一项重大政治任务，将应对气候变化工作全面纳入五年规划中。本报告对全市应对气候变化作了总体设计和系统安排，为株洲市高质量发展和建设现代化经济体系提供坚实支撑，是"十四五"时期指导全市应对气候变化的纲领性文件，是实施应对气候变化项目的重要依据。

一　现状与形势

（一）气候变化特征

1. 株洲市气候变化特征

株洲全市气候变化一般性特征是气温升高，降水分布不均匀，呈现波动性变化。受气候变化的影响，各种极端气候事件频发，高温、干旱、洪涝、低温阴雨成为本市主要的气象灾害。

气温变化特征方面：年际变化具有阶段性变化特征，在一定长度的时间内，冷暖特征具有一定的稳定性；进入 20 世纪 90 年代以来，株洲的平均气温、平均最高气温、平均最低气温均呈明显的上升趋势，与全球气候持续偏暖保持一致；近 20 年来夏季高温日数相对较多、高温天气出现频率明显增加；但在平均气温偏高的冬季仍有可能出现明显的低温冻害天气；特别是 2000 年以来，中度以上的"寒露风"次数明显增加。

降水变化特征方面：具有明显的波动性，降雨时空分布不均，旱年和涝年相间出现或前涝后旱；从降水的长期变化趋势看，降水总量略呈增加的趋势；不同阶段不同年份降水集中的时段不一样，同样季节不同年份也呈波动性变化，但降雨平均状况变化不明显；自 2000 年以来，暴雨次数相对较多，且整

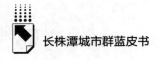

体上呈增加之势。

2. 株洲市气候变化趋势

气温上升明显。1961~2020 年，株洲市年平均气温平均每十年升高 0.09℃；季平均气温除秋季外，春、夏、冬三季平均气温均呈显著上升趋势，上升速率每十年分别为 0.24℃、0.04℃ 和 0.16℃。

降水日数呈上升趋势，暴雨日数增加。1961~2020 年，株洲平均年降水日数呈显著上升趋势，平均每十年增加 1.8 天。暴雨日数增加，1961~2020 年，株洲平均年暴雨日数呈增加趋势，平均每十年增加 8.08 天。

极端降水事件呈减少之势，极端高温事件呈增多之势。极端降水事件整体呈现下降之势，如图 1 所示，从 1961 年的 99 天减少到了 2020 年的 88 天，60 年时间内减少了 11 天。极端高温事件整体呈现上升之势，如图 2 所示，从 1961 年的 92 天增加到了 2020 年的 98 天，60 年时间内增加了 6 天。

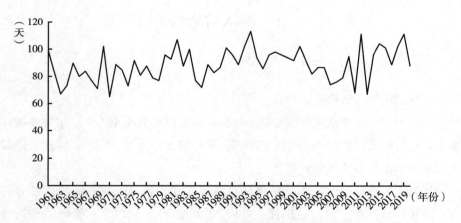

图 1　1961~2020 年株洲市极端降水事件天数变化

1961~2020 年，株洲年均酷热天数明显增加，增加速率为 1.77d/10a，2020 年平均酷热日数为 5 天，较常年偏少 4.6 天。

（二）排放现状情况

1. 温室气体排放总体情况

2020 年，株洲市温室气体排放总量为 3362.17 万吨 CO_2 当量，扣除土地

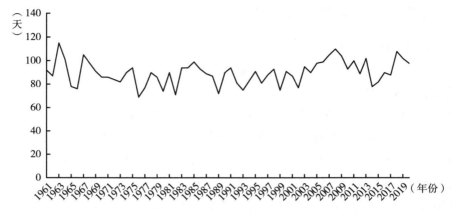

图 2　1961～2020 年株洲市极端高温事件天数变化

利用变化和林业吸收碳汇后，温室气体净排放为 3232.67 万吨 CO_2 当量。在不考虑土地利用变化和林业部门的情况下，能源活动产生的温室气体排放占株洲总排放量的比重为 83.07%，其次是农业活动、工业生产过程和废弃物处理，分别占排放总量的 7.92%、7.83% 和 1.18%。从温室气体排放种类来看，以 CO_2 为主，占比为 90.70%，其次是甲烷、氧化亚氮，占比分别为 6.63%、2.67%。

2. 碳排放五个特征

株洲市碳排放具有以下五个特征。一是碳排放增长较快。近年来随着经济社会的发展，株洲市碳排放总量从 2016 年的 2600.25 万吨增长到 2020 年的 3036.52 万吨，增长了 16.78%。二是碳排放强度较高。2020 年株洲市碳排放强度为 0.845 吨/万元，在全省地市中排名靠前，也高于全省同期 0.774 吨/万元的平均水平。三是人均碳排放较多。2020 年人均能耗碳排放为 7.13 吨/人，远高于全省同期 4.67 吨/人的平均水平。四是工业碳排放占比大。2020 年公用电力与热力生产碳排放占全市总排放的 33.85%，终端消费中工业（含工业能耗和工业生产过程）温室气体排放占温室气体排放总量的比重高达 23.49%，是细分领域第一大排放源。五是碳排放行业集中度高。2020 年工业碳排放主要集中在通用设备制造业（43.07%）；其次是建材业（29.87%）、有色金属冶炼（11.80%）、化工业（9.63%）。

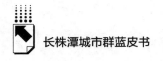

（三）应对气候变化工作基础

1. 结构减碳成效显著

"十三五"以来，株洲市委、市政府高度重视应对气候变化工作，坚持以习近平新时代中国特色社会主义思想为指导，全面贯彻落实习近平生态文明思想和总书记考察湖南的重要讲话精神，积极实施应对气候变化战略，以建设第三批低碳试点城市为目标，统筹融合应对气候变化与生态环境保护工作，迈出美丽株洲建设的坚实步伐。全市产业结构日渐合理，三次产业结构从 2015 年的 6.9∶53.4∶39.7 调整为 2020 年的 8.2∶46.3∶45.5，结构减碳趋势明显。2020 年六大高耗能行业综合能耗为 348.6 万吨标准煤，较最高峰 2018 年的 368 万吨下降了 5.27%。这都为"十四五"时期进一步推动应对气候变化工作和下一步实现"30·60"目标打下了坚实基础。

2. 能源结构不断优化

"十三五"期间，消费侧方面，株洲市能源结构优化进程呈现"减煤加油加气"的变化趋势，但减煤加气幅度均不大，2020 年能源消费总量为 1327 万吨标煤，煤炭、天然气、油品消费量分别为 697.72 万、78.87 万和 354.16 万吨标准煤，与 2016 年相比，煤炭仅降低 8.37 万吨标煤，下降比例为 1.18%；天然气增加比例为 36.60%，但仅增加 21.12 万吨标煤，上升空间较大。油品消费量在 2016~2019 年逐渐上升，在 2020 年小幅下调，2020 年油品消费量为 354.16 万吨标煤，较 2016 年增加 80.61 万吨标煤，增加比例为 29.47%。而生产侧方面，煤炭供给侧结构性改革加速，电力供应能力不断提升，"气化株洲"工程稳步推进，成品油供应充足，新能源发展加速推进。截至 2020 年末，全市新能源装机容量为 93.8 万千瓦，其中水电总装机容量 59.4 万千瓦，2020 年发电量 20.4 亿千瓦时；风电场总装机容量为 17.3 万千瓦，2020 年发电量为 0.11 亿千瓦时；光伏发电总装机容量为 10.2 万千瓦，2020 年发电量为 0.55 亿千瓦时，余热等其他类型新能源总装机容量 6.9 万千瓦，2020 年发电量为 4.08 亿千瓦时。

3. 强度持续下降

近年来，株洲市能耗强度不断降低，2020 年较 2015 年下降 28.4%，超额完成全省能耗强度"十三五"下降 18% 的目标；与之相应的是单位 GDP 碳排放也呈逐年下降之势，初步测算，从 2015 年的 1.189 吨/万元下降至 2020 年的 0.845 吨/万元，5 年累计下降 28.9%。

4. 减缓气候变化明显

能源利用效率显著提升，循环经济发展模式进一步成熟，节能减碳在社会重点领域的成效显著。"固碳库"建设有序推进，大力推进植树造林和森林抚育；已建成炎陵神农谷等 3 个国家森林公园，醴陵仙岳山等 3 个省级森林公园；2020 年森林覆盖率达到 62.11%，较 2015 年提升近 1 个百分点；2020 年森林蓄积量达到 2697.59 万立方米，较 2015 年增加近 400 万立方米；2020 年全市建成区绿化覆盖率达 42.68%，人均公园绿地面积 14.58 平方米，有已对外开放城市公园 21 个；近年来，先后建成湘江风光带、神农湖、万丰湖等城市湿地景观，以及提质改造文化园、天鹅湖公园、东湖公园等，湿地保护率达 71.68%；构建起秸秆肥料化、饲料化、能源化、原料化、基料化的综合利用长效机制，秸秆综合利用率达 87.90%。绿色建筑进一步推广应用，2020 年绿色建筑面积为 440.98 万平方米，占新建建筑总面积的 79.27%，高于目标任务的 65%；新增装配式建筑面积 358.18 万平方米，新增装配式建筑面积占比 55.85%，高于目标任务的 50%，排名全省第一。低碳交通体系进一步完善，2020 年被授予"国家公交都市建设示范城市"称号，成为全国第二个成功创建的地级市；公交分担率超过 50%，全市公交车新能源汽车比例高达 100%。

5. 适应变化能力提升

水资源适应能力显著提升。农田水利节水能力大力提升，2020 年灌溉水有效利用系数达到 0.5491，较 2015 年的 0.517 提高 6.21%；市、县、乡、村四级河长全覆盖，全市行政河长有 2618 名；森林火灾受害率控制在 0.03‰，远低于规划目标。2020 年主要农作物测土配方施肥覆盖率 90%，较 2015 年提高近 10 个百分点；农田氧化亚氮排放进一步减少，区域生态环境明显改善；防汛抗旱减灾体系逐步完善，由极端天气引起的社会影响和经济损失极大减少。

6. 试点示范纵深推进

依托"两型"示范推进成果，整合生态文明建设、"两型"示范与低碳示范建设，集成先进适用技术，着力开展低碳示范推进工程建设。结合循环经济园区、"两型"工业园区和生态工业园区创建工作，在炎陵县、株洲经开区、株洲高新区、高塘社区等基础条件较好的县区、社区（园区）因地制宜开展低碳示范试点；大力实施"先进轨道交通装备及关键零部件创新发展工程"，打造国内外领先的干线电力机车、动车组、城市轨道车辆整机制造基地；引导轨道交通、电力电子器件、生物医药、食品加工、水泥建材等国民经济重点行业企业开展低碳试点示范，对试点示范企业开展碳资产管理；建筑领域，重点推动了株洲经开区国家绿色生态示范城区建设，带动其他新区的发展，实现绿色建筑的集中连片推广；健全城乡社区综合服务管理平台，成功创建省级两型社区、且基础条件较好的城市社区，如高塘社区、沩渡镇等，借助通信网、互联网、传感网等先进技术，建立起智慧低碳社区系统。

7. 工作体系不断健全

"十三五"以来，株洲市以获批第三批国家低碳试点城市为契机，严格落实《湖南省实施低碳发展五年行动方案（2016—2020）》文件精神，以市政府名义印发《株洲市低碳城市试点工作实施方案》，加强了组织领导，加大了资金保障，落实了责任分工，提升了人才支撑，建立了组织领导机构、专家支持团队和长效工作机制，应对气候变化的工作体系不断健全。编制了株洲市低碳发展规划和年度温室气体排放清单，为全市低碳发展提供专业指导和基础数据支撑。开展了"周末企业大讲堂"之"碳达峰、碳中和形势下，企业发展机遇与挑战"的主题培训；举办了蓝天保卫战污染防治业务管理与蓝天保卫战涉气企业的环保法律、法规业务培训班。组织第三方核查机构，开展重点排放企业的温室气体排放清单编制和监测工作。

（四）面临较大挑战

株洲目前存在三个方面的矛盾，一是经济发展与能耗增长之间、二是能源结构调整、三是产业结构调整的矛盾，这三大矛盾使得株洲在当前国家、湖南和本市应对气候变化、实行节能减碳面临较大挑战。

1. 适应气候变化提出长期挑战

目前，应对气候变化主要侧重于减缓，而直接关系人民生命财产安全的适应方面统筹手段不多，以至于公众将应对气候变化简单等同于 CO_2 减排。但随着全球极端气候频发，以及株洲市东南山地高、西北丘岗低的"七山半水二分田"格局，洪涝、伏旱、低温雨雪、地质和农林灾害时常发生，对气象灾害预警、灾害应急决策、城市排水防涝等工作提出了诸多挑战。加之株洲市应对气候变化的体制机制尚未健全，未来提升适应气候变化能力将面临更大压力。

2. 实施"双碳"战略的困难不少

作为一个典型的重工业城市，"十四五"时期，传统产业绿色低碳转型面临困难，随着工业化和城镇化的发展及战略性新兴产业的培育和重点产业项目的实施，株洲市能源消费总量还将呈刚性增长之势，同时减煤空间会进一步收窄，可再生能源增长受资源禀赋限制难以大规模发展，工业化的高能耗需求与全市低碳发展存在矛盾，能源、产业、交通、建筑、农业、生活等领域绿色低碳发展的难度将进一步加大，实施多领域碳达峰、碳中和行动计划面临困难。

3. 低碳试点能力建设亟待提高

全市缺乏中长期应对气候变化与低碳发展、碳达峰和碳中和目标实现的战略性规划指引，部门间协同推进应对气候变化的工作机制还有待完善。仍需将更多企业纳入碳交易市场，扩大控排范围。气候治理数字化转型、低碳科技创新、绿色低碳智库建设都有待进一步加强。此外，绿色金融、气候投融资支持低碳发展的政策尚未完善，绿色金融产品的创新工作还正起步。

（五）迎来重大机遇

1. 碳达峰、碳中和被纳入生态文明建设整体布局

世界正经历百年未有之大变局，全球气候治理依旧是凝聚各国力量，共同推进全球气候多边合作进程，落实《巴黎协定》以实现共赢共进，将成为各国气候治理的新常态。我国已向国际社会做出了 2030 年前 CO_2 排放达到峰值的承诺，努力争取于 2060 年前实现碳中和的愿景。2021 年 10 月，中共中央国务院发布了《中共中央 国务院关于完整准确全面贯彻新发展理念做好碳达峰碳中和工作的意见》，国务院印发了《2030 年前碳达峰行动方案》的通知。这都彰显了：我国坚持绿色低碳发展的战略定力和积极应对气候变化、推动构建人类命运共同体的大国担当；以及要在全面践行习近平生态文明思想，推动生态文明建设迈上历史新台阶、实现新进步的双重逻辑中，把碳达峰、碳中和作为生态文明建设的历史性任务。各级政府将更加重视节能降碳工作，相关支持政策也将陆续出台，减缓气候变化行动将会加速推进。

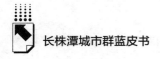

2. 气候治理新体系为构建新发展格局带来新机遇

"十四五"是碳达峰的关键期、窗口期。20世纪中叶以来，中国升温速率明显高于全球同期水平。气候变化对经济、生态、能源、粮食安全等构成严峻挑战，气候风险水平趋高。强化气候治理是保障国家安全、促进可持续发展的内在要求，也是一项系统性、全局性、长期性的工作。全面深化应对气候变化、经济高质量发展、生态环境高水平保护工作统筹融合，全面加快能源、工业、建筑、交通、农业等领域绿色低碳转型，全面推动地方、部门、行业自主创新开展低碳行动，将成为深入贯彻习近平生态文明思想，立足新发展阶段、落实新发展理念、构建新发展格局的重要举措。

3. 湖南实施"三高四新"战略赋予株洲市新使命

打造"三个高地"、推进长株潭一体化、建设湘赣边区域合作示范区，是中央、湖南赋予株洲的政治任务，也是提升株洲发展层次的关键之举。为此，作为长株潭核心增长极的重要组成部分，株洲必须强化"核"的担当、彰显"核"的作为，切实发挥主力军作用，深入实施"三高四新"战略，坚持"聚焦、裂变、创新、升级、品牌"工作思路，在打造"三个高地"中走在前列，在推进长株潭一体化中勇于担当，在深化湘赣边区域合作中作好示范，在中部地区高质量发展中探求新路，全力培育制造名城、建设幸福株洲，奋力谱写新时代坚持和发展中国特色社会主义的株洲新篇章。这为顺利推进株洲市应对气候变化注入新动力。

二　总体战略

（一）基本要求

1. 坚持减缓与适应气候变化同步推进

强化目标的约束作用，全面控制温室气体排放，加强应对气候变化监测，开展落实战略的具体行动，继续推动农业、水资源、森林、人体健康、防灾减灾等领域的适应气候变化行动，采取有效措施，增强适应能力，最大限度地降低气候变化带来的不利影响。

2. 坚持污染减排与温室气体协同治理

充分考虑污染物减排和温室气体减量化协同治理，推进清洁生产、调整产业结构和优化能源结构，全面促进高质量发展。加强管理部门间的沟通协调，从源头上制定大气污染物与温室气体协同管控的一体化规划，研究制定气候与环境友好的协同管控战略，加快出台有利于协同管控的各项政策、标准、法规。

3. 坚持制度创新和科技创新相辅相成

加强制度创新，建立完善温室气体排放和节能减排统计监测制度，完善管理制度与政策设计，建立株洲与长沙、湘潭、衡阳、郴州等城市应对气候变化的协同合作机制。研究提出株洲低碳技术发展路线图，加快低碳技术研发和应用；加快绿色低碳技术创新和推广应用，持续加大科技支撑。

4. 坚持政府引导和社会参与紧密结合

充分发挥政府在节能降碳增效和适应气候变化中的作用，加强规划引导、政策激励和组织协调，引导企业和公众积极参与应对气候变化工作；提高企业社会责任意识和公众节能低碳意识，促进企业绿色生产；增强公众适应气候变化能力，推进公众绿色生活和绿色消费转型，形成全社会共同参与应对气候变化的良好氛围。

5. 坚持远近统筹与协调部署紧密结合

强化顶层设计，统筹推进经济增长、能源安全、碳排放、居民生活"四个维度"。结合株洲实际，科学制定碳达峰、碳中和行动方案，重点规划株洲市近期 CO_2 减排目标任务，推动全市 CO_2 排放达峰，积极探索谋划中长期温室气体减排目标及碳中和的行动方案。

（二）主要目标

以"30·60"碳减排愿景为引领，以落实国家、湖南应对气候变化工作总体部署为导向，全面高效、有序推进应对气候变化工作，实现应对气候变化与经济社会发展相协调、与生态文明建设相协同，与碳达峰工作相互补、与生态环境保护有关工作相融合。到 2025 年，应对气候变化的体制机制实现深化改革，应对能力得到明显提升，示范试点有效开展，低碳发展路径进一步明确，低碳理念引领下的经济高质量得到快速发展，碳排放达峰基础进一步夯

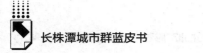

实，全社会践行低碳理念持续深化，低碳发展水平位居全省前列。

1. 重点领域低碳行动大力推进

以国家可再生能源建筑应用示范城市、全国低碳交通运输体系建设试点城市、国家绿色交通试点城市、国家公交都市建设示范城市等为契机，严格落实国家能源消费总量和强度"双控"目标，到2025年，单位地区生产总值能源消耗完成省下达任务，非化石能源占一次能源比重逐步提高。高能耗行业低碳发展技术得到有效推广，碳汇能力显著增强。农业化肥使用总量实现负增长，甲烷、氧化亚氮等非二氧化碳温室气体排放得到有效管控。实现城镇新建公共建筑三星级绿色建筑全覆盖，绿色建材应用比例大幅提升。低碳生活和消费理念深入人心，低碳消费模式基本形成。

2. 碳排放总量和强度目标全面完成

紧扣省级下达株洲市的碳排放总量和强度下降目标，制定分解落实方案，将其作为核心指标纳入督察考核体系。到2025年，单位地区生产总值二氧化碳排放降低完成省下达目标，碳排放总量得到有效控制。

3. 适应气候变化能力有所提高

城乡基础设施适应能力明显提高，水资源安全得到全面保障，农林业防灾减灾能力明显提高，科学防范和应对极端天气与气候灾害能力显著提升，预测预警和防灾减灾体系逐步完善，适应气候变化科学知识得到普及。

4. 气候治理能力有所提升

减污降碳协同推进，科技创新水平明显增强，数字赋能深入推进，市场机制有效建立，人才队伍进一步壮大。

三　有效控制温室气体排放的主要任务

（一）力推经济社会全面绿色转型

1. 强化绿色低碳发展规划引领

将碳达峰、碳中和目标要求全面融入株洲市经济社会发展中长期规划，强化株洲市产业发展规划、国土空间规划、专项规划、区域规划和地方各级规划的支撑保障作用。加强各级各类规划间衔接协调，确保各县（市、区）、各领域落实碳达峰、碳中和的主要目标、发展方向、重大政策、重大工程等协调一致。通过建立"五级三类"的国土空间规划体系及实施监督体系，划定"三区三线"，做好长株潭城市群绿心地区的生态保护与高质量发展新要求。统筹城乡一体化发展，结合"十四五"经济社会发展规划，强化衔接各级各类规划，坚决遏制"两高"项目盲目发展，实现区域发展方向与重大政策、重大工程等相一致。

2. 优化绿色低碳发展区域布局

持续优化重大基础设施、重大生产力和公共资源布局，构建有利于碳达峰、碳中和的国土空间开发保护新格局。在长株潭一体化、湘赣边区域合作等区域重大战略实施中，强化绿色低碳发展导向和任务要求。推进交通等基础设施建设，优化发展区域布局的硬件环境，"一核"（中心城区）"一圈"（株醴都市圈）"一廊（醴炎县域经济发展走廊）"各区域之间加强联系，成立统一的协调整合机构。提升区域合作制度安排的法治化程度。

3. 加快形成绿色低碳生活方式

坚持全民行动，提高全社会生态环保意识，推动形成简约适度的绿色低碳生活方式。扩大绿色低碳产品供给，引导和支持企业加大对绿色低碳产品研发、设计和制造的投入，鼓励大型商超优先引入绿色低碳产品，增加绿色低碳产品和服务的有效供给。倡导低碳消费，拒绝餐饮浪费和过度包装，倡导"光盘行动""绿色出行"等活动。将绿色低碳理念纳入教育体系，以建设低碳校园、零碳校园为抓手，强化全民节能型消费和绿色低碳消费理念。

（二）加快形成绿色低碳产业体系

1. 加速传统产业低碳转型

（1）持续降低工业领域碳排放。以智能化、数字化为手段，促进株洲有色、玻璃、建材等传统支柱产业转型升级，加快构建绿色制造体系建设。努力创建一批国家级和省级绿色低碳工厂和园区，创新绿色产品设计，实施绿色制造集成项目，促进全生命周期和全产业链绿色发展。全面推行工业园区和企业用地集约化、原料无害化、生产洁净化、废物资源化、能源低碳化、技术集约化，综合提升工艺技术水平和环保效能。强化工业生产过程温室气体排放管控，通过工艺技术改进、设备提升改造、末端治理等多种手段，减少工业生产过程温室气体排放。到 2025 年，单位工业增加值二氧化碳排放量完成省下达指标。

（2）深化制造业信息业融合。加快数字经济与制造业深度融合，以数字化引领现代产业体系建设，打造轨道交通、航空动力世界级制造业集群及全国大数据、电子信息产业高地。持续推进陶瓷材料、生物医药、硬质材料、包装印刷、服饰等重点行业清洁生产，鼓励开展智能工厂、数字车间升级改造。全面实施精准数智控碳，充分利用大数据平台，构建清晰准确的碳账户体系；完成一批碳排放重点企业（能耗 5000 吨标煤以上）碳账户建设。

（3）大力发展循环低碳经济。构建绿色循环产业体系，打造多元化多层次循环产业链，推动产业废弃物循环利用。优化城市再生资源回收体系，整合规范再生资源回收网点，大力积极开发利用"城市矿产"，推进"无废"城市建设。积极发展资源回收再利用链，对产业存量实施循环化改造，对产业增量进行循环化构建。围绕冶金废渣、建筑垃圾、餐厨垃圾、生活垃圾、农产品废弃物，引进战略投资方，引入国内外先进技术，重点推进资源综合开发利用项目的建设。

（4）推进农业低碳融合发展。充分利用国家购置补贴政策，增强使用低碳农机意识，引导农民购买质优价低、性能优良的名优农机产品，逐渐淘汰高油耗、低效率、高污染的农机具，大力推行"低碳农机"生产方式。建设一批绿色农业产业园区、产业强镇、产业集群，带动农村三次产业绿色升级。发展生态循环农业，推动农业园区低碳循环，培育产业链融合共生、资源能源高效利用的绿色低碳循环产业体系。鼓励有机肥替代化肥，实施测土配方施肥、绿肥轮作、水肥一体化技术等项目，改善水分和肥料管理，有效控制甲烷排放，减少农田氧化亚氮排放。深化畜禽养殖污染治理，实现畜禽养殖污染物全收集、全处理、全达标。扎实推进"无废农业"建设，加快废弃农膜、农药包装物等农业废弃物回收体系建设，以机械化粉碎还田和能源化利用为重点，推进秸秆燃料化、饲料化、肥料化等多途径利用，提高农作物秸秆综合利用率。

2. 控制"双高"项目盲目发展

坚决遏制高耗能、高排放项目盲目发展，推动全市产业绿色转型和高质量发展。完善株洲市洗水工业园建设，推进陶瓷、有色冶金、建材行业企业节能改造；巩固老工业基地调整改造成果，采取"环境修复+开发建设"模式，有序推进产业绿色化改造与升级。推进全市绿色生产创建行动，着力推进"三去一降一补"，从源头防控高耗能、重污染的冶炼和化工产业项目建设。

3. 培育战略性新兴产业

积极培育与轨道交通、航空动力、先进硬质材料优势产业紧密相关的节能环保、信息技术、新材料、新能源等"低碳"新兴产业，形成以高科技产业和现代服务业为主的低碳产业体系。大力发展大数据、人工智能、物联网等技术和产业，着重推进自主可控计算机产业化，打造国内有重要影响力的新一代信息技术产业集聚区和示范区。重点发展先进硬质材料、先进高分子材料等新材料，打造全球领先的硬质合金产业基地、建设国内领先的高分子新材料产业基地。大力发展以风电和储能为重点的新能源装备制造、环保设备，争创"国家智慧能源示范城市"。大力发展天然中药材和健康产品原料、生物医药、医疗与健康养生服务、医疗器械制造装备和制药装备。打造特色生物医药与大健康产业。重点发展优质玻璃原片、新型节能玻璃、新型显示玻璃等，打造国内领先的玻璃研发、制造、出口基地。

4. 创新特色现代服务业

重点推动科技服务、现代物流、现代金融、研发设计等生产性服务业向专业化和价值链高端延伸；提升商务服务业，发展广告策划、人力资源、会计审计、咨询评估等服务业。推进生活服务业标准化、规范化、精细化发展，突出商贸服务、健康养老、体育休闲、家庭服务等加快发展，提升餐饮、住宿等服务质量，满足人民群众多层次、多元化的生活需求，推进服务业整体向低碳、绿色化发展。

5. 做大做强节能环保产业

重点发展节能装备产品、减振降噪制品、环保膜材料、太阳能光伏设备、风电设备、环保设备。依托中车风电、时代电机等龙头企业，打造节能环保产业园区。引进人才，积极提高环保产业科技创新能力。推进快递包装减量化、标准化、循环化。推行垃圾分类和资源回收再利用，统筹城镇和乡村垃圾分类，发展垃圾分类终端处理产业。到2025年，全市实现城市生活垃圾分类无害化处理全覆盖；同步推进农村生活垃圾分类全覆盖，力争全部行政村实现生活垃圾分类收集、清洁转运及安全处理与处置。

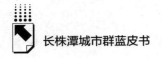
（三）积极构建清洁低碳能源体系

1. 加快调整优化能源结构

削减煤炭直接消费，提升清洁电力在总发电量中的比重；持续推进交通、供暖、工业、建筑等领域的电能替代工程，降低煤炭在一次能源消费中的比重，逐步摆脱对煤炭的高度依赖。重点拓展天然气在工业、居民燃气、汽车、供热等领域的应用，完善天然气门站、管线、储气设施等配套设施建设。积极扩大太阳能、地热能和生物质等新能源在企业生产、居民生活等领域的应用。稳步推进油品低碳化利用，推广使用生物质燃料。到 2025 年，投资 200 亿元加快建设现代化新株洲智慧绿色能源互联网工程项目，全面推进"主干电网提质""城乡配网提档"等 12 项工程，建成轨道科技城"双碳"先行示范区、清水塘科技生态新城"降碳"示范区等 6 个示范区，安全供电能力达到 400 万千瓦；煤炭、成品油、天然气占能源消费的比重分别为 50.3%、22.4%、7.1%。

2. 加大清洁能源开发力度

有序推进风电开发，积极利用太阳能、生物质能等新能源，进一步推进能源发展清洁转型。重点发展分散式风力发电，开展区域风力测速与分布式风力发电选址工作。以提供绿色电力为重点，扩大太阳能利用规模。积极探索醴陵市等屋顶"光伏+"整县推进应用模式，着力打造园区光伏基地，适度控制消纳受限区域集中式光伏规模，建成 1 个以上分布式光伏应用示范园区。稳步推进垃圾焚烧发电，农林生物质发电，生物质沼气、液体及固体成型燃料综合利用项目，基本实现生活垃圾全量焚烧，鼓励生物质直燃发电向热电联产转型。在湘江沿岸和湘江西南区域，以高新技术产业开发区建设为依托，重点发展地埋管地源热泵项目；在湘江沿岸地表水丰富的地区，发展地表水水源热泵项目；在攸县、炎陵等县加快推进抽水蓄能项目。到 2025 年末，实现清洁能源装机容量达到 400.5 万千瓦，全市非化石能源在一次能源消费中的比重超过 23.0%；风电装机容量达到 50 万千瓦，光伏发电装机容量达到 300 万千瓦，生物质发电装机容量达到 8.5 万千瓦，浅层地温能制冷供暖面积力争达到 450.0 万平方米。

（四）加快推进节能提高能效

1. 加快推进节能

建立覆盖全市工业企业、大型公共建筑、公共机构等领域的能耗在线监测平台，突出抓好化工、建材、电力等关键领域和重点用能单位的节能减碳。落实《电机能效提升计划（2021—2023 年）》，推广 2 级能效及以上的变频调速永磁电机。依托能耗在线监测平台，加大对企业的主要耗能设备、工艺系统能耗情况的动态监管力度，实现由末端治理向生产全过程控制转变。加快大型商业综合体、大型公共机构等开展节能技术改造，推动绿色生活创建。完善阶梯水价、电价、气价等价格政策，引导企业和居民合理用能。进一步健全公共机构节能管理机制，推进公共机构节能技术改造，每年从用能大户中挑选 8 家左右公共机构开展能源审计。

2. 着力提高能效

强化约束性指标管理，加强建材、玻璃、建筑、交通、公共机构等重点领域节能，推进机械设备节能减排降耗。加快淘汰"低散乱"企业，严控高能低效项目，支持低碳环保的绿色项目。对"两高"项目进行逐一核查和全面清理：凡是不符合产业政策，没有按规定落实减量替代要求，或者在建项目主要产品能效水平低于本行业能耗限额准入值的，一律暂停并进行整改，整改到位前不得续建；对已建成投产项目，有节能减排潜力的则改造升级，属于落后产能的要加快淘汰；对暂停的项目，督导项目单位按照本通知要求实行减量替代。鼓励引导企业和居民"电代煤、电代油、电代气"。推进农村地区配电网升级改造，提升农业生产的电气化水平。

强化国家、行业先进能效引领，推广实施能效"领跑者"制度，建立节能激励导向机制，树立行业标杆，推动重点企业开展能效对标。推进全市资源清洁高效利用，推动资源消耗型企业应用节能、低碳、清洁生产领域先进适用的工艺、技术及装备，推进实施合同能源管理，提升主要耗能设备能效水平。到 2025 年，规模以上工业企业单位工业增加值能耗下降完成省级下达任务。

（五）大力推进绿色低碳城乡建设

1. 建设人地和谐共生的美丽城市

实施城市生态修复工程，保护城市山体自然风貌，修复江河、湖泊、湿地，加强城市公园和绿地建设；推进立体绿化，构建连续完整的生态基础设施体系；推动绿色城市、森林城市、"无废城市"建设，深入开展绿色社区创建行动；建立分层次、分区域协调管控机制，合理确定开发建设密度和强度。

2. 打造绿色生态宜居的美丽乡村

统筹布局县城、中心镇、行政村的基础设施和公共服务设施，促进城乡设施联动发展；提高农房设计和建造水平，建设满足乡村生产生活实际需要的新型农房，完善水、电、气、厕配套附属设施，加强既有农房节能改造；提高乡村设施建设水平，持续推进农村生活垃圾、污水、厕所粪污、畜禽养殖粪污治理，实施农村水系综合整治，推进生态清洁小流域建设，加强水土流失综合治理，加强农村防灾减灾能力建设；以"四治一改"为重点开展农村人居环境整治提质行动，创建一批示范线路、美丽乡村、秀美屋场、五美庭院。建立乡村建设评价机制，持续提升乡村宜居水平。到2025年，力争创建70个省级美丽乡村建设示范村（20个省级精品）、100个市级美丽乡村建设示范村。

3. 大力发展绿色建筑、装配式建筑

将绿色建筑设计基本要求纳入方案设计，初步完成设计审批和施工图审查，提高建设绿色建筑控制底线水平。推广装配化、智能化建造方式，推进新型建筑工业化发展；逐步推行设计、生产、施工、运维的BIM技术应用，不断提高装配式建筑设计模数化应用水平，实现标准化设计、工厂化生产、装配化施工、一体化装修、信息化管理、智能化应用；加强绿色建材推广应用，鼓励和支持在建筑新材料、新型墙体材料等领域开展新工艺、新产品、新设备技术创新；加快既有建筑的绿色改造；推进公共建筑能耗统计、能源审计及能效公示，完善公共建筑能耗监管体系。

4. 实现工程建设全过程绿色建造

开展绿色建造示范工程创建行动，推广绿色化、工业化、信息化、集约化、产业化建造方式，加强技术创新和集成，利用新技术实现精细化设计和施工。重点推动钢结构装配式住宅建设，不断提升构件标准化水平，推动智能建造和建筑工业化协同发展；完善绿色建材产品认证制度，开展绿色建材应用示范工程建设，鼓励使用综合利用产品；加强建筑材料循环利用，促进建筑垃圾减量化，严格施工扬尘管控，采取综合降噪措施管控施工噪声；大力开展绿色低碳生态城区、高星级绿色零碳建筑、（近）零能耗建筑示范创建。

（六）倾力打造低碳交通运输体系

1. 优化城乡交通运输结构

全面推广城乡道路客运一体化发展，支持农村客运与邮政、商务、供销、物流等功能整合，探索"一点多能、一网多用、深度融合"的农村客运发展新模式。建立完善县、乡、村三级网络节点体系，加快快递物流园区建设，完善农村配送网络，促进城乡双向流通。加强对既有城乡交通运输设施安全运行的风险评估，研究制定应急机制，提高应对极端天气气候事件的能力。推动城市公共交通线路向城市周边乡镇延伸，积极推动毗连地区公交线路对接，提升中心城区与毗邻城镇、郊区之间的通勤化客运水平。继续推进"公转铁""公转水"，降低燃油汽车排放。到 2025 年，力争 2 个以上的区和 3 个以上的县（市）达到城乡道路客运一体化示范县水平，力争 1~2 个县市区进入全国交通运输一体化试点，创建至少 2 个国家级农村物流服务品牌和 3 个交邮融合示范县市区。

2. 加快新能源+交通发展

大力推进新能源车辆应用，新增和更新的城市公共汽车、出租汽车、城市物流配送车辆主要采用新能源和清洁能源。支持高速公路服务区、客运枢纽、物流园区、公交场站等区域充电桩、充电站建设，增加交通体系绿色能源供给和使用。加快构建便利高效、适度超前的充换电网络体系，健全交通运输装备能效标识制度。加快推动新能源汽车与能源、交通、信息通信全面深度融合，前沿布局智能网联汽车产业、氢燃料电池汽车产业。到 2025 年底，全市充电桩保有量达到 25700 个以上，保障全市电动汽车出行和省外过境电动汽车充电需求。

3. 构建公共交通运输体系

深入实施公交优先发展战略，利用交通资金引导公交站场建设；积极推进公交都市建设和绿色出行创建行动；加快智轨项目、公交专用道和公交信号优先系统的建设。鼓励定制公交、出行即服务等创新服务。加大推广新能源公交车力度，新增公交车全部使用纯电动车，鼓励使用燃料电池车；不断完善支撑配套体系，加快公交乘车支付便利化，着力解决老年人运用智能技术困难，提高妇女、儿童、老年人、残疾人等出行便利程度和服务水平。到 2025 年，新

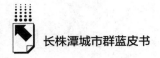

增新能源及清洁能源公交车辆占比 100%，公共交通机动化出行分担率大于 52%，"株洲智轨"打造绿色新型公交都市新场景。

4. 创建智慧出行交通体系

突出"车路云"一体建设管理。建设以车、路、云等基础设施互联的一体化开放服务和运营管理的 AI 云平台。提供全天候智慧化出行服务。加强 5G 车联网、北斗导航、货车编队运输、车路协同、自动驾驶等前沿技术跟踪与应用。加快开展关键技术应用，推进智慧交管与"数字治堵"建设。利用人工智能、大数据、互联网等手段，采用物联网、云技术、大数据分析等技术，为公路、高速公路等管理部门提供全路网监测分析、车道级事件预警、重点车辆管控等服务。

5. 推进交通前沿科技应用

推广节能环保运输设备。依托轨道交通、通用航空、新能源汽车三大动力应用技术研究院所（中心），积极推进应用现代化运输装备与低碳技术，开展推荐车型、客运车辆等级评定和内河船型标准化工作。减少道路移动源污染排放。示范与推广交通低碳技术。加大低碳交通支撑技术研发的投入，依托"株洲·中国动力谷"打造中南地区低碳交通技术研发与孵化中心，形成"研发→试点→应用→示范→推广"的技术服务链条。优先支持拥有自主知识产权的交通低碳节能共性和关键技术，推动交通行业低碳节能技术和装备升级换代，完善科技成果转化和推广机制，促进交通低碳节能技术转化。积极运用"互联网+"技术，实施"长株潭"公交一卡通和公共交通智能化应用示范工程。到 2025 年，营运车辆单位运输周转量能耗和二氧化碳（CO_2）下降率分别达到 6.0%、6.2%。

（七）着力强化非二氧化碳排放控制

1. 控制工业生产过程排放

积极引进工业生产过程的节能新技术、新工艺和新装备，加大工业废气处理力度。采用电石渣、高炉矿渣、粉煤灰、钢渣等替代石灰质原料生产水泥熟料，减少水泥生产工艺碳排放。控制玻璃行业氮氧化物、氟化物排放，设定直接排放与间接排放目标。严格化工行业环境监测，减少无组织温室气体排放。以建设生活垃圾焚烧终端处理设施、危险废物处理设施等为重点，完善垃圾无害化资源化处理设施，发挥各类固体废弃物资源化利用和处理设施的协同效应。

2. 控制农业领域排放

积极推广农业绿色生产技术和绿色增产模式，减少农田氧化亚氮排放；通过水分管理、科学施肥、种养结合等措施；推广畜禽饲养粗饲料质量改善、营养调控和饲料添加剂等技术，实施舍内干清粪、粪便厌氧处理并回收利用沼气等手段，有效控制种养殖活动甲烷排放。大力推广秸秆还田和少（免）耕技术，增加农田土壤碳贮存。加强畜禽粪污资源化利用，支持大中型畜禽养殖场建设沼气工程，推广"养殖—沼气—种植"的生态农业模式，有效控制畜禽温室气体排放和面源污染。

3. 控制废弃物处理排放

推进工业垃圾、生活垃圾、建筑垃圾、污水处理厂污泥等废弃物综合管理，促进垃圾减量化、资源化、无害化。构建城区生活垃圾分类投放、收运及处置的管理和运行体系，完善生活垃圾分类配套设施。全面推动垃圾分类体制机制建设，进一步完善生活垃圾处理收费机制，建立生态补偿和减量奖励政策。畅通社会各界参与生活垃圾处理工作渠道，推广"垃圾智慧分类模式"。稳步推进垃圾填埋场渗沥液处理设施和固废综合处理基地的建设，实施垃圾填埋气收集利用技术，提高垃圾填埋场甲烷资源化利用效率。

（八）努力提升生态系统碳汇能力

1. 增加林业系统碳汇

大力实施山地、坡地、城市、乡村和通道"五大森林"建设，着力提升森林生态系统质量和稳定性，增强全市国土绿化系统碳汇能力。推动森林抚育和森林改造并进，科学采取抚育间伐、补植改造、人工促进天然更新等措施，着力优化森林结构，提高森林质量和效益。加快城市森林建设速度，以长株潭城市绿心地区、"一江港"带状水体及婆仙岭、仙庾岭、九郎山等块状山体为生态屏障，推进城市森林草地资源增绿扩量。到 2025 年，森林覆盖率稳定在 62.11% 以上，森林蓄积量达到 3127 万立方米。

2. 增加农业系统碳汇

大力推广保护性耕作，开展作物轮作与种植覆盖作物，减少有机质的周

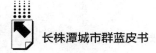

转。加强高捕碳固碳作物种类筛选，实施作物品种替代，研发生物质炭土壤固碳技术，提高土壤有机质含量，增强农田土壤生态系统的长期固碳能力。开展耕地质量提升行动，加强农作物秸秆综合利用和畜禽粪污资源化利用。到2025年，推广有机肥 11 万吨（其中商品有机肥 6 万吨，使用堆肥和其他农家肥 5 万吨），农作物秸秆还田率达到 85% 左右。

3. 增强湿地系统碳汇

开展湿地生态系统修复，保持湿地自然特性和生态特征，形成布局合理、类型齐全、层次清晰、重点突出的湿地保护生态体系。以攸县酒埠江、茶陵东阳湖、醴陵官庄湖国家湿地公园和省重要沼泽湿地茶陵湖里为重点，加大湘江水系退化湿地、湘江干流株洲段、湖里沼泽湿地等重要湿地保护与修复力度，加强对湿地资源和野生物种的保护，大力推进湿地修复工程建设，增加湿地碳汇能力。到 2025 年，退化湿地恢复和生态系统重建 10 公顷，恢复湿地野生动物栖息地 20 公顷，湿地外来入侵物种治理面积 10 公顷。

4. 修复增强土壤碳汇

以全域土地综合整治、废弃矿山治理为重点，继续推进清水塘老工业区和历史遗留矿山污染治理和修复。加强土壤生态系统的保护，强化农用地的保护和管理，推进建设占用耕地耕作层土壤剥离再利用，用于土地整治新增耕地土壤改良和培肥，提高土壤碳汇能力。积极开展土壤固碳潜力的研究和评估工作。

（九）深入开展 CO_2 排放达峰行动

1. 制定株洲市碳达峰实施方案

在深入研究和综合研判株洲市现状发展水平、资源禀赋、战略定位、产业结构、环境保护等因素的基础上，制定并发布株洲市碳达峰实施方案，制定达峰路线图、行动方案和配套措施。制定能源、工业、交通、建筑、农业和居民生活及科技等领域专项碳达峰实施方案。推动火电、建材、日用陶瓷、玻璃等重点行业发展，提出明确的碳达峰目标，并制定达峰行动方案。

2. 强化目标分解与任务落实

开展控温降碳形势研判预警，强化奖惩机制和督导检查，加强过程管理。支持和推动各区（县、市）在深入研究和综合研判当地发展水平、资源禀赋、战略定位、产业结构、环境保护等因素的基础上，发布各自 CO_2 排放达峰目标，制定达峰路线图、行动计划和配套措施。鼓励市内工业园区、重点行业以及大型企业制定碳达峰行动方案。建立健全企业碳排放报告管理机制，推动重点行业企业开展碳排放对标活动。

3. 积极推进重点领域与区域有序达峰

开展重点行业达峰行动。敦促火电、建材、陶瓷、玻璃等全市碳排放重点行业，研究制定碳排放达峰行动方案，差别化推进碳达峰行动。积极引导其低碳发展，严格控制高碳排放产业盲目扩张。鼓励重点用能行业率先实现碳排放达峰。鼓励并指导重点能源生产企业、高碳排放企业制定并实施达峰行动方案。鼓励大型国有企业率先实现达峰。

推动重点区域提前达峰。鼓励渌口区、醴陵市等绿色能源示范县（市）、达峰基础好的县（区）、绿色产业集聚度高的园区率先实现碳达峰。深入推进县（市、区）低碳发展，积极推进碳达峰。鼓励株洲经开区等国家级、省级开发区等重点产业平台研究制定平台级专项碳排放达峰行动方案，通过落后产能淘汰、"腾笼换鸟"、推广可再生能源应用等手段，深入推动平台低碳高质量发展。

四　提高气候变化适应能力的主要任务

（一）推动产业气候适应性发展

1. 提高农业林业气候适应能力

发展智慧农业，培育和推广高光效、耐高温、耐旱和抗逆作物品种。积极开展绿色技术集成推广，及时发挥其公益性职能，因地制宜发展光伏大棚蔬菜、草腐类食用菌、"农渔二用田"、林下经济等生态循环产业模式，推广水肥一体化、膜下滴灌、微喷灌、绿色植保防控等节水、节肥、节药技术。根据气温、降雨变化合理调整与配置造林树种与林种，增加耐火、耐旱、抗病虫、抗极温等树种造林比例，科学规划林种布局、林分结构、造林时间和密度。合理布局林业改造培育。着力构建健康稳定、抗逆性强的森林生态系统。完善生态公益林生态定位监测站网，加强气候变化对林业影响的监测评估。

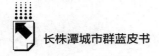

2. 提高敏感第二产业适应能力

建立健全火电、建材、日用陶瓷、玻璃等敏感第二产业的应对气候变化管理体制。实施敏感第二产业碳排放评价标准体系和低碳工业产品标准，推动实施低碳工业产品认证和碳标识。建立健全促进敏感第二产业低碳发展的市场机制。发挥碳价格的市场信号和激励作用，降低控制温室气体排放成本。加强工业应对气候变化宣传培训和国际合作。

3. 提高商业和服务业适应能力

准确识别和评估商业与服务业全生命周期中向环境中输出各种物质的影响，加强商业和服务业的能源效率以及对资源环境和气候变化的关联效应研究，将商业和服务业的环境效应和对气候变化的影响因素纳入环境规制框架。政策取向倾向于低碳环保和强化对于商业和服务业环境影响的规制，并保证实施改善环境质量和减少温室气体排放行为，促使商业和服务业走向低能耗、低排放和低污染。

（二）提高城乡基础设施的韧性

1. 完善基础设施体系建设

推进城乡基础设施补短板和更新改造专项行动以及体系化建设。以推动老工业区搬迁改造为契机，完成大唐华银株洲退城进郊 2×100 万千瓦支撑性煤电项目，在株洲市渌口区淦田镇建设两台国内技术一流的清洁高效百万千瓦级燃煤机组及配套码头，有序关停并拆除目前市区 2 台 31 万千瓦燃煤机组，完成株洲老厂"退城进郊"、整体搬迁发展。加快发展智能网联汽车、新能源汽车、智慧停车及无障碍基础设施，强化城市轨道交通与其他交通方式衔接；加强城市高层建筑、大型商业综合体等重点场所消防安全管理，打通消防生命通道，推进城乡应急避难场所建设；持续推动城镇污水处理提质增效，完善再生水、集蓄雨水等非常规水源利用系统，推进城镇污水管网全覆盖，建立污水处理系统运营管理长效机制；加快农村电网、天然气管网、热力管网等建设改造。

2. 增强城乡建设设施韧性

谋划实施海绵城市、花园绿道、绿色建筑、低碳交通等气候适应能力基础保障体系建设，加快海绵城市建设，完善城市防洪排涝体系，提高城市防灾减灾能力，增强城市韧性。合理布局城市建筑、公共设施、道路、绿地、水体等功能区。推进海绵城市、森林城市建设，实现自然积存、自然渗透、自然净化。推动城市全过程低碳生态更新，倡导以综合整治、功能提升为主导的更新方式，适度推行拆除重建，节约资源能源。

3. 增强交通运输设施韧性

落实交通设施养护技术标准和规章制度，加强现有交通运输设施维护保养，加大交通设施巡查力度。改进和提高公路、铁路、机场等交通设施设计建设标准，优化选址方案和线路设计。加强对既有交通运输设施安全运行的风险评估。大力实施公路防灾减灾工程，提高高速公路、国省道防灾抗毁能力，增强交通车辆、停车场和机场等对高温、严寒、强降水的防护能力。推进交通通道由单一向综合、由平面向立体发展，加强水陆空多种运输方式相互协同、深度融合，系统提升交通网络的韧性。

4. 增强水利工程设施韧性

继续大力加强防洪减灾工程建设，增强防洪减灾安全保障能力，进一步完善防洪减灾体系，最大限度减轻洪涝灾害损失。加强水生态安全体系建设。完善河湖水系综合整治工程，探索推进智慧水利建设。推动河湖长制管理信息平台建设，完善防汛云平台，开展重要水利防汛视频监控系统建设。

（三）优化水资源的适应性配置

1. 加强水资源开发保护管理

严格实施水资源管理，强化用水总量、用水效率、水功能区限制纳污"三条红线"约束。持续加强取水许可管理，加强水资源费征收与使用。逐步落实水污染物总量控制制度，严格执行地区削减目标。强化工业园区监管，进一步提高园区企业污染防治水平。实施农业节水增效、城镇节水降损等节水行动，加强雨洪等非传统水源的开发利用。

2. 加快水资源供给设施建设

推进城镇供水设施建设和管网的数字化、信息化改造，持续推进骨干行洪河道综合整治，推进水库除险加固，加快中小河流治理和主要支流治理。加快水资源供给工程建设。提高蓄水供水能力，新建水库，加强供水通道建设，加快湘江等沿江动力引水研究和论证工作。加强饮用水水源地的建设和

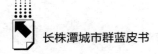

保护，重点开展区域纳污总量控制和入河排污口整治。加强对沿江滩涂的生态保护。

（四）统筹生态系统适应性管理

1. 实施严格的生态红线管理

将全市生态功能极重要、生态环境极脆弱区域及生态保护价值高、生物多样性丰富、生态系统完整的重要区域，如炎陵、茶陵东南部、攸县东部、渌口区南部及市区东北、南部山林等地划入生态保护红线。开展生态保护红线本底调查和人类活动动态监管。推进生态保护红线监管平台建设，提升遥感等信息化能力，对生态保护红线区域人类干扰活动、生态系统状况、生态环境风险、生态保护成效等进行定期监测评估。

2. 加强湿地恢复与综合治理

运用湿地生态系统修复与水生态环境综合治理等手段，对重点地区或遭受严重破坏的自然湿地，逐步修复其综合生态功能。加强对国、省级湿地公园和湖里湿地县级自然保护区的保护与管理。巩固拓展洣水和渌水流域退耕还湿成果；开展河湖缓冲带修复、自然或生态岸线保护建设工程，恢复河滨湿地土著水生植被。推进小微湿地保护与建设工程，开展绿心地区等湿地的示范创建。加大建设小微湿地力度，修复湿地 320 公顷。

3. 保护野生动植物栖息环境

加速形成布局较为合理、类型较为齐全、功能较为完备的保护区网络。强化生物多样性空间保存，最大限度协调好开发与保护关系，开展生物原生境恢复，逐步扩大生物多样性保存空间。强化外来入侵生物防范和转基因生物安全管理，进一步开展外来入侵物种调查，完善外来入侵物种信息数据库系统，探索外来入侵物种监测预警及风险管理机制。坚决落实"长江十年禁渔"计划，推进重点流域水生生物摸底调查、评价工作。

4. 减轻山地灾害和水土流失

突出重点隐患区域防治，加强对山地灾害易发区干部群众山地灾害防治基本知识的宣传培训工作，大力开展形式多样的山地灾害应急演练活动。推进水土流失综合治理、生态清洁小流域治理，建立有效的水土流失综合防治体系。对水土流失地区开展综合治理，坚持以小流域为单元，合理配置工程、林草、耕作等措施，形成综合治理体系，维护和增强区域水土保持功能。

5. 加强绿心地区保护与修复

优化绿心地区项目准入与审批流程，严格准入产业类型，加快解决绿心地区工业项目退出、绿心范围划定与调整等产生的遗留问题。实施绿心农村环境整治工程，引导部分禁开区居民外迁和限开区居民适度集中居住。实施林业生态工程，打造坪塘—昭山—石燕湖—云峰湖东西向生态林带。规划建设长株潭绿心中央公园，创建国家级园艺博览园和花卉博览园，打造世界级品质的城市绿心和国际化城市会客厅。

（五）强化防灾减灾的预警能力

1. 加强气象灾害预测与预警

加强气候灾害基础信息收集和数据分析，探索开展关键部门和重点领域气候灾害监测评估。推动建设覆盖全市的气候灾害监测网，提升干旱、暴雨、低温雨雪冰冻等极端天气与森林火灾、山体崩塌、滑坡、泥石流等自然灾害的预测预警水平和应对能力。适时开展气候变化适应性评估研究，扩大评估成果应用范围。依法向社会统一发布气象灾害预警信号，适时向灾害性天气发生区域的政府领导、防汛责任人、安全生产责任人以及农村气象信息员，发布灾害性天气警报和天气实况。

2. 落实气候监测及影响评估

加强极端天气事件和气象灾害风险管理及早期预警，建立气象灾害风险管理技术体系和业务体系。强化气候变化综合影响评估能力，大幅提升气候变化监测自主化、精细化水平与精准信息服务供给能力，支撑气候承载力和灾害风险影响评估。提高气候资源的精细化监测和评估能力，加强新能源发展和能源安全新战略气象服务。面向重点行业和领域、重点区域和流域，开展灾害风险定量化、动态化评估，发布风险预测、预估和预警产品。

3. 健全防灾减灾与救灾机制

加强工作力量，完善工作制度，明确目标责任，建立健全上下统一、分级负责的防灾减灾与救灾组织管理体制。充分发挥政府有关部门在监测预警、应急保障、抢险救援、医疗防疫、恢复重建、社会动员等方面的职能作用。提升灾害高风险区域内学校、医院、居民住房、基础设施及文物保护单位的设防水

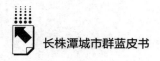

平和承灾能力。修复城区水生态，涵养水资源，加快补齐城区排水防涝设施建设短板，不断增强城区防涝能力。加强农业防灾减灾基础设施建设。

五　推动低碳试点示范建设的主要任务

（一）深化低碳城市试点示范

1.打造一批低碳县区社区（乡镇）试点

开展低碳县区（市）、低碳街道（乡镇）、低碳村庄（社区）示范创建活动，积极探索差异化低（零）碳建设路径。到2025年，建设一批低碳试点县、低碳试点乡镇（街道）和村（社区）。支持炎陵县创建零碳示范县区，完善渌口区、醴陵市绿色能源示范县（市）建设。以创建株洲经开区国家绿色生态示范城区为契机，打造我国首个城乡绿道网络系统。

2.培育一批低碳企业园区试点

完善符合株洲市实际情况的《低碳工业园区评价指标体系》和《低碳工业园区评价管理办法》，改革园区低碳发展机制体制，创新园区产业低碳发展模式，稳步推进园区低碳规划、工艺、能源、物流、建筑优化改造。绿色低碳园区是指坚持科技创新驱动，大力发展超低排放、资源循环利用、传统能源清洁高效利用等绿色低碳技术，推动绿色制造加速发展的工业园区。在轨道交通、电力电子器件、生物医药等国民经济重点行业中，选取一批掌握核心低碳技术、具有先进碳管理水平的企业和园区，通过产业结构优化升级、绿色能源替代和资源循环利用等科技减排措施，提高能源、资源利用效率，降低单位工业增加值二氧化碳排放，打造一批产业结构合理、产业附加值高、碳排放量低的绿色低碳工业企业和园区试点。鼓励企业园区开展"碳标签""碳足迹"认证实践。

3.创建一批"零碳"试点工程

培育一批"碳中和"实践企业。以中车电力机车公司、南方航空动力机械公司、北京汽车股份有限公司株洲分公司等为代表，选取一批掌握核心技术、社会责任感强的企业，实现"零碳"制造。鼓励企业采用"走出去、引进来"的模式，抓住株洲全面对接粤港澳大湾区等契机，积极融入各类技术平台，积极引进并推广各类低碳技术，创建碳中和试点企业。

打造一批株洲特色低碳旅游试点。打造一批布局合理、资源节约、生活宜居的低碳旅游示范点。鼓励有条件地区率先探索实现低碳旅游示范区。大力推进旅游信息化建设和"互联网+旅游"示范工程，建立统一的旅游信息交换平台。建设国内外知名、特色低碳旅游目的地。

建设一批碳中和公共平台。建设一批能耗低、功能全、基础设施完善的大型公共服务平台，为各类展览会、会议等大型活动实现碳中和奠定基础。鼓励和引导轨交会等各类大型活动率先开展碳中和实践。

（二）推进城区老工业基地城市低碳转型

1.高质量推进清水塘生态科技产业新城建设

聚焦科技创新、高端智造、文创商贸和口岸经济四大功能板块建设，全面提升数字化、网络化、智能化建设，高质量推进清水塘生态科技产业新城建设。统筹推进"一桥一塘四带二十二路"等基础设施工程建设，融合发展大中企业总部经济园和工业遗址博物馆。推动清水塘由"工业老区"向"产业名城""工业锈带"向"生活秀带"转变，将清水塘生态科技产业新城打造成湖南"三高四新"先行区、全国老工业基地转型发展示范区。

2.全力打造"两山"实践创新基地与海绵城市建设示范区

全力推进"国家生态文明示范市县"和"绿水青山就是金山银山"实践创新基地的创建工作，推动不同地区有重点地开展生态文明示范创建工作。将一批乡镇、村庄建成"两山"基地。运用海绵城市理念统筹解决开发建设过程中的水资源、水安全、水生态等问题，打造海绵城市建设示范区。

六 提高气候变化治理能力的主要任务

（一）健全应对气候变化信息管理制度

1.深化应对气候变化统计与信息调查制度

进一步完善控制温室气体排放工作机制，研究建立株洲市温室气体排放控制目标分解落实评价机制，逐步建立全市及部门横向联动、市县（区、市）

两级上下联动的工作机制。明确应对气候变化和节能减排的工作目标与重点任务，设计建立日常工作、形势研判、评价考核、监督管理等机制，统筹全市应对气候变化及节能减排工作。建立全市高耗能行业及企（事）业单位、高碳排放行业及企（事）业单位、高排放行业及企（事）业单位的评价体系及年度名录，并制定节能减排降碳工作协同推进工作方案及工作机制。

2. 建立温室气体排放数据的信息公开制度

推动温室气体排放数据信息公开，定期公布全市温室气体排放数据和低碳发展目标实现及政策行动进展情况，推动上市公司披露碳排放信息及控排行动措施。开展各县（市、区）低碳发展评价，并公开评价结果，引领各地低碳工作持续推进。激励企业自主披露碳排放信息，对于积极披露碳排放信息、开展节能减排的企业，根据已制定的有关政策，实施税收优惠政策或者资金补助政策。

（二）协同控制温室气体与污染物排放

1. 协同控制大气污染

坚决管控"两高"项目，严格执行《产业结构调整指导目录（2019 年本）》《湖南省"两高"项目管理目录》，实施企业的落后产能淘汰和过剩产能压减，在重点行业开展超期服役设备"清剿"行动。严格遏制冶炼、水泥和玻璃等项目盲目发展，新、改、扩建涉及大宗物料运输的建设项目，原则上不得采用公路运输。加大锅炉烟气、工艺尾气中烟尘、二氧化硫、氮氧化物、金属汞等污染物的治理，加大污染治理设施的维护和新技术运用与改造力度，在具有 CO_2 资源化潜力的火电、水泥、化工行业，协同开展大气污染治理与二氧化碳资源化利用。

2. 协同控制水体污染

推进城镇污水处理厂污泥资源化和无害化处理，加快建成区黑臭水体治理，继续加大清理和整治枫溪、建宁、白石等城市纳污港。促进工业废水处理沼气回收利用，推进畜禽养殖业污水资源化利用。深入推进长江经济带饮用水水源地环境保护专项行动，严格饮用水水源周边岸线资源开发，继续开展集中式饮用水水源地环境状况评估，持续推进集中式饮用水水源地规范化建设，依法清理整治水源保护区内违法建筑和排污口。

3. 协同控制固废污染

建立完善的城镇生活垃圾分类的投放、收集、运输、处置体系，实现各类固体废物源头减量化、分类资源化、处置无害化。全面加强大宗废弃物的循环利用，促进建筑垃圾的管理和资源化，全面构建电子及汽车产品安全、规范、高效的回收利用链条，加强尾矿资源及工业废弃物的综合利用，提升其高附加值利用。到 2025 年，全市基本建成生活垃圾全程分类和处理系统。

（三）创新应对气候变化市场机制

1. 推进碳资产开发管理

鼓励企业开展碳资产管理，建立专门的碳资产管理部门，主动开发林业碳汇项目碳减排量、节能项目碳减排量等碳资产品种。培育碳交易咨询、碳资产管理、碳金融服务、第三方核查等碳交易服务机构，推动碳市场服务业发展。

2. 推进碳金融创新试点

探索推进碳排放权资产的抵质押、回购业务以及碳租赁、碳资产证券化等创新业务。针对应对气候变化项目，鼓励本地金融机构开展多元化投融资模式。探索制定投融资正面清单，采用补助、贷款贴息等多种形式，支持企业低碳项目建设。推动符合条件的企业发行以绿色发展为主题的企业债、公司债和非金融企业债务融资工具。探索主要污染物排污权、水权、林权、节能环保项目特许经营权、绿色工程项目收费权和收益权等抵质押融资模式创新试点。建立健全绿色金融风险预警机制。

3. 建立健全碳普惠机制

推动碳普惠相关方法学研究，将个人、社区家庭和小微企业的节能减碳行为具体量化，建立株洲碳普惠管理和交易机制。通过政府主导，联合多家国内外机构，逐步建立社区、个人与机构绿色生活积分账户，探索碳积分与出行费用、住房以及税收等公共服务产品进行优惠政策挂钩，引导居民养成绿色低碳生活方式，以增强获得感。

（四）加强绿色减碳科技创新

1. 大力实施动力产业关键核心技术攻关

重点发展轨道交通整车系列产品、核心部件自主研发与创新关键技术、关键核心系统应用和维保服务。重点发展航空航天发动机研发制造、通航整机制造、航空配套制造、通航维保及运营服务等产业，培育成世界一流的航空动力产业集群。大力推进先进硬质材料关键核心技术联合攻关、系统攻关、专项攻关，努力突破高端硬质材料"卡脖子"问题；建设先进硬质材料检验检测中心和标准中心，提高株洲先进硬质材料产业的引领力、影响力和话语权；加大重点企业支持培育力度，着力培育3家左右有世界影响力的企业及一批"专精特新"小巨人企业。

2. 重点开发新能源汽车关键核心技术

强化新能源汽车整车制造产业链，提升汽车关键零部件产品技术水平和配套能力，积极发展现代汽车服务业，加快推动新能源汽车与能源、交通、信息通信全面深度融合。依托北汽株洲分公司、中车时代电动、南方宇航等一批骨干企业，持续提升株洲新能源汽车产业创新能力，深化跨区域科技交流与合作，突破产业发展瓶颈及技术制约。围绕动力电池、驱动电机、电控系统等领域，重点发展锂离子动力电池关键材料及单体电池电芯，轻量化、全自动电池 PACK 系统，氢能源汽车燃料电池集成模块等产品。重点开展可再生能源制氢、氢能与燃料电池技术创新，大力开发氢燃料电池汽车及相关技术。

3. 着力突破新能源装备关键核心技术

加快推动关键共性技术、前沿引领技术、现代工程技术和颠覆性技术不断取得突破，加快抢占新能源装备关键核心技术制高点。重点开展制氢、储氢、运氢、加氢等环节技术和设备的研发，推进第二代碲化镉（CdTe）太阳能光伏薄膜电池、第三代钙钛矿太阳能光伏薄膜电池技术和先进储能技术开发及产业化。支持企业参与"揭榜挂帅"，促进创新要素向企业集聚。

4. 全面强化绿色减碳科技集成推广应用

将绿色科技和绿色产业有机结合，推动智能制造、新能源、环保产业、绿色城乡建设等产业链与供应链上下游融合，构建市场导向的绿色技术创新体系，推广应用绿色减碳集成技术。加快低碳技术产业化，在轨道交通装备、新能源装备、先进硬质材料等重点领域组织开展低碳技术创新和产业化示范工程。对减排效果好、应用前景广阔的关键产品或核心部件组织规模化生产，提高研发、制造、系统集成和产业化能力。鼓励企事业单位及个人积极参与节能低碳技术申报，对符合条件的节能环保、清洁生产、资源综合利用等重大技术改造，以及企业能源管理中心、气候变化国际合作等项目，优先给予支持。鼓励开展与湖南工业大学等的校企合作，整合当地科研院所和企业优势，促进低碳技术创新所需各种生产要素的有效组合，加快各类低碳技术的落地应用。

（五）加强重点领域气候变化影响分析

1. 加强气候变化影响分析和调查

重点围绕基础设施、水资源、农业、林业、生态系统、人体健康、防灾减灾等领域开展气候变化影响的机理与评估方法研究。开展大气污染物长距离传输机理、扩散机理、大气环境容量及承载力研究。开展重点生态功能区、气候敏感区的气候韧性研究。加强与气候变化相关的人文社科研究，针对气候变化对人类社会政治、经济、文化、社会发展、伦理道德等的影响开展多层次系统性综合研究。

2. 开展典型性气候监测要素分析

开展山水林田湖草沙等典型生态系统气候监测要素分析，提升重点生态功能区气候变化影响及重点领域极端天气气候影响客观化评估能力。加强气候变化影响及适应研究，开展不同气候情景下未来气候变化趋势预估，研究气温、降水和极端气候分布特征，加强气候变化适应科学理论基础。深化气候系统多圈层、多时间尺度相互作用及其对气候变化及异常影响过程与机理的认识，开展株洲暴雨洪涝、干旱高温等极端异常气候事件成因及影响研究。

3. 建立气候变化影响的评估系统

聚焦气候变化对自然和人类社会系统的影响阈值及不同领域和区域的差异，深化气候灾害危险性和人类生存环境脆弱性时空分布特征、变化规律和不同时间尺度气候灾害的可能影响研究，开展风能和太阳能交叉评估及极端事件风险评估，以及适应气候变化的科学基础研究，建立气候变化对重点领域、行业、重大工程与区域影响的定量关系和综合评估模型，制定重点领域、行业、重大工程、区域气候变化影响评估国家标准与可操作性评估技术规范，提升气候变化与极端事件对脆弱领域（农业、林业、牧业、渔业、水资源、大气和

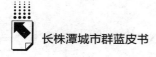

水土环境质量、人体健康等）影响的分类评估技术水平，增强极端情景下气候灾害危险性等级、资源—生态—环境综合承载能力、气候变化和极端气候事件对生态系统服务和生态安全影响的综合评估能力。

4. 强化生态环境监测预报评估研究

强化生态环境监测预报评估职能，统筹实施地下水、水功能区、入河排污口、农业面源和温室气体监测，建立与之相适应的生态环境监测体系。深化生态环境质量分析评价，完善空气、地表水、地下水等环境质量评价技术方法，督促区（县、市）、乡镇落实生态环境保护责任。研究构建生态环境综合评价体系，综合经济社会发展、产业结构比重、污染排放总量、环境要素质量、资源环境容量、生态系统结构与功能、人群健康状况等因素，建立综合表征指数，反映区（县、市）、乡镇二级行政单元的生态环境状况。进一步推进精准监管、智慧监管，探索实施量化评价和质化评价相结合的分级管理制度，在重点区域和生态敏感区域开展试点应用。建立健全辐射环境影响和个人剂量评价方法。

（六）加强研发机构和人才队伍建设

1. 大力提升研发竞争力

加强管理部门应对气候变化能力建设，促进应对气候变化工作的开展。推进绿色低碳技术领域高新技术企业和研发机构建设，推动高校、科研院所与企业加强产学研协同创新，支持节能降碳领域相关学科和高能级实验室、技术创新中心建设。大力引育高层次人才，优先引进一批低碳技术领域高层次领军人才和青年科学家，组建碳达峰碳中和技术指导专家委员会。

2. 着力强化专业化培训

强化专业队伍建设，培养技术研发、产业管理、国际合作、政策研究等各类专业人才，积极培育第三方服务机构和市场中介组织。强化教育培训，依托专业服务机构，开展低碳发展政策、碳排放交易、温室气体统计及核算、气候适应性等专业培训，提高管理人员、公众及排放主体对应对气候变化的认识。加强气象预警能力建设，探索数字化在极端气候预警、防灾减灾领域的应用，全面提高极端气候灾害的预警和响应能力。

七　应对气候变化制度改革的主要任务

（一）深化三项重大改革

1. 深化固体废物综合管理改革

积极申报第三批"无废城市"建设试点，从城市层面推动"无废社会"建设，针对固体废物全过程管理中的突出短板，以《固体废物污染环境防治法》为核心，跨部门协作推进垃圾分类、包装废物回收；推进各类固体废物全过程管理与多部门协同治理，健全规章制度、促进技术创新、完善市场机制、强化监管能力，形成各类固体废物减量化、资源化、无害化综合管理的"无废株洲"新模式。

2. 探索生态补偿体制机制改革

加快落实国省生态补偿政策，制定本市生态补偿实施办法。从相关行业的实际出发，分别制定水流、森林、湿地、耕地生态环境补偿等补偿办法。分类制定完善本市生态补偿实施细则，明确生态补偿的基本原则、主要领域、补偿范围、补偿对象、资金来源、补偿标准、相关利益主体的权利义务、考核评估办法、责任追究等，不断推进生态补偿的制度化和法制化。落实湘江及其支流流域生态保护补偿相关政策，鼓励洣水、渌水等流域上下游县级政府间签订协议，建立流域横向生态保护补偿机制。

3. 深化能源体制机制改革

尝试开展节能激励机制工作，以税收、价格等杠杆引导节能。推进电网体制改革，明确以消纳可再生能源为主的增量配电网、微电网和分布式电源的市场主体地位。加快形成以储能和调峰能力为基础支撑的新增电力装机发展机制。改革能源价格形成机制，增加对企业用能成本的制约，利用税收优惠和信贷扶持等方式，加大对节能技术改造、推广应用节能新产品、使用代用燃料和可再生能源等政策支持。

（二）落实三项重大政策

1. 探索生态系统生产总值（GEP）核算成果应用政策

为落实中共中央办公厅、国务院办公厅《关于建立健全生态产品价值实现机制的意见》中建立生态产品价值实现机制、生态补偿制度等，根据《生态系统生产总值（GEP）核算技术规范陆域生态系统》（DB33/T 2274-2020）等标准，从强化生态保护重点领域监管、完善生态监测和评估体系、提升生物多样性保护水平、加大生态破坏问题监督和查处力度、深入推进生态文明示范建设等 5 个方面，着手部署重点任务，推动 GEP 核算在绿色发展财政奖补、环境治理评估等领域的广泛应用，形成生态优先、绿色发展的政策体系。

2. 完善各领域梯次有序碳达峰行动的工作机制

立足株洲市情，在保证经济发展和能源供应安全的前提下，科学设置达峰目标，强化全市总目标和分领域目标的综合平衡，开展全市碳排放达峰路径研究，建立碳达峰碳中和工作领导小组，印发碳达峰实施方案，将碳达峰贯穿于经济社会发展全过程和各方面。重点实施能源结构低碳转型行动、节能降碳增效行动、工业绿色低碳发展行动、交通运输绿色低碳行动、城乡建设碳达峰行动、碳汇能力巩固提升行动、循环经济发展行动、低碳科技创新行动、全民低碳行动、各县（市、区）有序碳达峰行动等"碳达峰十大行动"。

3. 建立健全"无废城市"的全过程综合管理责任机制

以申报和创建国家第三批"无废城市"建设试点为契机，针对生产、消费、回收、利用、处置以及监管等环节的不同行为主体，明确和强化政府部门、生产企业、社区和居民、环保单位等共同参与者的责任，以责任原则建立"无废城市"建设的长效机制。通过固体废物综合利用、积极谋划建设特色基地、探索大宗固废综合利用路径和模式、坚持污染防治和产业发展相结合等方式，全面推进"无废城市"申报和建设工作。

（三）建设三个重大平台

1. 申报创建"山水林田湖草"生态保护修复试点

积极申报和创建国家"山水林田湖草"生态保护修复试点，按照"以林护山、以山养水、以水丰湖、以湖润田"的思路，统筹"治山、洁水、造林、良田、净湖"五大措施。坚持整体实施，以区域为载体，以综合整治为平台，在时空布局上统筹各类时序安排和空间布局，实现力量整合、资源整合、共管共治，形成治理合力，提升修复效果。

2.深化完善"中国绿水青山典范城市"建设发展

树立"中国绿水青山典范城市"品牌，继续优化国土空间开发保护格局，稳步提高生态系统安全，合理配置能源资源，大幅提高资源利用率，大力推动生产生活方式绿色转型，初步建成清水塘"生态科技产业新城"，持续降低主要污染物排放总量，有效治理重点环境问题，持续改善全市生态环境质量，稳定保持"蓝天三百天、全域Ⅱ类水"，切实提高生态环境治理体系和治理能力现代化水平，使得城乡人居环境更加美好，生态文明建设实现新进步。

3.积极加快低碳城市的三级行政试点示范建设

依托轨道科技城"双碳"先行示范区、清水塘科技生态新城"降碳"示范区、炎陵"零碳"示范县区，高塘智慧低碳社区、渌渡镇智慧低碳乡镇等，选择基础较好的县（市、区）、乡镇（街道）、村庄（社区）开展试点，探索各层级的低碳发展模式。鼓励试点地区提出峰值目标，在目标倒逼机制、温室气体排放总量控制、"互联网+低碳城市"、近零碳排放区示范工程等领域实施探索。

八　应对气候变化的措施保障

（一）加强组织领导

市生态环境局总体负责"十四五"期间应对气候变化工作，充分发挥应对气候变化与节能减排工作领导小组的职能作用，围绕国家、湖南控制温室气体目标任务、推进碳排放交易市场建设、开展低碳城市试点、应对气候变化能力建设和宣传等工作，强化统筹协调，做好规划衔接，确保应对气候变化规划与经济社会发展规划、生态环境规划、产业发展规划等相关领域规划之间的衔接，确保各相关规划目标一致、各有侧重、协调互补。加强部门联动，完善部门之间沟通协调机制，建立应对气候变化的信息共享机制。

（二）强化资金保障

积极争取中央专项资金支持，统筹各级财政资金支持应对气候变化。以财政拨款、税收政策、专项资金、政府绿色采购等多渠道筹措资金。引导银行等

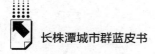

金融机构完善绿色信贷制度，积极做好控制温室气体排放、促进低碳发展的金融支持和配套服务，大力推进金融产品创新，有序开展碳金融业务，支持符合条件的企业发行绿色债券，全面促进绿色信贷和绿色债券市场有序发展，拓宽应对气候变化融资服务。

（三）完善考核机制

按照权责明确、分工协作的原则，细化目标任务分解，明确各项规划的责任主体。健全应对气候变化考核机制，明确考核办法和考核指标，全面考核目标实现情况、有关任务和措施落实情况。加大对考核结果的公开力度，接受舆论监督，实行问责制和奖惩制，将控制目标完成情况和政策措施落实情况作为领导班子和领导干部综合考核评价的重要内容，考核结果作为各级领导班子和领导干部奖惩和提拔任用的重要依据。

（四）强化宣传引导

探索建立基于大数据和"互联网+"的绿色低碳环保宣教新模式，充分发挥主流媒体作用，开展碳达峰、碳中和、气候变化相关知识普及和政策讲授，提高公众对气候变化的重要性和紧迫性的认识。加强生态文明科普教育，将绿色低碳理念有机融入文艺作品，制作文创产品和公益广告，持续开展世界地球日、世界环境日、全国节能宣传周、全国低碳日等主题宣传活动，增强社会公众绿色低碳意识，推动生态文明理念更加深入人心。

参考文献

张西：《气候适应型城市的规划要素研究：基于中外规划方案的比较》，北京建筑大学硕士学位论文，2020。

谢正辉、刘斌、延晓冬等：《应对气候变化的城市规划实施效应评估研究》，《地理科学进展》2020 年第 1 期。

株洲市人民政府：《株洲市国民经济和社会发展第十四个五年规划暨 2035 年远景目标纲要》，2021。

株洲市人民政府：《株洲市生态环境发展"十四五"规划》，2021。

权威报告·连续出版·独家资源

皮书数据库
ANNUAL REPORT(YEARBOOK)
DATABASE

分析解读当下中国发展变迁的高端智库平台

所获荣誉

- 2020年，入选全国新闻出版深度融合发展创新案例
- 2019年，入选国家新闻出版署数字出版精品遴选推荐计划
- 2016年，入选"十三五"国家重点电子出版物出版规划骨干工程
- 2013年，荣获"中国出版政府奖·网络出版物奖"提名奖
- 连续多年荣获中国数字出版博览会"数字出版·优秀品牌"奖

皮书数据库

"社科数托邦"
微信公众号

成为用户

　　登录网址www.pishu.com.cn访问皮书数据库网站或下载皮书数据库APP，通过手机号码验证或邮箱验证即可成为皮书数据库用户。

用户福利

- 已注册用户购书后可免费获赠100元皮书数据库充值卡。刮开充值卡涂层获取充值密码，登录并进入"会员中心"—"在线充值"—"充值卡充值"，充值成功即可购买和查看数据库内容。
- 用户福利最终解释权归社会科学文献出版社所有。

数据库服务热线：400-008-6695
数据库服务QQ：2475522410
数据库服务邮箱：database@ssap.cn
图书销售热线：010-59367070/7028
图书服务QQ：1265056568
图书服务邮箱：duzhe@ssap.cn

社会科学文献出版社 皮书系列
SOCIAL SCIENCES ACADEMIC PRESS (CHINA)

卡号：858535558123
密码：

S 基本子库
SUB DATABASE

中国社会发展数据库（下设 12 个专题子库）

紧扣人口、政治、外交、法律、教育、医疗卫生、资源环境等 12 个社会发展领域的前沿和热点，全面整合专业著作、智库报告、学术资讯、调研数据等类型资源，帮助用户追踪中国社会发展动态、研究社会发展战略与政策、了解社会热点问题、分析社会发展趋势。

中国经济发展数据库（下设 12 专题子库）

内容涵盖宏观经济、产业经济、工业经济、农业经济、财政金融、房地产经济、城市经济、商业贸易等 12 个重点经济领域，为把握经济运行态势、洞察经济发展规律、研判经济发展趋势、进行经济调控决策提供参考和依据。

中国行业发展数据库（下设 17 个专题子库）

以中国国民经济行业分类为依据，覆盖金融业、旅游业、交通运输业、能源矿产业、制造业等 100 多个行业，跟踪分析国民经济相关行业市场运行状况和政策导向，汇集行业发展前沿资讯，为投资、从业及各种经济决策提供理论支撑和实践指导。

中国区域发展数据库（下设 4 个专题子库）

对中国特定区域内的经济、社会、文化等领域现状与发展情况进行深度分析和预测，涉及省级行政区、城市群、城市、农村等不同维度，研究层级至县及县以下行政区，为学者研究地方经济社会宏观态势、经验模式、发展案例提供支撑，为地方政府决策提供参考。

中国文化传媒数据库（下设 18 个专题子库）

内容覆盖文化产业、新闻传播、电影娱乐、文学艺术、群众文化、图书情报等 18 个重点研究领域，聚焦文化传媒领域发展前沿、热点话题、行业实践，服务用户的教学科研、文化投资、企业规划等需要。

世界经济与国际关系数据库（下设 6 个专题子库）

整合世界经济、国际政治、世界文化与科技、全球性问题、国际组织与国际法、区域研究 6 大领域研究成果，对世界经济形势、国际形势进行连续性深度分析，对年度热点问题进行专题解读，为研判全球发展趋势提供事实和数据支持。

法律声明

“皮书系列”（含蓝皮书、绿皮书、黄皮书）之品牌由社会科学文献出版社最早使用并持续至今，现已被中国图书行业所熟知。“皮书系列”的相关商标已在国家商标管理部门商标局注册，包括但不限于LOGO（ ▨ ）、皮书、Pishu、经济蓝皮书、社会蓝皮书等。“皮书系列”图书的注册商标专用权及封面设计、版式设计的著作权均为社会科学文献出版社所有。未经社会科学文献出版社书面授权许可，任何使用与“皮书系列”图书注册商标、封面设计、版式设计相同或者近似的文字、图形或其组合的行为均系侵权行为。

经作者授权，本书的专有出版权及信息网络传播权等为社会科学文献出版社享有。未经社会科学文献出版社书面授权许可，任何就本书内容的复制、发行或以数字形式进行网络传播的行为均系侵权行为。

社会科学文献出版社将通过法律途径追究上述侵权行为的法律责任，维护自身合法权益。

欢迎社会各界人士对侵犯社会科学文献出版社上述权利的侵权行为进行举报。电话：010-59367121，电子邮箱：fawubu@ssap.cn。

社会科学文献出版社